Alfons Huber

Österreichische Reichsgeschichte

Alfons Huber

Österreichische Reichsgeschichte

ISBN/EAN: 9783743320888

Manufactured in Europe, USA, Canada, Australia, Japa

Cover: Foto ©ninafisch / pixelio.de

Manufactured and distributed by brebook publishing software (www.brebook.com)

Alfons Huber

Österreichische Reichsgeschichte

ÖSTERREICHISCHE REICHSGESCHICHTE.

GESCHICHTE

DER

STAATSBILDUNG UND DES ÖFFENTLICHEN RECHTS.

VON

DR. ALFONS HUBER,

PROFESSOR AN DER K. K. UNIVERSITÄT IN WIEN.

PRAG. WIEN. LEIPZIG.
F. TEMPSKY. F. TEMPSKY G. FREYTAG.
BUCHHÄNDLER DER KAISERLICHEN AKADEMIE DER WISSENSCHAFTEN IN WIEN.

1895.

VORREDE.

Das Gesetz vom 20. April 1893, durch welches eine neue Studienordnung für die juridischen Facultäten eingeführt wurde, hat „österreichische Reichsgeschichte (Geschichte der Staatsbildung und des öffentlichen Rechtes)" für ein obligates Fach erklärt. Da es an jedem Lehrbuche hiefür fehlte, habe ich auf Wunsch der Verlagsbuchhandlung die Abfassung eines solchen unternommen, obwohl ich mir der Schwierigkeit der Aufgabe bei der Kürze der Zeit und beim Mangel genügender Vorarbeiten für viele Partien vollkommen bewusst war. Ich kann es nicht unterlassen, mich hier über die wichtigsten Gesichtspunkte, von denen ich mich bei der Ausarbeitung leiten ließ, kurz zu äußern.

Was zunächst die Frage über den Beginn der „österreichischen Reichsgeschichte" betrifft, so kann ich mich der Ansicht, dass man sich auf die Zeit seit der Vereinigung Böhmens und Ungarns mit den deutschösterreichischen Ländern oder etwa seit dem Regierungsantritte des Kaisers Maximilian I. beschränken solle, unmöglich anschließen. Nicht bloß die Bildung der deutsch-österreichischen Ländergruppe, sondern auch die Entstehung und Entwicklung der wichtigsten Factoren des öffentlichen Rechtes würden dadurch unberücksichtigt bleiben. Die verschiedenen Stände, Adel, Bürgerthum und Bauern, stehen sich schon vor dem 15. Jahrhundert in fester Gliederung und mit bestimmten Rechten gegenüber. Die ständischen Verfassungen, die Formen der Verwaltung in den einzelnen Ländern sind schon früher ausgebildet worden. Die Ausbildung dieser Institutionen darf ohne Nachtheil für das geschichtliche Verständnis nicht unberücksichtigt bleiben, wenn auch die neuere Zeit eingehender behandelt werden muss als das Mittelalter.

Bezüglich des territorialen Umfanges der österreichischen Reichsgeschichte muss ich an der schon in meiner „Geschichte Österreichs" vertretenen Ansicht festhalten, dass zwar nicht die Geschichte der erst spät erworbenen Länder, z. B. Galiziens, wohl aber die Böhmens und Ungarns auch vor ihrer Erwerbung durch das Haus Habsburg berücksichtigt werden müsse. Die früheren Einrichtungen haben sich in Böhmen bis in die zweite Hälfte des 18. Jahrhunderts, in Ungarn bis auf die neueste Zeit erhalten und dürfen daher in einer Geschichte des öffentlichen Rechtes in Österreich nicht ignoriert werden. Auch die von ungarischen Historikern vertretene Ansicht, dass die Geschichte Ungarns gar nicht in eine Geschichte Österreichs gehöre, kann ich nicht theilen. Meine Darstellung wird ergeben, wie zahlreich die Berührungspunkte zwischen den ungarischen und nichtungarischen Ländern auf dem Gebiete des öffentlichen Rechtes seit ihrer Vereinigung gewesen sind. Erst seit dem Ausgleiche des Jahres 1867 kommt die Geschichte Ungarns nicht mehr in Betracht.

Von den beiden Gebieten, welche das neue Lehrfach seinem Titel nach enthält, glaubte ich das „öffentliche Recht" weitläufiger behandeln zu sollen als die „Staatsbildung". Aber gar zu sehr durfte doch auch diese nicht in den Hintergrund treten, wenn überhaupt gezeigt werden sollte, wie das heutige Österreich oder nach der gegenwärtigen staatsrechtlichen Bezeichnung „Österreich-Ungarn" entstanden ist. Auch die territoriale Bildung der einzelnen Königreiche und Länder wollte ich nicht mit Stillschweigen übergehen. Es steht ja jedem Lehrer frei, Einzelnes zu übergehen, von dem er glaubt, dass es für seine Hörer gar kein locales Interesse habe.

Die Kürze der Darstellung ist durch den Zweck des Buches bedingt. Es wird Aufgabe des Lehrers sein, das Einzelne, das oft nur angedeutet werden konnte, weiter auszuführen.

Da dieses Buch in erster Linie für Studierende bestimmt ist, so musste jeder überflüssige gelehrte Apparat wegfallen. In den älteren Partien habe ich mich daher begnügt, auf meine „Geschichte Österreichs" zu verweisen, wo jeder, der sich für eine einzelne Frage interessiert, die weiteren Belege angegeben findet. Auch für die Zeit seit 1609, über welche sich mein genanntes Werk noch nicht erstreckt, habe ich die Häufung von Citaten vermieden und nur die wichtigsten Hilfsmittel angeführt. Um das Studium zu erleichtern, habe ich gewisse Schlagworte gesperrt, obwohl infolge dessen der Druck nicht schön aussieht.

Dass dieses Lehrbuch manche Lücken und Mängel aufweist, bin ich mir vollkommen bewusst. Die Geschichte des öffentlichen Rechtes in Österreich ist namentlich von den Rechtshistorikern bisher viel zu sehr vernachlässigt worden. Vielleicht wird vorliegendes Buch, welches zeigt, wie viel auf diesem Gebiete noch zu thun ist, zu weiteren Forschungen Anlass geben.

Wien, am 18. September 1894.

A. Huber.

Inhaltsverzeichnis.

Einleitung.
Die Bildung der territorialen und ethnographischen Grundlagen ... 1

Erste Periode.
Die Zeit der getrennten Entwicklung der deutsch-österreichischen Länder und der Reiche Böhmen und Ungarn (907—1526) 5

A) Die deutsch-österreichischen Länder 5
  I. Geschichte der territorialen Verhältnisse 5
  a) Die Bildung der einzelnen Territorien 5
    1. Österreich 5
    2. Kärnten und seine Marken (Steiermark, Krain, Istrien) 8
    3. Tirol 11
  b) Die Vereinigung der deutsch-österreichischen Länder 14
    1. Die Vereinigung der Steiermark mit Österreich und die ersten Erwerbungen in Friaul und Krain 14
    2. Die Zwischenregierung Ottokars II. von Böhmen und deren Folgen für die territoriale Entwicklung 15
    3. Die Erwerbung Österreichs durch das Haus Habsburg. — Die Vorlande in Schwaben 17
    4. Die Vereinigung Kärntens und Tirols mit Österreich 19
    5. Kleinere Gebietsveränderungen von 1308—1526 24
  II. Geschichte des öffentlichen Rechtes in den deutsch-österreichischen Ländern 27
  a) Das Verhältnis des Fürsten zum deutschen Reiche und seine Befugnisse im Innern 27
    1. Die Periode der Babenberger (976—1246) 27
    2. Die Zwischenregierung Ottokars II. von Böhmen und die Herrschaft der Habsburger bis zum Ende des Mittelalters 31
  b) Die fürstliche Erbfolge 34
  c) Die Stellung des Adels 42
  d) Entstehung und Ausbildung des Städtewesens 46
  e) Die Bauern 49
  f) Geschichte der Gerichtsverfassung bis zum Ausgange des 15. Jahrhunderts 50
    1. Die obersten Gerichte (Land- und Hoftaiding, landmarschallisches Gericht) 50
    2. Die unteren Landgerichte 52
    3. Die Vogtei-, Hofmark- und Patrimonialgerichtsbarkeit 53
  g) Das Verhältnis des Staates zur Kirche 54
  h) Die Entstehung und Ausbildung des Ständewesens 55
  i) Die administrativen Reformen K. Maximilians I. 63

B) Geschichte Böhmens und seiner Nebenländer 66
  I. Geschichte der territorialen Verhältnisse 66
  a) Die Bildung einer einheitlichen Herrschaft in Böhmen und die Eroberung Mährens 66

	Seite
b) Die Erwerbung des Egerlandes, der Lausitz und Schlesiens	67
II. Geschichte des öffentlichen Rechtes	69
a) Böhmens Verhältnis zum deutschen Reiche	69
b) Die Stellung des Landesfürsten	75
1. Die Thronfolgeordnung	75
2. Die Befugnisse und Einkünfte des Landesfürsten	78
c) Der Adel und die bäuerliche Bevölkerung	79
d) Die Städte	82
e) Die Landtage	85
f) Verwaltung und Gerichtsverfassung	87
g) Verhältnis des Staates zur Kirche	91
C. Geschichte des ungarischen Reiches	92
I. Geschichte der territorialen Verhältnisse	92
1. Die Zeit der Árpáden (bis 1301)	92
2. Die Zeit der Anjous und ihrer Nachfolger (1301—1526)	94
II. Geschichte des öffentlichen Rechtes	97
a) Die Thronfolgeordnung	97
b) Geschichte der Verfassung und Verwaltung	102
1. Die Gesetzgebung Stephans des Heiligen und des Königs Coloman	102
2. Die „goldene Bulle" Andreas II. und die Gesetzgebung unter den letzten Árpáden	105
3. Die deutsche Colonisation und die Entstehung des Städtewesens	107
4. Die Verfassung und Verwaltung von 1301—1526	109
c) Die Stellung der Kirche zum Staate	112

Zweite Periode.

Die Bildung der österreich-ungarischen Monarchie und deren Geschichte bis zum Erlöschen des Mannsstammes der Habsburger (1526—1740) 115

I. Geschichte der Staatsbildung	115
1. Die Erwerbung Böhmens und Ungarns durch das Haus Habsburg	115
2. Die Kämpfe um Ungarn und Siebenbürgen (1528—1739)	120
3. Die Gebietserwerbungen K. Ferdinands I. in Deutschland. — Der Heimfall der schlesischen Fürstenthümer. — Die territorialen Folgen des dreißigjährigen Krieges	123
4. Der spanische Erbfolgekrieg (1701—1714) und der Kampf um die Nachfolge in Polen (1733—1735)	126
II. Geschichte des öffentlichen Rechtes 1526—1740	128
a) Die Erbfolge	128
1. Die Thronfolge in Ungarn	128
2. Die Erbfolge im Königreiche Böhmen	130
3. Die Erbfolge in den deutsch-österreichischen Ländern	132
4. Die pragmatische Sanction	134
b) Geschichte der Verwaltung	137
1. Die Verwaltungs- und Justizbehörden der deutsch-österreichischen Länder	137
2. Die Verwaltung der böhmischen Kronländer	140
3. Die Verwaltung der ungarischen Kronländer	146
4. Die gemeinsamen Regierungsbehörden	150
5. Das Steuerwesen	157
6. Das Heerwesen	161

		Seite
c) Geschichte des Ständewesens		163
1. Die deutschen Erbländer		163
2. Die böhmischen Länder		166
3. Ungarn		170
4. Allgemeine Delegiertenversammlungen		173
d) Das Städtewesen in den deutschen und böhmischen Ländern		174
e) Das Verhältnis des Staates zur Kirche		175

Dritte Periode.
Das Zeitalter der inneren Reformen unter Maria Theresia und ihren Söhnen (1740—1792) 180

I. Geschichte der territorialen Verhältnisse 180
  1. Der österreichische Erbfolgekrieg 180
  2. Die erste Theilung Polens und der bairische Erbfolgekrieg 183
  3. Der Krieg K. Josephs II. mit den Türken (1788—1791) 186
II. Geschichte des öffentlichen Rechtes (1740—1792) 188
  a) Die Zeit der Regierung Maria Theresias (1740—1780) 188
    1. Die Organisation der Verwaltung 188
    2. Das Heer- und Steuerwesen 196
    3. Die Anfänge der Codification des Rechtes 199
    4. Das Ständewesen unter Maria Theresia 200
    5. Die Beschränkung der Autonomie der Gemeinden 201
    6. Die Regelung der Unterthänigkeitsverhältnisse 202
    7. Die kirchlichen Verhältnisse 203
  b) Die Regierung K. Josephs II. (1780—1790) 205
    1. Die Änderungen auf dem Gebiete der Verwaltung 205
    2. Die Reformen auf dem Gebiete des Justizwesens 208
    3. Die Fortschritte der Codification des Rechtes 210
    4. Die Reformen des Steuersystems 211
    5. Die Reformen Josephs II. auf dem socialen Gebiete 211
    6. Die kirchlichen Verhältnisse unter Joseph II. 213
  c) Die Restauration unter Kaiser Leopold II. 215
    1. Ungarn 215
    2. Die deutschen und böhmischen Länder 217
    3. Die kirchlichen Verhältnisse 219

Vierte Periode.
Das Zeitalter der Coalitionskriege gegen Frankreich und des politischen Stillstandes (1792—1848) 219

I. Geschichte der territorialen Verhältnisse 219
  1. Der erste Coalitionskrieg und die zweite und dritte Theilung Polens . 219
  2. Der zweite Coalitionskrieg (1799—1801) und der Reichsdeputations-Hauptschluss 224
  3. Die Annahme des österreichischen Kaisertitels. — Der dritte Coalitionskrieg und die Ausscheidung Österreichs aus Deutschland 226
  4. Der Krieg Österreichs mit Frankreich im Jahre 1809 228
  5. Österreichs Theilnahme an den Befreiungskriegen und der Wiener Congress 229

II. Geschichte des öffentlichen Rechtes unter den Kaisern Franz I. (II.) und
   Ferdinand I. (1792—1848) 231
   a) Änderungen in der Organisation der Verwaltung 231
      1. Die Centralbehörden 231
      2. Die Provinzialverwaltung 235
      3. Die Organisation der Gerichte 237
   b) Das Steuerwesen 237
   c) Das Militärwesen 238
   d) Die legislatorische Thätigkeit 239
   e) Das Ständewesen 240
   f) Das Städtewesen 243
   g) Die Unterthausverhältnisse 243
   h) Das Verhältnis des Staates zur Kirche 244

Fünfte Periode.
Die Bildung der gegenwärtigen territorialen und staatsrechtlichen Zustände (1848—1879) 245

I. Geschichte der territorialen Verhältnisse 245
   1. Der Verlust der italienischen Besitzungen 245
   2. Die Ausscheidung Österreichs aus Deutschland 246
   3. Die Occupation Bosniens und der Hercegowina 247
II. Geschichte des öffentlichen Rechtes 248
   a) Die ersten Versuche der Gründung einer österreichischen Verfassung (1848 bis 1849) 248
      1. Die deutschen und slavischen Länder 248
      2. Ungarn 252
   b) Die Periode des Absolutismus 254
      1. Die Aufhebung der octroyierten Verfassung 254
      2. Die Organisierung der Verwaltungsbehörden 254
      3. Die Organisierung der Gerichtsbehörden 256
      4. Die Organisation der Finanzbehörden 257
      5. Die Gemeindeverfassungen 257
      6. Das Steuerwesen 258
      7. Das Militärwesen 258
      8. Die Aufhebung des Unterthanenverbandes und die Durchführung der Grundentlastung 259
      9. Die kirchlichen Verhältnisse 260
   c) Die Begründung der bestehenden österreichischen Verfassung und der Ausgleich mit Ungarn 263
      1. Der verstärkte Reichsrath und das Octoberdiplom 263
      2. Das Februarpatent und der erste Reichsrath 268
      3. Die Sistierung der Verfassung und der Ausgleich mit Ungarn 273
      4. Die Verfassung vom 21. December 1867 und die Einführung der directen Reichsrathswahlen 276

Druckfehler in Überschriften neuer Abscnnitte:

S. 79 lies: bäuerliche statt: bürgerliche; S. 170 lies: Ungarn statt: Die Ungarn.

Einleitung.

Die Bildung der territorialen und ethnographischen Grundlagen.

Von den Ländern, welche die heutige österreichisch-ungarische Monarchie bilden, wurde die südliche Hälfte am Beginne der christlichen Zeitrechnung mit dem römischen Reiche vereinigt. Nachdem Oberitalien und die südlichen Alpenthäler, Dalmatien und die Abhänge des Karst bereits früher unterworfen worden waren, wurden im Jahre 15 v. Chr. auch die Räter und die keltischen Vindelicier, vier Jahre darauf die illyrischen Pannonier bezwungen und das „Königreich" Noricum zuerst tributpflichtig gemacht, später dem Reiche einverleibt und so die Donau zur Grenzlinie gemacht. 107 n. Chr. wurde vom Kaiser Trajan auch Dacien erobert und in eine römische Provinz verwandelt. Überall wurden die einheimischen Dialecte durch die lateinische Sprache verdrängt.

Aber trotz der großen Machtmittel war Rom nicht im Stande, seine Grenzen gegen die von Norden und Osten andringenden Germanen auf die Dauer zu schützen.

Nach der Mitte des 3. Jahrhunderts gieng Dacien an die Goten verloren. Am Ende des 4. Jahrhunderts drangen die verschiedensten Völkerschaften in das innerlich geschwächte Reich ein und eroberten eine Provinz nach der andern. Doch vermochte in den Stürmen der „Völkerwanderung" auf dem Boden des heutigen Österreich Jahrhunderte lang kein Volk eine dauernde Herrschaft zu gründen. Alle zogen entweder in südlichere Gegenden oder wurden unterworfen, wobei auch die Schöpfungen der römischen Cultur fast spurlos verschwanden, die romanisierten Bewohner, soweit sie nicht ausgewandert waren, ihre Freiheit und größtentheils auch ihre Nationalität einbüßten.

Erst in der zweiten Hälfte des 6. Jahrhunderts traten ständigere Verhältnisse ein.

Im Jahre 568 ließen sich die mit den Hunnen verwandten Avaren im heutigen Ungarn nieder und gründeten ein mächtiges Reich, welches sich von der Enns und den Ostabhängen der Alpen bis nach Siebenbürgen und von der Adria bis zu den Karpaten erstreckte.

Unter ihrer Oberhoheit siedelten sich im alten Pannonien und Noricum bis zu den Quellen der Drau und Mur und an den nördlichen und östlichen Abhängen der Ostalpen Slovenen oder Winden an, welche seit dem 7. Jahrhundert ein selbständiges Herzogthum Karantanien bildeten.

Die südlich anstoßenden Gebiete von der Kulpa und dem südlichen Istrien bis zur Cettina und dem Verbas nahmen in den ersten Decennien des 7. Jahrhunderts die Croaten in Besitz, vor denen sich die Romanen in die Küstenstädte und auf die Inseln zurückziehen mussten. Das südliche Dalmatien bis Durazzo, wie das Binnenland bis gegen Belgrad und Novibazar gerieth in die Gewalt der Serben.

Noch früher, spätestens nach der Mitte des 6. Jahrhunderts, hatten nordslavische Stämme Böhmen und Mähren bis zur Donau und das nordwestliche Ungarn besetzt, nachdem diese Gebiete von den früheren deutschen Bewohnern geräumt worden waren.

Westlich vom späteren Avarenreiche, zwischen der Enns und dem Lech, hatte sich schon bald nach dem Beginne des 6. Jahrhunderts ein oberdeutscher Stamm, die Bajoarier oder Baiern, wahrscheinlich die Nachkommen der alten Markomannen, angesiedelt, deren Herzoge ihre Herrschaft vom Böhmerwalde nach und nach auch über das alte Rätien ausdehnten und das Inn-, Eisack-, Rienz- und obere Etschthal in Besitz nahmen, während das Land unterhalb Bozen, am rechten Etschufer bis Meran hinauf, in den Händen der Langobarden war. Herzog Otilo von Baiern (737—748) machte auch den Herzog der Winden in Karantanien, welches Land durch den Anraserbach zwischen Lienz und Innichen von seinem Reiche geschieden war, von sich abhängig.

Aber sein Sohn und Nachfolger Thassilo suchte sich vergeblich der Oberhoheit des Frankenkönigs, die er wie mehrere seiner Vorgänger hatte anerkennen müssen, wieder zu entziehen. Als er gegen Karl den Großen, der schon im Jahre 774 das Reich der Langobarden erobert hatte und so Baiern auch von Süden bedrohte, die Avaren zuhilfe rief, wurde er 788 seines Herzogthums beraubt und Baiern dem fränkischen Reiche einverleibt, wodurch auch Karantanien von diesem in Abhängigkeit gerieth. Der Krieg, der nun zwischen Karl und den Avaren ausbrach, endete mit der vollständigen Unterwerfung derselben im Jahre 796. Ihr Gebiet bis zur Donau und Drau, das alte Pannonien und Ufernoricum, wurde mit dem fränkischen Reiche vereinigt. Dagegen war das Land zwischen der Donau und Theiß von Pippin so vollständig verwüstet worden, dass es ein Jahrhundert lang eine fast unbewohnte Einöde blieb. Bald darauf wurden auch die Croaten und die pannonischen Slovenen zwischen der Drau und Sau der fränkischen Oberhoheit unterworfen, während Istrien schon früher dem oströmischen

Kaiser entrissen worden war. Da auch die Slaven in Böhmen und Mähren dem fränkischen Könige Tribut zahlen mussten, so war ein großer Theil des heutigen Österreich unter der Oberherrschaft desselben vereinigt.

Das fränkische Reich war zum Zwecke der Verwaltung in Grafschaften eingetheilt, deren Vorsteher vom Könige in der Regel auf Lebenszeit ernannt wurden und im Gerichte wie in der Verwaltung seine Stelle vertraten. Es gab aber auch, besonders an den Grenzen des Reiches, Gebiete, welche wegen der gefährdeten Lage oder der großen Verschiedenheit der bisherigen politischen Zustände nicht in kleine Grafschaften getheilt, sondern unter die Verwaltung eines einzigen Beamten gestellt und nach vorherrschend militärischen Gesichtspunkten organisiert wurden. Es waren dies die „Marken", d. h. Grenzgebiete, deren Bewohner in erster Linie für die Vertheidigung derselben zu sorgen hatten, aber dafür vom Kriegsdienste außerhalb der Mark und den meisten anderen Leistungen frei waren. Um die Vertheidigung zu erleichtern, hat der Grenzgraf *(comes marcae, marchio)* oder Markgraf gewöhnlich auch noch eine benachbarte Grafschaft unter seiner Verwaltung.

Der Südosten des karolingischen Reiches zerfiel in zwei solche Markgrafschaften.[1]) Dem Grafen von Friaul als „Präfecten der Mark Friaul" war auch die Oberaufsicht über die östlich davon gelegenen, meist slavischen Stämme, welche zunächst ihre eigenen Fürsten behielten, übertragen, über die Karantanen, die pannonischen Slovenen, die Croaten und über Istrien, wo das Volk anfangs selbst seinen „Rector" wählte. Doch wurde diese Mark schon 828 aufgelöst und theilweise in Grafschaften getheilt, während die Oberaufsicht über die anderen Gebiete dem Vorsteher der benachbarten Mark übertragen worden sein dürfte. Für diese ist ein eigener Name nicht überliefert, doch kann man sie immerhin nach ihrer Lage als „Ostmark" bezeichnen. Sie umfasste das ganze den Avaren entrissene Gebiet, also das Land am rechten Donauufer von der Enns bis zum Wienerwalde mit einigen Strichen des meist mit Wald bedeckten Landes nördlich von der Donau bis zum Kamp und das alte Pannonien bis zur Drau. Auch die Verwaltung des Traungaues war diesem Markgrafen anvertraut, um ihm einen festeren Rückhalt zu verschaffen.

Die schwächeren Nachfolger Karls des Großen vermochten aber die Herrschaft über diese Länder nicht im vollen Umfange zu behaupten. Die pannonischen Slovenen machten sich mehr oder weniger unab-

---

[1]) Siehe meine „Geschichte Österreichs", 1, 84 ff., auf welche ich auch für das Vorausgehende verweise.

hängig. Die Croaten erkannten die Oberhoheit des oströmischen Kaisers an. Auch die Böhmen begannen 846 die Feindseligkeiten gegen das fränkische Reich. Noch größere Erfolge errangen die Mährer,[1]) welche einer ihrer Fürsten, Moimir, politisch geeinigt hatte. Zwar wurde dieser 846 von Ludwig dem Deutschen entsetzt, aber sein Neffe und Nachfolger Rastislaw riss sich vom ostfränkischen Reiche ganz los, und nicht die Angriffe der Deutschen, sondern der Verrath seines Neffen Swatopluk führte 870 seinen Sturz herbei. Dieser aber gründete ein großes Slavenreich, indem er seine Oberherrschaft nordwestlich über Böhmen und wahrscheinlich auch über die Sorben jenseits des Erzgebirges, im Nordosten über einen Theil Schlesiens und das westliche Galizien, im Südosten am linken Donauufer über die meist slavischen Bewohner der Theißebene bis in den Süden des heutigen Ungarn ausdehnte. Die ostfränkischen Könige mussten sich mit einer formellen Anerkennung ihrer Oberhoheit begnügen.

Nach Swatopluks Tode 894 löste sich aber das Reich auf. Zwischen seinen Söhnen brach ein Krieg aus. Die Böhmen und Sorben schlossen sich wieder an Deutschland an.

Es war dies um so wichtiger, als um diese Zeit ein neues Volk an der Grenze des mährischen Reiches erschien, die wilden Magyaren oder Ungarn, ein Zweig der finnisch-ugrischen Völkerfamilie.[2]) Nachdem diese längere Zeit im südlichen Russland bis zur unteren Donau gewohnt hatten, zogen sie nach einer durch die verbündeten Petschenegen und Bulgaren erlittenen Niederlage (wahrscheinlich 895) in die wenig bevölkerten Tiefebenen zu beiden Seiten der Theiß und nahmen diese in Besitz.

Bald machten sie sich dem ostfränkischen Reiche ebenso furchtbar wie dem mährischen. Dieses wurde nach mehrjährigen Kämpfen 905 oder spätestens 906 vernichtet, die Herrschaft der Magyaren über das Land von der March bis zur Mündung der Theiß und zur Grenze Siebenbürgens gesichert und dadurch auch die Nord- und Südslaven vollständig getrennt und die Gründung eines großen Slavenreiches in den Donauländern für immer unmöglich gemacht. Im Sommer 907 wurde der bairische Heerbann unter dem Markgrafen Liutpold „im Ostlande" vollständig besiegt und größtentheils aufgerieben. Damit war auch die deutsche Herrschaft über Pannonien verloren, ja die ganze Mark östlich

---

[1]) D. h. Marchanwohner, *Moravi* nach der slavischen, *Marahenses* oder *Marharii* nach der deutschen Form dieses Flusses. Über die Geschichte derselben in dieser Zeit siehe meine „Geschichte Österreichs", 1, 95 ff.

[2]) Über diese und ihre Niederlassung in Ungarn siehe meine „Geschichte Österreichs", 1, 114 ff.

von der Enns den Ungarn preisgegeben, wenn diese auch westlich vom Wienerwalde nur einzelne Punkte besetzten. Am Beginne des 10. Jahrhunderts waren die Völkerbewegungen, welche mehr als ein halbes Jahrtausend die Donauländer durchflutet hatten, endlich zu einer gewissen Ruhe gekommen, die ethnographischen Verhältnisse des heutigen österreichisch-ungarischen Kaiserstaates im ganzen festgestellt und auch für die künftige territoriale Entwicklung die Grundlagen gelegt.

Erste Periode.

Die Zeit der getrennten Entwicklung der deutsch-österreichischen Länder und der Reiche Böhmen und Ungarn (907—1526).

A. Die deutsch-österreichischen Länder.

I. Geschichte der territorialen Verhältnisse.

a. Die Bildung der einzelnen Territorien.

1. Österreich.

Der Verfall der ostfränkischen Monarchie hatte nicht bloß den Verlust aller Gebiete östlich von der Enns, sondern auch die Gefahr der vollständigen Auflösung des Reiches zur Folge gehabt. Bei der Schwäche der Centralgewalt konnte sich der Selbständigkeitstrieb der deutschen Stämme wieder geltend machen, welche eigene Herzoge an die Spitze stellten und dem Könige auf ihre Angelegenheiten nur geringen Einfluss gestatteten. Auch in Baiern benahm sich Liutpolds Sohn, der „Herzog" Arnulf, wie ein selbständiger Fürst. Konrad I. (911—918), der nach dem Tode Ludwigs „des Kindes" von den Großen der rechtsrheinischen Stämme zum Könige gewählt wurde, erschöpfte seine Kräfte in fruchtlosen Kämpfen mit den Herzogen. Sein Nachfolger, der Sachse Heinrich I. (919—936), vermochte sich in Deutschland nur dadurch allgemeine Anerkennung zu verschaffen, dass er sich in die inneren Verhältnisse der einzelnen Länder fast gar nicht einmischte. Erst seinem Sohne Otto I. (936—973) gelang es, die Gewalt der Herzoge zu beschränken und sich namentlich das Recht der Ernennung derselben zu sichern.

Infolge der Kräftigung des Reiches waren die Könige aber auch im Stande, Deutschland gegen die auswärtigen Feinde zu schützen. Die Ungarn, welche von 907 an längere Zeit das Reich fast jährlich verheerend heimgesucht hatten, wurden 933 bei einem Einfalle nach Thüringen und Sachsen von Heinrich I. entscheidend geschlagen, ein noch größeres Heer, das 955 bis Augsburg vordrang, von Otto I. fast vollständig vernichtet..

Dadurch wurde nicht bloß den Einfällen der Ungarn nach Deutschland für immer ein Ende gemacht, sondern auch die Gründung einer neuen bairischen Ostmark im Lande unter der Enns ermöglicht, welche unter dem ersten bekannten Markgrafen Burchard[1]) von der Enns und der großen Rodel (nordwestlich von Linz) ostwärts bis St. Pölten an der Traisen und am linken Donauufer in der Wachau bis unterhalb Spitz reichte.

Am 21. Juli 976 wird Liutpold als Markgraf genannt,[2]) welcher dem besonders in Ostfranken reich begüterten Geschlechte der „Babenberger" angehörte.[3])

Schon unter der Regierung Leopolds I. (976—994) wurde die Mark, für welche sich 996 zum erstenmale der Name *Ostarrichi* (Ostreich) oder Österreich findet,[4]) im Osten bis zum Wienerwalde ausgedehnt und zugleich gegen die Streifzüge der Ungarn gesichert, sodass die Eigenthumsverhältnisse geordnet werden konnten. Dabei wurden den Hochstiftern Salzburg, Passau und Freising nicht bloß die schon in der karolingischen Zeit erworbenen Besitzungen bestätigt, sondern auch neue geschenkt, welche dann freilich später theilweise den Markgrafen zu Lehen gegeben wurden.

Unter Leopolds I. Söhnen Heinrich I. (994—1018) und Adalbert (1018—1055) wurde das österreichische Gebiet durch die Colonisierung der von den Ungarn vollständig verwüsteten und fast unbewohnten Gegenden auch über die Ostabhänge des Wienerwaldes und die Höhen und Ebenen östlich vom Kampflusse vorgeschoben. Schon 1025 bildete am linken Donauufer die March, am rechten die Leitha die Ostgrenze Österreichs. Zwar hatte ein unglücklicher Krieg Kaiser Konrads II. mit Stephan dem Heiligen 1031 den Verlust des Landes zwischen der Leitha und Fischa und des Gebietes westlich von der March bis zu einer von

---

[1]) Er wird als Markgraf in der Zeit des Bischofs Adalbert von Passau († 971) und noch 18. October 972 genannt. Siehe meine „Geschichte Österreichs", 1, 138 ff. und dort S. 175 auch die Belege für die damalige Ausdehnung der Mark nach Osten.
[2]) Als Intervenient in Urkunde K. Ottos II., Mon. Germ. Dipl. 2, 149.
[3]) Über seine Abstammung und die Ausdehnung der Ostmark unter ihm und seinen nächsten Nachfolgern siehe meine „Geschichte Österreichs", 1, 174 ff.
[4]) *in regione vulgari vocabulo Ostarrichi … dicto.* Meiller, Regesten der Babenberger, S. 2, Nr. 2.

der Fischamündung nach Tracht an der Thaya gezogenen Linie[1]) zur Folge. Als aber nach dem Tode Stephans I. (1038) in Ungarn innere Unruhen ausbrachen und der Gegenkönig Aba Feindseligkeiten gegen Deutschland begann, wurde dieser 1043 von Heinrich III. gezwungen, die 1031 gewonnenen Gebiete wieder an Deutschland zurückzugeben. Es wurde daraus anfangs eine neue Mark geschaffen, diese aber schon bald (jedenfalls vor 1063) mit der alten Ostmark vereinigt.

Von dieser Zeit an erfolgte die **Erweiterung der Ostmark** nur noch auf friedlichem Wege, besonders durch die Ausrodung des ungeheuren „Nordwaldes", der einst fast das ganze Gebiet nördlich von der Donau bedeckt hatte, aber durch deutsche Einwanderer nach und nach urbar gemacht wurde.

Westlich von der Enns hatten die österreichischen Markgrafen von den Herzogen von Baiern drei Grafschaften (wahrscheinlich ungefähr mit dem Gebiete zwischen der Traun und dem Passauerwalde zusammenfallend) zu Lehen, welche bei der Erhebung der Mark Österreich zu einem Herzogthume (1156) vollständig mit diesem vereinigt wurden.[2]) Ebenfalls im Westen des eigentlichen Österreich lagen die Erwerbungen, welche Herzog Leopold V. (1177—1194) machte. Im Norden der Donau scheint er, wahrscheinlich nach dem Sturze Heinrichs des Löwen 1180, das Gebiet vom Haselgraben und der Rodel bis zur großen Mühl an sich gebracht zu haben. Im Süden wurde er von den Grafen von Beugen oder Rebgau (bei Vöcklabruck) zum Erben eingesetzt.[3]) Dessen Sohn Leopold VI. (1198—1230) kaufte außer anderen Herrschaften die Stadt Linz und ausgedehnte Güter an der Donau bis oberhalb Engelhardszell, welche ein Lehen des Bisthums Passau waren, vom Bischofe von Würzburg die Besitzungen seines Hochstiftes um Lambach mit der Stadt Wels und vom

---

[1]) Der Umfang dieses Gebietes ist in der Urkunde K. Heinrichs III. vom 25. October 1051 Mon. Boica XXIX, 1, 103 angegeben. Vgl. Thausing, Die Neumark Österreich in „Forschungen zur deutschen Geschichte", 4, 355 ff.

[2]) Otto von Freising, der Unterhändler des Vertrages, meldet darüber in „Gesta Frid. imper.", 2, 31: *ille* (Heinrich der Löwe) ... *marchiam Orientalem cum comitatibus ad eam ex antiquo pertinentibus reddidit. Exinde (imperator) ex eadem marchia cum praedictis comitatibus, quos tres dicunt, iudicio principum ducatum fecit.* Auch in der hierüber am 17. September 1156 ausgefertigten Urkunde K. Friedrichs I. („Archiv für österreichische Geschichtsquellen", 8, 110) sagt dieser: *Dux autem Baicarie resignavit nobis marchiam Austrie cum omni iure suo et cum omnibus beneficiis, que quondam marchio Liupoldus habebat a ducatu Baicarie.* Ueber die Lage der drei Grafschaften siehe meine „Geschichte Österreichs", 1, 250, N. 2 und gegen die abweichende Ansicht von Strnadt, Die Geburt des Landes ob der Enns, S. 66 ff., die Recension von Bachmann (mit Replik und Duplik) in „Zeitschrift für die österreichischen Gymnasien" 1888.

[3]) Strnadt a. a. O., S. 91 ff.

Kloster Lambach dessen Rechte auf die Gerichtsbarkeit und die Zölle in Wels.[1])

Die noch übrigen Theile des heutigen Landes ob der Enns, namentlich ein großer Theil des Traungaues, gehörten damals noch den Herzogen von Steiermark und wurden erst im Jahre 1254 mit Österreich vereinigt.

2. Kärnten und seine Marken (Steiermark, Krain, Istrien).[2])

Karantanien oder Kärnten, zu dem in ältester Zeit außer dem heutigen Kärnten auch noch das östliche Pusterthal und Steiermark mit dem Ennsthale bis unterhalb Steyr, im weiteren Sinne auch Krain, gehörten, war schon unter den Karolingern wiederholt ein eigenes Verwaltungsgebiet gewesen. Nach der Vernichtung der deutschen Herrschaft über Pannonien und die Ostmark stand es unter dem Herzoge von Baiern, welcher die dortigen Grafen einsetzte.

Als der Herzog Heinrich II. wegen seines Aufstandes gegen K. Otto II. 977 Baiern verlor, wurde dieses, um es zu schwächen, verkleinert und Kärnten einem eigenen Herzoge übertragen, dem auch die Grafschaft Istrien und die Mark Verona bis zum Mincio und Po verliehen wurden. Doch vermochte in diesem mehr slavischen als deutschen Lande, wo es an jedem Stammesbewusstsein fehlte, kein Fürstenhaus auf die Dauer festen Fuß zu fassen. Das Herzogthum behielt hier viel länger als anderswo den Charakter des Reichsamtes, und es wurde bald dieser, bald jener damit belehnt. Erst gegen Ende des 11. Jahrhunderts gelang den Eppensteinern, welche 1077 von Heinrich IV. mit Kärnten belohnt wurden, die Gründung einer Dynastie. Doch erlosch ihr Geschlecht schon 1122, worauf K. Heinrich V. Kärnten, aber ohne die Mark Verona, dem Grafen Heinrich von Lavant aus der rheinfränkischen Familie der Grafen von Sponheim verlieh, dessen Nachkommen das Herzogthum bis zu ihrem Aussterben 1269 behaupteten.

Die Gewalt der Herzoge von Kärnten wurde aber früh beschränkt, theils durch die Verleihung ausgedehnter Gebiete, welche auch von der Gewalt der Grafen und Herzoge befreit wurden, an deutsche Kirchenfürsten,[3]) theils durch die Umwandlung der Grenzgebiete in eigene Marken.

---

[1]) Die Belege in meiner „Geschichte Österreichs", 1, 402. Vgl. Strnadt, S. 49, N. 115.

[2]) Näheres in meiner „Geschichte Österreichs", 1, 207 ff., wo auch die Speciallitteratur angegeben ist.

[3]) So erhielt das Erzbisthum Salzburg theils schon unter den Karolingern, theils unter den späteren sächsischen Kaisern Friesach, Gurk, St. Andrä und andere Güter im Lavant- und Görtschitzthale, Sachsenburg an der Drau, Pettau mit Umgebung, die Gegend von Leibnitz mit dem westlich davon sich hinziehenden Gebiete

Die „Kärntner Mark", die im Osten Karantaniens an der mittleren Mur und oberen Raab lag und, am Röthelstein südlich von Bruck beginnend, im Süden bis zum Posruckgebirge, den Windischen Büheln und Radkersburg reichte,[1]) wird zum erstenmale 970 erwähnt, wo ihr Markward, der Stammvater der Eppensteiner, vorstand. Sie wurde also wie die bairische Ostmark wahrscheinlich bald nach dem Siege auf dem Lechfelde eingerichtet. Markwards Sohn und Nachfolger Adalbero erscheint (1006) auch als Graf im Ennsthalgau nördlich vom Rottenmanner Tauern und im südöstlich daran stoßenden Undrimathalgau zu beiden Seiten der Mur. Im Jahre 1035 wurde die Kärntner Mark an Arnold, den Sprossen eines altbairischen, besonders um Wels und Lambach reich begüterten Geschlechtes, verliehen. Neben ihm wird seit 1042 auch sein Sohn Gottfried als Markgraf genannt, welcher wahrscheinlich den Ungarn Pütten jenseits des Semmering abnahm, in dessen Besitz er nach späteren Nachrichten gewesen ist.

Da Gottfried 1050 ermordet wurde und sein Vater Arnold, der ihn nur wenige Jahre überlebte, nur noch einen Sohn, Adalbero, Bischof von Würzburg, hatte, so verwendete er sein Stammschloss und einen Theil seiner Güter zur Gründung des Klosters Lambach. Wels und anderes kam an das Bisthum Würzburg. Einen Theil der Allodialbesitzungen, nämlich Pütten mit dem dazugehörigen Gebiete, erbten Gottfrieds Tochter Mathilde und deren Gemahl, der Graf Ekbert von Formbach und Neuburg (am unteren Inn). Anderes kam an Arnolds Verwandten Ottokar, ebenfalls aus einem altbairischen Geschlechte, den der Kaiser auch mit der Kärntner Mark belehnte, und zwar einschließlich der Grafschaften an der Mur und Enns und der Grafengewalt im Gebiete von Pütten zu beiden Seiten der Schwarza bis zur Piesting.[2])

---

zwischen den Bächen Sulm und Lassnitz, endlich Admont und andere Güter im oberen Murthale. Das Bisthum Freising bekam (außer Innichen im heutigen Tirol) die ausgedehnte Herrschaft (Bischofs-) Laak in Krain, die Gegend um Pölland südlich von Gottschee und das Gebiet von Nassenfuß bis an die untere Gurk und die Sau, an der oberen Mur Katsch und in den benachbarten Seitenthälern Oberwölz und Lind. Das Bisthum Brixen wurde mit der ausgedehnten Herrschaft Veldes in Krain beschenkt. Das von Heinrich II. gestiftete Bisthum Bamberg wurde mit Feldkirchen und dem ganzen Gebiete von Villach bis Pontebba, mit den Hochthälern westlich von Gurk, mit Wolfsberg und dem oberen Lavantthale, mit Bleiburg bis an die Grenze von Krain, mit Rottenmann und anderen Gütern ausgestattet.

[1]) Vgl. für das Folgende auch die Untersuchungen von Felicetti v. Liebenfels, Steiermark vom 8. bis 12. Jahrhundert, im 9. und 10. Bande der „Beiträge zur Kunde steiermärkischer Geschichtsquellen" (mit Karten).

[2]) Wann die Verwaltung der Grafschaften Leoben und Mürzthal dem Markgrafen übertragen wurde, ist unbekannt, da nach 1025 sich kein Graf mehr nachweisen lässt, aber auch die Zugehörigkeit zur Mark nirgends erwähnt wird.

Die Nachkommen Ottokars I., welche später neben ausgedehnten Besitzungen auch die Grafenrechte in einem großen Theile des Traungaues innehatten, aber die Kärntner Mark nicht lange behauptet und erst nach dem Aussterben der Eppensteiner (1122) wieder erlangt zu haben scheinen,[1]) nannten sich nach der Stiraburg oder der Burg Steier am Zusammenflusse der Steier und Enns, wo sie längere Zeit residierten, **Markgrafen von Steier**, bis endlich in der zweiten Hälfte des 12. Jahrhunderts dieser Name auch auf das von ihnen verwaltete Land übertragen und dieses die Mark von Steier oder die **Steiermark** genannt wurde.

Kamen diese Markgrafen wahrscheinlich infolge der Lehen, welche sie von den Herzogen von Baiern innehatten, in eine gewisse Abhängigkeit von diesen, so dass sie die Landtage derselben besuchen mussten, so erweiterten sie andererseits ihr Gebiet nach allen Richtungen.[2])

Der letzte Eppensteiner Heinrich von Kärnten vermachte bei seinem Tode (1122) seinem Schwager Ottokar II. seine ausgedehnten Allodialgüter, welche einen großen Theil Obersteiermarks von Murau bis zum Semmering umfassten. Ottokars II. Enkel Ottokar III. erhielt 1148 nach dem Tode seines Oheims, eines Sponheimers, die Grafschaft oder „**Mark an der Drau**" (auch „Pettauer Mark") mit Marburg als Mittelpunkt und 1158 nach dem Ableben des Grafen Ekbert von Formbach-Pütten, seines Verwandten, die sogenannte **Grafschaft Pütten** zu beiden Seiten des Semmering.

Nach dem Sturze Heinrichs des Löwen 1180 hörte auch die Abhängigkeit der Steiermark von Baiern auf, indem K. Friedrich I. die alten Stammherzogthümer Baiern und Sachsen in kleinere Territorialherzogthümer zersplitterte und daher auch **Steiermark** zu einem reichsunmittelbaren **Herzogthume** erhob.

Länger blieben mit dem Herzogthume Kärnten **Krain und Istrien** verbunden, in welch letzterem Lande einige Zeit der Herzog unmittelbar die Verwaltung führte. Erst 1040 erhielt Krain einen **eigenen Markgrafen**,[3]) dessen Inhaber seit 1061 auch als Markgraf von Istrien erscheint. 1077, nach der Demüthigung Heinrichs IV. zu Canossa und der Wahl Rudolfs von Schwaben zum Gegenkönige, verlieh jener, um sich

---

[1]) Dies hat J. v. Zahn, Styriaca, S. 7 ff., wahrscheinlich gemacht.

[2]) Siehe meine „Geschichte Österreichs", 1, 267 ff.

[3]) Meine in „Mittheilungen des Instituts", 6, 388 ff. begründete Annahme, dass Krain damals wie früher ein einheitliches Verwaltungsgebiet gebildet habe, nicht in eine „Markgrafschaft" (Unter- und Mittelkrain) und eine „Grafschaft" Krain (Oberkrain) getheilt gewesen sei, muss ich trotz der Gegenbemerkungen Schumis im „Archiv für Heimatskunde", 2, 219 ff. aufrechthalten. Vgl. auch Mell, Die historische und territoriale Entwicklung Krains vom 10. bis ins 13. Jahrhundert" (Graz, 1888), S. 7 ff., und meine Anzeige in „Mittheilungen des Instituts", 10, 145 ff.

die Unterstützung des Patriarchen von Aquileja zu verschaffen, der Kirche desselben die Grafschaften Friaul und Jstrien und die Mark Krain.

Doch haben die Patriarchen nur Friaul und nach einer kurzen Unterbrechung (seit 1093) auch Krain dauernd zu behaupten vermocht. Istrien erhielt wieder eigene Markgrafen, und zwar kamen am Anfange des 12. Jahrhunderts die Sponheimer, 1173 durch Erbschaft das bairische Geschlecht der Andechser in den Besitz desselben. Erst 1208, als Heinrich von Andechs wegen angeblicher Theilnahme an der Ermordung König Philipps geächtet wurde, ward Istrien wieder dem Patriarchen von Aquileja zugesprochen.

Doch mussten sich die Küstenstädte Istriens nach einiger Zeit der Schutzhoheit Venedigs unterwerfen. Einen großen Theil des Binnenlandes besaßen später, wohl als Lehen von Aquileja, die Schutzvögte dieser Kirche, die Grafen von Görz, welche auch im Besitze ausgedehnter Gebiete in Krain und Kärnten (namentlich des Lessach- und Möllthales und der Stadt Lienz und des Virgenthales) erscheinen. Auch andere Geschlechter hatten in Krain umfangreiche Besitzungen inne, so die Sponheimer Laibach, Krainburg und Landstraß, die Andechser Stein und anderes.[1]

Durch die Lostrennung der Marken und Grafschaften im Osten und Süden wurde die Gewalt des Herzogs auf das heutige Kärnten mit dem angrenzenden Theile Tirols beschränkt. Nur die Grafschaft oder, wie sie seit dem Beginne des 12. Jahrhunderts auch heißt, die Mark an der Sann (auch von Cilli), wie die Bezirke von Windischgrätz und Murau gehörten damals noch zu Kärnten, nicht zu Steiermark.[2]

3. Tirol.[3]

Das „Land im Gebirge" war in der karolingischen Zeit und unter den Ottonen in mehrere Grafschaften getheilt, von welchen die nördlichen zum Herzogthume Baiern gehörten, während die ehemals langobardische Grafschaft Trient, die sich bis Bozen und am rechten Etschufer bis Meran erstreckte, zur Mark Verona gerechnet wurde.

K. Konrad II. suchte die Alpenpässe in verlässliche Hände zu bringen, und da die Könige damals in den von ihnen ernannten Bischöfen

---

[1] Vgl. mit meiner „Geschichte Österreichs", 1, 547 auch Mell, S. 58 ff. und 134 ff. Zahlreiche zerstreute Notizen bei Krones, Die deutsche Besiedelung der östlichen Alpenländer (Forschungen zur deutschen Landes- und Volkskunde, III, 5).

[2] Felicetti a. a. O., 9, 57 ff.; 10, 90 ff. 107 ff.

[3] Näheres in meiner „Geschichte Österreichs", 1, 500 ff. Vgl. J. Egger, Die Entstehung der Gerichtsbezirke Deutschtirols, „Mittheilungen des Instituts", Ergänzungsband 4, 373 ff.

eine Hauptstütze erblickten, so verlieh er 1027 dem Hochstifte Trient die Grafschaft Trient, die Grafschaft Bozen, die längs des Eisack bis Clausen und am linken Etschufer bis unterhalb Meran reichte, und die Grafschaft Vintschgau, welche das obere Etschthal bis Pontalt im Engadein umfasste. Gleichzeitig belehnte der Kaiser den Bischof von Brixen mit einer Grafschaft, die sich von Clausen durch das Eisackthal über den Brenner ins Unterinnthal, abwärts bis zum Zillerflusse ausdehnte. 1091 verlieh Heinrich IV. dem Bischofe Altwin von Brixen, der im Kampfe mit den Päpsten einer seiner treuesten Anhänger war, die Grafschaft Pusterthal. So entstanden im heutigen Tirol zwei geistliche Fürstenthümer, das des Bischofs von Trient im Süden und Westen, das des Bischofs von Brixen in der Mitte gegen Norden und Osten zu.

Doch hatte dies keinen Bestand, weil die Bischöfe diese Grafschaften nicht dauernd unter ihrer eigenen Verwaltung behielten, sondern weltliche Große damit belehnten. Die Bischöfe von Trient ließen nur den größeren (italienischen) Theil der Grafschaft Trient durch ihre Beamten verwalten. In der Grafschaft Bozen finden wir seit 1074 Grafen, die gemeinsam mit dem Bischofe auch die sogenannte Grafschaft Eppan, den deutschen Antheil der Grafschaft Trient, besaßen.

Die Grafschaft Vintschgau mit der Vogtei über das Hochstift Trient erhielt vor 1130 ein Edelmann Namens Adalbert, dem der Bischof von Brixen schon früher eine Grafschaft, wahrscheinlich die im Eisackthale, verliehen hatte. Seine Söhne nannten sich seit ungefähr 1140 nach einer ihrer Burgen bei Meran Grafen von Tirol. Sein Enkel Heinrich erhielt um 1170, vielleicht nach dem Absterben eines Zweiges der Grafen von Eppan, vom Bischofe auch den Mitbesitz der Grafschaft Bozen.

Die Bischöfe von Brixen behaupteten ein noch beschränkteres Gebiet als jene von Trient, weil sie alle ihre Grafschaften weiter verliehen, und zwar den größeren Theil, jene im Unterinnthale und Pusterthale, um 1165 an die ohnehin schon sehr mächtigen Grafen von Andechs, die in Südbaiern und Franken mehrere Grafschaften besaßen, 1158 auch Schärding und Neuburg am unteren Inn erbten und 1173 vom Kaiser noch mit Istrien und der Mark Krain belehnt wurden. Nach der Absetzung Heinrichs des Löwen 1180 wurden sie auch von der Abhängigkeit vom Herzoge von Baiern befreit, worauf ihr ältestes Glied den Titel „Herzog von Dalmatien" oder „von Meranien", d. h. dem Lande am Meere, annahm, dem freilich keine wirkliche Herrschaft entsprach, da ihn nur K. Friedrich I. geschaffen hatte, wahrscheinlich um die Ansprüche auf die Küstengebiete südlich von Istrien zu erneuern, die einst zum fränkischen Reiche gehört hatten. Die Gewalt des Bischofs von Brixen blieb auf seine Residenzstadt und deren Umgebung, das Thal Fassa und Theile von Enneberg und Pusterthal (mit Bruneck), beschränkt.

So waren am Ende des 12. Jahrhunderts die meisten Grafschaften der Hochstifter Trient und Brixen an die Geschlechter der Tiroler und Andechser gekommen. Dass auch dieser Dualismus beseitigt und der größte Theil des „Landes im Gebirge" zu einem Ganzen vereinigt wurde, ist vorzüglich das Werk des Grafen Albert von Tirol, des Urenkels Adalberts, von dessen Stammburg das Land daher mit Recht den Namen erhalten hat. Da er keine Söhne, sondern nur zwei Töchter hatte, von denen eine mit dem Grafen Meinhard von Görz, die andere mit dem Herzoge Otto II. von Meranien vermählt war, so suchte er seinen Töchtern und Schwiegersöhnen nicht bloß den Besitz seiner Eigengüter, sondern auch seine weit umfangreicheren Lehen zu sichern. In der That verlieh ihm der Bischof von Trient 1240 die Lehen seiner Kirche nicht bloß für seine männlichen, sondern auch für seine weiblichen Erben. Der Bischof von Brixen wurde 1241 mit Waffengewalt gezwungen, den Grafen Albert und seinen Schwiegersohn Otto II. von Meranien mit den Stiftsgütern, die jeder einzelne besaß, gemeinsam zu belehnen, so dass die Vereinigung der meisten Brixner Lehen in einer Hand nur noch eine Frage der Zeit war. Sie erfolgte schon 1248, als mit Otto II. das Geschlecht der Andechs-Meraner in männlicher Linie erlosch.

Albert von Tirol besaß jetzt die Grafschaft Vintschgau und sehr viele Güter und gemeinschaftlich mit dem Bischofe die Grafschaft Bozen als Lehen vom Hochstifte Trient, die Grafschaften im Eisack-, Puster- und Unterinnthale mit der Stiftsvogtei als Lehen des Bisthums Brixen. Als er 1253 starb, fielen seine sämmtlichen Besitzungen an seine Schwiegersöhne, die Grafen Meinhard von Görz und Gebhard von Hirschberg, der die Witwe Ottos von Meranien geheiratet hatte. Sie theilten dieselben 1254 in der Weise, dass die Herrschaften in Nordtirol, und im Eisackthale oberhalb der heutigen Franzensfeste an Gebhard von Hirschberg, die übrigen an Meinhard von Görz kamen, der dann den Bischof von Trient zwang, ihm auch die Lehen der um diese Zeit ausgestorbenen Grafen von Eppan zu verleihen, so dass er den größten Theil der Besitzungen der fast gleichzeitig erlöschenden Grafen von Tirol, Andechs und Eppan, in seinen Händen vereinigte. Seine Söhne Meinhard und Albert, die bei seinem Tode 1258 seine Herrschaften erbten, erhielten auch noch die übrigen. Denn, da die Gemahlin Gebhards von Hirschberg 1256 kinderlos gestorben war, so erhoben sie als Söhne der einzigen noch lebenden Tochter Alberts von Tirol auf das Erbe derselben Anspruch. Gebhard trat ihnen dasselbe 1263 ab bis auf einige Herrschaften im Innthale, die Meinhard 1284 durch Kauf an sich brachte.

Meinhard II. und Albert theilten aber 1271 ihre Besitzungen in der Weise, dass ersterer alles erhielt, was westlich von der Mühlbacher Clause (zwischen Bruneck und der Franzensfeste) lag, während die görzischen Besitzungen mit den tirolischen Herrschaften im Pusterthale seinem Bruder zufielen.

Meinhards II. Bemühungen giengen dahin, einerseits den Bischof von Trient, seinen Lehensherrn, von sich abhängig zu machen, andererseits seine tirolischen Besitzungen zu arrondieren und zu einem geschlossenen Territorium zu machen, indem er die Herrschaften der in Tirol begüterten Grafen und Herren durch Kauf erwarb oder es durchsetzte, dass erledigte Reichs- und Kirchenlehen ihm verliehen wurden. Mit seiner Gemahlin Elisabeth, der Witwe Konrads IV., erhielt er von ihrem Sohne Konradin im Tauschwege auch einen großen Theil des Oberinnthales, wo er anderes käuflich an sich brachte.

Durch die Bemühungen der Grafen Albert von Tirol und Meinhards II. von Görz war die Macht der Bischöfe von Trient und Brixen gebrochen, die Theilung des „Landes im Gebirge" in zwei geistliche Fürstenthümer beseitigt und daselbst ein weltliches Gebiet, die „Herrschaft Tirol", gebildet.[1])

b) Die Vereinigung der deutsch-österreichischen Länder.

I. Die Vereinigung der Steiermark mit Österreich und die ersten Erwerbungen in Friaul und Krain.

Die selbständige Stellung Steiermarks hörte schon mit dem Tode des ersten Herzogs, Ottokars IV., wieder auf. Da dieser ohne Kinder war und, weil er am Aussatze litt, auch keine Aussicht hatte, solche zu erhalten, so beschloss er, Steiermark dem Herzoge Leopold V. von Österreich (1177—1194) zu verschaffen, und zwar, wie er in der Vermächtnisurkunde von 1186 sagt, weil Österreich und Steiermark, als benachbart, besser von einem Fürsten regiert würden. Allerdings konnte Ottokar über sein Land und die herzogliche Würde nicht beliebig verfügen, weil diese Reichslehen waren und nach seinem kinderlosen Tode an das Reich zurückfielen.[2]) Aber wenn er dem Herzoge Leopold seine ausgedehnten Allodialgüter und seine zahlreichen Dienstmannen wie die

---

[1]) „*Comitatus et dominium Tyrolense*" kommt in diesem allgemeinen Sinne zuerst in der Theilungsurkunde von 1271 (F. R. Austr., Dipl. 1, 119) vor. Doch hat dieser Ausdruck noch nicht allgemeinere Anerkennung gefunden. Noch im 14. Jahrhunderte wird das Land gewöhnlich als „Grafschaft Tirol, das Land an der Etsch und im Innthal" bezeichnet.

[2]) Ganz richtig unterscheidet dies die Contin. Zwetl. II. in Mon. Germ. SS. 9, 543 ad 1186, wenn sie sagt: *Dux Styrensis omnem hereditatem testatus est Liupoldo duci Austrie; imperator etiam terram et ducatum sibi ipsius contradidit.* Über das Ganze siehe meine „Geschichte Österreichs", 1, 270 ff.

unter seiner Vogtei stehenden Klöster vermachte, so hatte derselbe eine so feste Stellung im Lande, dass ein anderer sich schwer als Herzog neben ihm hätte behaupten können. Doch scheinen seit 1184 auch Unterhandlungen mit dem Kaiser stattgefunden zu haben, und nachdem dieser wahrscheinlich seine Zustimmung gegeben hatte, setzte Ottokar am 17. August 1186 den Herzog Leopold und dessen älteren Sohn Friedrich zu Erben ein, indem er verfügte, dass jener von Leopolds Nachkommen, der Österreich innehätte, auch Steiermark besitzen, also beide Länder nie mehr getrennt werden sollten.

Ottokar starb schon im Mai 1192, und noch im nämlichen Monate wurden Leopold V. und sein Sohn Friedrich vom Kaiser Heinrich VI. mit Steiermark belehnt.

Schon die Ottokare hatten auch Güter in Friaul, namentlich Cordenons, und das Schenkenamt des Patriarchates Aquileja erworben. Leopold VI. brachte durch Kauf Portenau oder Pordenone an sich.

Leopold VI. war auch der erste Herzog von Österreich, der in Krain festen Fuß fasste, indem er vom Bischofe von Freising ausgedehnte Güter im südöstlichen Krain (zwischen Nassenfuß, St. Canzian und Neustadtl oder Rudolfswerth) kaufte. Sein Sohn Friedrich II. (1230—1246) nahm 1232 sogar den Titel „Herr von Krain" *(dominus Carniole)* an, was vielleicht dadurch veranlasst wurde, dass seine Gemahlin Agnes, Tochter des Herzogs Otto I. von Meranien und Nichte des Markgrafen Heinrich von Istrien, in diesem Lande ausgedehnte Besitzungen als Mitgift erhielt.[1]

2. Die Zwischenregierung Ottokars II. von Böhmen[2] und deren Folgen für die territoriale Entwicklung.

Mit dem Herzoge Friedrich II., der in einer Schlacht gegen die Ungarn am 15. Juni 1246 sein Leben verlor, erlosch der Mannsstamm der Babenberger, und die Herzogthümer Österreich und Steiermark fielen als erledigte Reichslehen an den Kaiser zurück. Denn nach den Grundsätzen des damaligen Reichslehenrechtes giengen die Lehen nur vom Vater auf den Sohn, in Österreich nach einem 1156 erhaltenen und noch 1245 bestätigten kaiserlichen Privileg auch auf Töchter über. Friedrich II. hinterließ jedoch nur Seitenverwandte, welche nur die Allode erben konnten, nämlich eine Schwester Margareta, Witwe des 1242 verstorbenen römischen Königs Heinrich (VII.), eine Nichte Gertrud, Tochter seines 1228 verstorbenen Bruders Heinrich, und zwei Neffen,

---

[1] Siehe meine „Geschichte Österreichs", 1, 268. 402. 404.
[2] Siehe meine „Geschichte Österreichs", 1, 514 ff. und die dort angeführte Literatur.

Söhne seiner Schwester Constanze, welche mit dem Markgrafen von Meißen vermählt gewesen war.

Aber K. Friedrich II. war damals in einen Kampf auf Leben und Tod mit den italienischen Städten und mit dem Papste Innocenz IV. verwickelt und konnte daher den südostdeutschen Herzogthümern nur geringe Aufmerksamkeit zuwenden. Zwischen der kaiserlichen und päpstlichen Partei brach bald ein wilder Kampf aus, in welchem diese Länder furchtbar verwüstet wurden. Der Markgraf Hermann von Baden, der im Jahre 1248 die Babenbergerin Gertrud heiratete, errang zwar endlich in Österreich einige Erfolge, vermochte aber die kaiserlich gesinnten Adeligen nicht zu unterwerfen. Als er 4. October 1250 starb, zwei Monate später auch Kaiser Friedrich II. aus dem Leben schied und im Herbste 1251 der König Konrad IV., Deutschland aufgebend, nach Italien zog, waren Österreich und Steiermark ganz sich selbst überlassen und wurden nicht bloß durch innere Kämpfe zerfleischt, sondern auch durch die Ungarn von Osten, die Baiern von Westen angegriffen.

Da luden einige österreichische Adelige den Markgrafen Ottokar von Mähren, Sohn Wenzels I. von Böhmen, zur Besitznahme des Landes ein.[1]) Da er auch der Unterstützung der Bischöfe sicher war, so nahm er den Titel eines Herzogs von Österreich an, drang in der ersten Hälfte des November 1251 mit einem Heere in Österreich ein und nahm das Land bis zum Semmering ohne Widerstand in Besitz.

Dagegen fiel Steiermark großentheils in die Hände Belas IV. von Ungarn, der in den nächsten Jahren auch Österreich angriff. Der Krieg wurde endlich unter päpstlicher Vermittlung durch den Ofner Frieden vom 3. April 1254 beendet, nach welchem Ottokar, der im September 1253 seinem Vater auch in Böhmen gefolgt war, Österreich, Bela aber Steiermark behielt. Doch wurde der Theil, der nördlich vom Semmering und dem von da westwärts sich hinziehenden Gebirge liegt, also Wiener-Neustadt und Pütten im Osten, der Traungau im Westen, an Ottokar abgetreten und zu Österreich geschlagen, welches damals zuerst gegen Süden seine heutige Grenze erhielt.

Die steirischen Adeligen erregten aber schon im Jahre 1258 gegen die Ungarn einen Aufstand, den Ottokar unterstützte, und nach der Niederlage bei Kroissenbrunn (12. Juli 1260) musste Bela IV. im Pressburger Frieden auf ganz Steiermark verzichten.

Wenige Jahre darauf brachte Ottokar auch das dritte der südostdeutschen Herzogthümer, Kärnten, in seine Gewalt, indem er es durch-

---

[1]) *per nobiles ducatus eorundem comites et barones . . . invitati* sagt Ottokar selbst in einer Urkunde vom 29. April 1253, womit auch der gleichzeitige Herm. Altah., Mon. Germ. SS. 17, 393 übereinstimmt.

setzte, dass der kinderlose Herzog Ulrich, sein Vetter, ihn zu seinem Erben einsetzte. Dieser war zwar nicht befugt, über seine Lehen, besonders das Herzogthum, zu verfügen, und der römische König Wilhelm hatte schon 1249 gemeinsam mit Ulrich auch dessen Bruder Philipp belehnt und diesem eventuell die Nachfolge zugesichert. Aber Ottokar kümmerte sich weder um die Rechte Philipps, noch um die Reichsgewalt, welche damals in Richard von Cornwallis nur einen schwachen Vertreter hatte. Als Ulrich am 27. October 1269 starb, nahm er Kärnten und die dazu gehörigen Theile von Krain mit Waffengewalt in Besitz.

Damit hatte das Gebiet Ottokars die größte Ausdehnung erreicht. Sein Reich erstreckte sich über den ganzen Osten Deutschlands vom Erz- und Riesengebirge bis zum adriatischen Meere und umfasste den größten Theil des heutigen Österreich diesseits der Leitha.

3. Die Erwerbung Österreichs durch das Haus Habsburg. — Die Vorlande in Schwaben.

Nachdem Deutschland mehrere Jahrzehnte eines allgemein anerkannten Oberhauptes entbehrt hatte, ja seit 1257 zwei Könige, Richard von Cornwallis und Alfons von Castilien, sich gegenübergestanden, wurde von den Kurfürsten, welche jetzt das ausschließliche Wahlrecht besaßen, am 1. October 1273 der Graf Rudolf von Habsburg auf den Thron erhoben.

Dieser sah es für eine seiner wichtigsten Aufgaben an, die Rechte des Reiches nach allen Seiten zur Geltung zu bringen, den böhmischen König, der ihm seine Anerkennung verweigerte, zum Gehorsam zu zwingen und ihm die Länder wieder abzunehmen, deren sich dieser während des Zwischenreiches bemächtigt hatte.[1])

Ein Reichstag in Nürnberg entschied am 19. November 1274, dass der König das Recht habe, alle Besitzungen, die Kaiser Friedrich II. vor seiner Absetzung (1245) unbestritten innegehabt habe, und alle seit dieser Zeit dem Reiche heimgefallenen Gebiete an sich zu ziehen, und dass der König von Böhmen, weil er vom römischen Könige über Jahr und Tag seine Lehen nicht empfangen, alle Rechte darauf verwirkt habe. Durch die erste Entscheidung waren dem böhmischen Könige die während des Zwischenreiches occupierten Reichsländer, namentlich die drei südostdeutschen Herzogthümer abgesprochen. Im Februar 1275 wurde dann von

---

[1]) Vgl. mit meiner „Geschichte Österreichs", 1, 592 ff. die eingehenden Untersuchungen von Plüschke, Das Rechtsverfahren Rudolfs von Habsburg gegen Ottokar von Böhmen (Bonn 1885), Zeißberg, Über das Rechtsverfahren Rudolfs von Habsburg gegen Ottokar von Böhmen im „Archiv für österreichische Geschichte", 69, 1 ff., der manche Behauptungen des ersteren widerlegt, und Redlich, Die Anfänge K. Rudolfs I. in „Mittheilungen des Instituts für österreichische Geschichtsforschung", 10, 381 ff.

Rudolf der Bruder des letzten Herzogs von Kärnten, Philipp, erwählter Patriarch von Aquileja, mit allen ihm zustehenden Ländern und Rechten belehnt. Später ward Ottokar, da er auf wiederholte Vorladung nicht erschien, geächtet und auch seiner Erblande verlustig erklärt. Wegen der Lauheit der meisten deutschen Fürsten konnte der Reichskrieg gegen Ottokar erst im Sommer 1276 eröffnet werden. Während Rudolfs Freund Meinhard von Tirol und dessen Bruder Albert von Görz Kärnten, Krain und Steiermark einnahmen, griff der König selbst Österreich an und drang bis Wien vor, wo am 21. November Friede geschlossen wurde. Ottokar verzichtete auf Österreich, Steiermark, Kärnten und Krain und auf das während des Zwischenreiches besetzte Eger, wogegen ihn Rudolf mit Böhmen und Mähren belehnte. Als jener 1278 den Krieg erneuerte, verlor er gegen Rudolf und die mit diesem verbündeten Ungarn am 26. August bei Dürnkrut an der March Schlacht und Leben.

Da im Jahre darauf auch Philipp von Kärnten ohne Erben aus dem Leben schied, so waren alle drei südostdeutschen Herzogthümer dem Reiche ledig. König Rudolf suchte diese seinen Söhnen zu verschaffen, weil er sie nach den damaligen Grundsätzen des deutschen Staatsrechtes nicht dauernd in seinen Händen behalten durfte und die Gründung einer Hausmacht den besten Ersatz bieten konnte für den Verlust der Reichsgüter, welche seit der Doppelwahl des Jahres 1198 und dem damit beginnenden Verfalle der königlichen Gewalt meist von den Fürsten in Besitz genommen worden waren. Er bewog die benachbarten Bischöfe, seinen Söhnen die ausgedehnten Besitzungen zu übertragen, welche die Babenberger von ihren Kirchen zu Lehen gehabt hatten. Er blieb auch nach dem Falle Ottokars noch fast drei Jahre in Österreich, um die Bewohner an die habsburgische Herrschaft zu gewöhnen, und übertrug dann seinem ältesten Sohne Albrecht als Reichsverweser die Verwaltung Österreichs und Steiermarks, nachdem er in Kärnten schon früher den Grafen Meinhard von Tirol als Statthalter eingesetzt hatte. Als er sich dann die nothwendige Zustimmung der Kurfürsten verschafft hatte, belehnte er kurz vor Weihnachten 1282 auf einem Reichstage in Augsburg seine Söhne Albrecht und Rudolf mit Österreich, Steiermark, Kärnten und den dazu gehörigen Theilen von Krain.[1])

---

[1]) Bester Abdruck der Urkunden nach dem Originale bei H. v. Zeißberg, Rudolf von Habsburg und der österreichische Staatsgedanke. „Festschrift zur sechshundertjährigen Gedenkfeier der Belehnung des Hauses Habsburg", S. 36 ff. Sie trägt das Datum 27. December. Aber wie a. a. O. gezeigt ist, muss die Belehnung schon zwischen dem 17. und 23. December erfolgen sein Über die vorausgehenden Verhandlungen wie über die Kärntner Frage vgl. Redlich, Zur Geschichte der österreichischen Frage unter K. Rudolf I. „Mittheilungen des Instituts". Ergänzungsband 4, 133 ff.

Doch verlieh K. Rudolf Kärnten am 1. Februar 1286 dem Grafen
Meinhard von Tirol, nachdem er ihm Krain mit der sogenannten
windischen Mark schon früher als Pfand übertragen hatte.

Neben den Herzogthümern Österreich und Steiermark besaßen die
Habsburger auch in Schwaben zu beiden Seiten des Oberrheins ausgedehnte Gebiete, welche theils Reichs- oder Kirchenlehen, theils Eigengüter waren. Die Landgrafschaft Oberelsass, die Grafenrechte im Aargau, Zürichgau und Thurgau, also von der Aar bis zum Boden- und Wallenstädtersee, vom Rheine bis an die Südgrenze von Unterwalden und Schwyz, die Vogtei über das Kloster Seckingen, namentlich das diesem gehörige Thal Glarus und über die zahlreichen Herrschaften des elsässischen Klosters Murbach in der heutigen Schweiz, dann am rechten Rheinufer Güter im Breisgau und im Schwarzwald hatte Rudolf schon bei seiner Thronbesteigung in seinem Besitz. Später kauften theils er, theils seine Söhne von der jüngeren, habsburg-laufenburgischen Linie Freiburg im Öchtland (1277), vom Kloster Murbach die Stadt Luzern (1291), dann mehrere Städte und Herrschaften im südlichen Schwaben, besonders an der oberen Donau, wo 1301 auch die Markgrafschaft Burgau erworben wurde.[1]

Die Verbindung der östlichen und westlichen Ländergruppe wurde durch die Erwerbung Kärntens und Tirols erleichtert.

4. Die Vereinigung Kärntens und Tirols mit Österreich.

Der Mannsstamm des Hauses Görz-Tirol, das 1286 mit dem Herzogthum Kärnten belehnt worden war, erlosch schon nach einem halben Jahrhundert, da Meinhards Sohn Heinrich keine Söhne, sondern nur zwei Töchter hinterließ, von denen wegen der Kränklichkeit der älteren nur die jüngere, Margareta, welche 1330 den böhmischen Prinzen Johann Heinrich heiratete, als Erbin der Eigengüter und Weiberlehen in Betracht kam.[2] Zwar verlieh Ludwig der Baier 1327 beim Antritte seines Zuges nach Italien, wohin er am leichtesten durch Tirol gelangen konnte, dem Herzoge Heinrich das Privileg, dass ihm in Ermanglung von Söhnen seine Töchter oder Brudertöchter oder ein Gemahl derselben auch in den Reichslehen, also namentlich im Herzogthume Kärnten, sollten nachfolgen dürfen, und dieses Privileg erneuerte er ihm bei seiner Rück-

---

[1] Ein freilich nicht ganz lückenloses Verzeichnis aller Besitzungen in Schwaben und ihrer Erträgnisse gibt das 1303 begonnene „Habsburg.-österreichische Urbarbuch", herausgegeben von Pfeiffer, Stuttgart 1850 (Literarischer Verein). Vgl. meine „Geschichte Österreichs", 1, 584 ff.; Stälin, Würtembergische Geschichte, 3, 41 ff. 108 ff.

[2] Über das Folgende siehe meine „Geschichte der Vereinigung Tirols mit Österreich und der vorbereitenden Ereignisse", S. 7 ff., und „Geschichte Österreichs", 2, 152 ff. 163 ff.

kehr nach Deutschland 6. Februar 1330. Aber Ludwig brach sein feierliches Versprechen, als er der Unterstützung Heinrichs nicht mehr zu bedürfen glaubte. Am 26. November 1330 schloss er mit den Herzogen von Österreich einen geheimen Vertrag, wonach er dieselben nach dem Tode Heinrichs mit Kärnten belehnen, sie aber ihm zur Eroberung Tirols Beistand leisten sollten.

Als nun der Herzog Heinrich am 2. April 1335 aus dem Leben schied, wurden seine Tochter Margareta (Maultasch) und deren Gemahl Johann Heinrich zwar von den Tirolern und Kärntnern als Herren anerkannt. Kaiser Ludwig aber belehnte die Herzoge Otto und Albrecht II. von Österreich am 2. Mai in Linz nicht bloß mit Kärnten, sondern verlieh ihnen auch Südtirol, während das Innthal und obere Eisackthal an die Söhne des Kaisers fallen sollten.

Da Johann Heinrich ein Knabe von erst dreizehn Jahren war, sein Vater König Johann von Böhmen aber in Paris an den bei einem Turniere erhaltenen Wunden darniederlag, also zur Vertheidigung der gefährdeten Länder fast nichts geschah, so leisteten die Kärntner den Herzogen von Österreich schon anfangs Juni ohne Widerstand die Huldigung. Krain, das den Herzogen von Kärnten nur verpfändet gewesen war, hatte noch früher die österreichische Herrschaft anerkannt.

Erst Ende Juli kam König Johann nach Böhmen zurück. Nachdem er zunächst einen Waffenstillstand bis zum 24. Juni des folgenden Jahres zustande gebracht hatte, machte er umfassende Rüstungen, schloss Bündnisse mit den Königen von Polen und Ungarn, wie mit dem Herzoge Heinrich von Niederbaiern, seinem Schwiegersohne, und griff dann im folgenden März, noch vor Ablauf des Waffenstillstandes, Österreich an. Aber weder hier noch in Baiern, wohin er sich später wendete, vermochte er entscheidende Erfolge zu erringen. Andererseits schlugen die Tiroler unter dem Markgrafen Karl von Mähren, dem älteren Sohne des Böhmenkönigs, alle Angriffe auf ihr Land zurück.

Da so die Hoffnung des Kaisers, seinem Hause Nordtirol zu erwerben, vereitelt ward, verlangte er von den Herzogen von Österreich zum Ersatz der Kriegskosten vier oberösterreichische Städte, und als diese eine solche Forderung abschlugen, zog er sich ganz vom Kriege zurück. Ohne die Unterstützung des Kaisers hatten aber die Herzoge von Österreich ebensowenig Hoffnung, das ihnen zugesicherte Südtirol zu erobern, als die Luxemburger, den Österreichern Kärnten wieder zu entreißen. König Johann von Böhmen und die Herzoge von Österreich schlossen daher am 9. October 1336 den **Frieden von Enns**, der den augenblicklichen Besitzstand anerkannte. Die Herzoge von Österreich verzichteten auf Tirol und die Gebiete an der Drau vom salzburgischen Sachsenburg aufwärts (namentlich Greifenburg), der König Johann für sich und seinen gleichnamigen Sohn und dessen Gemahlin auf Kärnten und Krain, welche so dem Hause Habsburg bleibend gesichert waren. Wenige Jahre später verloren die Luxemburger auch Tirol.

Margareta Maultasch war mit ihrem Gemahle, einem rohen Jünglinge, von dem sie keine Nachkommenschaft zu erhalten fürchtete, ebenso unzufrieden wie die tirolischen Adeligen mit der Regentschaft Karls von Mähren, der eine strenge Aufsicht über die Finanzverwaltung einführte, Unterschleife bestrafte und einigen Böhmen großen Einfluss einräumte. Margareta und ihre Vertrauten setzten sich nun mit dem Kaiser ins Einvernehmen und vertrieben anfangs November 1341 den Herzog Johann aus dem Lande. Am 10. Februar 1342 feierte Margareta mit des Kaisers ältestem Sohne, dem verwitweten Markgrafen Ludwig von Brandenburg, auf dem Schlosse Tirol Hochzeit, indem man ihre Ehe mit Johann von Böhmen als ungiltig betrachtete, weil sie nie vollzogen worden sei. Der Kaiser verlieh ihm zugleich mit seiner Gemahlin ihre Reichslehen.

Aber auch die wittelsbachische Herrschaft in Tirol dauerte nicht lange.[1]) Die Kinder, welche Margareta Maultasch ihrem zweiten Gemahl gebar, wurden alle von einem frühen Tode hinweggerafft bis auf einen einzigen Sohn, Meinhard III., dessen Gesundheit ebenfalls keine feste gewesen zu sein scheint. Starb auch dieser ohne Nachkommen, so musste Tirol wieder an Margareta, die eigentliche Erbin des Landes, zurückfallen, wenn sie, wie dies dann wirklich geschah, ihren Sohn wie ihren Gatten überlebte.

Schwieriger war die Beantwortung der Frage, wer dann als Erbe Margaretas zu betrachten sei.

Auf ihre Eigengüter konnten vor allen die Herzoge von Österreich Ansprüche erheben, da Albrechts II. Mutter und Margaretas Vater Geschwister waren. Aber wie die Habsburger auf ihre nahe Verwandtschaft, so konnten sich die Grafen von Görz auf einen Familienvertrag berufen, da 1271, als Meinhard II. und sein Bruder Albert ihre Besitzungen theilten, bestimmt worden war, dass, wenn der eine von ihnen ohne Erben mit Tod abgienge, alle seine Besitzungen, Lehen wie Alode, an den anderen oder dessen Erben fallen sollten.

Nicht weniger unklar war die Rechtsfrage bezüglich der Nachfolge in den Lehen. Da nach dem damaligen deutschen Lehenrechte nur die Nachkommen des letzten Besitzers, nicht aber Seitenverwandte Ansprüche hatten, so mussten dieselben nach Margaretas Tode an die Lehensherren zurückfallen. Aber man hatte vergessen, dass die meisten Gebiete des

---

[1]) Eingehend habe ich über das Folgende in meiner „Geschichte der Vereinigung Tirols mit Österreich", S. 53 ff., kürzer in „Geschichte Österreichs", S. 268 ff. gehandelt.

damaligen Tirol Lehen der Bischöfe von Trient und Brixen waren, man hatte in letzter Zeit Tirol als Reichslehen angesehen, und es war zu erwarten, dass Karl IV. diese Auffassung benützen würde, um Tirol wieder seinem Hause zuzuwenden. Endlich konnte man leicht voraussehen, dass die Brüder Ludwigs des Brandenburgers als nächste Verwandte desselben und seines Sohnes auch auf Tirol Ansprüche erheben und schon den Rückfall desselben an Margareta bekämpfen würden.

Bei dieser Unklarheit der Rechtsverhältnisse war vorauszusehen, dass unter den zahlreichen Prätendenten derjenige den Sieg davontragen würde, der sich am schnellsten in den Besitz des Landes zu setzen und zur Behauptung desselben auch die nothwendige Macht zu entfalten vermöchte.

Dies erkannte am klarsten Albrecht II. von Österreich, der nicht bloß einzelne einflussreiche Personen des Landes in sein Interesse zu ziehen, sondern auch das regierende Haus auf das engste an sich zu ketten wusste. Er vermittelte zwischen dem Markgrafen Ludwig und dem Kaiser Frieden, vermählte seine Tochter Margareta mit dem Prinzen Meinhard und verwendete sich beim Papste mit Erfolg für die Lossprechung Ludwigs und seiner Gemahlin vom Banne, in den sie wegen ihrer scandalösen Heirat gefallen waren. Als Albrecht 1358 starb, führte sein Sohn Rudolf IV. die Unterhandlungen hierüber zuende. Am 2. September 1359 wurden Ludwig und seine Gemahlin in München durch die päpstlichen Bevollmächtigten absolviert, ihre Ehe kirchlich anerkannt und eingesegnet, ihre Kinder legitimiert. Am nämlichen Tage vermachte Margareta dem Herzoge Rudolf und seinen Brüdern als ihren nächsten Verwandten und Erben das Land Tirol für den Fall, dass sie, ihr Gemahl und ihr Sohn ohne leibliche Erben mit Tod abgiengen.

Zwei Jahre darauf, im September 1361, starb Ludwig, und schon am 13. Jänner 1363 folgte ihm sein Sohn Meinhard III. in einem Alter von etwa achtzehn Jahren im Tode nach.

Während nun Oberbaiern, das Ludwig 1351 bei den Theilungen mit seinen Brüdern gegen Brandenburg erhalten hatte, an die Wittelsbacher, Meinhards Oheime, zurückfiel, wurde in Tirol Margareta als Herrin anerkannt. Die Wittelsbacher erhoben zwar Ansprüche auf dieses Land, konnten aber längere Zeit nichts thun, um sie durchzusetzen, weil wegen des Besitzes Oberbaierns unter ihnen selbst Streitigkeiten ausbrachen.

Um so thätiger war Rudolf IV. von Österreich, um seine Rechte zur Geltung zu bringen. Er dürfte von seiner Schwester Margareta von dem bedenklichen Zustande ihres Gemahls Nachricht erhalten haben und entschloss sich Anfangs Jänner 1363 zu einer Reise nach Tirol, wo er wenige Tage nach Meinhards III. Tode ankam[1]) und mit der Markgräfin Margareta in Bozen zusammentraf. Er setzte es durch, dass diese am 26. Jänner ihm und seinen Brüdern als ihren Erben durch eine „ewige unwiderrufliche Gabe, die man nennet unter den Lebenden" alle ihre Besitzungen abtrat und ihnen schon jetzt die **Huldigung** leisten ließ, indem sie sich nur den lebenslänglichen Besitz vorbehielt.

Als aber die Wittelsbacher Tirol ernstlich bedrohten und zur Behauptung dieses Landes eine kräftigere Persönlichkeit nothwendig schien, ließ sich Margareta von Rudolf, der neuerdings nach Tirol gekommen war, bewegen, am 2. September 1363 gegen Anweisung mehrerer Schlösser und reichlicher Einkünfte auch die **Regierung niederzulegen** und zu Gunsten der Herzoge abzudanken.[2])

Der **Bischof von Brixen** hatte schon am 5. Februar den Herzogen von Österreich die Lehen verliehen, welche die letzten Landesherren seit Meinhard II. besessen hätten.

Noch viel weiter gieng der **Bischof von Trient**, welcher der Verwendung des Herzogs Albrecht II. seine Würde verdankte. Einem seiner Vorgänger war wegen der Unterstützung K. Karls IV. bei einem Angriff auf Tirol (1347) das ganze Gebiet weggenommen worden, und Rudolf IV. versprach jetzt dessen Zurückgabe nur unter solchen Bedingungen, welche beinahe einer Secularisierung des Hochstiftes gleichkamen. Der Bischof und das Domcapitel versprachen für sich und ihre Nachkommen, den Herzogen von Österreich als Herren zu dienen und Hilfe zu leisten und ohne deren Zustimmung keine Beamten zu ernennen. Ja es wurde bestimmt, dass bei Streitigkeiten zwischen dem Bischofe und Herzoge die Beamten, Vasallen und Unterthanen nicht jenem, sondern diesem Hilfe leisten sollten. Von dieser Zeit an konnte Trient kaum noch als selbständiges Bisthum, sondern nur als Theil Tirols betrachtet werden, und auch die späteren Bischöfe haben sich der Abhängigkeit von diesem nicht mehr ganz zu entziehen vermocht.

Erst im Herbste 1363, als die österreichische Herrschaft in Tirol fest begründet war, begannen die Herzoge von Baiern den Krieg. Aber weder in diesem noch im folgenden Jahre vermochten sie nennenswerte Erfolge zu erringen. Im September 1364 wurde dann ein Waffenstillstand geschlossen, der wegen vollständiger Erschöpfung beider Theile wiederholt verlängert wurde. Erst im Sommer 1368 machten die Baiern wieder einen unerwarteten Einfall in Tirol, eroberten das Innthal bis auf die Städte Innsbruck und Hall und drangen über den Brenner bis unter Sterzing vor.

---

[1]) Am 16. Januar 1363 ist er in Lienz (Mittheilungen des Instituts, 9, 460), woraus sich ergibt, dass die Sage, er sei über den Krimmler Tauern gezogen, eine irrige ist, am 18. in Rodeneck östlich von Brixen.

[2]) Sie nahm bald darauf ihren Wohnsitz in Wien, wo sie 3. October 1369 starb.

Aber in den Engpässen des Eisackthales wurden sie so lange aufgehalten, bis aus Österreich Truppen herankamen, die ihnen dann die eroberten Plätze bis auf einige Schlösser wieder entrissen.

Am 29. September 1369 wurde endlich der Friede von Schärding geschlossen. Die Herzoge von Baiern verzichteten auf Tirol, dagegen zahlten ihnen die Herzoge von Österreich 116.000 Ducaten und gaben ihnen Schärding und einige Gebiete in Schwaben zurück, welche ihnen von Baiern verpfändet gewesen waren.

Der Kaiser hatte schon am 8. Februar 1364 die Schenkung Tirols an die Herzoge von Österreich bestätigt und ihnen die dortigen Reichslehen verliehen.

5. Kleinere Gebietsveränderungen von 1308—1526.

Mit der Erwerbung Tirols war die Bildung der deutsch-österreichischen Ländergruppe in den Hauptumrissen vollendet. Aber im einzelnen traten besonders im Westen und Süden noch zahlreiche nicht unwichtige Veränderungen ein.

Die Gebiete in der heutigen Schweiz, darunter die Stammlande des Hauses Habsburg, giengen im Laufe des 14. und 15. Jahrhunderts vollständig verloren.[1]

Die Bewohner von Schwyz und Unterwalden, welche wie die benachbarten Urner schon längst nach voller Selbständigkeit im Innern strebten, setzten es durch, dass K. Heinrich VII. sie 1309 für reichsunmittelbar erklärte. Die Niederlage, die Herzog Leopold 15. November 1315 am Morgarten erlitt, und der gleichzeitige Krieg mit Ludwig von Baiern, dem Gegenkönige Friedrichs des Schönen, nöthigte die Herzoge, in einem 1318 geschlossenen Waffenstillstande auf die oberhoheitlichen Rechte in den genannten Gebieten zu verzichten. Im Jahre 1332 schloss sich auch die Stadt Luzern der Eidgenossenschaft der drei Waldstätten an, und wenn sie auch die österreichische Herrschaft wieder anerkennen musste, so stand sie doch den Herzogen fortan viel unabhängiger gegenüber als früher.

Durch den Beitritt der Reichsstädte Zürich (1351) und Bern (1353) verstärkt, begannen die Eidgenossen Ende 1385 ohne Kriegserklärung den Kampf gegen Österreich und eroberten nach den Siegen bei Sempach (1386) und Näfels (1387) ausgedehnte Gebiete. Die Waffenruhe, welche Österreich 1388 auf sieben Jahre schließen musste und die dann 1394 auf weitere zwanzig, 1412 auf fünfzig Jahre verlängert wurde, erkannte den augenblicklichen Besitzstand an. Wie Luzern wurden jetzt auch Zug und Glarus, welche Glieder der Eidgenossenschaft wurden, von Österreich unabhängig, und außerdem blieb den Luzernern der größte Theil des heute nach ihnen benannten Cantons, den Zürichern und Bernern andere Gebiete.

---

[1] Näheres in meiner „Geschichte Österreichs", 2, 117 ff. 189 ff. 309 ff. 317 ff. 507 ff.; 3, 186 ff.

Die Acht, welche König Sigmund 1415 über den Herzog Friedrich von Österreich, den Besitzer Tirols und der Vorlande, verhängte, weil er während des Constanzer Concils dem Papste Johann XXIII. zur Flucht behilflich gewesen war, führte neue Verluste herbei. Der ganze **Aargau** mit der **Habsburg** und die Herrschaften **Kyburg** und **Lenzburg** fielen in die Hände der Eidgenossen. In den Jahren 1452—1467 kamen diese theils durch Geld, theils durch Waffengewalt in den Besitz der letzten Gebiete, welche Österreich links vom Rheine und südlich vom Bodensee noch behauptet hatte.

Andererseits waren die österreichischen Vorlande auf dem rechten Rheinufer im Laufe der Zeit bedeutend erweitert worden.[1]

Als die Herzoge von Österreich nach dem Tode Friedrichs des Schönen im Frieden von Hagenau (6. August 1330) Ludwig von Baiern als Kaiser anerkannten, überließ ihnen dieser als Pfand die Reichsstädte **Schaffhausen, Rheinfelden, (Alt-)Breisach** und **Neuenburg am Rhein**, von welchen aber die erste nach der Ächtung des Herzogs Friedrich ihre Unabhängigkeit erlangte.

Im Jahre 1368 unterwarf sich die Stadt **Freiburg im Breisgau**, welche sich von ihrem Grafen losgekauft hatte, den Herzogen von Österreich, welche ihnen die Hälfte des dazu nöthigen Geldes zahlten. Da nach einer Verfügung K. Karls IV. mit dem Besitze dieser Stadt auch die **Landgrafschaft im Breisgau** verbunden war, so setzten sie es durch, dass sie auch mit dieser belehnt wurden, obwohl der Graf dieselben beim Verkaufe der Stadt ausdrücklich ausgenommen hatte. 1381 kaufte Leopold III. vom Grafen von Hohenberg dessen Besitzungen, die sich zu beiden Seiten des oberen Neckar von Rottenburg aufwärts bis gegen den Schwarzwald und südwärts bis zur Donau erstreckten. Derselbe Herzog kaufte 1375 vom kinderlosen Grafen Rudolf von Montfort-Feldkirch jenseits des Arlberges die **Grafschaft Feldkirch**, welche sich von der Ill bis gegen Hohenems ausdehnte, mit dem dazu gehörigen inneren Bregenzerwalde.. Der Graf behielt sich nur den Nutzgenuss bis zu seinem Tode vor, der 1390 eintrat. Ein Angehöriger desselben Hauses, Graf Albrecht von Werdenberg, verkaufte 1394 für den Fall, dass er keine Söhne hinterließe, den Herzogen die **Stadt Bludenz** und das **Thal Montafon**, die 1418 an Österreich kamen. Elisabeth, Markgräfin von Hochberg, durch ihre Mutter von den Grafen von Montfort abstammend, trat gegen eine Summe Geldes die ihr gehörige Hälfte der **Stadt und Herrschaft Bregenz** mit der **Herrschaft Hoheneck** 1451 an den Herzog Sigmund von Österreich ab, während die andere Hälfte Erzherzog Ferdinand 1523 erwarb. Von einigen

---

[1] Stälin, Wirtembergische Geschichte, 3, 294 ff. 495. 563 und meine „Geschichte Österreichs", 2, 146. 294. 307 f.; 3, 177; 4, 203.

kleineren Herrschaften abgesehen war damit das heutige Vorarlberg ganz mit Österreich vereinigt. Die nördlich vom Bodensee gelegene schwäbische Landvogtei, welche 1486 bleibend erworben wurde, schlug eine Brücke zu den westlicher gelegenen Besitzungen Österreichs in Schwaben, welche 1465 noch durch den Ankauf der Grafschaft Nellenburg und der Landgrafschaft im Hegau erweitert worden waren.

An der Adria fasste Österreich 1382 festen Fuß, indem sich die Stadt Triest, welche sich von der drückenden Herrschaft Venedigs losriss, dem Herzoge Leopold III. unterwarf. 1456 nach dem Erlöschen der Grafen von Cilli brachte K. Friedrich III. auf Grund eines 1443 geschlossenen Vertrages die Besitzungen derselben an sich.[1]

Die wichtigste Erwerbung aber, welche Österreich im Süden machte, war die der görzischen Gebiete. Die Grafen von Görz hatten 1342 ihre Besitzungen in der Weise getheilt, dass Albrecht die Güter in Istrien und der sogenannten Windischen Mark in Krain, Meinhard (mit seinem bald verstorbenen Bruder Heinrich) Görz und die Besitzungen auf dem Karst, in Friaul, Kärnten und im Pusterthale erhielt.[2] Meinhard vermachte schon 1361, wenn er keine Söhne hinterließe, alle seine Besitzungen den Herzogen von Österreich, Albrecht traf dieselbe Verfügung 1364. Da letzterer in der That 1374 kinderlos starb, so nahmen die Herzoge dessen Gebiete in Istrien, um Pisino (Mitterburg) und an der Westseite des Meerbusens von Fiume, wie in der Windischen Mark, besonders Möttling, Tschernembl und Weichselburg, in Besitz. Die übrigen Gebiete, die Grafschaft Görz mit Gradisca und Idria, die Besitzungen in Kärnten, die Stadt Lienz und der görzische Theil des Pusterthales bis zur Mühlbacher Klause fielen nach dem Tode des Grafen Leonhard, des Enkels des erwähnten Meinhard († 12. April 1500), früheren Erbverträgen gemäß an den Kaiser Maximilian I.

Eine weitere Vergrößerung erhielt Österreich infolge der Theilnahme K. Maximilians am bairischen Erbfolgekriege,[3] wo er seinen Schwager, den Herzog Albrecht IV. von Baiern-München, welcher nach den wittelsbachischen Hausverträgen die begründetsten Ansprüche auf die Gebiete des 1503 verstorbenen Herzogs Georg von Baiern-Landshut hatte, gegen den Gemahl der Tochter des letzteren, den Sohn des Kurfürsten von der Pfalz, unterstützte. In dem am 30. Juli 1505 geschlossenen Frieden bekam Maximilian außer einigen kleineren Gebieten von der

---

[1] „Geschichte Österreichs", 3, 48 f. 113.

[2] Die Urkunde, welche wegen der detaillirten Aufzählung der Besitzungen interessant ist, in meiner „Geschichte der Vereinigung Tirols mit Österreich", S. 157 ff., Nr. 90. Über den Anfall der görzischen Gebiete an Österreich siehe meine „Geschichte Österreichs", 2, 280 f. 298; 3, 364.

[3] „Geschichte Österreichs", 3, 360 ff.

Pfalz die Landvogtei Hagenau und die Ortenau, von Baiern einige schwäbische Herrschaften, Neuburg am Inn und die Städte und Gerichte Kufstein, Kitzbühel und Rattenberg mit dem bairischen Theile des Zillerthales. Da die letztgenannten Gebiete ebenso wie aus der görzischen Erbschaft Lienz und das Pusterthal mit Tirol vereinigt wurden, so erhielt dieses gegen Osten seine jetzige Grenze, wenn man von den salzburgischen Besitzungen im Brixenthal, Zillerthal und Windisch-Matrei absieht.

Eine Erweiterung Tirols im Süden, wo ein Theil der Trientnerischen Besitzungen im 15. Jahrhunderte in die Gewalt Venedigs gefallen war, war die Folge der Theilnahme K. Maximilians an der Liga von Cambray (10. December 1508) und am Coalitionskriege gegen die genannte Republik, über welche derselbe deswegen erbittert war, weil sie ihm 1508 bei dem beabsichtigten Römerzuge den Durchzug durch ihr Gebiet verweigert hatte. Nach dem Frieden von Noyon (13. August 1516) musste er zwar das eroberte Verona gegen 200.000 Ducaten an Venedig zurückgeben, aber er behielt alles, was er innerhalb der Alpen eingenommen hatte, Ampezzo mit dem Schlosse Peutelstein, die Feste Covelo, die Städte Roveredo und Riva, welch letztere aber dem Bischofe von Trient zurückgegeben wurde, und die sogenannten vier Vicariate Ala, Avio, Mori und Brentonico, welche Gebiete alle zu Tirol geschlagen wurden.[1]

II. Geschichte des öffentlichen Rechtes in den deutsch-österreichischen Ländern.

a) Das Verhältnis des Fürsten zum deutschen Reiche und seine Befugnisse im Innern.

I. Die Periode der Babenberger (976—1246).

In der ersten Zeit des deutschen Reiches wie früher unter den Karolingern ist der Graf und in einem erweiterten Gebiete der Markgraf trotz der Form des Lehenwesens eigentlich nur Beamter, welcher als Vertreter des Königs in dem seiner Verwaltung anvertrauten Bezirke bestimmte ihm übertragene Rechte ausübt.[2] Er hat für die Aufrechthaltung des Friedens und der Ordnung zu sorgen, den Heerbann aufzubieten und anzuführen, einen Theil der königlichen Einkünfte einzuheben, das öffentliche Gericht („echte Ding") zu halten und in diesem, wo die

---

[1] „Geschichte Österreichs", 3, 369 ff.
[2] Eingehende Darstellung bei Waitz, Deutsche Verfassungsgeschichte, 7, 1 ff. und über die gräfliche Gerichtsbarkeit 8, 47 ff.

freien Grundbesitzer der Grafschaft sich einfinden mussten, den Vorsitz zu führen.

Mit der Grafenwürde waren ausgedehnte Besitzungen und anderweitige Einkünfte verbunden, namentlich Gerichtsbußen, Erträgnisse der Märkte, Zölle und Münzen, welche ursprünglich allerdings als „Regalien" den Königen zustanden, aber von diesen in immer größerem Umfange an die Fürsten zu Lehen gegeben oder geistlichen Stiftern geschenkt wurden. Für die niedere Gerichtsbarkeit vertraten den Grafen die wahrscheinlich von ihm ernannten Vorsteher der einzelnen Hundertschaften, die Centenare, auch Schultheißen genannt.

So ausgedehnt die Befugnisse des Markgrafen von Österreich aber auch waren, so stand dieses doch fast zwei Jahrhunderte lang in einer gewissen Unterordnung unter den Herzog von Baiern, wie sich schon darin zeigt, dass der König bis ins 12. Jahrhundert wiederholt Gütervergebungen daselbst auf den „Rath", die „Fürbitte" oder auch mit „Zustimmung" des Herzogs vornimmt. Dieser scheint geradezu als Lehensherr von Österreich angesehen worden zu sein.[1]

Erst die Erhebung Österreichs zum Herzogthume machte diesem Verhältnis ein Ende.

König Konrad III. belehnte 1139 mit Baiern, welches er dem mit ihm verfeindeten Herzoge Heinrich „dem Stolzen" entzog, seinen Stiefbruder Leopold IV. von Österreich und nach dessen baldigem Tode dessen Bruder, den Markgrafen Heinrich II. K. Friedrich I. suchte endlich den Streit um Baiern in der Weise beizulegen, dass er dieses Heinrich dem Löwen, dem Sohne des Erstgenannten, zurückgab, aber seinen Oheim Heinrich von Österreich in anderer Weise entschädigte. Dieser stellte im September 1156 auf einem Reichstage in Regensburg das Herzogthum Baiern in die Hände des Kaisers zurück, welcher dann Heinrich den Löwen damit belehnte. Heinrich gab die Mark Österreich mit den Lehen, welche einst Markgraf Leopold von Baiern gehabt, dem Kaiser zurück, der nun Österreich und die dazu gehörigen Gebiete zu einem Herzogthume erhob und es seinem Oheime und dessen Gemahlin Theodora zu Lehen gab.[2] Zugleich verlieh der Kaiser dem Herzoge und seiner Gemahlin noch einige besondere Vorrechte. Es sollte nämlich 1. nach ihrem Tode Österreich nicht bloß wie die anderen Reichslehen auf die Söhne, sondern auch auf die Töchter derselben vererbt werden; 2. sollten sie in Ermanglung von Kindern das Recht haben, dem Kaiser einen

---

[1] Siehe über diese übrigens nicht unbestrittene Frage meine „Geschichte Österreichs", 1, 176 und die dort angegebene Literatur.

[2] Die betreffenden Stellen aus Otto von Freising und dem sogenannten *privilegium minus* siehe oben S. 7, Anm. 2. Die angeführten Vorrechte im erwähnten Privilegium „Archiv für österreichische Geschichte", 8, 110.

beliebigen Nachfolger vorzuschlagen; 3. sollte ohne Zustimmung des Herzogs innerhalb des Gerichtssprengels desselben niemand eine Gerichtsbarkeit ausüben dürfen, wodurch die Gewalt desselben verstärkt und vor weiteren Exemptionen namentlich geistlicher Gebiete von Seite des Königs geschützt ward;[1] 4. sollte der Herzog dem Reiche keine weiteren Dienste zu leisten verpflichtet sein, als dass er zu den vom Kaiser in Baiern gehaltenen Hoftagen, wenn er berufen würde, erscheinen und zu jenen Heerfahrten, welche nach den Österreich benachbarten Ländern unternommen würden, sein Contingent stellen musste.

Durch diese Lostrennung Österreichs von Baiern und die Erhebung zum Herzogthume war dasselbe von jeder Gewalt als der des Königs befreit und hatte selbst dem Reiche gegenüber eine unabhängigere Stellung als andere Fürstenthümer. War das Streben der Territorialherren in Deutschland überhaupt dahin gerichtet, den Einfluss des Königs bei Seite zu schieben und sich als die eigentlichen Träger aller staatlichen Gewalt im ganzen Umfange jenes Gebietes hinzustellen, in welchem sie Reichsrechte besaßen, so wurde in Österreich die Erreichung dieses Zieles dadurch erleichtert, dass dasselbe als Mark von Anfang an einheitlicher organisiert war, dass es innerhalb desselben keine Grafen mit selbständiger Gerichtsbarkeit, keine geistlichen Fürsten mit einem ausgedehnten Gebiete und keine Reichsstädte gab, und dass bei seiner entfernten Lage nur selten ein König daselbst erschien. Hier und in Steiermark, wo ähnliche Verhältnisse waren, tritt denn auch der Begriff eines **geschlossenen landesfürstlichen Territoriums** früher und bestimmter hervor als in den meisten übrigen deutschen Ländern.[2]

Die häufigen Kriege der deutschen Könige in Italien, die langen Thronkämpfe, die nach dem Tode K. Heinrichs VI. Deutschland erschütterten, und endlich die Politik Friedrichs II., der, seine Hauptaufmerksamkeit den Verhältnissen Siciliens und Italiens zuwendend, die Regierung Deutschlands seinen unmündigen Söhnen überließ und den Fürsten wichtige Reichsrechte preisgab, förderten noch diese Entwicklung, welche die Auflösung Deutschlands zur Folge haben musste. Der Herzog **Friedrich II.** von Österreich (1230—1246) zögerte fast zwei Jahre, bis er vom Kaiser die Belehnung einholte, und es geschah dies erst, als

---

[1] Über die Auslegung dieses Absatzes vgl. auch Luschin v. Ebengreuth, Geschichte des älteren Gerichtswesens in Österreich, S. 14 ff.

[2] Hier gebrauchet schon 1192 Leopold V. von sich den Ausdruck „Landesherr" und nennt Österreich „unser Land". Leopold VI. betrachtet sich (1210) als den gesetzlichen Erben des ohne Nachkommen verstorbenen Grafen von Hohenburg bloß deswegen, weil dessen Güter „innerhalb der Grenzen unseres Herzogthums" gelegen seien (*quia in termino ducatus nostri sita erant.*). Siehe die Belege in meiner „Geschichte Österreichs", 1, 479 f.

sich derselbe nach dem österreichischen Pordenone begab. Welche Bedeutung Österreich und das damit vereinigte Steiermark damals hatten, sieht man auch daraus, dass der Herzog Friedrich 1245 wegen der Erhebung derselben zu einem Königreiche, wenn auch mit Festhaltung ihrer Unterordnung unter das Reich, mit dem Kaiser in Unterhandlungen steht und dieser dem Projecte nicht abgeneigt ist.[1]

Über die Befugnisse des Fürsten wie über die Rechtsverhältnisse in Österreich in der letzten Zeit der Babenberger überhaupt gibt uns im einzelnen genaueren Aufschluss das sogenannte österreichische Landesrecht, wahrscheinlich eine Aufzeichnung des dortigen Gewohnheitsrechtes,[2] welche die Adeligen 1237 aufertigen ließen, um sie vom Kaiser Friedrich II., der damals nach der Ächtung des unbotmäßigen Herzogs den größten Theil des Landes erobert hatte, bestätigen zu lassen.[3]

Darnach steht der Herzog an der Spitze des Landes, er ist der oberste Richter, er besitzt das Münz- und Zollregal, er gebietet die Heerfahrt in des Landes Noth, und jeder Herr ist verpflichtet, mit seinen Mannen ihn und das Land gegen ungerechten Angriff zu schirmen. Greift aber der Herzog einen anderen Fürsten ohne Recht an, so haben weder die Grafen und Herren, noch die Dienstmannen die Pflicht, ihm zu helfen, sondern nur seine eigenen Leute (d. h. seine unfreien Ritter) und jene, die er erbitten oder erkaufen kann. Ohne Erlaubnis des Herzogs darf auch niemand eine Maut erheben oder eine befestigte Burg bauen. Der Herzog ist auch der oberste Wahrer des Rechtes, und wenn es sich um Leben, Ehre oder Eigen der Grafen, Freien oder Dienstmannen handelt, so muss er selbst im Landtaiding das Gericht halten, d. h. den Vorsitz führen. Doch steht den Landherren die Appellation an das Reich zu. Nur auf frischer That ergriffene Dienstmannen darf der Herzog mit dem Tode bestrafen. Den Entronnenen soll er in die Acht thun und dann vor Kaiser und Reich verklagen, die in letzter Instanz urtheilen. Aber

---

[1] Meine „Geschichte Österreichs", 1, 476 f.

[2] „Das sind die recht nach gewonhait des lanndes bei herczog Lewpolten von Osterreich" beginnt dasselbe.

[3] Abdruck bei A. v. Meiller, Österreichische Stadtrechte und Satzungen. „Archiv für österreichische Geschichtsquellen", 10, 148 ff., besser bei V. v. Hasenöhrl, Österreichisches Landesrecht, S. 236 ff., mit einer wertvollen Darstellung des nach dem Landrechte geltenden öffentlichen und Privatrechtes, wobei aber die Bestimmungen der ursprünglichen und der erweiterten Fassung, welche nach den überzeugenden Ausführungen von Dopsch, Entstehung und Charakter des österreichischen Landrechtes („Archiv" 79, 1 ff.) im Jahre 1266 von Ottokar von Böhmen als Gesetz in Österreich eingeführt wurde (LR II), nicht unterschieden wurden. Über die Zeit der Entstehung der kürzeren Fassung siehe Siegel, Die beiden Denkmäler des österreichischen Landrechtes und ihre Entstehung. „Sitzungsberichte der kaiserl. Akademie" 35, 109 ff.

auch die unteren Volksclassen werden durch das Landesrecht geschützt, indem es dem Herzoge nicht erlaubt ist, ohne Rath der Landherren eine „Frag zu haben auf schädliche Leute", d. h. gegen Straßenräuber, Mörder und Diebe ein außerordentliches Gerichtsverfahren einzuführen, bei dem eine Bestrafung ohne vorhergehende Klage bloß nach Vernehmung der Ortsbewohner möglich war.[1]

2. Die Zwischenregierung Ottokars II. von Böhmen und die Herrschaft der Habsburger bis zum Ende des Mittelalters.

Äußerte sich die Oberherrschaft des deutschen Königs über Österreich auch noch in der letzten Zeit der Babenberger nicht bloß darin, dass er den Herzog mit seinem Fürstenthume belehnte, sondern auch darin, dass er für dessen Unterthanen als oberste Appellationsinstanz galt, so änderte sich dies, als 1251 der mächtige Ottokar II. von Böhmen die Herrschaft an sich brachte, während gleichzeitig die Reichsgewalt immer mehr verfiel. Schon in dem gleich nach seinem Regierungsantritte erlassenen Landfrieden trifft Ottokar die Verfügung, dass dem Landrichter der „Fürbann" oder die lösliche Acht, ihm aber die (Ober-) „Acht" zustehen soll, mit welcher eine Appellation an das Reich ausgeschlossen war.[2]) Und in der That verhängte Ottokar über österreichische und steirische Adelige die strengsten Strafen, ohne sich um den deutschen König zu kümmern. Selbst die Belehnung mit Österreich und Steiermark ließ er sich vom Könige Richard erst 1262, mit Kärnten gar nicht ertheilen.

Als dann Ottokar besiegt und die österreichischen Herzogthümer dem Hause Habsburg verliehen wurden, stellte K. Rudolf I. auch die Rechte des Reiches in dem Umfange, den sie unter den letzten Babenbergern gehabt hatten, wieder her. Die Herzoge mussten beim Könige die Belehnung einholen, und auch die oberste Gerichtsbarkeit übte Rudolf I. aus.[3]) Aber das Verhältnis Österreichs zum Reiche änderte sich dadurch, dass der Herzog Albrecht I. (1298—1308) selbst die Krone trug, Friedrich (1314—1330) als Gegenkönig Ludwigs des Baiern wenigstens keinen anderen König als Oberherrn anerkannte, und auch nach Friedrichs Tode Ludwig der Baier und Karl IV. in seiner ersten

---

[1]) Hasenöhrl, S. 208 f. Öfters wurde diese „Frage" (*inquisitio terrae generalis*, auch *gerewn*) zwischen 1390 und 1403 zur Austilgung der Räuber angewendet.

[2]) „*Forma pacis, quam instituit Otacharo dux in Austria*" ed. Chmel im „Archiv für österreichische Geschichte" 1, 59. Vgl. Luschin, S. 19. Dass im Landrecht von 1266 §. 2 doch „das letzte Urtheil" dem Kaiser gewahrt wird, hat keine große Bedeutung, da dieser Paragraph einfach aus LR. I. herübergenommen ist.

[3]) Luschin, S. 20.

Regierungszeit wegen ihrer zahlreichen Feinde genöthigt waren, ein gutes Verhältnis zu den österreichischen Herzogen aufrecht zu halten. Karl IV. verlieh diesen schon bald nach seiner Thronbesteigung ein *Privilegium de non evocando*, wonach keiner ihrer Landherren, Ritter, Mannen, Diener oder Bürger vor ein fremdes Gericht, auch nicht vor sein Hofgericht oder irgend ein kaiserliches Gericht geladen werden sollte, außer im Falle, dass derselbe in den herzoglichen Gerichten rechtlos gelassen würde.[1])

Schloss sich Österreich seit der Mitte des 13., besonders aber im Laufe des 14. Jahrhunderts immer mehr nach außen ab, so verlor es dagegen seinen Einfluss auf die Reichsregierung, seitdem das Recht, den König zu wählen und mit diesem die wichtigsten Regierungsangelegenheiten zu entscheiden, nach der Mitte des 13. Jahrhunderts in die Hände von nur sieben Fürsten gekommen war, zu denen der Herzog von Österreich nicht gehörte, weil dieses Land gerade in der entscheidenden Zeit keinen eigenen Fürsten gehabt hatte. Da die Vorrechte der Kurfürsten durch die goldene Bulle von 1356 nicht bloß gesetzlich anerkannt, sondern noch erweitert wurden, so mussten die übrigen Fürsten noch mehr dahin streben, sich der Abhängigkeit von dem durch die Kurfürsten geleiteten Könige zu entziehen und den Einfluss der Reichsgewalt aus ihren Ländern auszuschließen.

Schon Albrecht II. (1330—1358) hatte sich in den letzten Jahren seiner Regierung von den Reichsangelegenheiten möglichst ferngehalten. Sein Sohn Rudolf IV. (1358—1365), jung und ehrgeizig, suchte diesem thatsächlichen Zustande auch gesetzliche Geltung zu verschaffen, wollte die volle Unumschränktheit seiner Gewalt nach oben und unten vom Kaiser selbst anerkannt sehen. Die Erreichung dieses Zieles war der Zweck der sogenannten österreichischen Hausprivilegien, welche wahrscheinlich im Winter von 1358 auf 1359 in der herzoglichen Kanzlei angefertigt wurden, deren Vorstand Johann Ribi aus Lenzburg, bald Bischof von Gurk (seit 1363 von Brixen), war. Es sind fünf Freiheitsbriefe, die den österreichischen Fürsten und Ländern von verschiedenen Königen und Kaisern verliehen worden sein sollten: 1. von Heinrich IV. (1058), worin schon angebliche Privilegien der Kaiser Julius Cäsar und Nero bestätigt werden, 2. von Friedrich I. (1156) (statt des echten ein erweitertes, daher *privilegium majus*), 3. von Heinrich VII. (1228), 4. von Friedrich II. (1245) eine Bestätigung und Erweiterung des „*majus*",

---

[1]) In Erneuerung vom 3. August 1361 bei Böhmer-Huber, Regesten K. Karls IV., Nr. 3724 mit der Bemerkung, dass Karl ihnen das Privileg noch als römischer König (1346—1355 April) gegeben habe. Erhalten ist uns ein solches speciell für die Vorlande vom 31. Juli 1348 ibid. Nr. 6010.

statt der Bestätigung des echten „*minus*", und 5. von Rudolf I. (1283), der alle vorhergehenden bestätigt.[1]

Durch diese Privilegien wäre Österreich fast ganz unabhängig geworden. Während das Reich dem Herzoge gegen alle, die ihm Unrecht thäten, Hilfe leisten sollte, ist dieser demselben zu keiner Steuer oder Dienstleistung verpflichtet; nur in einem Reichskriege gegen Ungarn muss er einen Monat lang auf eigene Kosten zwölf Mann stellen. Er braucht keinen vom Kaiser berufenen Reichstag zu besuchen; thut er es aber freiwillig, so soll er als einer der „Pfalzerzherzoge" *(unus de palatinis archiducibus)* betrachtet werden und den ersten Rang nach den Kurfürsten einnehmen. Auch zur Belehnung muss sich nicht der Herzog zum Kaiser, sondern dieser nach Österreich begeben. Verweigert er es, so ist die Belehnung nach dreimaligem schriftlichen Ansuchen von Seite des Herzogs als vollzogen zu betrachten. Der Herzog ist auch nicht verpflichtet, für seine Person die Gerichtsbarkeit des Reiches anzuerkennen und sich vor dem Kaiser gegen Anklagen zu verantworten, sondern er kann einen seiner Vasallen oder Dienstmannen als Richter über sich aufstellen.

Ebenso ist der Herzog in der Erwerbung neuer Gebiete nicht beschränkt; es kann ihm jeder selbst ganze Länder, auch wenn sie Lehen vom Reiche oder einem geistlichen Fürsten wären, vermachen, schenken, verpfänden oder verkaufen, ohne dass der Kaiser oder ein anderer Lehnsherr es hindern darf.

Wie nach außen sollte Österreich auch im Innern völlig unabhängig sein. Nach diesen Freiheitsbriefen ist der Herzog der oberste Lehnsherr über alle innerhalb der Grenzen Österreichs liegenden Güter oder weltlichen Gerichte. Das Reich sollte daselbst gar keine Lehen haben, Fürsten und andere, die solche besäßen, dieselben niemandem übertragen dürfen, ehe sie selbst diese vom Herzoge zu Lehen genommen hätten.[2] Keiner seiner Vasallen oder der in seinen Ländern Wohnenden oder Begüterten sollte einer anderen richterlichen Gewalt unterstehen als der des Herzogs oder seines Stellvertreters, sodass selbst im Falle

---

[1] Bester Abdruck nach den Originalen bei Wattenbach, Die österreichischen Freiheitsbriefe (Archiv 8, 108 ff.), der die Unechtheit nachgewiesen und im allgemeinen auch die Zeit der Entstehung festgestellt hat. Eingehender und genauer habe ich dies in meiner Abhandlung: „Über die Entstehungszeit der österreichischen Freiheitsbriefe" (aus den Sitzungsberichten der kaiserl. Akademie", 84. Bd.) gethan. Vgl. auch Berchtold, Die Landeshoheit in Österreich nach den echten und unechten Freiheitsbriefen (München, 1862).

[2] Dieser Satz wurde 1361 von Rudolf IV. den Herren von Aufenstein in Kärnten und den Grafen von Schaunberg im Lande ob der Enns gegenüber mit Erfolg geltend gemacht. Siehe meine „Geschichte H. Rudolfs IV.", S. 56 ff.

der Rechtloslassung Appellationen an den Kaiser ausgeschlossen waren.[1]) Ja, es wird bestimmt, dass die Verfügungen des Herzogs weder vom Kaiser, noch von jemand anderen abgeändert werden dürfen, und dass man denselben unbedingt gehorchen müsse. Endlich wird ausgesprochen, dass alle diese Vorrechte auch auf die künftig erworbenen Länder übergehen und, wenn ein anderes Reichsfürstenthum weitere Freiheiten erhielte, diese auch der Herzog von Österreich besitzen sollte.

Der Kaiser Karl IV. weigerte sich zwar, diese Privilegien anzuerkennen, und zwang auch den Herzog Rudolf IV., den Titel eines „Pfalzerzherzogs", den dieser auf Grund derselben am 18. Juni 1359 angenommen hatte, (5. September 1360) wieder abzulegen. Doch nannte sich Rudolf schon seit Weihnachten 1361 wieder „Erzherzog", welcher Titel allerdings mit seinem Tode wieder verschwand und erst im Jahre 1414 von Ernst von Steiermark wieder angenommen wurde.[2]) Am 6. Jänner 1453 hat dann K. Friedrich III. sämmtliche fünf Freiheitsbriefe, an deren Echtheit damals sicher niemand mehr zweifelte, mit Zustimmung der Kurfürsten bestätigt,[3]) und dadurch haben dieselben reichsgesetzliche Giltigkeit erlangt. Selbst die Hochstifter, welche in den österreichischen Ländern Besitzungen hatten, mussten nun nach und nach die oberhoheitliche Gewalt des Erzherzogs über dieselben anerkennen,[4]) wozu nicht wenig der Umstand beitrug, dass seit der Erhebung Albrechts V. (II.) auf den deutschen Thron (1438) bis zum Erlöschen des Mannsstammes der Habsburger (1740) die Kaiserkrone ununterbrochen bei diesem Hause blieb. Damit hörte auch die Unterordnung der österreichischen Länder unter die ohnehin immer schwächer werdende Reichsgewalt auf.

b) Die fürstliche Erbfolge.

Galt auch der Inhaber einer Mark oder Grafschaft in der ersten Zeit des deutschen Reiches als königlicher Beamter, so machte sich „der alte Trieb germanischen Lebens nach Ausbildung erblichen Rechtes"[5]) doch auch hier geltend. Schon früh wurde es Regel, dass diese Würden vom Vater auf den Sohn übergiengen, und auch in Öster-

---

[1]) Diesen Fall hatte die „goldene Bulle" bei der Verleihung des „*privilegium de non appellando*" an die Kurfürsten ausdrücklich ausgenommen.

[2]) Zuerst in Urkunde vom 26. März beim Empfang der Huldigung in Kärnten, nachdem er noch am 11. den Titel „Herzog" geführt hatte. Lichnowsky, Geschichte des Hauses Habsburg V, Verzeichnis der Urkunden Nr. 1450—1452. Vgl. 1446. Doch finden sich auch später noch Urkunden mit dem Herzogstitel.

[3]) Schrötter, Abhandlungen 1, 202. Chmel, Materialien 2, 36. Später noch mehrmals bestätigt.

[4]) Luschin, S. 29 f. 38 ff.

[5]) Waitz, 7, 9.

reich haben sich die Babenberger bis zu ihrem Erlöschen im Jahre 1246 im Besitze des Landes behauptet. Durch das Privileg, welches 1156 von K. Friedrich I. dem Herzoge Heinrich von Österreich verliehen und 1245 von K. Friedrich II. bestätigt wurde, ward das Erbrecht in diesem Lande bei Ermanglung von Söhnen auch auf die Töchter ausgedehnt, während Seitenverwandte noch immer ausgeschlossen blieben.

Zeigte sich der Amtscharakter des Herzogthums unter den Babenbergern immer noch darin, dass nur ein Glied des Hauses vom Kaiser belehnt wurde, die anderen aber keine Ansprüche auf dasselbe erheben und auch den Herzogstitel nicht führen konnten, so änderte sich dies nach dem Zwischenreiche vollständig. In dieser Zeit machten sich in Deutschland die privatrechtlichen Anschauungen auch auf diesem Gebiete des Staatsrechtes schon so sehr geltend, dass von 1255 bis zur Wahl Rudolfs von Habsburg sechs deutsche Fürstenthümer von Brüdern getheilt wurden.

In Österreich gieng man auch unter den Habsburgern anfangs nicht so weit. Aber dem Grundsatze, dass alle Glieder des Hauses auf die Länder und deren Nutzungen Anspruch hätten, wurde durch die Gesammtbelehnung und den Gesammtbesitz Rechnung getragen. Schon bei der ersten Übertragung Österreichs und Steiermarks an diese Dynastie (December 1282) belehnte K. Rudolf seine beiden noch lebenden Söhne Albrecht und Rudolf mit den genannten Ländern. Nur weil die Landherren von der ungewohnten Regierung zweier Herzoge nachtheilige Folgen befürchteten, verfügte König Rudolf, ihren Bitten nachgebend, dass Albrecht und seine männlichen Nachkommen die genannten Länder allein besitzen, sein jüngerer Sohn aber durch ein anderes Land oder eine Geldsumme entschädigt werden sollte.[1])

Nachdem aber Albrecht I. selbst (1298) auf den deutschen Thron erhoben worden war, ertheilte er seinen sämmtlichen Söhnen die Belehnung mit diesen Herzogthümern, und dasselbe war auch bei den weiteren Belehnungen in den Jahren 1309, 1330, 1335, 1348 und 1360 der Fall.

Auch thatsächlich war die Regierung der ersten Habsburger eine gemeinschaftliche. Bündnisse und wichtige Verträge wurden immer im Namen aller Herzoge geschlossen.[2]) Noch 1355 verordnet Albrecht II.

---

[1]) Die Belege in meiner „Geschichte Österreichs", 2, 7 f.

[2]) Zahlreiche Belege finden sich in den von Birk bearbeiteten „Regesten" im Anhange zu Fürst Lichnowskys Geschichte des Hauses Habsburg, für die Jahre 1339—1343, wo Albrecht II. die Vormundschaft über seine Brudenssöhne Friedrich und Leopold führte, in meiner Abhandlung „Über die Entstehungszeit der österreichischen Freiheitsbriefe", S. 21 f.

in seinem sogenannten Hausgesetze,[1]) dass seine Söhne in brüderlicher Liebe vereint bleiben und dass der älteste unter ihnen wie der jüngste und der jüngste wie der älteste in Liebe mit einander leben sollten. Thatsächlich freilich war seit 1304, wo Albrechts I. zweiter Sohn Friedrich herangewachsen war, das Verhältnis so, dass der Älteste auf die Regierung der österreichischen Herzogthümer den größten Einfluss übte und weniger wichtige Angelegenheiten allein entschied, das zweitälteste Familienglied aber in der Regel mit sehr ausgedehnten Befugnissen die Verwaltung der Vorlande führte, welche ein getrenntes Administrationsgebiet bildeten.

Rudolf IV. trug sich anfangs mit dem Plane, dem Ältesten die ausschließliche Entscheidung der Regierungsangelegenheiten zu sichern und zugleich die directe Linearerbfolge einzuführen. Es wurde in die gefälschten Privilegien die Bestimmung aufgenommen, dass unter den Herzogen von Österreich der älteste die Herrschaft haben und diese sich auf den ältesten Sohn, in Ermanglung eines solchen aber auf die älteste Tochter vererben sollte. Ja, das *„Privilegium majus"* erkannte dem Herzoge, wenn er keine Kinder hinterließe, das Recht zu, seine Länder zu schenken oder zu vermachen, wem er wollte, ohne dass er auf etwaige Brüder Rücksicht zu nehmen brauchte. Rudolf benahm sich auch als alleiniger Regent, erwähnte in den Urkunden seine allerdings minderjährigen Brüder oft gar nicht oder führte sie nicht als Mitaussteller, sondern nur als Zeugen auf.[2])

Als aber sein zweiter Bruder Albrecht III. das damals für die Volljährigkeit erforderliche Alter von 14 Jahren erreichte, schloss er mit diesem und dem jüngsten Bruder Leopold III. am 18. November 1364 einen Familienvertrag, der auf das Hausgesetz ihres Vaters und das frühere Herkommen zurückgieng, aber dem Ältesten doch einen überwiegenden Einfluss sichern sollte. Alle Herzoge sollten ihre Länder und Güter, auch wenn solche einem einzelnen zufielen, gemeinsam besitzen, alle die gleichen Titel führen und keiner ohne Zustimmung der anderen etwas veräußern oder sich oder seine Kinder verheiraten dürfen. Aber von diesen Bestimmungen abgesehen, erhielt der Älteste doch wesentliche Vorrechte. Er sollte „die oberste Herrschaft und größte Gewalt" haben, das Haus nach außen vertreten, im Namen aller die Lehen empfangen und verleihen, die Steuern auflegen und einheben, die Schatzkammer und das Archiv verwahren. Er sollte auch „die obriste Kost und den größten Hof" haben. Auch bei eigentlichen Regierungshandlungen, bei Ernennung von Räthen und Beamten, bei Verleihung von

---

[1]) Steyerer, *Commentar. pro hist. Alberti II. Addit. p. 185.*
[2]) Belege in meiner „Geschichte H. Rudolfs IV", S. 136 f.

Rechten und Privilegien, sollte der Älteste nur dann an die Zustimmung der anderen gebunden sein, wenn diese bei ihm wären, während einer der jüngeren Herzoge, wenn er etwa als Statthalter in ein Land geschickt würde, nur soviel Gewalt haben sollte, als ihm die anderen übertragen würden, und namentlich keiner ohne Zustimmung des Ältesten ein Bündnis schließen oder einen Krieg anfangen sollte.

Diesem Vertrage entsprechend übte nach dem Tode Rudolfs IV. (27. Juli 1365) Albrecht III. die oberste Regierungsgewalt aus, nahm allein die Belehnungen vor und traf manche Entscheidungen ohne Zuziehung seines jüngeren Bruders.[1]) Der Ehrgeiz und Thätigkeitsdrang Leopolds III. wurden dadurch befriedigt, dass, wenn in Tirol oder in den Vorlanden die Anwesenheit eines Herzogs nothwendig war, fast immer dieser mit ziemlich ausgedehnten Befugnissen abgesendet wurde.

Aber auf die Dauer begnügte sich Leopold mit dieser Stellung nicht. Er verlangte eine Theilung der österreichischen Länder oder wenigstens völlige Gleichstellung mit seinem Bruder in Beziehung auf Rechte und Einkünfte, während Albrecht solchen Forderungen mit Hinweisung auf das Herkommen entgegentrat. Da aber Leopold auch vor offener Gewalt nicht zurückzuschrecken schien, so gab Albrecht seinem Verlangen Schritt für Schritt nach. Am 25. Juli 1373 schloss Albrecht mit seinem Bruder auf die Dauer von zwei Jahren einen Vertrag, durch den er wenigstens eine **Theilung der Verwaltung und der Einkünfte** zugestand. Es sollte Albrecht während dieser Zeit alle Beamten in Österreich und Steiermark, Leopold in Tirol, den Vorlanden und Krain ernennen, die Einkünfte aber zwischen beiden Herzogen gleich getheilt werden. Letzteres galt auch von Kärnten, wo damals die oberste Verwaltung dem Grafen Meinhard von Görz übertragen war. Verkäufe, Verpfändungen oder Belastungen von Gütern wie Verleihungen größerer Lehen sollte keiner der Herzoge ohne Zustimmung des anderen vornehmen, aber auch keiner auf Erwerbungen oder Ersparnisse des anderen Anspruch haben.

In den nächsten Jahren machte Albrecht noch weitere Zugeständnisse, bis endlich am 25. September 1379 im Vertrage von Neuberg die österreichischen Länder vollständig und nicht mehr auf eine bestimmte Zeit getheilt wurden. Albrecht erhielt nur noch Österreich unter und ob der Enns mit den Gebieten von Steyr, Hallstadt und Ischl, aber ohne Wiener-Neustadt, Leopold alle übrigen Länder, also Steiermark, Kärnten, Krain, (österreichisch) Istrien, Feltre und Bel-

---

[1]) Die Belege für das Folgende bis zur Theilung von 1379 in meiner „Geschichte Österreichs", 2, 298 ff. Die angeführten Verträge sind bei Kurz, Österreich unter Albrecht III., 1, 233. 262. 271 und bei Rauch, SS. Rer. Austr. 3, 395 gedruckt.

luno,[1]) Tirol und die Vorlande und dazu noch 100.000 Ducaten. Falls der eine Zweig in männlicher Linie abstürbe, sollten seine Besitzungen an den anderen fallen. Wenn einer von ihnen minderjährige Kinder hinterließe, sollte der andere die Vormundschaft und die Verwaltung ihrer Länder führen, bis ein Sohn das Alter von 16 Jahren erreicht hätte. Keiner sollte zum Nachtheil des anderen ein Bündnis schließen, jeder dem anderen gegen feindliche Angriffe Beistand leisten. Wenn einer sich genöthigt sähe, eine Herrschaft zu verkaufen, sollte der andere vor Fremden das Vorkaufsrecht haben. Von diesen Beschränkungen abgesehen, konnte jeder nach innen und außen seine eigene Politik verfolgen, und nur dadurch, dass jeder Herzog Titel und Wappen von allen Ländern führte, wurde die ehemalige Einheit der habsburgischen Besitzungen angedeutet.

Doch dauerte diese erste Ländertheilung nur sieben Jahre und machte wieder einer gemeinsamen Regierung Platz, als Leopold III. im Kampfe gegen die Schweizer am 9. Juli 1386 bei Sempach den Tod fand. Von seinen vier Söhnen Wilhelm, Leopold IV., Ernst und Friedrich hatte der älteste das nach dem Vertrage von 1379 für die Volljährigkeit vorgeschriebene Alter von 16 Jahren, und er wäre daher berechtigt gewesen, die Vormundschaft über seine Brüder und die Regierung ihrer Länder zu führen. Da aber bei der damaligen Gefährdung der Vorlande durch die Eidgenossen die Vereinigung der Hilfsmittel aller österreichischen Gebiete nothwendig schien, so übernahm auf Bitten Wilhelms selbst sein Oheim Albrecht III. für die Dauer seines Lebens auch die Regierung der Länder der leopoldinischen Linie. Nach seinem Tode sollte Wilhelm über die anderen Glieder des Hauses Habsburg bis zu ihrer Volljährigkeit die Regierung führen und auch dann eine Ländertheilung möglichst vermieden werden. Wenn aber Albrechts gleichnamiger Sohn oder Wilhelm und seine Brüder eine solche durchaus verlangten, so sollte jeder Theil die Länder seines Vaters nach dem Vertrage von 1379 erhalten. Nach diesem Abkommen (vom 10. October 1386) wurde also eine neue Theilung vom Belieben einer Partei abhängig gemacht, und es war vorauszusehen, dass die gemeinsame Regierung nicht von langer Dauer sein würde.[2])

In der That fand diese nach Albrechts III. Tode (29. August 1395) ein Ende. Obwohl er in seinem Testamente seinen gleichnamigen Sohn und seinen Neffen gebeten hatte, ihre Besitzungen nicht zu theilen,

---

[1]) Diese Städte hatten die Herzoge 1373 als Verbündete des Franz von Carrara, Herrn von Padua, in einem Kriege mit Venedig erworben, doch verpfändete sie Leopold III. 1386 an Carrara.

[2]) Meine „Geschichte Österreichs" 2, 316 f. Dort S. 321 ff. und 404 ff. auch eine eingehendere Darstellung der Geschichte der späteren Ländertheilungen.

sondern mit gleichen Rechten bei einander zu bleiben, brachen doch
zwischen beiden gleich Streitigkeiten aus, welche endlich durch den
Vertrag von Hollenburg (22. November 1395) beigelegt wurden. Darnach
sollten beide Herzoge während ihrer Lebenszeit ihre Länder ungetheilt
lassen und gemeinschaftlich regieren, die Beamten und Vasallen beiden
den Eid der Treue und des Gehorsams leisten und beide einen gemeinsamen Hofrath haben, aber die Einkünfte von allen Ländern gleich
getheilt werden. Wichtigere Unternehmungen, namentlich einen Krieg,
sollte keiner ohne Zustimmung des anderen beginnen. Thatsächlich entwickelten sich dann freilich die Verhältnisse so, dass Wilhelm Mitregent
in Österreich wurde, nicht aber auch Albrecht IV., der überhaupt Freund
eines zurückgezogenen Lebens war, auf die Verwaltung der anderen
Länder Einfluss übte.

Wilhelms ältester Bruder Leopold IV. hatte schon seit mehreren
Jahren die Verwaltung der Vorlande geführt, setzte es aber am
30. März 1396 durch, dass ihm sein Bruder für die nächsten zwei Jahre
auch Tirol überließ und die gleiche Theilung der Einkünfte zugestand.
Für den Unterhalt des Herzogs Ernst, der übrigens schon volljährig und
verheiratet war, sollte Wilhelm, für den Friedrichs im nächsten Jahre
Leopold sorgen. Die Idee der Zusammengehörigkeit aller Länder der
leopoldinischen Linie fand dadurch Ausdruck, dass die Vasallen und
Beamten beiden Herzogen schwören und ohne Zustimmung beider nichts
veräußert oder verpfändet werden sollte.

Dieser Vertrag wurde wiederholt verlängert, aber im März 1404
dahin abgeändert, dass Leopold IV. auch Steiermark erhielt, wogegen er
seinen Bruder Friedrich zu seinem Stellvertreter in der Verwaltung der
Vorlande ernannte.

Albrecht IV. wurde am 14. September 1404, erst 27 Jahre alt, von
der Ruhr hinweggerafft, worauf für dessen siebenjährigen Sohn Albrecht V.
Herzog Wilhelm die Vormundschaft übernahm. Aber auch Wilhelm
schied schon am 15. Juli 1406 ohne Hinterlassung von Kindern aus
dem Leben.

Dadurch wurde nicht bloß die Herrschaft über Kärnten und Krain,
sondern auch die Stelle eines Vormundes und Regenten in Österreich
erledigt. Nach dem Herkommen hätte diese wohl dem Herzoge Leopold IV.
als dem Ältesten des Hauses gebürt, doch wurde sie ihm von seinem
Bruder Ernst streitig gemacht. Beide erkannten übrigens die österreichischen Stände, welche die Entscheidung für sich beanspruchten,
als Schiedsrichter an und unterwarfen sich ihrem Ausspruche auch
bezüglich der Theilung der Länder der leopoldinischen Linie.

Die Stände gaben die Erklärung ab, dass Österreich nach den
früheren Familienverträgen dem Herzoge Albrecht V. allein gehöre,

und dass die Vormundschaft am 23. April 1411 ein Ende haben sollte. Die Länder der leopoldinischen Linie theilten sie in drei Gruppen: 1. Steiermark, 2. Kärnten und Krain mit den benachbarten kleineren Gebieten, 3. Tirol. Die Einkünfte aus diesen Ländern sollten aber unter die drei Brüder gleich getheilt werden, die Gebiete jenseits des Arlberg allen gemeinsam gehören. Die Wahl zwischen diesen Gruppen sollte den Herzogen nach ihrem Alter zustehen. Leopold und Ernst einigten sich nun dahin, dass ersterer die vormundschaftliche Regierung in Österreich und die Verwaltung in Kärnten und Krain, letzterer Steiermark erhalten sollte. Friedrich wäre also Tirol zugefallen, doch bekam er zunächst nur die Verwaltung der Vorlande, und erst im folgenden Jahre wurde ihm auch Tirol überlassen. So zerfielen die österreichischen Länder in vier getrennte Verwaltungsgebiete.

Doch schon am 3. Juni 1411 starb Leopold IV., dem die Vormundschaft über Albrecht V. von seinem Bruder Ernst streitig gemacht worden war, an einem Blutsturze und gleichzeitig erkannten die Stände Österreichs ihren Herzog als selbständigen Herrn an. Steiermark wurde jetzt durch einen Vertrag zwischen den Herzogen Ernst und Friedrich dem ersteren überlassen, sodass derselbe ganz Innerösterreich in seinen Händen vereinigte, während Friedrich im Besitze Tirols und der Vorlande blieb.

Herzog Ernst hinterließ bei seinem Tode (1424) zwei noch minderjährige Söhne, Friedrich und Albrecht VI., über welche bis 1435 ihr Oheim Friedrich die Vormundschaft führte. Dieser starb 1439 ebenfalls mit Hinterlassung eines minderjährigen Sohnes Sigmund, als dessen Vormund Friedrich von Steiermark anerkannt wurde.

Albrecht V., welcher die einzige Tochter Kaiser Sigmunds zur Frau hatte, ward nach dem am 9. December 1437 erfolgten Tode seines Schwiegervaters auch als König von Ungarn und Böhmen anerkannt und am 18. März 1438 von den Kurfürsten auf den deutschen Thron erhoben. Doch schied er schon am 27. October 1439 aus dem Leben. Sein nach seinem Tode geborener Sohn Ladislaus, über den Friedrich von Steiermark, der auch zum deutschen Könige gewählt ward, die Vormundschaft führte, wurde zunächst nur in Österreich, in Ungarn und Böhmen aber erst 1452, als er aus der Vormundschaft entlassen worden war, als Herrscher anerkannt. Aber auch er fand am 23. November 1457 ein frühes Ende, worauf die Ungarn den Matthias Hunyady (Corvinus), die Böhmen Georg von Podiebrad zum Könige wählten, sodass die Verbindung dieser Reiche mit Österreich sich wieder löste.

Österreich selbst musste nach dem Erlöschen der albertinischen Linie mit Ladislaus dem Nachgeborenen an die leopoldinische Linie fallen. Aber unter den Gliedern derselben entstand Streit darüber, ob,

wie K. Friedrich III. meinte, der Älteste allein ein Recht darauf hätte,
oder ob, wie dessen Bruder Albrecht VI. und Sigismund von Tirol behaupteten, alle gleiche Ansprüche hätten. Nach den früheren Familienverträgen und dem Verlauf der Geschichte seit 1379 war unzweifelhaft
letzteres die richtige Auffassung. Albrecht VI. setzte denn auch durch,
dass ihm das Land ob der Enns überlassen wurde, während Friedrich
nur Niederösterreich erhielt. Sigismund hatte auf seine Ansprüche
zu Gunsten Albrechts verzichtet, der ihm dafür die westlichen Vorlande
zurückgab, welche Friedrich als Vormund Sigmunds 1446 seinem Bruder
überlassen hatte.

Bald verlor der Kaiser auch das Land unter der Enns, da die mit
seiner Herrschaft unzufriedenen Adeligen und endlich auch die Wiener
sich gegen ihn erhoben und sein ehrgeiziger Bruder sich mit ihnen verband. Im Frieden von Korneuburg (2. December 1462) musste der Kaiser
für die nächsten acht Jahre gegen eine Rente von 4000 Ducaten Niederösterreich seinem Bruder überlassen. Doch begann der Kaiser bald
wieder die Feindseligkeiten, denen erst Albrechts VI. plötzlicher Tod
(2. December 1463) ein Ende machte.

Fiel nun ganz Österreich an den Kaiser, so hörte dreißig
Jahre später die Zersplitterung der österreichischen Länder vollständig
auf. Denn der kinderlose Erzherzog Sigmund von Tirol, ein wohlwollender, aber verschwenderischer und schwacher Fürst, ließ sich bewegen, im März 1490 gegen eine jährliche Rente von 52.000 Gulden der
Regierung Tirols und der Vorlande zu Gunsten seines Vetters Maximilian,
des Sohnes des Kaisers, zu entsagen. Als am 19. August 1493 K. Friedrich III. starb, wurden (zum erstenmale wieder seit 1395) alle österreichischen Länder in den Händen seines einzigen Sohnes Maximilian
vereinigt. Da dieser durch seine Vermählung mit Maria von Burgund,
der Tochter und Erbin Karls des Kühnen (19. August 1477), auch die
burgundisch-niederländischen Gebiete zwischen der Nordsee und
dem Jura erworben hatte, so war Österreich eine der ersten Mächte
Europas geworden. Die habsburgischen Besitzungen wurden aber noch
erweitert, da Maximilians und Marias einziger Sohn Philipp 1496 die
Infantin Johanna, Tochter Ferdinands von Aragonien und Isabellas
von Castilien, heiratete und in kurzer Zeit alle starben, welche denselben bezüglich des Erbrechtes vorangiengen.

Doch kam die Vereinigung dieser Reiche mit Österreich theils
wegen ihrer räumlichen Entfernung, theils wegen der Verschiedenheit des
Nachfolgerechtes nicht zustande. Denn in Spanien und den Niederlanden bestand die Primogeniturerbfolge, sodass von den zwei Söhnen
des schon 1506 verstorbenen Erzherzogs Philipp, Karl und Ferdinand,
nur der ältere in diesen Ländern folgte. In Österreich aber galt noch

immer das Princip des Gesammtbesitzes, sodass K. Maximilian, der am 12. Jänner 1519 starb, in seinem Testamente seine beiden Enkel zu Erben einsetzte.

Es schien nun zunächst zu einer neuen Theilung der österreichischen Länder zu kommen. Karl, der 1519 auch zum deutschen Kaiser gewählt wurde, überließ im Wormser Vertrage vom 21. April 1521 seinem Bruder Ferdinand vorläufig nur die fünf Herzogthümer Österreich unter und Österreich ob der Enns, Steiermark, Kärnten und Krain in ihrem alten Umfange, während er alles übrige für sich behielt. Da aber die Stände von Kärnten und Krain darüber Beschwerde erhoben, dass dadurch Gebiete, welche bisher mit ihren Ländern in enger Verbindung gestanden oder gar innerhalb ihrer Grenzen gelegen waren, einem fremden Staate zugewiesen würden, so verzichtete Karl am 30. Jänner 1522 auch auf Triest, Istrien, Pordenone und die ehemals görzischen Besitzungen. Im definitiven Vertrage von Brüssel (7. Februar 1522) trat er diesem auch Tirol mit Vorarlberg und den Besitzungen in Schwaben ab. Weiter überließ er ihm für einige Einkünfte, welche Ferdinand von Aragonien seinem zweiten Enkel vermacht hatte, das Herzogthum Würtemberg, welches er vom schwäbischen Bunde, der es dem Herzoge Ulrich wegen Landfriedensbruches entrissen, gekauft hatte, und endlich auf Lebenszeit auch das Elsass mit der Landvogtei Hagenau und dem Breisgau, auf welche er am 7. Mai 1540 definitiv verzichtete.[1])

So waren die altösterreichischen Länder in den Händen Ferdinands I., aber die spanischen, italienischen und niederländischen Gebiete wieder von jenen getrennt und der spanisch-burgundischen Linie des Hauses Habsburg zugewiesen.

c) Die Stellung des Adels.

Neben dem steten Anwachsen der fürstlichen Gewalt gegenüber der königlichen macht sich im Mittelalter noch eine zweite Strömung bemerklich, die Zunahme des Einflusses des Adels auf die Entschließungen des Landesherrn.

In der älteren Zeit, wo sich die Staatsgewalt noch nicht so positive Zwecke setzte als heutzutage und sie es namentlich noch nicht für ihre Pflicht hielt, auch das materielle Wohl der Unterthanen direct zu fördern, galt als die wichtigste Aufgabe des Landesfürsten neben der Vertheidigung des Landes nach außen die Erhaltung des Friedens und die Wahrung des Rechtes im Innern, also die Ausübung der Gerichtsbarkeit. Zu

---

[1]) Die Verträge zwischen Karl V. und Ferdinand I. in Auszügen bei **J. J. Moser**, Teutsches Staats-Recht, 12, 391 ff. und **Buchholtz**, Geschichte der Regierung Ferdinands I., 1, 154 ff.

diesem Zwecke musste der Markgraf oder Herzog an jeder „Ding-" oder Gerichtsstätte gewöhnlich dreimal im Jahre das öffentliche Gericht („Ding", später Landtaiding) halten,[1]) wo unter seinem Vorsitze die freien Grundbesitzer der Mark, besonders die begüterteren, sich versammelten, über schwere Verbrechen, auf die der Tod gesetzt war (Mord und Todschlag, Raub, Diebstahl, Brandstiftung, Nothzucht), urtheilten, Streitigkeiten über Grundeigenthum entschieden und als Zeugen für Güterveräußerungen und Schenkungen fungierten. Aber auch über allgemeine Landesangelegenheiten wurden manchmal bei diesen Versammlungen Berathungen gepflogen, wenn auch bei diesen der Fürst in der Regel nicht an ihre Zustimmung gebunden war. Nur Gesetze und neue Rechte sollte nach einem Reichsgesetze vom 1. Mai 1231 weder ein Fürst noch ein anderer machen dürfen, „außer mit Zustimmung der Besseren und Größeren des Landes".[2])

Neben den „Freien" *(liberi)* oder „Edeln" *(nobiles)*, zu denen in Österreich auch die wenigen Herren gerechnet wurden, welche den Grafentitel führten, gelangte unter den späteren Babenbergern noch ein anderer Stand zu Ansehen und Bedeutung, die Ministerialen oder Dienstmannen.[3]) Der Ausdruck Ministerialen bezeichnete ursprünglich Beamte oder Diener eines Herrn, sei es des Königs oder eines Großen oder geistlichen Stiftes. Dieselben, anfangs meist dem Stande der Unfreien oder wenigstens Zinsleute angehörig, waren Verwalter oder Aufseher auf den Gütern des Herrn oder verrichteten Dienste am Hofe desselben. Oft waren sie aber auch zur Vertheidigung seiner Besitzungen verpflichtet und bildeten im Kriege zu Pferde seine bewaffnete Begleitung. Dafür erhielten sie vom Herrn den Unterhalt und oft noch liegende Güter. Die Aussicht auf ein Gut *(beneficium)* bewog wohl auch Freie, in dieses Verhältnis einzutreten, das die Dienstmannen wegen der damit verbundenen Vortheile erblich zu machen suchten. Doch wurden diese Güter nicht als ihr Eigenthum angesehen und durften daher z. B. von ihnen nicht ohne Zustimmung des Herrn veräußert werden, wenigstens dann nicht, wenn das Gut dadurch außer die Gewalt desselben gekommen wäre. Auch der Charakter der persönlichen Unfreiheit dieses Standes

---

[1]) Es hieß lateinisch: „*placitum (provinciale)*", die Gerichtsstätte: „*mallus publicus.*"

[2]) *Ut neque principes neque alii quilibet constitutiones vel nova iura facere possint, nisi maiorum et meliorum terre consensus primitus habeatur.* Mon. Germ. LL. 2, 283.

[3]) Siehe im allgemeinen Waitz, 5, 288 ff. und 428 ff. und für Österreich Siegel, Die rechtliche Stellung der Dienstmannen in Österreich im 12. und 13. Jahrhundert. „Sitzungsberichte der kaiserl. Akademie", 102, 235 ff. Weitere Literaturnachweise für das Folgende in meiner „Geschichte Österreichs" 1, 481 ff.

tritt noch lange zutage. Der letzte Herzog von Steiermark vermacht seine Ministerialen 1186 testamentarisch dem Herzoge von Österreich. In Österreich selbst wurden Ministerialen bis zum Aussterben der Babenberger verkauft oder verschenkt, Kinder aus Ehen von Dienstleuten verschiedener Herren unter diese getheilt. Die Ehe einer Freien mit einem Ministerialen galt auch noch später als Mesalliance, und die Kinder einer solchen verloren ihr Erbrecht an den Gütern der freien Mutter.[1]

Weil aber die Ministerialen sehr oft um den Herrn waren, erlangten sie nach und nach auch einen gewissen Einfluss auf denselben. Auch ihre sociale Stellung wurde besonders durch die zunehmende Bedeutung des Kriegsdienstes gehoben. Sie konnten ebenso wie die freien Vasallen Lehen besitzen und wie diese unfreie Lehensleute mit der Verpflichtung zum Waffendienste halten. Besonders jene Dienstmannen, welche ein sogenanntes Hofamt, das eines (obersten) Marschalls, Kämmerers, Schenken oder Truchsessen bekleideten, hatten einen hervorragenden Rang. Mehrere der mächtigsten Adelsgeschlechter Österreichs und Steiermarks[2] gehörten dem Stande der Ministerialen an. Wir finden denn auch schon in der ersten Hälfte des 12. Jahrhunderts, wenn nicht früher, Ministerialen bei Landtaidingen anwesend oder unter den Zeugen angeführt, und seit der zweiten Hälfte wird ihr Rath *(consilium)*, ja ihre Zustimmung *(conniventia)* zu den Regierungshandlungen des Herzogs ebenso erwähnt wie der der Freien oder Edlen. Beide Stände werden wohl unter der einen Bezeichnung Vasallen *(fideles)* oder Große *(magni)* zusammengefasst.[3] Auch die Ministerialen der Steiermark nehmen eine ähnliche Stellung ein. Als sie Herzog Ottokar (1186) dem Herzoge von Österreich vermachte, suchte er ihnen gewisse Befugnisse zu sichern. Sie sollten das Recht haben, gegen tyrannische Behandlung des Landesfürsten an das Reich zu appellieren, ihre Lehen in Ermanglung von

---

[1] Nach Urkunde von 1267 (F. R. Austr., Dipl. 31, 289) beanspruchte die Tochter einer Gräfin von Neuburg-Falkenstein und Heinrichs von Kuenring, eines der hervorragendsten österreichischen Ministerialen, aus dem Erbe ihrer Mutter die Burg Herrantstein, wogegen der Bischof von Freising für seine Kirche geltend machte: „*commune ius Austrie ab antiquis temporibus observatum et quod adhuc, ut meliores Austrie concordant et affirmant, ibidem observatur, quod ... ius tale est, quod, cum filii seu filie progeniti de stirpe nobilium et liberorum copulati fuerint aliquibus non paris condicionis sed inferioris, ut puta ministerialium ecclesiarum vel domini terre videlicet ducis, filii seu filie progeniti de talibus copulatis, ut puta existentes deterioris condicionis, etiam (non) habent nec debent habere ius vel accionem in prediis seu proprietatibus, que ab antiquo respiciebant solummodo homines libere condicionis, hoc est quod vulgo vocatur* „*vreyzaygen*".

[2] Die Emerberg, Haslau, Kapellen, Kuenring, Liechtenstein, Meissau, Starhemberg, Stubenberg, Traun, Trauttmannsdorff, Wildon u. s. w.

[3] Ersteres 1155 bei Meiller, S. 36, Nr 29. letzteres 1222 ibid. 131, 180.

Söhnen auch auf Töchter, andere Güter auch auf Seitenverwandte zu vererben, wenn keine testamentarische Verfügung getroffen wäre, oder auch an andere Steierer zu verkaufen oder zu verschenken. Auch Ehen zwischen steierischen und österreichischen Dienstmannen wurden gestattet. Streitigkeiten sollten nicht durch Zweikampf, sondern durch Zeugenbeweis entschieden werden,[1]) während in Österreich nach dem dortigen Landrechte noch in der Zeit Ottokars II.[2]) unter rittermäßigen Männern von 24 bis 60 Jahren der Zweikampf in Gegenwart des Landesherrn als gerichtliches Beweismittel erscheint. Unmittelbar nach dem Antritte der Regierung in der Steiermark hielt Leopold V. bei Graz „eine große Versammlung seiner Ministerialen, um dort nach weisem Rathe über seine Angelegenheiten und das Wohl des Landes zu verhandeln", wie er sich ausdrückt.

Im österreichischen Landesrecht sind die Dienstmannen überall mit den Grafen und Freien in eine Linie gestellt, und ganz dasselbe ist im Landfrieden K. Rudolfs von 1276 der Fall.[3]) In der zweiten Hälfte des 13. Jahrhunderts werden die Fälle, wo Ministerialen als *nobiles* bezeichnet werden, immer häufiger, und im Laufe des 14. Jahrhunderts verschmelzen sie vollständig mit den alten, aber nicht mehr sehr zahlreichen „Edeln" und bilden mit diesen den Stand der „Herren".[4])

Einen niedrigeren Rang als die Dienstmannen nahmen die Ritter (*milites*)[5]) ein, obwohl ursprünglich beide Classen den Charakter der Unfreiheit gemeinsam hatten. Es waren dies Unfreie, welche von Fürsten, Grafen und freien Herren oder von Dienstmannen gegen die Verpflichtung zum Waffendienste kleinere Güter zu Lehen hatten, ohne sich wie die Ministerialen durch den Hofdienst zu einer höheren Stellung aufschwingen und Einfluss auf die Landesangelegenheiten erlangen zu können. Im 13. Jahrhundert, wo der Unterschied schärfer hervortritt und die Ritter als eigener Stand erscheinen, konnten diese mit Dienstmannen keine ebenbürtige Ehe eingehen, und sie konnten nicht wie diese Vasallen haben. Auch ihr Gerichtsstand war nicht derselbe, ja sie mussten ihrem Herrn einen Zins geben. Aber sie nahmen doch eine höhere Stellung

---

[1]) Zahn, UB. von Steiermark, 1, 651.
[2]) Die betreffenden Bestimmungen finden sich nicht bloß in der ursprünglichen Fassung Art. 9—14, sondern auch in der später (1266) vorgenommenen Umarbeitung desselben § 9—12.
[3]) Mon. Germ. LL., 2, 410.
[4]) Hasenöhrl, S. 74 ff.
[5]) Sie werden als *„milites et clientes"*, „Ritter und Knappen", später „Ritter und Knechte" bezeichnet, wobei unter dem letzteren Ausdrucke immer jene Ritterbürtigen zu verstehen sind, welche noch nicht wirklich den Ritterschlag erhalten haben. Über die Stellung der Ritter s. O. v. Zallinger, Ministeriales und Milites (Innsbruck, 1878).

ein als die immer mehr zusammenschwindenden freien Landbauern oder Gemeinfreien, denen wegen des geringen Umfanges ihres Gutes die Mittel gefehlt hatten, als Schwerbewaffnete zu Pferde, oft fern von der Heimat, Kriegsdienste zu leisten. Sie wurden immerhin noch zum Adel gerechnet, wenn sie auch dessen unterste Stufe bildeten, und erlangten im späteren Mittelalter das Recht, an den Landtagen theilzunehmen.

d) Entstehung und Ausbildung des Städtewesens.

Neben dem Adel gelangte in den österreichischen Ländern auch das Bürgerthum zu socialer wie politischer Bedeutung.[1]

Die Städte, welche in der Zeit der Römerherrschaft daselbst entstanden waren, hatten in den Stürmen der Völkerwanderung ihren Untergang gefunden. Erst nachdem durch das wieder erstarkte deutsche Reich die Grenzländer gegen die Einfälle der Ungarn gesichert worden waren, entstanden wieder Ortschaften mit städtischem Charakter. Einmal ließen sich am Fuße einer Burg *(urbs)*, die man zum Schutze gegen die Feinde erbaut hatte, oft Bewohner in größerer Zahl nieder, deren Häuser dann wohl auch mit Mauer und Graben umgeben wurden; um die *urbs* entstand ein *suburbium*, eine *civitas*. Dann siedelten sich viele Menschen an solchen Orten an, welche für Handel und Verkehr besonders günstig gelegen waren, namentlich an schiffbaren Flüssen und belebten Straßen. Wurden einem solchen Orte vom Könige oder Landesfürsten ein oder mehrere Märkte verliehen, so wurde er auch als „Markt" *(forum)* bezeichnet und erwuchs manchmal zu einer Stadt, deren Bewohner oder „Bürger" *(cives, burgenses)*, welche sich meist schon durch die Art ihres Erwerbes von den Bauern unterschieden, trotz ihrer Hörigkeit für ihren Besitz ein geschützteres Eigenthumsrecht erhielten.

Das Charakteristische einer Stadt nach der Auffassung des Mittelalters liegt aber hauptsächlich darin, dass die Einwohner von der Gewalt des Richters über die Umgegend befreit und für sie ein eigener Richter ernannt wurde. Dadurch ward es auch möglich, besondere, ihren eigenthümlichen Verhältnissen und Interessen entsprechende Rechtsnormen auszubilden. In diesem Sinne sind die Städte in den österreichischen Ländern ziemlich späten Ursprungs. Erst die letzten Babenberger

---

[1] Nähere Ausführungen in meiner „Geschichte Österreichs", 1, 485 ff. Die ältesten österreichischen Stadtrechte sind gesammelt von A. v. Meiller, Österreichische Stadtrechte und Satzungen aus der Zeit der Babenberger. „Archiv für österreichische Geschichtsquellen", 10, 87 ff. Winter, Urkundliche Beiträge zur Rechtsgeschichte ober- und niederösterreichischer Städte (Innsbruck, 1877), gibt dazu Nachträge auch für die spätere Zeit. — Die besonders in der letzten Zeit sehr angewachsene Literatur über die Entstehung und den Charakter des Städtewesens in Deutschland im einzelnen anzuführen ist unmöglich.

verliehen mehreren Ortschaften gewisse Privilegien, durch welche Bestimmungen über den Markt- und sonstigen Verkehr getroffen und die Einwohner mit verschiedenen Vorrechten begabt wurden.

Das älteste Stadtrecht in diesem Sinne scheint Wien in der ersten Zeit Leopolds VI. (1198?) erhalten zu haben, nachdem dieses schon seit der Zeit H. Heinrichs II. (seit 1155) regelmäßig als Stadt (*civitas*) bezeichnet worden war. Dieses Recht ist in seiner ursprünglichen Gestalt verloren, wurde aber einerseits bei der Abfassung des Stadtrechtes für Enns vom Jahre 1212 benutzt, andererseits 1221 einem erweiterten Stadtrechte von Wien[1]) zugrunde gelegt, welche daher größtentheils wörtlich übereinstimmen. Beide enthalten besonders strafrechtliche und civilrechtliche Bestimmungen: über die Bestrafung verschiedener Verbrechen, Vergehen oder Polizeiübertretungen, über Beweismittel, Erbrecht u. dgl. In beiden Städten erscheint ein eigener Richter, der im Namen des Herzogs, welcher ihn jedenfalls auch ernennt, die Gerichtsbarkeit ausübt. Neben ihm gibt es in Enns 6, in Wien 24 aus den Bürgern genommene Geschworene (auch *consules* genannt), die unabhängig vom Richter über den Marktverkehr und über alles, was zur Ehre und zum Nutzen der Stadt gereicht, nach bestem Wissen und Gewissen Beschlüsse fassen. Aus diesen hat sich der spätere Stadtrath entwickelt. Nach dem Wiener Stadtrechte sollen 100 der verlässlichsten und weisesten Bürger ausgewählt und verzeichnet und wenigstens zwei von diesen „Genannten" als Zeugen bei Veräußerungen von Gütern im Werte von mehr als 3 Pfund und bei schwierigeren Rechtssachen beigezogen werden. Jeder Bürger, der innerhalb des Stadtgrabens Güter im Werte von 30, in Wien von 50 Pfund hat oder einen Bürgen findet, ist selbst im Falle eines Mordes oder Todschlages vor Verhaftung geschützt und wird auf freiem Fuße gerichtet. Als Entlastungsmittel kommen neben dem Eide mit Eideshelfern auch noch die Gottesurtheile mit Wasser und glühendem Eisen vor. Strenge wird das Hausrecht geschützt. Gewaltsames Eindringen in ein Haus wird mit hohen Geldbußen oder dem Abhauen der Hand bestraft. Jeder Bürger darf zum Schutze des Landes Pferd und Waffen haben. Auch hat jeder das Recht, in Ermanglung von Weib und Kindern über seine Güter frei zu verfügen. Der Ehezwang ist ebenfalls aufgehoben; der Herzog soll die Witwe oder die Tochter eines Bürgers nicht zu einer bestimmten Heirat nöthigen. Endlich wurde bestimmt, dass fremde Kaufleute mit ihren Waren sich nicht länger als zwei Monate in Wien aufhalten und sie nur an Bürger sollten verkaufen, Kaufleute aus Schwaben, Regens-

---

[1]) Dieses wie die folgenden Privilegien für Wien bei Tomaschek, Rechte und Freiheiten der Stadt Wien, 1, 9 ff., mit wertvoller Einleitung über die geschichtliche Entwicklung des Stadtrechtes.

burg und Passau dieselben auch nicht nach Ungarn sollten führen dürfen, sodass Wien der Stapelplatz für den ganzen Donauhandel wurde.

Ein Privileg, das K. Friedrich II. nach der Absetzung des Herzogs Friedrich im April 1237 der Stadt Wien gab, welche er zugleich zur Reichsstadt machte, hat dieser nach seiner Wiedergewinnung des Landes nicht anerkannt. Dagegen bestätigte er den Wienern 1244 das Stadtrecht von 1221 mit einigen Erweiterungen und Abänderungen, wobei namentlich die Gottesurtheile beseitigt und durch den Eid oder Zeugenbeweis ersetzt wurden.

Fast wörtlich dasselbe Privileg erhielt gleichzeitig die Stadt Hainburg. Auch die (Wiener-) Neustadt, die Leopold V. kurz vor seinem Tode (1194) „nach Berathung mit seinen Dienstmannen" gegründet hatte, indem er zugleich den Markt von Neunkirchen dorthin übertrug, erhielt 1239 vom H. Friedrich II. verschiedene Vorrechte, z. B. Abschaffung des Ehezwanges, Zollfreiheit der Bürger in allen Gebieten des Herzogs und einen Jahrmarkt, der drei Wochen dauern sollte.

Ottokar II., der die Städte Marchegg und Bruck an der Mur neu gründete, verlieh mehreren Ortschaften Stadtrechtsprivilegien, und in der Zeit der Habsburger häuften sich diese immer mehr.

Besonders wurde Wien begünstigt.[1]) Rudolf I. erneuerte am 24. Juni 1278 die Privilegien K. Friedrichs II. von 1237 und H. Friedrichs II. von 1244 und fügte neue hinzu, wodurch er namentlich dem Stadtrathe, dessen Mitgliederzahl zunächst auf 20 festgesetzt wurde, eine ausgedehnte Wirksamkeit in Beziehung auf Verwaltung und Gerichtsbarkeit sicherte. Kein Bürger sollte in irgend einer Angelegenheit statt an den Rath an jemand anderen appellieren dürfen und nur den Räthen selbst freistehen, sich in einer unklaren oder schwierigen Sache an den Herzog zu wenden. Den Bürgern wurden auch bezüglich der Ablegung von Zeugnissen, der Erhebung von Anklagen und des Empfanges und der Verleihung von Lehen dieselben Rechte wie den Rittern zuerkannt und ausgesprochen, dass alle Bürger wie jene, die sich über Jahr und Tag unangefochten in der Stadt aufgehalten und als Bürger gegolten hätten, als Freie betrachtet werden sollten. H. Albrecht I. hat zwar die Reichsunmittelbarkeit Wiens ebensowenig anerkannt wie K. Ottokar, aber sonst die wichtigsten Bestimmungen der Privilegien seines Vaters 1296 erneuert und namentlich auch ausdrücklich verfügt, dass über Wiener Bürger, handle es sich um Leib, Gut oder Eigen, nur der Stadtrichter richten sollte. Doch war der Richter nur der Vorsitzende des Criminalgerichtes, und er musste Bürger zu Beisitzern wählen.

---

[1]) Vgl. mit Tomaschek a. a. O. I, XXIX ff. K. Weiß, Geschichte der Stadt Wien (2. Aufl.), 1, 332 ff.

Wien erfreute sich fortan einer großen Autonomie, wenn sich auch Albrecht die Ernennung des Stadtrichters vorbehielt. Den Vorsitz im Rathe führte nicht mehr der Richter, sondern der Bürgermeister, den wir zum erstenmale 1287 erwähnt finden. Dieser wie die Mitglieder des Rathes wurden aber mehr als ein Jahrhundert lang aus den sogenannten Erbbürgern, d. h. jenen, welche vom Erträgnisse ihrer liegenden Güter lebten, und aus den reichen Kaufleuten genommen, und erst 1396 wurde von den Herzogen Wilhelm, Leopold IV. und Albrecht IV. verordnet, dass dazu von der ganzen Gemeinde auch Handwerker gewählt werden sollten. Seit 1408 erhielt das demokratische Element der Zünfte auch insofern eine größere Bedeutung, als die bisher nur als Zeugen und Gerichtsbeisitzer verwendeten „Genannten", deren Zahl spätestens 1340 auf 200 erhöht worden war, oft auch zur Berathung städtischer Angelegenheiten beigezogen wurden.

Wien kann als Typus für die Entwicklung des städtischen Lebens in den österreichischen Ländern überhaupt[1]) gelten. Hier früher, dort später, bildeten sich zwar nicht gleiche, aber doch ähnliche Verhältnisse aus. Bis zum Beginne des 15. Jahrhunderts hatte sich die Bedeutung der landesfürstlichen Städte und Märkte so gehoben, dass sie sich dem hohen Clerus und dem Adel als gleichberechtigter Factor an die Seite stellen konnten.

e) Die Bauern.[2])

Die unterste Classe der Bevölkerung bildeten die Bauern. Unter diesen hat es wohl nur in Tirol eine größere Zahl von solchen gegeben, welche die volle Freiheit ihrer Person und ihres Gutes behauptet hatten.[3]) In den anderen österreichischen Ländern waren sie entweder zu Vogtleuten (*homines advocaticii*) oder zu Zinsleuten (*censuales*) herabgesunken, von denen erstere wahrscheinlich für den ihnen von ihrem Herrn gewährten Schutz, letztere für ihr Gut jährlich einen bestimmten Zins (am häufigsten 5 Denare) zu zahlen hatten, wenn sie auch als persönlich frei galten. Tiefer standen die Grundholden (*coloni*), welche bestimmte Naturalabgaben entrichteten, aber mit ihrem Gute verkauft, vertauscht oder verschenkt wurden. Dies galt noch mehr bei den eigentlichen Unfreien oder Leibeigenen (*homines proprii, servi*), welche streng genommen als Sache betrachtet wurden, deren Stellung sich aber im Laufe des Mittelalters besonders auf den Gütern der Kirche sehr verbesserte, so dass sich, da die Grundherren oft auch von den Grundholden und Zinsleuten höhere Leistungen verlangten, die strengen Rangunterschiede unter den Bauern immer mehr verloren.

---

[1]) Vgl. über dieses Luschin, Gerichtswesen, S. 199 ff.
[2]) Hasenöhrl, S. 88 ff.
[3]) A. Jäger, Geschichte der landständischen Verfassung Tirols, 1, 537 ff.

f) Geschichte der Gerichtsverfassung bis zum Ausgange des 15. Jahrhunderts.

Die verschiedene Stellung der Bevölkerungsclassen machte sich auch auf dem Gebiete des Gerichtswesens geltend.[1]

I. Die obersten Gerichte (Land- und Hoftaiding, landmarschallisches Gericht).

Das oberste Gericht bildete noch in der letzten Zeit der Babenberger das **Landtaiding**, welches nach dem „Landesrecht" alle sechs Wochen zu (Kor-) Neuburg, Tulln oder Mautern gehalten werden sollte.[2] Urtheiler waren ursprünglich die Grafen und Freien, zur Zeit der Aufzeichnung dieses Rechtes aber auch die Dienstmannen. Diese drei Classen, die sogenannten **Landherren**, erkennen nur das Landtaiding als competenten Gerichtshof an, und wenn über Leib, Ehre oder (unbewegliches) Eigen derselben geurtheilt wird, muss der Herzog selbst den Vorsitz führen, während in leichteren Fällen seine Stelle der von ihm ernannte (oberste) **Landrichter** *(iudex provincialis Austrie)* vertritt.

K. Ottokar II., der sich häufig außerhalb Österreichs aufhalten musste, schränkte bei der Einführung seines Landfriedens (1251/52)[3] seinen Vorsitz ausdrücklich auf die zuerst erwähnten Fälle und die Lehensachen ein, wozu später auch Processe gegen Personen oder Corporationen (Klöster) kamen, welchen er dieses Vorrecht verlieh. Auch setzte er **vier Landrichter**, zwei diesseits und zwei jenseits der Donau, ein, von denen in der Regel zwei gemeinschaftlich den Vorsitz führen sollten. Vor ihnen wurden entschieden: 1. Klagen gegen die fahrende Habe der Landherren oder leichtere Criminalfälle, welche diese betrafen; 2. Processe gegen (unfreie) Ritter, wenn es sich um Leib und liegende Güter handelte; 3. Klagen gegen Geistliche, soweit sie vor das weltliche Gericht gehörten. Ihnen sollte auch die „Frage schädlicher Leute" *(inquisitio terrae generalis)* in den niederen Landgerichten und die Aburtheilung der dabei Überführten zustehen. Nach der Erwerbung der ehemals steirischen Gebiete im Lande ob der Enns (1254) bildete

---

[1] Luschin, S. 47 ff. und für die letzte Zeit der Babenberger und die der ersten Habsburger auch Hasenöhrl, S. 165 ff.

[2] Der Ansicht von Brunner, Exemtionsrecht S. 7 und Luschin, S. 52 und 61, dass jede der drei Dingstätten ihren eigenen, einer Grafschaft entsprechenden Gerichtssprengel gehabt habe, also Österreich in drei Bezirke getheilt gewesen sei, kann ich mich ebensowenig als Hasenöhrl, S. 179 anschließen. Weder das „Landesrecht" (Art. 1. 4. 49., 70), noch urkundliche Angaben machen das Vorhandensein mehrerer (oberster) Landrichter wahrscheinlich. Obige Orte waren offenbar Dingstätten für ein und dasselbe Gericht.

[3] Herausgegeben von Chmel im „Archiv für österreichische Geschichtsquellen", 1ᵃ, 55 ff.

übrigens nicht mehr die Donau, sondern die Enns die Grenze der höheren Landgerichtssprengel, und wir finden (seit 1264) zwei *iudices provinciales superioris Austrie* neben zwei Landrichtern in Österreich.

Unter den ersten Habsburgern trat keine wesentliche Änderung ein. Doch erscheint im Lande ob der Enns statt der zwei nur noch ein „Landrichter", der, weil er auch an der Spitze der Regierung stand, seit 1330 gewöhnlich „Landeshauptmann" *(capitaneus)* heißt. Auch in Steiermark und in den später erworbenen Ländern Kärnten, Krain und Tirol führt der Stellvertreter des Herzogs diesen Titel. Auch finden wir schon am Beginne der habsburgischen Herrschaft unter den Urtheilern im herzoglichen Gerichte auch die Ritter, wenn es sich um Angelegenheiten ihrer Standesgenossen oder der Geistlichen mit privilegiertem Gerichtsstande handelte.

Doch wurden die Landtaidinge immer mehr verdrängt durch die Hoftaidinge, bis sie sich nach und nach ganz verlieren.[1]) Die Hoftaidinge, deren Anfänge noch in die letzten Jahre der Babenberger zurückreichen,[2]) unterscheiden sich von den Landtaidingen hauptsächlich dadurch, dass der Vorsitzende, entweder der Herzog persönlich oder der von ihm ernannte Hofrichter,[3]) die Beisitzer, deren eine bestimmte Zahl (6?) gewesen zu sein scheinen, selbst ernennt. Doch mussten diese aus den Landherren genommen werden, und erst 1408 setzten die Ritter nach harten Kämpfen es durch, dass H. Wilhelm die Besetzung der „Hofschranne und des Hoftaidings" aus beiden Ständen verfügte. Der Sitz des Gerichtes folgte dem Aufenthaltsorte des Herzogs und war daher in der Regel Wien. Aber auch das Hoftaiding macht bald anderen Gerichten Platz, einerseits dem landmarschallischen, andererseits einem veränderten Hofgerichte.

Der Marschall, ursprünglich Aufseher der Stallungen seines Herrn, dann Anführer der Reiterei, hatte als solcher auch die Gerichtsbarkeit auf allen Heerfahrten und dann über die Ritter überhaupt. Da aber dieses Amt seit dem letzten Babenberger ein erbliches Lehen geworden war, bekleidete der „oberste Marschall" oder „Erblandmarschall" in der Zeit der Habsburger fast nur noch einen Ehrenposten, und es entstanden zwei neue, vom Herzoge beliebig besetzte Marschallsämter, das des Hofmarschalls und das des Landmarschalls. Jener übte am Ende des Mittelalters die Gerichtsbarkeit über das ganze Hof-

---

[1]) Luschin, S. 49 f., findet die letzte Erwähnung 1312 oder spätestens 1338. Aber noch 1359 erscheint ein (oberster) „Landrichter in Österreich".

[2]) In zwei Urkunden H. Friedrichs II. von 1244 ist unter den Zeugen *Chunradus de Zekkinge, iudex curie nostre*. Meiller, S. 178. 179, Nr. 133. 136.

[3]) Regelmäßig kommt der Titel seit 1314 vor. Aber längere Zeit (bis 1359) erscheint dieselbe Person bald als Hofrichter, bald als Landrichter.

gesinde. Der **Landmarschall**[1]) hat schon im 14. Jahrhundert für die **Aufrechthaltung des Landfriedens** und für die Ausführung der gerichtlichen Urtheile zu sorgen und galt, weil er die Reiterei anzuführen hatte, auch als der natürliche **Stellvertreter des Herzogs im Lehengerichte**, wie er auch sonst öfter für denselben den Vorsitz führte. Nach 1412 scheint das landmarschallische Gericht oder das „Landrecht" förmlich organisiert worden zu sein. Dasselbe bildet den ordentlichen Gerichtshof bei Klagen gegen Herren, Ritter und alle Besitzer von Herrengülten, auch wenn sie Geistliche oder Bürger waren, wie bei Landfriedensbrüchen. Doch wurden ihm oft auch andere Fälle vom Herzoge zugewiesen. Der Landmarschall wurde vom Herzoge auf eine bestimmte Zeit, etwa ein Jahr, ernannt, aber den Ständen, als deren Haupt er galt, ein gewisses Vorschlagsrecht eingeräumt. Auch für die Beisitzer, welche ursprünglich vom Landmarschall aus den anwesenden Herren und Rittern von Fall zu Fall ausgewählt wurden, präsentierten seit 1444 die Stände eine Anzahl von Candidaten, von welchen der Landesfürst drei aus dem Herren- und drei aus dem Ritterstande ernannte.

Aber gerade der Einfluss der Stände auf das landmarschallische Gericht war die Ursache, dass seit H. Albrecht V. viele Processe, besonders wenn der Herzog selbst Partei war, oder wenn sie das herzogliche Kammergut (auch landesfürstliche Städte und Märkte) betrafen, demselben entzogen und einem neuen Hofgerichte zugewiesen wurden, wo anfangs in der Regel der Herzog selbst, später aber immer häufiger ein von ihm ernannter Stellvertreter den Vorsitz führte und besoldete herzogliche Räthe, also oft auch Unadelige, Geistliche oder studierte Juristen, selbst Nichtösterreicher, über die österreichischen Adeligen das Urtheil sprachen, sodass das frühere Princip der Genossenschaft der Richter mit der Partei nicht mehr beachtet wurde. Den Sieg erhielt diese Richtung unter K. Maximilian I.

2. Die unteren Landgerichte.

Ursprünglich hatten alle Landgerichte dieselbe Competenz, mochte der Herzog oder Graf oder ein anderer der Inhaber sein, mochte dieser selbst oder ein Stellvertreter den Vorsitz führen. Aber nachdem sich der Grundsatz ausgebildet hatte, dass nur das vom Herzoge geleitete Landtaiding über die Landherren in den wichtigeren Angelegenheiten ein Urtheil fällen könne, sanken die übrigen von selbst zu „unteren Landgerichten", wie sie das „Landesrecht" nennt, herab, welche nur über die Ritter, Bürger (soweit diese nicht durch die städtischen Privi-

---

[1]) In den anderen habsburgischen Ländern Landeshauptmann genannt.

legien eximiert waren) und Bauern die volle Gerichtsbarkeit übten, Klagen gegen die Landherren aber nur dann entscheiden durften, wenn es sich um fahrende Habe, Besitzstörungen u. dgl. handelte. Durch den Landfrieden K. Ottokars I. (1251) wurden ihnen die Processe gegen die Landherren ganz, gegen Ritter dann entzogen, wenn es sich um Leib oder unbewegliches Eigen derselben handelte. Auch durch die zahlreichen Exemtionen der kirchlichen Besitzungen und durch die immer mehr sich erweiternden richterlichen Befugnisse der Grundherren wurde die Gewalt der Richter eingeengt. Nur das Recht, über Leben und Tod der unteren Volksclassen zu erkennen, blieb denselben ausschließlich vorbehalten.

Aber auch bezüglich der räumlichen Ausdehnung der unteren Landgerichte traten wesentliche Änderungen ein. Der Markgraf oder Herzog war nicht der einzige Inhaber der hohen Gerichtsbarkeit, sondern in verschiedenen Ländern, namentlich im Lande ob der Enns, gab es alte **Grafen- oder Herrengeschlechter**, welche dieselben unmittelbar oder mittelbar vom Reiche zu Lehen hatten. Auch viele Kirchen hatten für ihre Besitzungen von den Kaisern die Befreiung von der gräflichen Gewalt erlangt, entweder unbedingt, indem ihnen auch der Blutbann für ihre Leute verliehen wurde, oder in beschränkterem Umfange, indem die *causae majores*, die Aburtheilung der Verbrechen, auf welche der Tod gesetzt war, oder wenigstens die Vollziehung des Urtheils, dem Landrichter vorbehalten blieben.

Trat dadurch eine immer weitergehende **Zersplitterung** ein, so war dies noch mehr bei den **Landgerichten der weltlichen Herren** der Fall. Seitdem man die Erträgnisse als den wichtigsten Theil des Amtes ansah, begann man diese Gerichte zu theilen und stückweise zu veräußern, und es konnte einerseits ein Landgericht aus Stücken mehrerer alter Grafschaften bestehen, anderseits eine Grafschaft in mehrere Landgerichte getheilt werden. Letzteres war das Gewöhnliche, und es nahm dies, besonders seit dem 13. Jahrhunderte, ja selbst in der neueren Zeit so sehr zu, dass es in den ersten Decennien unseres Jahrhunderts im Lande unter der Enns 216, in Oberösterreich 106 Landgerichte gab, von denen die kleinsten 33 und 11 Einwohner zählten.[1]) Die landesherrliche Gewalt fand nur dadurch Anerkennung, dass die Gerichtsherren den Blutbann vom Landesfürsten (seit der Mitte des 16. Jahrhunderts von der Regierung) für sich oder eventuell für die von ihnen ernannten Landrichter einholen mussten.

3. Die Vogtei-, Hofmark- und Patrimonialgerichtsbarkeit.

Die Aburtheilung leichterer Criminalfälle und die Entscheidung der Civilprocesse aller Hörigen gehörte zur Competenz der Grundherren.

---

[1]) Luschin, S. 114 ff.

Die ursprünglich wohl unbeschränkte Gewalt derselben über ihre unfreien Bauern war in der hier in Betracht kommenden Zeit schon insofern eingeengt, als die Aburtheilung der Verbrechen, welche eine Strafe an Leib oder Leben nach sich zogen, dem Landrichter vorbehalten war. Dagegen waren die freien Hintersassen in allen Civilstreitigkeiten ebenfalls dem Gerichte des Grundherrn unterworfen, der aber selbst nur den Vorsitz führte, wenn er dafür nicht einen Stellvertreter ernannte, zu Urtheilern aber Genossen des Angeklagten, also andere Gutsunterthanen, nehmen musste. Das Recht, leichtere Criminalfälle zu entscheiden, besaßen nicht alle Grundherren, sondern nur die Klöster auf Grund ihrer Immunitäten, welche diese Vogteigerichtsbarkeit durch ihren Richter oder Amtmann ausübten, und der höhere Adel, welcher für seine Herrschaften in der Regel auch die öffentliche Gerichtsgewalt erwarb. Außerhalb der Immunitäten und Gutsgebiete (Hofmarken) übten diese Befugnisse die Dorfgerichte, deren Versammlungen (Banntaidinge, Ehehafttaidinge u. s. w.) noch vielfach an die echten Dinge der Karolingerzeit erinnern.

g) Das Verhältnis des Staates zur Kirche.

Das Verhältnis des Staates zur Kirche war in Österreich während des Mittelalters kein anderes als in den übrigen Ländern.[1] Nicht bloß die Mitglieder des Clerus standen unter den geistlichen Gerichten, sondern auch die Laien, wenn es sich um Glaubens- oder Ehesachen, Wucher, Zehnten und Patronate, fromme Stiftungen u. dgl. handelte. Klagen von Laien gegen Cleriker und umgekehrt gehörten vor das weltliche Gericht, wenn sie unbewegliche Güter betrafen, während um fahrende Habe und Schulden Geistliche in erster Instanz nur vor ihrem Oberen geklagt werden konnten. Doch suchte die Staatsgewalt schon seit dem 14. Jahrhundert die kirchliche Gerichtsbarkeit immer mehr einzuengen.

Das zweite wichtige Privilegium des Clerus bestand in der Steuerfreiheit der kirchlichen Besitzungen.[2] H. Albrecht III. fiel 1390 in den Bann, weil er eigenmächtig vom Clerus eine Steuer erhoben hatte.[3] Da infolge dessen jeder Zuwachs an Kirchengütern die Zahl der steuerbaren Objecte verminderte, suchte man endlich dem Anwachsen der Güter der todten Hand Einhalt zu thun. Schon unter den ersten Habsburgern

---

[1] Luschin, S. 258 ff. Vgl. E. Friedberg, Die Grenzen zwischen Staat und Kirche, 1, 110 ff.

[2] Abgaben, welche weltliche Herren als Vögte bezogen, fallen nicht unter diesen Gesichtspunkt.

[3] Breve des P. Bonifax IX. bei Kurz, Österreich unter Albrecht III., 2, 282. H. Ernst wurde 1423 von P. Martin V. wegen Besteuerung des Clerus mit dem Interdict bedroht. Lichnowsky, 5, Regg. Nr. 2130.

wurden für Wien und andere Städte Verordnungen erlassen, dass Vergabungen von Gütern an ein Kloster nur dann giltig sein sollten, wenn sie vor dem Stadtrathe oder den „Genannten" vorgenommen und das Gut binnen Jahresfrist an einen Bürger verkauft würde. H. Rudolf IV. hob sogar in mehreren Städten die Steuerfreiheit der Kirchen und Klöster für ihre Häuser und Güter innerhalb des Stadtbezirkes mit Ausnahme des eigentlichen Gebäudes ganz auf, ohne dass dies freilich einen durchgreifenden Erfolg gehabt hätte.[1]

K. Friedrich III. suchte dann namentlich auf die Besetzung der Bischofsstühle, zu deren Sprengeln seine Länder gehörten, einen maßgebenden Einfluss zu erlangen. Dafür, dass er das Basler Concil und den von diesem erhobenen Gegenpapst fallen ließ, verlieh ihm P. Eugen IV. 1446 auf Lebenszeit das Recht, für die Bisthümer Trient, Brixen, Chur, Gurk, Triest und Piben (Pedena in Istrien) dem römischen Stuhle geeignete Persönlichkeiten vorzuschlagen. P. Paul II. bestätigte 1469 dieses Recht und dehnte es auch auf die vom Kaiser neu gegründeten Bisthümer Wien und Wiener-Neustadt aus, nachdem Friedrich III. diese Befugnis für das Bisthum Laibach schon 1463 vom P. Pius II. erhalten hatte. Da dieses Recht auch von späteren Päpsten bestätigt wurde, so ist es bis auf unsere Zeit aufrecht geblieben. Von Eugen IV. hatte K. Friedrich III. für sich und seine Nachfolger weiter auch die Befugnis erhalten, zur Visitation der Klöster in seinen Erblanden geeignete Personen vorzuschlagen und an Kathedral- und Collegiatstiftern 100 Beneficien vergeben zu dürfen, welche Zahl P. Sixtus IV. 1473 auf 300 erhöhte.[2] Der Einfluss des Kaisers auf den Clerus seiner Erblande musste dadurch außerordentlich gesteigert werden.

h) Die Entstehung und Ausbildung des Ständewesens.[3]

Es ist früher bemerkt worden, dass der Herzog von Österreich in der Zeit der Babenberger bei seinen Regierungshandlungen zwar oft den Rath einer größeren oder geringeren Zahl von Landherren einholte, aber nur in einzelnen Fällen, bei Abänderung bestehender Gesetze oder bei Suspendierung des ordentlichen Gerichtsverfahrens gegen gemeinschädliche Verbrecher an ihre Zustimmung gebunden war. Dasselbe gilt auch noch von der Zeit der ersten Habsburger, wo auch oft der Rath, aber sehr selten die Zustimmung der Landherren erwähnt wird, so namentlich als Albrecht II. 1338 den Kärntnern auf Bitten des

---

[1] Vgl. meine „Geschichte H. Rudolfs IV.", S. 124 ff. und Bruder, Studien über die Finanzpolitik H. Rudolfs IV., S. 47 ff. 61 ff. 112 f.
[2] Chmel, Materialien, 1ᵇ, 192 ff. Chmel, Regg. Friderici III. Nr. 4008, 5592. Fr. M. Mayer, Über die Abdankung des Erzbischofs Bernhard von Salzburg. „Archiv für österreichische Geschichte", 55, 173 f.
[3] Die Belege hiefür in meiner „Geschichte Österreichs", 2, 400 ff.

dortigen Adels ein neues Landrecht verlieh und die Zweikämpfe abschaffte, und als Rudolf IV. 1359 statt der jährlichen Münzerneuerung eine Getränksteuer (Ungelt) einführte.

Das constitutionelle System hat sich fast überall nur infolge finanzieller Verlegenheiten der Regierung entwickelt. Aber die Stellung des Herzogs von Österreich in finanzieller Beziehung war eine recht günstige. Als Reichsfürst war er im Besitze der Regalien, d. h. der Gerichte, Zölle und Mauten, der Bergwerke, des Münzrechtes, ausgedehnter Wälder u. dgl. Er besaß zugleich theils als Allode, theils als Lehen sehr ausgedehnte Grundherrschaften und bezog von den auf denselben ansässigen Bauern bestimmte Abgaben an Naturalien oder Geld. Da die Städte ebenfalls auf landesfürstlichem Grunde erbaut waren, so mussten ihm auch die Bürger gewisse Zinsen, manchmal auch außerordentliche Steuern entrichten.[1]) Ebenso beanspruchte der Herzog als oberster Schutzherr der meisten Klöster und als Patron sehr vieler Kirchen das Recht, im Falle der Noth von diesen eine außerordentliche Steuer zu erheben. Vermöge des Lehenrechtes war der Herzog auch berechtigt, von seinen Vasallen und Dienstmannen auf eine gewisse Zeit und innerhalb bestimmter Grenzen Kriegsdienste zu fordern. Da die Herzoge über genügende Mittel verfügten, scheinen die Habsburger nur ihren adeligen oder geistlichen Räthen oder Beamten einigen Einfluss auf die Regierung eingeräumt zu haben.

Aber die zahlreichen Kriege, welche in der zweiten Hälfte des 14. Jahrhunderts gegen Baiern, die Schweizer, Venedig u. s. w. geführt wurden und um so größere Ausgaben erforderten, als die Herzoge oft auch ihren Vasallen eine Entschädigung zahlen oder Söldner anwerben mussten, erschöpften nach und nach die finanziellen Mittel derselben. Auch bestanden infolge der Ländertheilungen mehrere Hofhaltungen, die natürlich auch mehr Geld verschlangen als eine einzige. Einige Zeit half man sich durch Verschlechterung der Münzen, Anleihen, Verkauf, besonders aber Verpfändung von Hoheitsrechten oder einzelnen Städten und Herrschaften. Aber durch diese Auskunftsmittel wurden die Einnahmen noch mehr vermindert. Willkürliche Erhebungen von Abgaben von den landesfürstlichen Städten oder den Kirchen,[2]) über welche

---

[1]) Eine Zusammenstellung der Einkünfte nach den in der Zeit Ottokars II. abgefassten Rationarien für Österreich und Steiermark (*Liber hubarum per totam Austriam*, herausgegeben von Chmel im „Notizenblatt der kaiserl. Akademie" 1855, S. 333 bis 428 und *Rationarium Styriae* ap. Rauch, SS. R. Austr. 2, 114—204) bei Lorenz, Deutsche Geschichte, 1, 365 ff. — Noch im 16. Jahrhundert flossen die regelmäßigen Einnahmen aus denselben Quellen.

[2]) Auf diese beiden Stände beziehen sich die meisten der in meiner „Geschichte Österreichs", 2, 401 Anm. 1, gesammelten Stellen.

der Herzog ausgedehntere Rechte beanspruchte, konnten wegen der dadurch hervorgerufenen Unzufriedenheit nur ausnahmsweise gewagt werden. Auf die Dauer blieb nichts übrig, als sich um die Unterstützung jener Personen oder Körperschaften zu bewerben, welche neben dem Herzoge im Besitze einzelner Theile der öffentlichen Gewalt waren, des hohen Clerus, der Adeligen und Städte.

Zum erstenmale scheint dies geschehen zu sein, als am Ende des 14. und Anfang des 15. Jahrhunderts, durch die politischen Verhältnisse begünstigt, böhmische, mährische und österreichische Adelige und in ihrem Dienste zahlreiche Verbrecher einen großen Theil Österreichs ausplünderten und sich sogar mehrerer fester Plätze bemächtigten. Da bei der Abstellung dieser Landplage alle Stände gleich interessiert waren, wendeten sich die Herzoge Wilhelm und Albrecht IV. 1402 an die „Prälaten, Landherren, Ritter, Knechte und Städte" und einigten sich mit ihnen über die Einführung eines Landfriedens und die Anstellung der „Frage" oder des „Gereuns" (S. 31) wie über die Aufstellung von Truppen, um das Räuberwesen unterdrücken zu können. Dabei verpflichteten sich die Landherren, Ritter und Knechte, zwei Monate lang 300 Spieße und 300 Schützen zu halten, während die Mittel, die dann noch bis Ende des Jahres zur Besoldung derselben erforderlich wären, durch eine auf die Prälaten, Geistlichen, Städte, das Land und die Juden zu legende Steuer aufgebracht werden sollte.[1]) Schon bei dieser Gelegenheit, wo wir zum erstenmale ein gemeinsames Tagen der Stände nachweisen können, finden wir die drei Curien, in die sie später gegliedert sind: 1. die Prälaten, d. h. die Äbte und Pröpste und die im Lande begüterten Bischöfe, 2. die Herren und Ritter oder den Adel und 3. die landesfürstlichen Städte (und Märkte).

Die weitere Ausbildung der Macht der Stände wurde besonders durch die Streitigkeiten unter den Herzogen gefördert. Schon Albrecht II. hatte in seinem Hausgesetze von 1355 seine vornehmsten Landherrn gebeten, ja eidlich verpflichtet, „mitsammt den Landen und Städten" gegen jenen seiner Söhne, der mit den anderen nicht in Eintracht leben wollte, diesen beizustehen. Auch im Hausgesetze von 1364 wurde bestimmt, dass die Landherren und Städte jenem Herzoge, der gegen die anderen feindselig aufträte, zu nichts verpflichtet sein sollten.[2])

---

[1]) „Archiv für österreichische Geschichtsquellen", 31, 288. Vgl. meine „Geschichte Österreichs", 2, 396 f.

[2]) Wie hier die Städte auf gleiche Linie mit dem Adel gestellt werden, so ließ sich auch Rudolf IV. beim Abschlusse des Erbvertrages mit den Luxemburgern (1364) nicht bloß von den Adeligen, sondern auch von den Städten seiner Länder das urkundliche Versprechen geben, dass sie ihn halten würden. Lichnowsky, 4, Regg. Nr. 556 bis 589.

Die Theilung der Länderverwaltung sahen zwar die Herzoge im allgemeinen für eine Familienangelegenheit an, die außer ihnen niemandem etwas angehe. Aber wenn sie sich untereinander nicht einigen konnten, musste doch jeder die maßgebenden Factoren der einzelnen Länder auf seine Seite zu ziehen und die Stände für die Anerkennung und Unterstützung seiner Ansprüche zu gewinnen suchen. Schon bei den im März 1404 geschlossenen Verträgen, durch welche den Herzogen Wilhelm und Albrecht IV. in Österreich gleiche Rechte zugesprochen wurden, ward erklärt, dass, wenn einer von beiden den Vertrag verletzte, die drei übrigen Herzoge, die Räthe und alle Prälaten, Landherren, Ritter, Knechte und Städte dem Beeinträchtigten beistehen und ihm eine von ihnen für billig erkannte Entschädigung verschaffen sollten. Auch in dem gleichzeitigen Vertrage über die Ländertheilung zwischen Wilhelm und Leopold IV. wurde den Ständen jenes Landes, in dem eine Verletzung der getroffenen Vereinbarungen erfolgte, ein gleiches Recht eingeräumt.

Von dieser den Ständen zugesprochenen Befugnis, bei Streitigkeiten der Herzoge als Schiedsrichter aufzutreten, machten jene Österreichs auch vollen Gebrauch, als nach dem Tode H. Wilhelms (15. Juli 1406) die Frage zur Entscheidung kommen musste, wer nun die Vormundschaft über H. Albrecht V. und die Regentschaft in Österreich erhalten sollte. Die österreichischen Stände[1]) fällten zwar keine Entscheidung über die Person des zu bestellenden Vormundes, aber sie setzten die Dauer der Vormundschaft, und zwar abweichend von früheren Familienverträgen, fest und trafen genaue Verfügungen über die Rechte des Regenten, der nur „nach dem Rathe von Land und Leuten", d. h. der Stände, im Inneren und mit den Nachbarn den Frieden herstellen, nach altem Herkommen Gericht halten, alle bei ihren Rechten und Freiheiten schützen, ohne Einwilligung der Stände seinen Mündel nicht verheiraten, das Land in keinen Krieg verwickeln und heimgefallene Lehen nicht weiter verleihen sollte. Auch die Ernennung und Absetzung von Beamten sollte er nur mit Zustimmung eines von den Ständen zu ernennenden Rathes vornehmen dürfen. Als dann die Herzoge Leopold und Ernst die Vormundschaft nach dem Ablaufe des bestimmten Termines nicht niederlegen wollten, waren es wieder die Stände, welche derselben 1411 ein Ende machten, die selbständige Regierung Albrechts V. sicherstellten und Räthe desselben ernannten. Durch alle diese Vorgänge war die Macht der österreichischen Stände so befestigt worden, dass sie dem Landesfürsten als gleichberechtigter Factor gegenüberstanden.

---

[1]) Es werden der Erzbischof von Salzburg, die Bischöfe von Freising und Passau, 24 Prälaten, 81 Herren und Ritter und die Vertreter von 22 Städten genannt. Rauch, SS. 3, 448 sqq.

Die Rechte, welche die Stände Österreichs erlangt hatten, konnten natürlich denen der durch das gleiche Herrscherhaus mit ihnen vereinigten Länder nicht lange vorbehalten bleiben. Schon im Jahre 1412 berief denn auch H. Ernst, als der Steiermark von Ungarn her Gefahr drohte, die „Prälaten, Herren, Ritter, Knechte, Städte und Märkte" dieses Landes zur Berathung von Vertheidigungsmaßregeln nach Graz.[1])

In Tirol hatte sich die ständische Verfassung unabhängig von den Vorgängen in Österreich entwickelt.[2]) Schon unter dem letzten Görzer, Heinrich von Kärnten und Tirol (1310—1335), hatte der Adel auf die Regierung großen Einfluss erlangt, und es waren die wichtigsten Verordnungen „nach dem Rathe der edeln Leute und Dienstmannen des Landes" erlassen worden. Als dann nach der Vertreibung des ersten Gemahls seiner Tochter Margareta von ihr und ihren Vertrauten des Kaisers Sohn Ludwig von Brandenburg zum Herrn ausersehen ward, musste dieser am 28. Jänner 1342 versprechen, ohne der Landleute (Adeligen) Rath keine ungewöhnliche Steuer zu erheben, Tirol nach dem Rathe der Besten, d. h. Vornehmsten, die dort ansässig wären, zu regieren und die Rechte des Landes nur nach ihrem Rathe zu bessern.[3]) Ludwig hat dann freilich dieses Versprechen nicht gehalten, aber nach seinem Tode traten nicht bloß die Adeligen, sondern auch die Bürger als politischer Factor hervor. Im Jahre 1362 versammelten sich in Bozen die „Dienstleute, Ritter und Knechte, Städte und Märkte und alle Gemeinschaft, reich und arm in Tirol" und baten in einem von sieben Adeligen und vier Städten im Namen der übrigen besiegelten Schreiben den jungen H. Meinhard, sich aus Baiern, wo er in schlechte Gesellschaft gerathen war, nach Tirol zu begeben. Bei der Huldigung, welche die Tiroler nach dem Vermächtnis ihres Landes an die Herzoge von Österreich diesen leisteten, thaten dies die Städte im Februar 1363 einzeln. Als aber Margareta am 2. September in Bozen die Regierung niederlegte, geschah dies nach dem Rathe der Landherren und „der Landschaft gemeinlich, edel und unedel, arm und reich", was auf die Abhaltung eines Landtages und die Anwesenheit von Vertretern der Städte, ja vielleicht auch einzelner Landgemeinden hindeutet.

---

[1]) Krones, Landtagswesen der Steiermark in „Beiträge zur Kunde steiermärkischer Geschichtsquellen" 3, 96 f., Nr. 22 f. Früher kann man von Landtagen eigentlich nicht reden. — Für Kärnten und Krain, wo die Quellen lückenhaft und theilweise wohl auch noch nicht genügend durchforscht sind, lässt sich die Abhaltung eigentlicher Landtage erst unter K. Friedrich III. nachweisen. Aelschker, Geschichte Kärntens, S. 681 f. Dimitz, Geschichte Krains, 1, 324.

[2]) Siehe das umfangreiche Werk von A. Jäger, Geschichte der landständischen Verfassung Tirols, 2. Bd., 1. Theil.

[3]) Vollständig in meiner „Geschichte der Vereinigung Tirols mit Österreich", S. 155. Hier auch S. 75, 87 und 94 die Belege für das über die Zeit bis 1363 Gesagte.

Unter der kräftigen Regierung des H. Rudolfs IV. und seiner nächsten Nachfolger fanden auch die tirolischen Stände keine Gelegenheit, sich zu bethätigen. Als aber im Jahre 1404 von Leopold IV. über das Verhältnis der Bauern zu den Grundherren eingehende Verfügungen getroffen wurden, geschah dies auf Bitten der „Prälaten, Äbte, Dienstleute, Ritter, Knechte, Städte und gemeiniglich aller Landleute" Tirols,[1] die offenbar darüber früher Berathungen gepflogen hatten. Wird hier der Prälatenstand zum erstenmale als Theilnehmer an solchen genannt, so geschieht seiner während der ganzen Zeit der Regierung Friedrichs IV. (1407—1439) keiner Erwähnung mehr, und erst unter seinem Sohne Siegmund erscheinen die Prälaten wieder als Mitglieder des Landtages.[2]

Der Ausdruck „gemeiniglich aller Landleute" hinter den Städten lässt wohl schließen, dass auch Vertreter der Bauern zu den 1404 gehaltenen Berathungen beigezogen worden waren. Dasselbe war ohne Zweifel auch 1415 der Fall, wo Erzherzog Ernst, der nach der Ächtung und Gefangensetzung seines Bruders Friedrich durch den K. Siegmund die Regierung Tirols übernahm, auf Bitten „aller Landherren, Dienstleute, Herren, Ritter, Knechte, Städte und gemeiniglich aller Landesleute" den Tirolern ihre Freiheiten bestätigte.[3] Friedrich suchte dann nach der Wiedergewinnung des Landes, wo er bald mit den vornehmsten Adeligen in heftige Streitigkeiten, ja offenen Krieg verwickelt wurde, eine Stütze an den Bürgern und Bauern, bot diese zum Kampfe auf und berief zu den Landtagen, welche die Herstellung des inneren Friedens bewirken sollten, immer auch Vertreter der „Gerichte und Thäler". So bildete sich gewohnheitsmäßig das Recht des tirolischen Bauernstandes aus, an den Landtagen theilzunehmen, welche in der letzten Zeit H. Friedrichs das Gesetzgebungs- und Steuerbewilligungsrecht unbestritten ausübten.[4]

Waren die ständischen Versammlungen in den österreichischen Ländern theils durch die finanziellen Bedürfnisse des Landesfürsten, theils durch die Streitigkeiten unter den verschiedenen Gliedern des Herrscherhauses ins Leben gerufen worden, so wurde durch dieselben Gründe auch ihre Macht befestigt und erweitert. Als nach dem Tode Friedrichs IV. von Tirol (1439) dessen Vettern Friedrich von Steiermark, der spätere Kaiser, und Albrecht VI. die Vormundschaft über seinen Sohn Siegmund in Anspruch nahmen, waren es die tirolischen Stände, welche die Entscheidung trafen, dem von ihnen anerkannten Friedrich die Bedingungen vorschrieben und ihm, als er nach der bestimmten Zeit seinen Mündel

---

[1] Archiv für Süddeutschland, 1, 116.
[2] Seit 1455, bestimmt seit 1458. Siehe Jäger, 2ᵇ, 120, 187 ff.
[3] Cl. Graf Brandis, Tirol unter Friedrich. S. 399.
[4] Siehe über die Zeit der Regierung Friedrichs IV. Jäger, 2ᵃ, 253—411 und meine „Geschichte Österreichs" 2, 485 ff.

nicht aus der Vormundschaft entließ, den Gehorsam verweigerten und eine eigene Regierung einsetzten.¹) Ebenso erhoben sich die Stände von Österreich 1451 gegen den Vormund des Ladislaus Posthumus, K. Friedrich III., mit dessen Regierung sie unzufrieden waren, und erzwangen 1452 die Auslieferung ihres Landesherrn. Als Ladislaus 1457 starb und nun Friedrich III. und Albrecht VI. wie Siegmund von Tirol auf Österreich Ansprüche erhoben, beschlossen die Stände, bis dieselben sich geeinigt hätten, keinem zu gehorchen und die Regierung selbst in die Hände zu nehmen. Die Verschwendung Siegmunds von Tirol und das Treiben der Günstlinge des schwachen Fürsten hatte die Folge, dass die Stände die heftigsten Beschwerden dagegen erhoben und der Erzherzog diesen 1487 unter der Bedingung der Ordnung seiner zerrütteten Finanzen auf drei Jahre die ganze Verwaltung übertrug und sich die Beiordnung eines ständischen Rathes gefallen ließ, ohne dessen Zustimmung er nicht die geringste Verfügung treffen durfte.

Obwohl endlich nach dem Tode K. Friedrichs III. (1493) in Maximilian I. ein energischer Fürst den Alleinbesitz der österreichischen Länder erhielt, behaupteten die Stände doch ihre frühere Bedeutung. Nur war ihr Wirken nicht mehr ein revolutionäres, sondern gieng mit dem Landesfürsten Hand in Hand. Die zahlreichen, fast ununterbrochenen Kriege, welche Maximilian zu führen hatte, die Umgestaltung des Kriegswesens, die Ersetzung der Vasallenheere durch Söldner, die theuere Ausrüstung der Truppen mit Geschützen und anderen Feuerwaffen wie mit dem sonstigen erforderlichen Kriegsmaterial hatten die Folge, dass die regelmäßigen Einkünfte des Kaisers von den Domänen und Regalien bei weitem nicht mehr ausreichten. Er musste sich um Unterstützung an die Stände seiner Länder wenden, die entweder außerordentliche Steuern bewilligten oder für eine bestimmte Zeit, gewöhnlich einige Monate, ein eigenes ständisches Truppencorps stellten, wofür sie das Geld aufbrachten. Dafür verlangten sie aber nicht bloß Abhilfe verschiedener Beschwerden oder die Erfüllung sonstiger Wünsche, sondern erwarben auch ausgedehnte administrative Befugnisse, besonders auf dem Gebiete der Finanzverwaltung. Den wenigen landesfürstlichen Beamten stellten sich nun vielfach ständische zur Seite.

In den späteren Jahren der Regierung K. Maximilians I. fanden auch wiederholt gemeinsame Ausschusslandtage der fünf „niederösterreichischen" Herzogthümer Österreich unter und Österreich ob der Enns, Steiermark, Kärnten und Krain statt, wo Delegierte der Stände dieser Länder gemeinsame Berathungen hielten, und zwar sowohl über

---

¹) Näheres in meiner „Geschichte Österreichs", S. 44 ff., und wo die Speciallitteratur angegeben ist, und für die Vorgänge in Österreich S. 77 ff. 119 ff. 151 ff 309 ff.

Vertheidigungsmaßregeln gegen auswärtige Feinde wie über organisatorische Fragen.[1]) Ja im Jänner 1518 traten sogar auf den Ruf des Kaisers in Innsbruck 70 Delegierte der Stände aller österreichischen Länder zusammen, welche nicht bloß über die Bewilligung von Geldmitteln zur Einlösung der verpfändeten Kammergüter und landesfürstlichen Einkünfte und zur Erhaltung des Hofstaates und der Regierungsbehörden, über den Abschluss eines Friedens mit Venedig oder, wenn dieser nicht zustande käme, über die Mittel zur Kriegführung und über einen Feldzugsplan gegen die Türken wie über die gegenseitige Unterstützung der Länder, wenn eines angegriffen würde, sondern auch über die Einsetzung eines Hofrathes als oberster Behörde und guter Landesregierungen berathen und auch das Recht haben sollten, Wünsche und Beschwerden vorzubringen. Doch fanden nur wenige gemeinsame Sitzungen statt. In der Regel verhandelten die Ausschüsse der einzelnen Länder oder Ländergruppen für sich allein und verkehrten mit den übrigen wie mit den Commissären nur schriftlich. Die Stände bewilligten dem Kaiser 400.000 (Gold-) Gulden, verlangten aber auch, dass derselbe ohne Zustimmung seiner Erblande keinen Angriffskrieg beginne. Für den Fall eines Angriffes auf ein österreichisches Gebiet wurde nur auf die Dauer von fünf Jahren Vorsorge getroffen, und zwar sicherten sich die „nieder-" und die „oberösterreichischen" Lande gegenseitig 1000 gerüstete Pferde oder 500 Pferde und monatlich 5000 rheinische Gulden zu. Auch über die Verwaltung wurden Gesetze vereinbart.[2])

Infolge der Bedeutung, welche die Stände seit dem Tode Albrechts V. (II.) in Österreich erlangt hatten, steigerte sich das Bewusstsein derselben so, dass sie sich als die rechtliche Quelle der Regierungsgewalt ansahen, welche dem Landesfürsten erst durch den Act der gemeinsamen Huldigung übertragen würde.

Da beim Tode Maximilians I. (12. Jänner 1519) seine beiden Enkel in fernen Gegenden, Karl in Spanien, Ferdinand in den Niederlanden weilten, verweigerte die Mehrheit der Herren und Ritter des Landes unter der Enns den bisherigen Mitgliedern der Regierung den Gehorsam. Sie behaupteten, dass bis zum Empfang der Huldigung durch die neuen Landesfürsten die Regierung den Ständen gebühre, der Huldigung aber die Bestätigung der Landesfreiheiten durch den Fürsten vorausgehen müsse. Sie gewannen für diese Anschauung auch Wien und dann die anderen Städte und Märkte. Der Landtag setzte ein ständisches Regi-

---

[1]) Ein Verzeichnis bei Bidermann, Geschichte der österreichischen Gesammt-Staats-Idee, 2. 93 f.

[2]) Die Vorlagen wie die Verhandlungen nach den Aufzeichnungen eines Delegierten, des Prälaten von Klosterneuburg, herausgegeben von Zeibig im „Archiv für österreichische Geschichtsquellen" 13, 203–316. Vgl. meine „Geschichte Österreichs" 3, 459 ff.

ment ein, bestehend aus 64 Mitgliedern, je 16 aus den Prälaten, Herren, Rittern und Städten, von denen der vierte Theil als „Landräthe" mit dem Landmarschall, Untermarschall und Landschreiber die Regierung führen sollte. Diese Landräthe rissen nun die ganze Gewalt an sich, hoben die landesfürstlichen Einkünfte ein und ließen sogar Münzen prägen. Auch die Landtage in den anderen niederösterreichischen Ländern übertrugen die Regierung einem ständischen Ausschusse. Nur in Tirol gieng der von den Ständen eingesetzte Ausschuss mit dem bisherigen Regimente Hand in Hand.

Doch leisteten die Stände der niederösterreichischen Länder mit Ausnahme jener des Landes unter der Enns den vom K. Karl V. ernannten Commissären in den ersten Monaten des Jahres 1520 ohne Schwierigkeiten die Huldigung, und auch die Stände des Landes unter der Enns wagten keinen Widerstand, als im Juni 1521 Erzherzog Ferdinand, dem Karl V. die österreichischen Länder abgetreten hatte, persönlich erschien. Im folgenden Jahre wurde den Häuptern der Ständepartei der Process gemacht und acht derselben wegen Anmaßung der Regalien als Rebellen enthauptet.[1])

i) Die administrativen Reformen K. Maximilians I.

Mit dem Beginne der neueren Zeit änderten sich die Anschauungen über die Aufgaben der Staatsgewalt. Dieselbe sollte nicht mehr bloß für die Wahrung des Rechtes und die Erhaltung des Friedens sorgen, sondern auch das materielle und geistige Wohl der Unterthanen fördern. Wurden dadurch die Geschäfte vermehrt, so hatte auch das Eindringen des römischen Rechtes, welches das altdeutsche mündliche Verfahren nach und nach verdrängte und zugleich den Grundsatz der Berufung von den niederen Gerichten an ein höheres, ja an den Landesherrn oder dessen Stellvertreter zur Geltung brachte, eine Vermehrung der Kanzleiarbeiten und Beamten zur Folge. Hatte es früher landesfürstliche Beamte fast nur für die Verwaltung der Domänen und die Einhebung der Erträgnisse der Regalien gegeben[2]) und eine über allen Ländern stehende Regierung ganz gefehlt, waren diese nur durch die Person des gemeinsamen Monarchen und dessen Kanzlei zusammengehalten, so musste sich dies ändern, als sich die Staatsgewalt positive Ziele setzte. Auch konnte der Landesfürst nicht mehr alle an ihn gebrachten An-

---

[1]) V. v. Kraus, Zur Geschichte Österreichs unter Ferdinand I. 1519—1522. Vgl. meine „Geschichte Österreichs" 3, 485 ff.

[2]) Die Vorstände hießen in den niederösterreichischen Ländern Vicedom oder Vitzthum, in Tirol unter H. Sigmund oberster Amtmann. Unter ihnen standen die Maut- und Zollbeamten, Amtleute, Pfleger, Forstmeister u. s. w.

gelegenheiten selbst erledigen, besonders da Maximilian als römisch-deutscher König oft von seinen Erblanden abwesend sein musste. Maximilian hatte nun als Regent in den Niederlanden ein ausgebildetes Verwaltungssystem kennen gelernt, und theils die dortigen Einrichtungen, theils jene Tirols, welche auch mehr entwickelt waren als die in den anderen österreichischen Ländern, dienten ihm als Muster bei seinen Reformen auf dem Gebiete der Verwaltung,[1]) als deren Grundgedanken man die Ersetzung des Feudalstaates durch den Beamtenstaat, Errichtung ständiger Regierungscollegien, die auch in Abwesenheit des Landesfürsten die Geschäfte leiteten, und Kräftigung der Staatsgewalt bezeichnen kann.

Bei seiner organisatorischen Thätigkeit hielt sich übrigens Maximilian an die bisherige Entwicklung der Erblande, welche infolge der früheren Ländertheilungen in zwei Gruppen zerfielen, die niederösterreichische (Österreich unter und Österreich ob der Enns, Steiermark, Kärnten und Krain mit den benachbarten kleineren Gebieten) und die oberösterreichische (Tirol und die Vorlande in Schwaben und Elsass). Als er infolge der Abdankung des Erzherzogs Siegmund 1490 die Regierung Tirols und der Vorlande erhielt, übertrug er diese einem Collegium von zwölf „Statthaltern und Räthen", die zunächst während seiner Abwesenheit die politische Verwaltung und die Justizpflege übernehmen sollten. Für die Finanzverwaltung und das Rechnungswesen bestellte er anfangs 1491 vier eigene Räthe als Anwälte mit den nothwendigen Hilfsbeamten, für die sich 1495 zuerst der Name „Raitkammer" findet. Ebenso setzte er nach dem Tode seines Vaters (1493), als er sich nach dem Reiche begeben musste, für die Dauer seiner Abwesenheit über die fünf niederösterreichischen Herzogthümer ein „Regiment", bestehend aus einem Hauptmann und sechs Statthaltern und Räthen oder Regenten, ein, um die ihm als Landesfürsten zustehenden Geschäfte zu erledigen, und übertrug ihnen die politische und Finanzverwaltung, die oberste Justizpflege und die Sorge für den Landfrieden, selbst das Recht, Lehen zu verleihen. 1494 ist auch für die niederösterreichischen Länder eine „Schatz-" oder Rechnungskammer erwähnt, so dass also eine Trennung der Finanzverwaltung von der politischen Administration und der Justiz stattgefunden hat.

Die Überzeugung, dass es dem Könige nicht möglich sei, neben der Leitung der auswärtigen Politik und der Geschäfte des deutschen Reiches sich auch noch um die Details der Verwaltung in den Erblanden zu kümmern,

---

[1]) Siehe das umfangreiche Werk von S. Adler, Die Organisation der Centralverwaltung unter K. Maximilian I. (1886) und die kürzere Skizze von Fellner, Zur Geschichte der österreichischen Centralverwaltung (1493—1848) in „Mittheilungen des Instituts", 8, 258 ff., wie meine „Geschichte Österreichs", 3, 451 ff.

hatte die Folge, dass die anfangs nur für die Dauer der Abwesenheit Maximilians eingesetzten Regimenter in Innsbruck und Wien einen ständigen Charakter erhielten, und zwar jenes Ende 1499, dieses 1501 und 1502. Dem Regimente in Innsbruck, das aus einem Landhofmeister, einem Marschall, einem Kanzler und fünf „Statthaltern und Regenten" zusammengesetzt war, stand in Tirol und den Vorlanden[1]) die Ausübung der landesfürstlichen Rechte, die Verwaltung, oberste Justizpflege, Militär- und Polizeigewalt und die Verleihung der Erblehen zu. Die Raitkammer bildete im allgemeinen eine selbständige Behörde. Doch war in gewissen Fällen eine Berufung von derselben an das Regiment gestattet. Auch die Kanzlei war beiden gemeinsam. Das Regiment für die niederösterreichischen Länder (zuerst in Linz, seit 1510 in Wien) bestand aus einem obersten Hauptmann und mehreren Statthaltern und Räthen, und auch ihm war eine Raitkammer zur Seite gestellt. Auch wurde jetzt eine eigene österreichische Kanzlei errichtet. Doch wurde in den niederösterreichischen Ländern die Ausübung der obersten Justizhoheit nicht dem Regimente übertragen, sondern als Appellations- und Lehengericht ein eigenes Hof- (seit 1502 Kammer-) Gericht in Wiener-Neustadt eingesetzt.

Infolge der Opposition der Stände, die mit Verweigerung der Subsidien zum Kriege gegen Venedig drohten, hob aber der Kaiser 1510 das Kammergericht wieder auf und übertrug dem Regiment, in das auch ständische Vertreter aufgenommen wurden, auch richterliche Befugnisse. Zugleich wurde das niederösterreichische Regiment jetzt in derselben Weise wie das oberösterreichische aus einem Landhofmeister, einem Marschall, einem Kanzler und einer Anzahl von Statthaltern und Räthen zusammengesetzt.

Maximilian hatte anfangs auch die Errichtung von obersten Centralbehörden beabsichtigt, die allen seinen Erblanden und dem Reiche gemeinsam sein sollten, und hatte 1498 als oberste Regierungsbehörde und obersten Gerichtshof einen Hofrath, der dem Hoflager des Königs folgen sollte, und als oberste Finanzbehörde eine Hofkammer eingesetzt. Doch konnten infolge der Opposition der Reichsstände und des Schwankens des Königs selbst beide Behörden zu keiner Bedeutung gelangen.

Erst nach der Beendigung des Krieges mit Venedig (1518) wurde die organisatorische Thätigkeit wieder aufgenommen.

Auf dem Ausschusslandtage in Innsbruck wurde die Einsetzung eines aus 18 Mitgliedern, theils Adeligen, theils studierten Juristen (Doc-

---

[1]) Für das Elsass und das westliche Schwaben bestand zwar ein eigenes Regiment in Ensisheim. Aber es hatte doch nur beschränktere Befugnisse und war jenem in Innsbruck untergeordnet.

toren) bestehenden Hofrathes beschlossen, der, verstärkt durch einen Hofmeister, Marschall, Kanzler und Schatzmeister, die oberste Behörde für die politischen, Justiz- und finanziellen Angelegenheiten der Erbländer und des Reiches bilden sollte. „Geheime und große Sachen", also diplomatische Fragen, sollte aber der Kaiser selbst oder mit Beiziehung bloß einiger Hofräthe erledigen können, worin sich die Keime des späteren geheimen Rathes zeigen. Die Einsetzung einer eigenen Hofkammer für die Verwaltung des Kammergutes lehnte der Kaiser ab, und es wurden die betreffenden Geschäfte dem Schatzmeister zugewiesen. Der baldige Tod Maximilians war übrigens Ursache, dass dieser Hofrath nicht mehr ins Leben trat und erst 1526 unter Ferdinand I. eingesetzt wurde.

B. Geschichte Böhmens und seiner Nebenländer.

I. Geschichte der territorialen Verhältnisse.

a) Die Bildung einer einheitlichen Herrschaft in Böhmen und die Eroberung Mährens.

Das rings von Gebirgen umgebene Böhmen ist schon durch die Natur zu einem einheitlichen Staate bestimmt. Aber es dauerte lange, bis ein solcher hier gebildet wurde. Die Slaven, welche nach dem Abzuge der Marcomannen in der ersten Hälfte des 6. Jahrhunderts sich hier niederließen, zerfielen wie ihre Volksgenossen überall in einzelne getrennte Stämme mit eigenen Häuptlingen *(duces)* an der Spitze, welche keinen gemeinsamen Oberherrn anerkannten. Vom Ende des 8. Jahrhunderts, von wo an wir durch fränkische Schriftsteller öfter Nachrichten über Böhmen erhalten, bis zum Schlusse des 9. werden in Böhmen immer eine größere Zahl von Fürsten *(duces)* nebeneinander,[1] aber nie ein Herr des ganzen Landes erwähnt.

---

[1] Ihre große Zahl ergibt sich aus Ruodolf. Fuld. ad a. 845 (M. G. SS. 1, 364): *Hludovicus (rex) 14 ex ducibus Boemanorum cum hominibus suis christianam religionem desiderantes baptizari iussit.* Weitere Belege bei E. Dümmler, De Bohemiae condicione Carolis imperantibus (788—928) und H. Jireček, Das Recht in Böhmen und Mähren, 1, 75 f. Wenn dieser ebenso wie Palacky, Geschichte Böhmens, 1. Bd., trotzdem schon in dieser Zeit die politische Einheit Böhmens behauptet, so stützt er sich theils auf die Grünberger und Königinhofer Handschrift, von denen jetzt auch unbefangene čechische Forscher nachgewiesen haben, dass sie erst in diesem Jahrhundert gefälscht worden sind (vgl. Truhlář, Zur Bedeutung des Handschriftenstreites in Böhmen, „Mittheilungen des Instituts", 9, 369 ff.), theils auf willkürlich gedeutete Stellen des erst im 12. Jahrhundert schreibenden Cosmas von Prag. Vgl. meine „Geschichte Österreichs", 1, 156 ff. und J. Lippert, Die Anfänge der Staatenbildung in Böhmen, „Mittheilungen des Vereins für Geschichte der Deutschen", 29, 105 ff.

Erst seit dem Ende des 9. Jahrhunderts gelang es den Fürsten des um Prag wohnenden Stammes der Čechen, Bořiwoy, Spitihnew (c. 895), dessen Sohne Wratislaw und des letzteren Sohne Wenzel, die übrigen Stammfürsten theils zu unterwerfen, theils wenigstens zur Anerkennung ihrer Oberhoheit zu bewegen und so ein größeres Reich zu gründen. Während früher immer alle Fürsten ohne Unterschied als „Herzoge" *(duces)* bezeichnet worden waren, nennt ein sächsischer Geschichtschreiber Wenzels Bruder und Nachfolger Boleslaw I. „König" *(rex)*, einen der anderen Stammfürsten aber „Unterkönig" *(subregulus)*.[1]) Das letzte Fürstenthum *(principatus)*, welches den ganzen Osten und Süden des Landes umfasste,[2]) verschwand erst unter Boleslaw II., indem die Söhne des „Herzogs" Slavnik, des Vaters des heiligen Adalbert, 995 besiegt und dem Tode überliefert wurden. Von dieser Zeit an umfasste das Reich des in Prag residierenden Herzogs, der seinen Ursprung auf den sagenhaften Přemysl zurückführte, das ganze heutige Böhmen bis zur Grenze des Egerlandes mit Einschluss des Gebietes von Glatz.

Die Herrschaft des Böhmenherzogs über Mähren, einen großen Theil Schlesiens und den Westen des heutigen Galizien, welche Gebiete Boleslaw I. ebenfalls unterworfen hatte, war nur von kurzer Dauer, indem dieselben nach dem Regierungsantritte seines Enkels Boleslaw III. (999) sämmtlich an Polen verloren giengen. Doch wurde Mähren, zu welchem auch Troppau mit Jägerndorf gehörte, c. 1029 durch Břetislaw, den Sohn des Herzogs Ulrich von Böhmen, den Polen wieder entrissen und blieb von da an ein Bestandtheil des böhmischen Reiches, wenn es auch oft unter der Verwaltung von Nebenlinien des Přemyslidenhauses stand.

b) Die Erwerbung des Egerlandes, der Lausitz und Schlesiens.

Die südostdeutschen Herzogthümer, welche Ottokar II. von Böhmen nach dem Aussterben der Babenberger und des letzten Herzogs von Kärnten aus dem Geschlechte der Sponheimer in seine Gewalt brachte, musste derselbe im Wiener Frieden vom 21. November 1276 wieder an den deutschen König Rudolf abtreten. Dasselbe war mit Eger der Fall, welches er 1266 in Besitz genommen hatte, während es früher deutsche Reichsstadt geworden und dann, was es auch früher gewesen, als Besitz der Staufer betrachtet worden war.[3]) Als sich aber Ludwig der Baier

---

[1]) Widuk. II, 3 und III, 8.
[2]) Die Grenzen bei Cosmas, I, 27 ad 981. Dieselben werden *contra Boemiam* durch den Berg Ossek beim späteren Königsaal, *contra Teutoniam* durch den Böhmerwald bei Netolitz, *contra Moraviae regnum* durch Leitomischl und die Zwittawa, *contra Poloniam* durch die Burg Glatz bezeichnet. Vgl. mit Lippert a. a. O. auch Loserth, Der Sturz des Hauses Slavnik, „Archiv für österreichische Geschichte", 65, 21 ff.
[3]) Kürschner, Eger und Böhmen. Die staatsrechtlichen Verhältnisse. S. 8 ff.

1314 um die deutsche Krone bewarb, versprach er dem Könige Johann von Böhmen für seine Unterstützung Stadt und Land Eger um 20.000 Mark Silber zu verpfänden. Dies trat im October 1322 in Kraft. Doch wurde Eger nicht mit Böhmen vereinigt, sondern unmittelbar unter den König und den von ihm ernannten Hauptmann gestellt und der Stadt die Zusicherung gegeben, dass von ihr keine Landsteuer erhoben und der Kämmerer von Böhmen mit ihr nichts zu schaffen haben sollte.

Das Bauzner Land oder Budissin und Görlitz war schon 1076 vom Könige Heinrich IV. dem Herzoge Wladislaw von Böhmen verliehen und mit einigen Unterbrechungen auch behauptet worden, bis es als Mitgift einer Schwester Ottokars II. an Brandenburg kam. König Johann brachte Bauzen nach dem Tode des Markgrafen Waldemar (1319) an Böhmen zurück und kaufte 1329 auch Görlitz vom Herzoge Heinrich von Jauer, der sich desselben nach Waldemars Ableben als Sohn einer brandenburgischen Prinzessin bemächtigt hatte.[1])

Die Markgrafschaft (Nieder-) Lausitz, welche bei Brandenburg geblieben war, erwarb Kaiser Karl IV. zuerst 1364 als Pfand, 1367 dauernd durch Kauf.[2])

Schlesien, von dem ein Theil schon im 10. Jahrhundert zu Böhmen gehört hatte, blieb nach der Eroberung durch den Herzog Boleslaw Chabry (Chrobry) von Polen (999) mit diesem Reiche vereint, bis dieses nach dem Tode Boleslaws III. (1138) unter dessen Söhne getheilt wurde. Schlesien zerfiel seit 1163 in zwei Herzogthümer und löste sich im Laufe des 13. Jahrhunderts in immer zahlreichere Fürstenthümer auf. Als nun Wenzel II. von Böhmen sich anschickte, seine Ansprüche auf das erledigte Herzogthum Krakau geltend zu machen, versprachen ihm die Herzoge von Teschen und Oppeln im Jänner 1291 Heeresfolge in allen seinen Kriegen, nachdem ihr Bruder Herzog Kasimir von Beuthen schon 1289 die Lehenshoheit Böhmens anerkannt hatte.

Nach dem Aussterben der Přemysliden (1306) gieng wie die Herrschaft des Böhmenkönigs über Polen auch die Lehenshoheit über diese Theile Oberschlesiens wieder verloren. Als aber König Johann anfangs 1327 einen Feldzug gegen Polen unternahm, um die Ansprüche seiner Vorgänger auf dieses Reich wieder zu realisieren, leisteten ihm auch die Herzoge von Teschen, Falkenberg, Kosel-Beuthen, Ratibor, Auschwitz und Oppeln die Huldigung, sodass die Oberhoheit des böhmischen Königs über ganz Oberschlesien fest begründet war. Der kinderlose Herzog Heinrich VI. von Breslau trat am 6. April 1327 sein Herzog-

---

[1]) Scheltz, Gesammt-Geschichte der Ober- und Niederlausitz, 1, 70 ff., 95 ff., 260 ff. Vgl. Jireček, I³, 8 f.

[2]) Reg. Karls IV. Nr. 3058. 3943. R. S. 389. 404. 405.

thum dem Könige Johann ab, der ihm die Verwaltung auf Lebenszeit und eine jährliche Rente zusicherte. Als Heinrich 1335 starb, nahm der König dasselbe in Besitz, nachdem er sich schon 1331 nach dem kinderlosen Tode des Herzogs von Glogau dieses Landes¹) bemächtigt hatte. Auch die Herzoge von Liegnitz-Brieg, Steinau, Sagan, Oels und Münsterberg wurden (1329—1335) genöthigt, ihre Gebiete vom Könige zu Lehen zu nehmen. Die letzten selbständigen schlesischen Fürstenthümer erwarb Karl IV., indem er 1353 Anna, die Nichte und Erbin des kinderlosen Herzogs Bolko von Schweidnitz und Jauer heiratete, nach dessen Tode (1368) diese Länder an Böhmen kamen.

Die Fürstenthümer, die später bis zum Beginne der Regierung Ferdinands I. infolge des Aussterbens der regierenden Linie an die Krone zurückfielen, wurden alle wieder weiter verliehen. Einzelne wurden auch ganz dem Lande entfremdet, indem das sogenannte Fürstenthum Severien (Siewierz) 1442 dem Bischofe von Krakau, das Herzogthum Auschwitz 1457 an Polen verkauft wurde, während bei der 1472 erfolgten Veränßerung des Herzogthums Sagan an Sachsen wenigstens die Lehenshoheit der böhmischen Krone vorbehalten blieb.²)

II. Geschichte des öffentlichen Rechtes.

a) Böhmens Verhältnis zum deutschen Reiche.³)

Die böhmischen Fürsten, sei es alle, sei es ein Theil derselben, wurden schon unter Karl dem Großen genöthigt, dem fränkischen Reiche Tribut zu entrichten. Um die Mitte des 9. Jahrhunderts fielen sie aber vom Reiche ab und kamen später (um 871) in Abhängigkeit vom mährischen Reiche. 895, nach dem Tode Swatopluks, rissen sie sich auch von diesem wieder los, wogegen „alle Herzoge der Böhmen" in Regensburg dem Könige Arnulf die Huldigung leisteten. Doch hörte mit dem baldigen Verfalle des ostfränkischen Reiches auch das Abhängigkeitsverhältnis der Böhmen auf.

Der Begründer eines neuen deutschen Reiches, Heinrich I., drang um 929 mit einem Heere bis Prag vor und zwang den Herzog Wenzel zur

---

[1] Doch wurde die Hälfte desselben 1342 an den Bruder des Verstorbenen zurückgegeben, der Rest von Wenzel IV. dem Herzoge von Teschen überlassen. Erst 1488 kam Glogau durch Matthias von Ungarn als Herrn Schlesiens wieder an die Krone zurück.

[2] Grünhagen, Geschichte Schlesiens, 1, 363; die Belege in „Anmerkungen" S. 101, N. 18.

[3] Vgl. mit den betreffenden Partien in Palacky's „Geschichte von Böhmen" auch Jireček a. a. O. 1ᵃ, 95 ff. und 1ᵇ, 191 ff., H. Pernice, Die Verfassungsrechte der im Reichsrathe vertretenen Königreiche und Länder, 1. Heft: Das Königreich Böhmen (Halle 1872) und meine „Geschichte Österreichs", 1, 156 ff. 231 ff. 282 ff.

Huldigung und zur Zahlung eines Tributes. Wenzels Bruder Boleslaw I., der ihn 935 ermordete, machte sich von Deutschland unabhängig und behauptete 14 Jahre seine Selbständigkeit, bis ihn endlich Otto I. 950 unterwarf. Fortan blieb er des Königs treuer Vasall und entrichtete nicht bloß den verlangten Tribut,[1]) sondern musste auch die königlichen Hoftage besuchen und Heeresfolge leisten; namentlich musste der Böhmenherzog später zu den Römerzügen 300 schwer bewaffnete Reiter stellen. Auch war es nicht der Herzog, sondern der Kaiser, der (um 973) für Böhmen das Bisthum Prag gründete und dem Erzbischofe von Mainz unterordnete. Sonst aber war Böhmen im Inneren vom deutschen Könige vollständig unabhängig.

Als Boleslaw III. wegen seiner Grausamkeit 1003 gestürzt ward und Böhmen sich dem Herzoge Boleslaw von Polen unterwarf, weigerte sich dieser, das Land vom deutschen Könige zu Lehen zu nehmen. Aber schon 1004 wurde er vom Könige Heinrich II. aus Böhmen vertrieben und Boleslaws III. Bruder Jaromir mit diesem belehnt.[2]) Jaromirs Brudersohn und zweiter Nachfolger Břetislaw I. (1034—1055) suchte sich nach dem Tode Kaiser Konrads II. (1039) in politischer und kirchlicher Beziehung von Deutschland unabhängig zu machen, wurde aber 1041 von Heinrich III. gezwungen, neuerdings den Lehenseid zu leisten.[3])

Von dieser Zeit an hat Böhmen nie mehr versucht, die Oberherrschaft Deutschlands abzuschütteln. Břetislaw selbst hat Heinrich III. in den Kriegen mit Ungarn und dessen Sohn und zweiter Nachfolger Wratislaw II. (1061—1092) Heinrich IV. in seinen Kämpfen gegen die aufständischen Sachsen und die mit dem P. Gregor VII. verbundenen deutschen Fürsten treu unterstützt. Zur Belohnung verlieh diesem Kaiser Heinrich 1086 auf einem Reichstage in Mainz, allerdings nur für seine Person, den Titel eines Königs von Böhmen und Polen, ließ ihn durch den Erzbischof von Trier in Prag krönen und salben und scheint ihn auch von der Zahlung des Tributs befreit zu haben, sodass der Besuch der Hoftage und die Heeresfolge fortan die einzige Verpflichtung des böhmischen Königs gegenüber dem deutschen Reiche war.

Die häufigen Thronstreitigkeiten, welche nach dem Tode Wratislaws II. (14. Jänner 1092) unter den Přemysliden ausbrachen, waren die Ursache, dass in den nächsten Jahrzehnten die deutschen Könige wiederholt die Besetzung des böhmischen Thrones selbst in ihre Hände nahmen.

---

[1]) Wahrscheinlich 120 auserlesene Ochsen und 500 Mark Silber, was die Böhmen später schon in der Zeit Karls des Großen festgestellt sein lassen.

[2]) Die Belehnung erfolgte, wie zum erstenmale 1099 bemerkt wird, mittels einer Fahne; von 1173 an werden mehrere (fünf) Fahnen erwähnt. Jireček, I^b, 49.

[3]) Ann. Altah. ad 1041: *iusiurandum regi fecit, ut tam fidelis illi maneret, quam miles seniori esse deberet, omnibus amicis eius fore se amicum, inimicis inimicum.*

Lothar III. behauptete sogar 1125, dass ohne Initiative und Bestätigung des Kaisers nie die Wahl oder Erhebung eines Herzogs habe stattfinden dürfen. Dagegen erklärte freilich der Herzog Soběslaw, dass die Wahl immer vom Gutdünken der böhmischen Großen, nie von dem des Kaisers abgehangen habe, und dass nur die Bestätigung derselben diesem zustehe.[1]) Doch handelte Soběslaw selbst gegen die von ihm vertretenen Grundsätze, indem er seinem Sohn Wladislaw 1138 zuerst vom Könige Konrad III. die Belehnung ertheilen und erst dann durch die böhmischen Großen als seinem Nachfolger huldigen ließ.

Die enge Verbindung, welche um diese Zeit zwischen den Herzogen von Böhmen und den deutschen Königen stattfand, hatte neuerdings eine Rangserhöhung der ersteren zur Folge. Wladislaw II. versprach dem Kaiser Friedrich I. persönlich ein großes Heer gegen die lombardischen Städte, besonders Mailand, zuhilfe zu führen. Dafür setzte ihm dieser (11. Jänner 1158) auf einem Reichstage in Regensburg ein **königliches Diadem** auf und verlieh ihm und seinen Nachfolgern durch ein eigenes Privileg das Recht, an den Hauptfesttagen einen goldenen Reif zu tragen und sich denselben von den Bischöfen von Prag und Olmütz aufsetzen zu lassen.[2])

Als aber Wladislaw gegen das sogenannte Senioratsgesetz mit Umgehung der älteren Přemysliden seinem Sohne Friedrich die Nachfolge zu verschaffen suchte und, um diesen auf dem Throne zu befestigen, 1173 noch bei Lebzeiten zu Gunsten desselben der Regierung entsagte, lud der Kaiser beide vor sich, entsetzte Friedrich der Regierung, weil er sie nicht auf gesetzliche Weise mit Zustimmung der Böhmen und nach erfolgter Belehnung durch den Kaiser, sondern nur durch Verfügung seines Vaters erhalten habe, und belehnte mit Böhmen einen Sohn Soběslaws I., **Soběslaw II.** Doch erkannte er diesen nicht als König, sondern nur als Herzog an.

Der Einfluss des deutschen Königs auf die Verhältnisse Böhmens wurde in den nächsten Jahren durch die unaufhörlichen Thronstreitigkeiten unter den Přemysliden und den Wankelmuth der Großen noch gesteigert. Mehrmals wurden durch eine Verfügung der Kaiser Friedrich I. und Heinrich VI. Herzoge von Böhmen ab- und eingesetzt. 1182 suchte Kaiser Friedrich I. den Streit zweier Rivalen, des 1173 abgesetzten Friedrich und seines Vetters Konrad Otto von Brünn, dadurch beizulegen, dass er jenem Böhmen, diesem Mähren zusprach. Doch sollte dieses Land nicht mehr unter der Oberhoheit des Herzogs von Böhmen stehen, son-

---

[1]) Monachi Sazav. cont. Cosmae (M. G. SS. 9, 155 sq.) ad 1126.
[2]) Erben, Reg. Bohemiae 1, 131. Cod. dipl. Moraviae 1, 267. Jireček, Cod. jur. Bohem. 1, 29.

dern eine reichsunmittelbare, nur vom deutschen Könige zu Lehen gehende Markgrafschaft bilden.

Erst der Umschwung der Verhältnisse in Deutschland, der frühzeitige Tod Kaiser Heinrichs VI. (28. September 1197) und die dann erfolgende Wahl zweier Gegenkönige, des Staufers Philipp von Schwaben und des Welfen Otto IV., führten auch eine Wendung in den Verhältnissen Böhmens zum Reiche herbei.[1])

Im Sommer 1197 hatten die böhmischen Großen ohne Einholung des in Sicilien weilenden Kaisers Wladislaw III. einen Sohn Wladislaws II. zum Herzoge gewählt. Aber sein älterer Bruder Přemysl Ottokar unternahm im December 1197 mit seinen Anhängern einen Angriff auf Böhmen. Um einen Bürgerkrieg zu vermeiden, schloss Wladislaw mit seinem Bruder einen Vergleich, wornach dieser in Böhmen, er aber in Mähren unter dessen Oberhoheit regieren sollte, sodass also die Reichsunmittelbarkeit dieser Markgrafschaft wieder ein Ende fand. Die dann in Deutschland erfolgende Doppelwahl hatte die Folge, dass dieser wie andere Eingriffe in die Rechte des Königs ungestraft blieben, ja Böhmen noch mehr begünstigt wurde.

Um den mächtigen Přemysl Ottokar I. für sich zu gewinnen, machte ihn König Philipp neuerdings zum Könige und übertrug ihm und seinen Nachfolgern das Reich Böhmen, doch mit der Bestimmung, dass der von den Böhmen Gewählte die Belehnung vom deutschen Könige einholen sollte. Als Ottokar 1203 auf die Seite des Gegenkönigs Otto IV. übertrat, wurde er auch von diesem und vom P. Innocenz III. als König anerkannt.

Als aber Otto IV. wegen seines Angriffes auf Unteritalien 1210 vom Papste gebannt und auf dessen Bemühungen der Staufer Friedrich II. zum Gegenkönige gewählt wurde, erhielt Ottokar I., welcher sich diesem als einer der ersten deutschen Fürsten anschloss, neue Vorrechte. Am 26. September 1212 bestätigte Friedrich II. durch eine Urkunde mit Goldbulle die Verfügung König Philipps über die Erhebung Böhmens zum Königreiche und bestimmte weiter, dass der König zum Besuche der kaiserlichen Hoftage nur in Bamberg, Nürnberg und Merseburg verpflichtet sein und beim Römerzuge des deutschen Königs die Wahl haben sollte, 300 Bewaffnete zu senden oder 300 Mark Silber zu zahlen.[2]) Auch diese

---

[1]) Vgl. für die folgende Darstellung meine „Geschichte Österreichs", 1, 381 ff. und die dort angeführten Belege.

[2]) Das Privileg König Friedrichs II. (mit anderen einschlägigen Urkunden) bei Jireček, Cod. jur. Bohem. 1, 39. Doch sind die ersten fünf Punkte offenbar Erneuerung des Privilegs König Philipps. — Dass die Heerespflicht des böhmischen Königs dem Reiche gegenüber damals nicht aufhörte, ergibt sich aus dem Versprechen Herzog Albrechts I. von Österreich für Wenzel II. vom 12. Februar 1298, wenn er zum römischen Könige gewählt würde, diese nicht mehr verlangen zu wollen. Lünig, Cod. Germ. 1, 977.

Leistung setzte Kaiser Friedrich III. am 21. December 1462 noch auf die Hälfte herab, als ihm König Georg gegen die aufständischen Wiener und seinen Bruder Erzherzog Albrecht zuhilfe gekommen war, und verfügte zugleich, dass der König nur zu den Hoftagen in Bamberg und Nürnberg auf den Ruf des Kaisers kommen müsse, und dass demselben auch die Belehnung innerhalb der Grenzen seines Reiches oder höchstens 15 deutsche Meilen von demselben entfernt ertheilt werden solle.[1]

Während die Verpflichtungen des böhmischen Königs dem deutschen Reiche gegenüber immer mehr vermindert wurden, stiegen seine Rechte und sein Einfluss. Während sich vor dem Ende des 12. Jahrhunderts die persönliche Theilnahme eines böhmischen Herrschers an einer deutschen Königswahl nicht mit Bestimmtheit nachweisen lässt,[2] hat Ottokar I. zur Wahl Philipps später seinen Beitritt erklärt und 1211 die Berufung Friedrichs II. vorzüglich betrieben. Bei der Wahl Konrads IV. im Februar 1237 erscheint König Wenzel I. unter den weltlichen Fürsten in zweiter Reihe unmittelbar hinter dem Rheinpfalzgrafen.

Von besonderer Wichtigkeit war es, dass sich der Böhmenkönig um die Mitte des 13. Jahrhunderts, als infolge des Zusammentreffens verschiedener Umstände das Recht, den deutschen König zu wählen, auf die drei rheinischen Erzbischöfe und die Inhaber der sogenannten Erzämter beschränkt ward, schon seit längerer Zeit im Besitze des Schenkenamtes befand.[3] Zwar spricht der Verfasser des um 1230 entstandenen „Sachsenspiegels", Eike von Repgow, der zuerst die Behauptung aufstellt, dass die drei rheinischen Erzbischöfe und die Besitzer der Erzämter „die ersten in des Reiches Kure" seien und den, über welchen die Fürsten sich geeinigt, zu verkünden haben, dem Könige von Böhmen das Wahlrecht überhaupt ab, „weil er nicht deutsch ist".[4]

Albrecht scheint die Urkunde als König nicht erneuert zu haben; wohl aber gab König Ludwig der Baier (4. December 1314) dem Könige Johann ein ähnliches Versprechen. [1] Chmel, Reg. Friderici III., p. 398, Nr. 3958.

[2] Dass Herzog Ulrich 1024 an der Wahl Konrads II. theilgenommen habe, scheint mir wahrscheinlich, aber nicht ganz sicher (siehe meine „Geschichte Österreichs", 1, 167, N. 4). Viel zweifelhafter dürfte die Theilnahme König Wladislaws an der Designation Heinrichs VI. 1169 sein, die Weiland, Über die deutschen Königswahlen im 12. und 13. Jahrhundert (Forschungen zur deutschen Geschichte, 20, 320) und andere angenommen haben.

[3] Vielleicht schon seit Heinrich IV., sicher seit Heinrich V., da bei dessen Hochzeit 1114 *dux Boemiae summus pincerna fuit* (Ekkeh. Chron. M. G. SS. 6, 248), wahrscheinlich auch auf dem Reichstage in Mainz 1184. S. Ficker, Entstehungszeit des Sachsenspiegels, S. 125 ff. Weiland a. a. O., S. 315 ff.

[4] Sachsenspiegel, Landrecht III, 57, 2: *Die schenke des rikes, die koning von Behemen, die ne heret nenen kore, umme dat he nicht düdesch n'is.* Ob Eike zu dieser Behauptung durch sein Nationalbewusstsein veranlasst wurde (so Schuster in „Mittheilungen des Instituts", 3, 397 ff.), oder weil er selbst nach einer dem wenig früheren

Aber da die Theorie in dieser Form überhaupt den geschichtlichen Thatsachen nicht entsprach, andere von voneherein sieben nannten und die Haltung des Königs von Böhmen infolge seiner Macht bei den späteren Königswahlen von ausschlaggebender Bedeutung sein musste, so behauptete dieser auch, als die Anschauungen Eikes in der That staatsrechtliche Giltigkeit erlangten, seine Stelle im Kurfürstencollegium[1]) und damit auch das Recht, auf die Regierung des Reiches in erster Linie Einfluss zu üben und zu allen Verfügungen des deutschen Königs über wichtigere Angelegenheiten, namentlich über die Vergabung der Reichsgüter, seine Zustimmung zu geben.

Durch die goldene Bulle von 1356 wurde Böhmen wie den anderen Kurfürstenthümern nicht bloß das Berg- und Münzregal, die hergebrachten Zölle und die Freiheit aller Einwohner von den Reichsgerichten garantiert, sondern auch in der Rangordnung der Kurfürsten zu seinen Gunsten eine Abänderung getroffen, indem der König unter den weltlichen Fürsten den ersten Rang erhielt.

Durch drei Menschenalter (1346—1437) hatten die Könige von Böhmen aus dem Hause Luxemburg selbst den deutschen Thron inne. An den späteren Königswahlen nahmen sie aber lange Zeit gar nicht mehr theil. Bei der Erhebung Albrechts II. 1438 war dieser als König von Böhmen noch nicht anerkannt, bei jener Friedrichs III. 1440 des ersteren Sohn Ladislaus noch gar nicht geboren. Zu der Maximilians I. 1486 wurde König Wladislaw von Böhmen angeblich wegen Mangels an Zeit nicht geladen, indem man sich darauf stützte, dass die goldene Bulle für den Fall einer Wahl bei Lebzeiten des Kaisers nicht giltig sei.[2]) Erst als Kaiser Maximilian I. sich 1518 bemühte, seinem Enkel Karl die deutsche Krone zu verschaffen, und bei der wirklichen Wahl Karls V.

„Auctor retus de beneficiis" entnommenen Stelle im Lehenrecht IV, 2 nur sechs Fürsten als „die ersten in des Reiches Kure" bezeichnet, also für den Böhmenkönig kein Platz mehr war (so Maurenbrecher, Geschichte der deutschen Königswahlen, S. 227 ff.), mag dahingestellt bleiben.

[1]) Wegen der Haltung Ottokars II. bei der Erhebung Rudolfs von Habsburg wurde zwar 1273 durch die Kurfürsten und dann auf dem Reichstage zu Augsburg 1275 auch durch König Rudolf die siebente Kurstimme dem Herzogthum Baiern zugesprochen, aber am 4. März 1289 und auf dem Reichstage in Erfurt am 26. September 1290 wurden das Schenkenamt und die Kurwürde wieder dem Könige von Böhmen zuerkannt. Siehe namentlich Bärwald, Über die Echtheit und Bedeutung der Urkunde König Rudolfs I., betreffend die baierische Kur, 1856 (aus den „Sitzungsberichten der kaiserl. Akademie" 21, 3 ff.).

[2]) H. Ulmann, Die Wahl Maximilians I. „Forschungen zur deutschen Geschichte", 22, 149 ff. Bachmann, Zur deutschen Königswahl Maximilians I. „Archiv für österreichische Geschichte", 76, 603 f., glaubt, dass die Rücksicht auf Matthias von Ungarn maßgebend gewesen sei, der auch nach dem Frieden mit Wladislaw (1479) den Titel eines Königs von Böhmen führte.

wurde der König von Böhmen wieder als vollberechtigter Kurfürst anerkannt, obwohl derselbe damals minderjährig war und der böhmische Kanzler Ladislaus von Sternberg als Bevollmächtigter des Reiches für ihn die Stimme abgab.

b) Die Stellung des Landesfürsten.
I. Die Thronfolgeordnung.[1])

Obwohl Böhmen unter der Oberhoheit des deutschen Königs und seit der ersten Hälfte des 11. Jahrhunderts ein Lehen desselben war, wurde der Herzog doch, manchmal auf die Empfehlung seines Vorgängers, von den Großen gewählt[2]) und dann erst vom Kaiser belehnt. Doch war das Wahlrecht insofern ein beschränktes, als man vom Hause der Přemysliden nicht abwich und früher wohl ohne besonderen Grund auch den nächsten Erben nicht übergieng. Den jüngeren Prinzen wurden zu ihrer Versorgung wiederholt eigene Gebietstheile angewiesen.

Břetislaw I. berief aber auf dem Todbette (1055) die bei ihm anwesenden Großen zu sich, erklärte eine Theilung des „Reiches Böhmen" für schädlich und sprach den Wunsch aus, „dass unter seinen Söhnen oder Enkeln immer der älteste das höchste Recht und den Thron innehaben, die übrigen Mitglieder des Mannsstammes seiner Herrschaft unterthan sein sollten".[3]) Es galt auch in der That in Böhmen später die Senioratserbfolge als die dem Rechte entsprechende.[4]) Aber sie ließ sich, nachdem sich die Familie der Přemysliden einmal mehr verzweigt hatte, nicht immer durchführen und veranlasste häufige Thronstreitigkeiten. Wiederholt suchte der regierende Herzog seinem Sohne oder Bruder mit Umgehung eines älteren Seitenverwandten die Nachfolge zu verschaffen, und da dies nur durch die Unterstützung der Großen oder einen Machtspruch des deutschen Königs möglich war, so wurde Böhmen

---

[1]) Jireček, Das Recht in Böhmen und Mähren, 1ᵃ, 65 ff. und 1ᵇ, 41 ff. Koutný, Der Přemysliden Thronkämpfe und die Genesis der Markgrafschaft Mähren (Wien, 1877). Loserth, Das angebliche Senioratsgesetz des Herzogs Břetislaw I. und die böhmische Succession. „Archiv für österreichische Geschichte", 64, 1 ff.

[2]) Schon von Wratislaw, dem Vater des heiligen Wenzel, heißt es: *se publico assensu eligente*, und von diesem selbst: *favorabili populorum assensu . . . delectus*. Gumpoldi Vita Wenceslavi ducis, cap. 3 und 4. M. G. SS, 4, 214.

[3]) Cosmas, Chron. Boem. II, 13. M. G. SS., 9, 75. Es scheint, dass das *regnum Boemiae*, gegen dessen Theilung sich Břetislaw ausssprach, nur das eigentliche Böhmen war, da nach Cosmas cap. 15 *vadit novus dux novum disponere Moraviae regnum*.

[4]) *Iusticia enim erat Boemorum, ut semper inter principes eorum maior natu solio potiretur in principatu*, sagt Cosmas ad a. 1100 l. c. p. 108. Loserth hat für seine Behauptung, S. 29, dass „die Succession nach Altersvorzug" schon nahezu 200 Jahre vor Břetislaw bestanden habe, S. 61 ff., keine Beweise beigebracht. Dass unter mehreren Söhnen der älteste vor den jüngeren folgte, ist selbstverständlich.

im Laufe des 12. Jahrhunderts immer mehr zu einem Wahlreiche und zugleich der Einfluss des Kaisers auf die Besetzung des böhmischen Thrones immer größer.

Dabei hörte auch die territoriale Zersplitterung des Reiches nicht auf. Břetislaw I. ältester Sohn und nächster Nachfolger Spitihnew (1055—1061) beraubte zwar gleich nach seiner Thronbesteigung seine Brüder der ihnen von ihrem Vater verliehenen mährischen Gebiete. Aber sein Bruder Wratislaw II. (1061—1092) theilte dieses Land wieder unter seine Brüder Konrad (von Brünn) und Otto (von Olmütz), und ihre Nachkommen haben sich bis zu ihrem Erlöschen (1200) in ihren Gebieten behauptet. Auch vom eigentlichen Böhmen wurden wiederholt größere oder kleinere Theile zur Abfindung rivalisierender Glieder des Herrscherhauses oder jüngerer Sprösslinge verwendet.

Erst im 13. Jahrhundert trat eine wesentliche Änderung ein.[1]) Die mährische Linie der Přemysliden starb um 1200 aus. Ottokars I. Bruder Wladislaw, der 1197 unter seiner Oberhoheit Mähren erhielt, schied 1222 ohne Hinterlassung von Kindern aus dem Leben. Ottokar verlieh dieses Land 1224 seinem zweiten Sohne Wladislaw und nach dessen Tode (1227) seinem dritten Přemysl. Aber beide hatten fast nur den Titel, während die Regierung der König selbst führte. Da auch Přemysl 1239 ohne Nachkommen starb, fiel Mähren unmittelbar an den König Wenzel I. zurück, der die Regierung dieses Landes 1246 seinem älteren Sohne Wladislaw, und als dieser gleich darauf starb, seinem zweiten Přemysl Ottokar, dem späteren Könige, übertrug.

Ottokar I. setzte es auch durch, dass die böhmischen Großen seinen Sohn Wenzel I. 1216 noch bei seinen Lebzeiten zum Könige wählten und König Friedrich II. ihm die Belehnung ertheilte. Da er wie seine Nachfolger Wenzel I. (1230—1253), Přemysl Ottokar II. (1253—1278) und Wenzel II. (1278—1305) alle nur einen Sohn hinterließen, so gerieth die Senioratstheorie vollständig in Vergessenheit, und es wurde auf dem Wege des Gewohnheitsrechtes die Primogeniturerbfolge eingeführt.

Mit Wenzel III., der am 4. August 1306 ermordet wurde, erlosch der Mannsstamm der Přemysliden. Seinen vier Schwestern wurde von keiner Seite ein Anspruch auf die Thronfolge zuerkannt. Die böhmischen Stände nahmen jetzt für sich das Wahlrecht in Anspruch. Aber der deutsche König Albrecht I. erklärte Böhmen mit Mähren für ein erledigtes Reichslehen, belehnte damit seinen ältesten Sohn Rudolf und setzte es durch, dass die Barone und Adeligen Böhmens und Mährens nicht bloß diesem die Huldigung leisteten, sondern auch eidlich und ur-

---

[1]) Die Literatur in meiner „Geschichte Österreichs", 1, 392 f. und für die Thronstreitigkeiten nach dem Aussterben der Přemysliden 2, 93 ff.

kundlich gelobten, wenn Rudolf ohne männliche Erben mit Tod abgienge, den ältesten von dessen Brüdern und Erben als Nachfolger anzuerkennen.
Als aber Rudolf am 4. Juli 1307 starb, wählten die böhmischen Stände den Herzog Heinrich von Kärnten und Grafen von Tirol, Gemahl der ältesten Schwester Wenzels III., Anna, der sich auch im Kampfe gegen Albrecht I. behauptete. Indessen sah auch Albrechts Nachfolger Heinrich VII. Böhmen für ein erledigtes Reichslehen an, das er seiner eigenen Familie verschaffen wollte. Da Heinrich von Kärnten sich die Zuneigung sehr vieler Böhmen verscherzt hatte und diese die Krone der zweiten Tochter Wenzels II., Elisabeth, zu verschaffen suchten, so wendeten sie sich an Heinrich VII., und auf ihre Bitten belehnte dieser am 31. August 1310 seinen Sohn Johann von Luxemburg mit Böhmen, indem er ihn zugleich mit der Prinzessin Elisabeth vermählte. Noch im nämlichen Jahre wurde Heinrich von Kärnten aus Böhmen vertrieben und dem Könige Johann die Huldigung geleistet.

Dieser vermachte in seinem Testamente vom 9. September 1340 seinem ältesten Sohne Karl nur Böhmen mit den schlesischen und lausitzischen Gebieten, seinem zweiten Johann Heinrich Mähren, seinem dritten Wenzel das Stammland Luxemburg. Dieser Verfügung entsprechend verlieh Karl IV. am 26. December 1349 seinem Bruder Johann Mähren als böhmisches Mannslehen, nahm aber das Bisthum Olmütz und das Herzogthum Troppau aus, die vom Könige unmittelbar zu Lehen gehen sollten. Erst als Johanns († 1375) Sohn Jodok am 18. Jänner 1411 kinderlos starb, fiel Mähren wieder an den König zurück.

Karl IV. beschränkte 1348 das Wahlrecht der Stände Böhmens und seiner Nebenländer auf den Fall, dass vom königlichen Stamme weder ein männlicher noch ein weiblicher legitimer Sprössling vorhanden wäre,[1]) was die goldene Bulle von 1356 bestätigte.

Darnach wäre nach dem Tode Kaiser Siegmunds (9. December 1437) das Erbrecht seiner einzigen Tochter Elisabeth, der Gemahlin Albrechts V. von Österreich, außer Zweifel gewesen. Aber nachdem die Husiten dem Könige Siegmund aus religiösen Gründen die böhmische Krone viele Jahre hindurch streitig gemacht, hatte das Rechtsbewusstsein einen gewaltigen Stoß erlitten, und es wurde Albrecht V. (II.) im Juni 1438 nur von den Katholiken und den gemäßigteren Utraquisten als König anerkannt, während die radicale Partei den polnischen Prinzen Kasimir wählte. Nach Albrechts II. Tode (1439) wurden seine Witwe Elisabeth und ihr

---

[1]) *Electionem regis Bohemiae in casu dumtaxat et eventu, quibus de genealogia, progenie vel semine aut prosapia regali Bohemiae masculus vel femella superstes legitimus ... nullus fuerit oriundus ... ad praelatos, duces, principes, barones, nobiles et communitatem regni praefati et pertinentiarum eiusdem ... pertinere.* Cod. dipl. Moraviae, 7, 555 sqq.

Sohn Ladislaus nur von den Schlesiern, Lausitzern und einem Theile der Mährer anerkannt. Der böhmische Landtag dagegen wählte 1440 fast einstimmig den Herzog Albrecht von Baiern zum Könige, und nur weil dieser den Antrag ablehnte und die Böhmen sich über einen neuen Candidaten nicht einigen konnten, schritt man nicht über die Rechte des legitimen Königs hinweg und führte eine Art autonomer Verwaltung ein, bis 1448 Georg von Podiebrad als Reichsverweser die Regierung an sich brachte. Erst im October 1452 wurde Ladislaus vom böhmischen Landtage als gewählter König proclamirt, aber ihm das Erbrecht abgesprochen, weil man seinen Vater nicht als rechtmäßigen König ansah.

Als Ladislaus 1457 noch unverheiratet starb, erhoben die böhmischen Stände, ohne auf das Erbrecht der Schwestern desselben Rücksicht zu nehmen, durch freie Wahl Georg von Podiebrad auf den Thron. Dasselbe geschah 1471 nach Georgs Tode, indem man den Prinzen Wladislaw von Polen wählte. Erst dessen Sohn Ludwig folgte seinem Vater 1516 auf dem Throne, ohne dass sein Erbrecht bestritten worden wäre.

2. Die Befugnisse und Einkünfte des Landesfürsten.

Auch in Böhmen war der **Landesfürst** der oberste **Richter** und **Heerführer**, er vertrat das Land nach außen und ernannte die Hof- und Landesbeamten.[1] Die **Heerespflicht** beschränkte sich aber nur auf die Vertheidigung der böhmischen Kronländer und erstreckte sich nicht auf Kriegszüge ins Ausland, an welchen die Großen und Adeligen nur freiwillig oder gegen Sold theilzunehmen brauchten.[2]

Die **Einkünfte des Landesfürsten**[3] flossen im früheren Mittelalter aus den **Domänen** (Burgen, Landgüter, Wälder u. s. w.) und **Regalien**, d. h. den Zöllen und Mautgefällen, den Marktgeldern oder Abgaben von den auf den Märkten verkauften Waren und Lebensmitteln (Ungelt), den Goldwäschereien und Bergwerken, die lange Zeit sehr ergiebig waren, dem Münzregal, den Städtesteuern und den Abgaben der Juden (für den ihnen vom Fürsten gewährten Schutz), den Heimfällen von Lehen und anderen Gütern (Sterbefälle), den Gerichtsbußen und

---

[1] Jireček, I[b], 65 ff. Dudik, Mährens allgemeine Geschichte, 9, 39 ff. und für die spätere Zeit J. A Tomaschek, Recht und Verfassung der Markgrafschaft Mähren im 15. Jahrhundert, S. 26 ff.

[2] Priv. König Johanns für Böhmen und Mähren vom December 1310 und 18. Juni 1311 bei Erben-Emler, Reg. Bohemiae, 2, 973 und Cod. Moraviae, 6, 37. Dass dasselbe schon im 12. Jahrhundert der Fall war, ergibt sich aus der Erzählung des Vincenz von Prag, wornach die Großen dem Könige Wladislaw 1158 auf einer *generalis curia* Vorwürfe gemacht, weil er eigenmächtig dem Kaiser Hilfe gegen Mailand versprochen hatte, und derselbe ihnen dann die Theilnahme freigestellt habe. Vincentii Prag. Ann. M. G. SS., 17, 668.

[3] Palacky, 2[a], 42 ff. Jireček, I[b], 80 ff.

Güterconfiscationen. Weiter gab es eine theils in Geld, theils in Vieh erhobene jährliche Grundsteuer, die sogenannte Friedenssteuer *(tributum pacis, mír)*, von der aber ungewiss ist, ob sie von allen Grundbesitzern oder, was wahrscheinlicher ist, nur von den landesfürstlichen Zinsbauern und Dienstleuten bezahlt werden musste. Eine allgemeine Landessteuer *(berna)*, eine Grundsteuer in bestimmter Höhe (aber nicht von den Herrengütern) durfte nach dem Privileg König Johanns von 1310 der König nur in zwei Fällen, bei seiner Krönung und bei der Vermählung jeder seiner Töchter, erheben, während dies sonst nur mit Bewilligung des Landtages geschehen konnte. Dazu kamen noch die Staatsfrohnden, d. h. die Arbeiten für den Bau und die Einhaltung der Burgen, Brücken und Wege, für die Bewachung der Grenzpässe, die Ausrodung der Wälder, dann die Beherbergung und Verpflegung des fürstlichen Hof- und Jagdgesindes, Lieferung von Vorspann u. s. w.

Aber die meisten dieser Quellen versiegten im Laufe des späteren Mittelalters immer mehr oder verschwanden nach den Husitenkriegen und der Regierung der schwachen Jagellonen ganz.[1]) Die landesfürstlichen Güter, selbst ganze Städte und Märkte, waren an Kirchen und Klöster oder auch an Laien vergabt oder an Große zu Lehen gegeben oder verkauft oder verpfändet oder von mächtigeren Adeligen eigenmächtig in Besitz genommen worden, sodass, wie König Ferdinand 1527 klagt,[2]) davon „wenig und kleinscheinig frei, sondern alles in fremder Hand und gewaltsam befunden". Auch die Regalien, die Bergwerke, Fischteiche, das Ungelt, die Mauten, Zölle und Weingärten, von denen auch viele veräußert waren, trugen, wie er sagt, infolge ihrer Vernachlässigung wenig oder gar nichts ein.

In den böhmischen Nebenländern waren die Verhältnisse nicht wesentlich verschieden.

c) Der Adel und die bürgerliche Bevölkerung.

Schon im 11. Jahrhundert treten uns zwei Classen von Adeligen, solche ersten und zweiten Ranges *(primi et secundi ordinis milites)*, entgegen.[3])

---

[1]) Vgl. für Mähren, wo die Verhältnisse dieselben waren wie in Böhmen, Dudik, 9, 286 ff., und Tomaschek, S. 34 ff.

[2]) „Archiv für österreichische Geschichte", 69, 281 ff. Diese Angaben werden durch die Forschungen Gindelys, Geschichte der böhmischen Finanzen 1526—1618, „Denkschriften der kaiserl. Akademie", 18, 106 ff. 114 f. 128 ff. vollkommen bestätigt, nach denen die Bergwerke, die Grenzzölle, das Ungelt in den ummauerten Städten, die Kammerzinse mit den Gerichtstaxen, überhaupt die ordentlichen Einnahmen ganz geringfügige Summen abwarfen.

[3]) Jireček, 1b, 31 f. Vgl. auch Sedláček, Gedanken über den Ursprung des böhmisch-mährischen Adels, „Sitzungsberichte der königl. böhmischen Gesellschaft der Wissenschaften", 1890, S. 229 ff.

Erstere, später als Herren *(páni)* bezeichnet, mochten ursprünglich mit den Fürstengeschlechtern der mediatisierten Stammgebiete einen verwandtschaftlichen Zusammenhang gehabt haben, bestanden aber später wohl vorzüglich aus Familien, welche durch den Hofdienst, Bekleidung hoher Ämter und Erwerbung ausgedehnter Besitzungen emporgekommen waren. Zu letzteren, Wladyken oder später Ritter *(milites, rytíř)* genannt, dürften sowohl kleinere freie Grundbesitzer, welche sich am Kriegsdienste betheiligten, als auch, wie die deutschen Dienstmannen, ursprünglich Unfreie, welche im Dienste eines Herrn standen, gehört haben. Doch waren die Grenzen zwischen diesen beiden Classen noch in der Zeit Karls IV. nicht scharf gezogen, wurden beide als „Adelige" *(nobiles)* oder „Herren" *(domini)* bezeichnet, während der später den Herren beigelegte Titel „Barone" damals vorzüglich für die höheren Beamten gebraucht wurde.[1]) Erst im 15. Jahrhundert schlossen sich die „Herren" von den „Rittern" in schroffer Weise ab.

Auch in Böhmen schwand die Zahl der Gemeinfreien, welche kleineren Grundbesitz hatten, immer mehr zusammen, indem sie sich genöthigt sahen, in ein Abhängigkeitsverhältniss zu einer Kirche oder einem weltlichen Herrn zu treten und dafür gewisse Lasten zu übernehmen, wie dies jene thun mussten, welche ihr Gut von einem Herrn gegen eine jährliche Abgabe an Geld oder Naturalien und gegen Leistung von Roboten erhalten hatten. Auch in Böhmen gab es schon am Beginn des 13. Jahrhunderts zwischen den adeligen Grundherren und den eigentlichen Leibeigenen, welche gar keine selbständigen Rechte hatten, verschiedene Abstufungen von Halbfreien oder Hörigen, von denen auch viele der Willkür ihres Herrn preisgegeben waren.[2])

Seit dem Beginne des 13. Jahrhunderts bildeten sich infolge der deutschen Colonisation[3]) vielfach neue rechtliche Verhältnisse. Zuerst verschiedene Klöster in Mähren und später in Böhmen, dann der Bischof Bruno von Olmütz (1245—1281) und König Ottokar II., endlich auch mehrere Adelige (die Rosenberg in der Gegend von Krumau, die Lämberg im Glatzischen, die Draholetz um Landskron, Wildenschwert und Reichenau, die Biberstein um Reichenberg und Friedland) beriefen auf ihre Besitzungen deutsche Bauern, überließen ihnen vielfach noch un-

---

[1]) Werunsky, Geschichte Kaiser Karls IV., 3, 1 ff. Schon Palacky, 2ᵃ, 29 und 2ᵇ, 6, hat dies anerkannt. Vgl. Dudík, 4, 275 ff.

[2]) Über die verschiedenen Classen der bäuerlichen Bevölkerung siehe Jireček, 1ᵇ, 33 ff.; Dudík, 4, 209 ff.; Tomaschek, S. 49 ff. Vgl. Werunsky, 3, 12 ff.

[3]) Näheres bezüglich Mährens bei Rössler, Deutsche Rechtsdenkmäler aus Böhmen und Mähren, 2, XVIII ff. und Dudík, 8, 70 ff., 111 ff. und 130 ff., bezüglich Böhmens eine summarische Darstellung bei Schlesinger, Geschichte Böhmens (2. Aufl.), S. 161 ff. Vgl. meine „Geschichte Österreichs", 1, 576 ff.

bebaute oder mit Wald bedeckte Landstrecken gegen mäßigen, genau bestimmten Zins an Geld oder Naturalien und gewährten ihnen Befreiung von Roboten und von den Staatsfrohnden und manche andere Vorrechte, namentlich Befreiung von der Gewalt der Kreisbeamten und eigene Schulzen für die niedere Gerichtsbarkeit, während sie bezüglich der hohen Gerichtsbarkeit an die nächste deutsche Stadt gewiesen wurden. Eben wegen der großen Vortheile und der Sicherheit des Besitzes, welche das „deutsche Recht" gewährte,[1]) strebten auch die Bauern der slavischen Dörfer die Erlangung desselben an, und zwar längere Zeit mit Erfolg, indem, wie ein böhmischer Geschichtsschreiber etwas übertrieben bemerkt, „binnen einem Jahrhunderte alle böhmischen Dörfer mit seltenen Ausnahmen schon nach deutschem Rechte ausgesetzt erscheinen".[2])

Vom Ende des 14. Jahrhunderts an trat aber wieder eine Verschlimmerung der Lage des Bauernstandes ein.[3]) Indem die Besitzer der größeren Herrschaften auch Bestandtheile der öffentlichen Gewalt, besonders der Gerichtsbarkeit erwarben, geriethen die Bauern in immer größere Abhängigkeit von denselben. Als dann die Husitenkriege auch die Bedeutung des Clerus und der Städte vernichteten und die Gewalt des Königs beschränkten und der Verfall dieser durch die unsichere Thronfolge der folgenden Zeit, die wiederholten inneren Kriege und die Schwäche der Nachfolger Georgs von Podiebrad vollendet wurde, da fehlte jedes Gegengewicht gegen den Adel, die Bauern waren der Willkür ihrer Herren vollständig preisgegeben. Diese suchten auch die persönlich freien und rechtlich besser gestellten Bauern in den Zustand der Hörigkeit herabzudrücken, sie zu erhöhten Abgaben zu zwingen und der Robotpflicht zu unterwerfen, das Erbrecht der Verwandten zu beseitigen, ja sogar die Freizügigkeit derselben zu beschränken, bis diese durch einen Beschluss des Landtages im Jahre 1487 derselben vollständig beraubt wurden.[4])

---

[1]) *Vocati iure Theutonicorum (hereditatibus) quiete et sine vexatione utantur. Exactiones in tributo terre et omnes alias ad usus nostros spectantes indulgemus, sed habeant in omnibus, sicut habent Theutonici, securam libertatem, ius stabile et firmum*, heißt es in Urkunde des Markgrafen Wladislaw von Mähren von 1204 für die Johanniter (Cod. Moraviae, 2, 22), dem ersten Beispiele für das Vorkommen des deutschen oder, wie es auch heißt, emphyteutischen Rechtes.

[2]) Palacky, 2ª, 158. Vgl. Dudík, 8, 70. Doch waren die mit deutschem Rechte bewidmeten slavischen Bauern meist auch von Roboten nicht ganz frei. Werunsky, 3, 17 f.

[3]) Tomaschek, S. 69 ff.

[4]) Palacky, 5ª, 292 f. mit historisch ganz falschen Bemerkungen. Vgl. K. Grünberg, Die Bauernbefreiung in Böhmen, Mähren und Schlesien, 1, 95 ff.

d) Die Städte.

Zwischen Böhmen und Mähren, die reich an Naturproducten waren, und den industriellen deutschen, besonders niederrheinischen und niederländischen Städten musste sich früh ein lebhafter Handelsverkehr entwickeln. Im Interesse der Sicherheit und Ausbreitung der Handelsverbindungen ließen sich aber deutsche Kaufleute an den Hauptpunkten des Verkehres, unterhalb der Burgen *(urbs)* der Kreise, im Burgflecken *(suburbium)* auch ständig nieder, besonders natürlich in der Hauptstadt des Landes, wo schon am Ende des 11. Jahrhunderts unterhalb der Burg und im Flecken Wissegrad „die reichsten Kaufleute aus allen Völkerschaften" und „die wohlhabendsten Münzer" erwähnt werden.[1]) In ihrem Gefolge waren wohl auch oft deutsche Handwerker, welche verschiedene, in Böhmen noch unbekannte Industriezweige betrieben.

Nach den damals bei den Deutschen herrschenden Rechtsgrundsätzen schlichteten diese ihre Angelegenheiten selbst, lebten nach eigenen Gesetzen und schlossen sich zu einer „Gilde", einer Genossenschaft zusammen, die als solche dem Landesfürsten Abgaben zahlte und dafür Schutz und manche Vorrechte erhielt, namentlich die Befugnis, nach deutschem Rechte unter einem eigenen Richter zu leben. Schon unter dem König Wratislaw (1061—1092) gab es im „Burgflecken" *(suburbio)* Prag am Pořitsch eine deutsche Gemeinde mit deutschem Rechte und einem eigenen, von ihr selbst gewählten Richter, der über sie richtete mit Ausnahme der schwersten Criminalfälle, die dem Landesfürsten oder dessen Stellvertreter, dem Kämmerer, vorbehalten waren. Die Angehörigen dieser Genossenschaft wurden ausdrücklich als Freie anerkannt und waren daher auch später zum Kampfe für das Vaterland und bei einem Feldzuge des Fürsten außerhalb des Landes zur Bewachung der Thore Prags verpflichtet. Derselben Rechte sollte jeder „Gast" theilhaftig sein, der bei den Deutschen in der Stadt bleiben wollte. Indem Wenzel I. 1253 mit dieser deutschen Gemeinde andere vereinigte, dieselben mit einer Mauer umgab und dieser neuen Gründung das Recht der Stadt Nürnberg verlieh,[2]) entstand die Altstadt Prag. Doch behielt sich der

---

[1]) Cosmas Prag. II, 45 ad a. 1091: *in suburbio Pragensi et vico Wissegradensi ... ex omni gente negociatores ditissimi ... monetarii opulentissimi.* Siehe im allgemeinen über die Entstehung des Städtewesens in Böhmen meine „Geschichte Österreichs", 1, 571 ff. mit weiteren Literaturangaben und für das 14. Jahrhundert Werunsky, 3, 7 ff.

[2]) Aufschluss gibt hierüber die von K. Köpl in „Mittheilungen des Instituts", 8, 309 mitgetheilte Urkunde. Die übrigen Privilegien bei J. Čelakovsky, Cod. jur. municip. regni Bohemiae. T. I: Privilegia civitatum Pragensium.

König die Wahl des Richters vor, überließ aber diesem mit den von den Bürgern gewählten Schöffen auch die hohe Gerichtsbarkeit. Schon 1257 gründete Ottokar II. am linken Moldauufer die „kleinere Stadt" Prag (Kleinseite) und verlieh den aus Norddeutschland gekommenen Ansiedlern das Recht der Stadt Magdeburg, während die Neustadt, eine Schöpfung Karls IV. vom Jahre 1348, mit dem Rechte der Altstadt bewidmet wurde.

Noch vor der Verleihung eines Stadtrechtes an die Prager, unter Ottokar I., waren die Städte Kladrau und (König-) Grätz gegründet worden. Unter Wenzel I. kamen Kommotau, Leitmeritz und Saaz dazu. Unter Ottokar II. gab es in Böhmen schon mehr als 20 königliche, d. h. solche Städte, die auf königlichem Boden gegründet, unmittelbar unter den Landesfürsten oder seinen Unterkämmerer gestellt, von der Gerichtsbarkeit des Kreisrichters befreit waren und ein eigenes Stadtrecht und einen eigenen, in der Regel vom Könige oder seinem Kämmerer ernannten Richter und Schöffen oder Geschworene für die Rechtspflege und Verwaltung hatten. Die Städte im nördlichen Böhmen hatten Magdeburger Recht; ihren Mittelpunkt bildete Leitmeritz, an dessen Schöppenstuhl von den anderen appelliert wurde.[1]) Die Städte im Westen mit dem Mittelpunkte Eger waren mit Nürnberger Recht, die in den übrigen Theilen des Landes mit dem aus diesem abgeleiteten Rechte der Stadt Prag begabt. An diese giengen auch die Appellationen. Doch wendete man sich in zweifelhaften Fällen auch an Magdeburg oder Nürnberg selbst, bis Wenzel IV. 1387 alle Appellationen ins Ausland untersagte und Leitmeritz und Prag als Berufungsinstanzen für die Städte mit verwandtem Rechte bezeichnete.

Noch älter als in Böhmen sind die Stadtrechte in Mähren.[2]) Schon 1213 bestätigte Ottokar I. die durch seinen Bruder Wladislaw erfolgte Gründung der Stadt Freudenthal „nach deutschem Rechte, das bisher in den böhmischen und mährischen Ländern etwas Ungewohntes und Ungebräuchliches war". Von dieser Zeit an sind theils durch den Markgrafen Wladislaw, theils durch die Könige viele Städte theils neu

---

[1]) 1325 bestätigt König Johann dieser Stadt ihre früheren Privilegien *volentes, ut ipsi cives iuribus, libertatibus et consuetudinibus Magdeburgensibus, quibus ab antiquo freti sunt, frui in antea perpetuo debeant et gaudere, et ad eos per omnes et singulas civitates regni nostri Boemie, que eisdem utuntur iuribus, super dubiis sententiis definiendis debeat haberi recursus, sicut hactenus fieri consuetum.* Pelzel, Karl IV., I, Urkundenbuch S. 63. Vgl. im allgemeinen J. Grunzel, Über die deutschen Stadtrechte Böhmens und Mährens. „Mittheilungen des Vereins für Geschichte der Deutschen", 30, 128 ff.

[2]) Siehe die Zusammenstellung bei Rössler, Deutsche Rechtsdenkmäler aus Böhmen und Mähren, 2. Bd.: Die Stadtrechte von Brünn, Einleitung und Dudik, 8, 141 ff. und 9, 95 ff.

angelegt, theils (wie Olmütz, Brünn, Znaim u. s. w.) alte Burgflecken in Städte mit deutschem Rechte umgewandelt worden. Die meisten Städte Mährens, besonders im Norden, haben Magdeburger Recht erhalten. Ihr Oberhof war Olmütz. Dagegen ist das von Wenzel I. 1243 der Stadt Brünn verliehene Recht dem von Wien nachgebildet, theilweise wörtlich aus diesem herübergenommen worden. Mit dem Rechte von Brünn wurden dann wieder viele andere Städte und Märkte ausgestattet, sodass auch Brünn der Oberhof von mehr als 60 mährischen Städten wurde.[1])

Ein anderer Mittelpunkt wurde die deutsche Bergstadt Iglau, deren ihr um 1250 verliehenes Stadtrecht auf zahlreiche böhmische und mährische Städte übertragen wurde, besonders solche, welche von Iglauer Bergleuten im erzreichen Gebirge des östlichen Böhmens gegründet wurden, wie Deutschbrod und Kuttenberg.[2])

Auch im 14. Jahrhundert nahm die Gründung von Städten noch ihren Fortgang, sodass 1371 in Mähren allein nahe an 30 landesfürstliche Städte genannt werden.[3])

Aber im 15. Jahrhundert, besonders zur Zeit und infolge der Husitenkriege trat in Böhmen und Mähren eine vollständige Änderung der Verhältnisse ein. Theils die Geldnoth, theils die Schwäche der Könige waren die Ursache, dass zahlreiche Städte an Adelige verkauft oder verpfändet oder auch von diesen eigenmächtig in Besitz genommen wurden. In der zweiten Hälfte des 15. Jahrhunderts gab es in Mähren nur noch sechs landesfürstliche Städte (Olmütz, Brünn, Znaim, Iglau, Neustadt, Hradisch), während in Böhmen (ca. 1500) die Zahl derselben 32 betrug.[4]) Die anderen waren alle in den Händen der Landherren, welche nun die Bürger in den Zustand der hörigen Landbevölkerung herabzudrücken suchten.

Aber auch die landesfürstlichen Städte wurden vom Adel nicht bloß in ihren materiellen Interessen beeinträchtigt, sondern auch in die richterlichen Befugnisse derselben wurden vom Landrechte Eingriffe gemacht. Erst nach langen Streitigkeiten kam 1517 ein Vertrag zustande, der die städtische Gerichtsgewalt innerhalb gewisser Grenzen anerkannte.

---

[1]) Dudík, 8, 165.
[2]) Näheres bei Tomaschek, Deutsches Recht in Österreich im 13. Jahrhundert auf Grundlage des Stadtrechtes von Iglau (Wien, 1859).
[3]) Tomaschek, Recht und Verfassung, S. 65, auf den ich auch für das Folgende verweise. Vgl. für die Zeit der Jagellonen auch die eingehende Darstellung bei Palacky, 5ᵃ, 268 ff., 5ᵇ, 9 ff. 144 ff. 370 ff.
[4]) Aufgezählt bei Palacky, 5ᵇ, 10 f.

c) Die Landtage.

Der Einfluss des Adels auf die allgemeinen Verhältnisse des Reiches ist in Böhmen viel älter als in den deutschen Ländern und lässt sich soweit zurückverfolgen, als einigermaßen verlässliche Nachrichten reichen, bis zur Thronbesteigung Břetislaws I. im Jahre 1035.[1]) Die Wahl oder Inthronisation des Landesfürsten, der Beschluss eines Feldzuges in ein fremdes Land, die Annahme neuer Gesetze, die Wahl des Bischofs von Prag gehörten zur Competenz des Landtages *(curia generalis, conventus, commune colloquium)*, auf dem auch wichtigere Rechtsfälle, besonders Streitigkeiten über Güterbesitz entschieden und manchmal Güterschenkungen gemacht wurden. An diesen Verhandlungen nahmen die Mitglieder des hohen und niederen Adels, soweit sie Grundbesitz hatten, theil, die höhere Geistlichkeit (der Bischof, Äbte und Pröpste, auch Domherren und Archidiakone) aber in den ersten Jahrhunderten nur dann, wenn es sich um kirchliche Fragen, z. B. die Wahl des Bischofs oder eine Anklage gegen denselben handelte.

Im Jahre 1280, zur Zeit der vormundschaftlichen Regierung über Wenzel II., lässt sich zum erstenmale die Zuziehung von Vertretern der Städte zum Landtage nachweisen.[2]) Wie es scheint, anfangs nicht ohne Widerstand von Seite des Adels, behaupteten die Städte dieses Recht auch bei den folgenden Herrscherwechseln.[3])

Die husitische Bewegung wirkte auch auf die Zusammensetzung der böhmischen Stände ein. Der Clerus, gegen dessen Besitz und Einfluss dieselbe theilweise gerichtet war, verlor nicht bloß einen großen Theil seiner Güter, sondern auch Sitz und Stimme auf den Landtagen. Die Bürger behaupteten zwar noch ihre Stellung. Aber ihre frühere materielle Blüthe war vernichtet und damit auch ihre politische Bedeutung dem Adel gegenüber in den Hintergrund gedrängt. Unter dem schwachen Jagellonen Wladislaw wagte eine Anzahl von Herren schon die Forderung aufzustellen, „dass Bürger an den allgemeinen Landtagen, wo Barone und Ritter zusammenkommen, um über das allgemeine Wohl des Landes zu berathen, keinen Theil haben sollten". Sogar der König selbst sprach sich, beeinflusst von seinen adeligen Räthen, 1484

---

[1]) Belege von da bis 1197 bei Jireček, 1ᵇ, 73 ff.
[2]) Canon. Prag. Cont. Cosmae ad 1281 (M. G. SS., 9, 202): *Otto marchio Bramburiensis, tutor Wenceslai ducis Bohemorum, ... celebravit colloquium cum Tobia episcopo Pragensi et nobilibus terrae, militibus, baronibus nec non civibus munitarum civitatum.*
[3]) Die 1310 an K. Heinrich VII. abgeordnete Gesandtschaft, welche denselben um die Ernennung seines Sohnes Johann zum Könige bitten sollte, bestand aus drei Äbten, drei Adeligen und sechs Bürgern von Prag und Kuttenberg.

gegen die Behauptung der Städte aus, dass sie nicht verpflichtet seien, wo sie nicht mitgerathen hätten. In der auf dem Landtage von 1500 von den Herren und Rittern beschlossenen sogenannten **Wladislawschen Landesordnung**[1]) wurde das Recht zu Änderungen derselben ausschließlich dem Adel mit Zustimmung des Königs zugesprochen und erklärt, dass die Städte nur dann mitzuwirken hätten, wenn es sich um ihre eigenen Angelegenheiten handelte. Die Adeligen behaupteten sogar, dass die Städte, weil der königlichen Kammer zinspflichtig, kein freier Stand seien; sowie die Herren zu ihren Beschlüssen die Zustimmung ihrer Unterthanen nicht brauchten, so noch weniger der König die seiner Städte, welche ihm in allem zum Gehorsam verpflichtet seien und dem nachkommen müssten, was die Herren und Ritter mit dem Könige für Recht erklärten. Auch Wladislaw bestätigte diese Landesordnung und sprach den Städten nur bei der Wahl des Königs, bei Steuerbewilligungen und der Aussendung eines Heeres ein Stimmrecht zu. Erst 1508, als die Städte unter sich ein Bündnis geschlossen hatten, ließ sich der Adel zur Erklärung herbei, dass die Städte als dritter Stand zu allen Berathungen auf den Landtagen beigezogen werden sollten.[2])

Neben den Landtagen gab es in Böhmen auch **Kreistage**, die auch aus Herren, Rittern und Vertretern der Städte zusammengesetzt waren und besonders die Erhaltung des Landfriedens sich zur Aufgabe setzten.

In Mähren, wo die Verhältnisse denen in Böhmen am ähnlichsten waren, lässt sich ein Landtag zum erstenmale im Jahre 1174 nachweisen.[3]) Die Theilnahme des Bürgerstandes an den Landtagen, die zugleich das oberste Landesgericht waren, kann man bis zum Jahre 1288 hinauf verfolgen.[4]) In Mähren haben die landesfürstlichen Städte Sitz und Stimme auf dem Landtage auch in der Folgezeit behauptet. Aber sie hatten im 15. Jahrhundert nur mit dem geistlichen Stande (dem Bischofe von Olmütz und den Prälaten und Äbten der Stifter und Klöster)

---

[1]) Sie ist vom Ritter Rendl von Auschowa verfasst und gibt eine Darstellung des öffentlichen Rechtes wie der wichtigsten Grundsätze des Straf- und Civilrechtes der privilegirten Stände und bildete die Grundlage für die späteren Recensionen von 1530, 1549 und 1564.

[2]) Palacky, 5ᵃ, 216. 268 ff. 465 ff.; 5ᵇ, 9 ff. 30. 38 f. 46. 50 ff. 146 ff.

[3]) *in colloquio generali congregati* heißt es von den Zeugen in der betreffenden Urkunde. Cod. Moraviae 1, 297. Vgl. Dudik, 4, 299 und 9, 54 ff.

[4]) *Cum ... curiam nostram terre nostre generalis placiti generaliter edictam in castro nostro Grecz* (bei Troppau) *haberemus, nostram ibidem multis nostris nobilibus, militibus et chnapponibus atque civibus nostris assidentibus presentiam* sagt Herzog Nikolaus von Troppau (das bekanntlich zu Mähren gehörte) in Urkunde im Cod. Moraviae 4, 348 f.

eine gemeinsame Curialstimme¹) und hatten auch durch das Zusammenschwinden an Zahl sehr an Bedeutung verloren. Da auch die Ritter nur gemeinsam eine Stimme hatten, so waren die Herren, welche (mit den obersten Landesbeamten an der Spitze) einzeln ihre Stimmen abgaben, auch auf dem mährischen Landtage ausschlaggebend.

In Schlesien gab es vor der Zeit der Habsburger noch keine regelmäßigen ständischen Versammlungen für das ganze Land, obwohl die Einfälle der Husiten und die Einhaltung des Landfriedens, welche gemeinsame Maßregeln nothwendig machten, eine gewisse Einigung der verschiedenen Territorien herbeiführten.²)

f) Verwaltung und Gerichtsverfassung.

Die Verwaltung des Landes hieng in älterer Zeit auf das engste mit der des Hofes zusammen. Es gab keine Landes-, sondern nur Hofbeamte: den obersten Kämmerer, unter dem alles stand, was zur Kammer des Landesfürsten gehörte (also auch die Klöster, Städte und Juden) den Marschall, Truchsess, Schenk, Stallmeister, Jägermeister und Hofrichter.³) Ein böhmischer Kanzler erscheint erst kurz vor der Mitte des 12. Jahrhunderts. Doch wurde zwischen 1226 und 1237 die Kanzlerwürde mit der Propstei Wyssehrad vereinigt, während die thatsächliche Führung der Geschäfte in der Regel ein Notar (später Protonotar) erhielt.⁴)

In den Kreisen *(provinciae, civitates)*, in welche Böhmen schon im 11. Jahrhundert zerfiel und die wohl aus den alten Stammgebieten entstanden sind,⁵) bildete den Mittelpunkt der Verwaltung und Rechtspflege die königliche Burg. Der Kreisvorsteher *(praefectus, comes, castellanus, seit dem 13. Jahrhundert meist burggravius)*, der vom Herzoge gewöhnlich aus dem Adel der betreffenden Provinz ernannt wurde, befehligte die Burgmannen und das Aufgebot des Kreises und hatte für Ruhe und Frieden und die Ausführung der gerichtlichen Urtheile zu sorgen. Der Kämmerer *(camerarius)* verwaltete, unterstützt vom Meier *(villicus)*, die landesfürstlichen Güter und erhob die Einkünfte. Der Kreisrichter *(judex provincialis, cudař)* präsidierte bei wichtigeren Angelegenheiten

---

¹) Tomaschek, S. 80.
²) Grünhagen, Geschichte Schlesiens, 1, 259 f. 366.
³) Palacky, 2ᵃ, 17 f.; Jireček, 1ᵇ, 62 ff.
⁴) Emler, Die Kanzlei der böhmischen Könige Přemysl Ottokars II. und Wenzels II. (Abhandlungen der königl. böhmischen Gesellschaft der Wissenschaften, VI. Folge, 9. Bd.)
⁵) Jireček, 1ᵇ, 98 ff. weist aus den Quellen in Böhmen 35 nach. Vgl. mit diesem über die Kreise und deren Beamte auch Palacky, 2ᵃ, 18 ff.; Dudík, 4, 282 ff. und 9, 83 ff. 169 ff.

mit dem Kreisvorsteher, bei weniger wichtigen mit dem Meier, dem Gerichte *(cuda)*, dessen Urtheiler in ersterem Falle Mitglieder des hohen Adels, in letzterem Wladyken bildeten.

Infolge der ausgedehnten deutschen Colonisation, der Gründung von Städten mit autonomer Verwaltung und Rechtspflege, der Bewidmung zahlreicher böhmischer Ortschaften mit deutschem Rechte, der immer häufiger werdenden kirchlichen Immunitäten, der Überlassung der Patrimonialgerichtsbarkeit an zahlreiche Adelige und der Ausbreitung des Lehenwesens, das zwischen dem Könige und den Adeligen neue, persönliche Beziehungen schuf, wurden die früheren K r e i s e nach und nach vollständig a u f g e l ö s t, ihre Zahl vermindert und die Gewalt ihrer Vorsteher auf die Burgen und die dazu gehörige Mannschaft beschränkt, weswegen auch B u r g g r a f ihr gewöhnlicher Titel war, und sie zugleich vom Burggrafen von Prag als Stellvertreter des Königs abhängig gemacht, der dadurch zum o b e r s t e n B u r g g r a f e n Böhmens wurde.

Die Auflösung der Kreisverfassung wurde noch dadurch begünstigt, dass Ottokar II. die Prager *Cuda* zum o b e r s t e n L a n d g e r i c h t e machte, an das von den Urtheilen der Kreisgerichte appelliert werden konnte. Später gehörten alle schwereren Criminalfälle und die Klagen um freien Grundbesitz und größere Geldsummen, soweit nicht die Gerichtsbarkeit den privilegierten Städten zustand, zur unmittelbaren Competenz des „L a n d r e c h t s". Urtheiler oder „Kmeten" bei demselben waren Adelige aus den verschiedenen Theilen des Reiches. Aus den Registern dieses Gerichtes, in die vom „L a n d s c h r e i b e r" bald nicht nur Processe, welche für das ganze Land von Interesse waren, sondern auch andere gerichtliche Acte, Veräußerungen und Übertragungen von Gütern, Testamente, endlich auch Landtagsbeschlüsse eingetragen wurden, hat sich die böhmische allgemeine L a n d t a f e l entwickelt.[1])

Auch in Mähren verschwanden die Kreisrichter mit Ausnahme jener in Brünn und Olmütz, welche als „(Oberst-) Landrichter" dem an jedem dieser Orte zweimal im Jahre sich versammelnden „Landrechte" oder Herrengerichte präsidierten, dessen Beisitzer nur dem Herrenstande entnommen werden durften, bis 1492 auch Ritter zugelassen wurden.[2])

---

[1]) Dieselbe gieng leider 1541 durch Brand zu Grunde. Die „Reliquiae tabularum terrae regni Bohemiae" haben E m l e r und D v o r s k y herausgegeben. D u d í k, 9, 79 f., glaubt, dass in Mähren die Laudtafel schon 1229 „in voller Thätigkeit sich befand". Aber er vermag sie doch erst für das Jahr 1303 als bestehend nachzuweisen. — Über die Umänderung der Verwaltung unter Ottokar II. siehe P a l a c k y, 2³, 146 ff. 202 f. Über die Zustände unter Karl IV. W e r u n s k y, 3, 1 ff.

[2]) D u d í k, 9, 72 ff. 183 f. Chr. d' E l v e r t, Zur österreichischen Verwaltungsgeschichte, S. 20 ff. (Schriften der historisch-statistischen Section der mährisch-schlesischen Gesellschaft, 24. Bd.)

Die Beseitigung der früheren Einrichtungen in den Kreisen hatte auch die Folge, dass in jedem für die Erhaltung der öffentlichen Sicherheit, die Erhebung der Anklage, die Aburtheilung der schweren Verbrechen und die Ausführung der richterlichen Urtheilssprüche eigene Rechtspfleger *(poprawce)* eingesetzt wurden, welche in der Regel theils aus dem hohen Adel, theils aus den Rittern genommen wurden.[1])

Während in den unteren Kreisen verschiedene autonome Behörden entstanden, andererseits die geistlichen und weltlichen Grundherren Theile der öffentlichen Gewalt an sich brachten, wurde auch die Competenz der obersten Ämter in Böhmen weiter entwickelt und genauer abgegrenzt. Zugleich trat eine Scheidung in Hof- und Landesämter ein.

Die Ämter des (obersten) Marschalls, Schenken, Truchsess mit den ihnen untergeordneten Personen standen zunächst mit dem Hofe in Beziehung. Die Bedeutung und die Geschäfte des Kämmerers nahmen sehr bedeutend zu, seitdem die Zahl der ihm untergeordneten Städte und Bergwerke und der Umfang der kirchlichen Besitzungen, die auch zur königlichen Kammer gerechnet wurden, immer mehr stiegen. Daher wurde für die Verwaltung der königlichen Einkünfte und die dem Kämmerer zustehende Gerichtsbarkeit über die Bürger und Juden, die als Kammerknechte bezeichnet wurden, schon seit dem Ende des 12. Jahrhunderts wiederholt ein Unterkämmerer ernannt, dessen Amt im Laufe des 13. Jahrhunderts ständig ward. Dadurch wurde der Kämmerer zum „obersten Kämmerer", zuerst des Hofes, dann des Reiches.[2])

Auch der „Hofrichter" erhielt in der Zeit Ottokars II. den Titel „(oberster) Landesrichter", seitdem das Prager Gericht zum Landesgericht geworden war und er den Vorsitz dabei erhielt.[3]) Später wurde dieser wegen der finanziellen Wichtigkeit des Amtes dem Oberstkämmerer übertragen, bis ein Gesetz von 1487 bestimmte, dass das Präsidium dem Oberstburggrafen von Prag zustehen solle, der bisher nur Anführer der bewaffneten Macht des Reiches gewesen war. Außer dem Oberstburggrafen, dem Oberstlandkämmerer und dem Oberstlandrichter sollte der oberste Gerichtshof oder das „Landrecht" nach Vereinbarungen von

---

[1]) Werunsky, 3, 6 und 83 f. Vgl. Palacky, 2ᵃ, 152.

[2]) In der ersten Hälfte der Regierung Ottokars II. bis 1268 heißt er noch bald *(summus) camerarius regalis aule*, oder *aule nostre* oder *camerarius noster* oder *regis* (Erben-Emler, Reg. Bohemiae, 2, Nr. 56. 95. 312. 345. 631), bald *regni Boemie* oder *regni nostri* (Nr. 92. 230. 276 etc.), später immer *(summus) camerarius regni Boemie*.

[3]) Derselbe Čeč heißt 1256 und 1260 *judex curie regalis*, 1259 *judex terre*, von 1260 an immer *judex provincialis* oder *judex terre*. 1277 erscheint der Titel *judex regni Bohemie*, 1284 *summus judex provincialis regni Boemie*. Ibid. 2, Nr. 95. 230. 249. 272 u. s. w. 1073. 1315.

1485 und 1487 aus 12 Mitgliedern des Herren- und 8 des Ritterstandes, die der König ernannte, zusammengesetzt sein.[1])

Seit der Zeit König Johanns (1337) erscheint auch wieder ein eigener Hofrichter *(judex curie)*. Aber er hatte nur in Lehensachen zu urtheilen, die Lehenregister in Ordnung zu halten, die heimgefallenen Lehen einzuziehen.[2])

Am Beginne der Neuzeit waren die obersten Landesbeamten (= Officiere) Böhmens: der Oberstburggraf, Oberstlandhofmeister, Oberstlandmarschall, Oberstlandkämmerer, Obersthof- und Landrichter, Oberstkanzler und Obersthoflehenrichter, deren Ämter nur den Mitgliedern des Herrenstandes zugänglich waren, während die Stellen des Oberstlandschreibers und des Landesunterkämmerers den Rittern vorbehalten waren, und von den Burggrafen von Karlstein (dem Aufbewahrungsorte der Reichsinsignien und Landesfreiheiten) der eine aus dem Herren-, der andere aus dem Ritterstande sein sollte.[3])

Der Oberstburggraf erhielt eine besondere Bedeutung unter den Jagellonen, welche meistens in Ungarn sich aufhielten, was die Folge hatte, dass ein Gesetz von 1508 dem Oberstburggrafen mit den Landrechtsbeisitzern in Abwesenheit des Königs förmlich die Ausübung der Regierung übertrug.[4])

In Mähren, wenn es keinen eigenen Markgrafen hatte, und den schlesischen Gebieten vertrat die Stelle des Königs ein (Landes-) Hauptmann *(capitaneus terrae)*,[5]) in der Lausitz ein Hauptmann oder Vogt. Auch in Mähren gab es einen (vor 1493 zwei) Oberstlandrichter, einen Oberstlandschreiber und einen Unterkämmerer mit ähnlichen Competenzen wie in Böhmen, während die beiden obersten Landeskämmerer zu Olmütz und Brünn, deren Stellen 1493 vereinigt wurden, die Landtafel in Ordnung zu halten hatten und auch richterliche Befugnisse besaßen.[6]) Die Geschäfte der böhmischen Kanzlei erstreckten sich am Ende des Mittelalters auch auf die böhmischen Nebenländer.

[1]) Palacky, 5ᵃ, 275. 291.
[2]) Palacky, 2ᵇ, 202 f. Vgl. aber Werunsky, 3, 24, wornach der Hofrichter anfangs auch Appellationsinstanz für Kirchenleute gegen ihre Herren im Falle der Rechtsverweigerung war.
[3]) Landtagsbeschluss von 1497 bei Palacky, 5ᵃ, 441 f.
[4]) Palacky, 5ᵇ, 156 ff.
[5]) Zum Landeshauptmann in Schlesien durfte nach einem Privileg König Wladislaws von 1498 nur einer der dortigen Fürsten ernannt werden. Palacky, 5ᵃ, 460.
[6]) Tomaschek, S. 43 ff.; d'Elvert, S. 23 ff. Vgl. Dudík, 9, 187 f.

g) Verhältnis des Staates zur Kirche.

Die Bischöfe von Prag wurden bis zum Ende des 12. Jahrhunderts auf Vorschlag des Herzogs vom „Clerus und Volke", d. h. von der hohen Geistlichkeit und dem Adel gewählt, jene von Olmütz einfach vom Herzoge ernannt und dieser Act dann vom Kaiser bestätigt, indem er den Gewählten oder Denominierten, und zwar bis zum Wormser Concordate (1122) mit Ring und Stab, mit den Regalien investierte, worauf endlich die Ordination durch den Erzbischof von Mainz erfolgte.[1])

Die Äbte sind wohl von Anfang an vom Herzoge investiert, in einzelnen Fällen auch von diesem ernannt worden, wie auch die Gründung eines Klosters nur mit dessen Zustimmung erfolgen durfte.[2])

Galten wegen der Investitur durch den Kaiser die Bischöfe als deutsche Reichsfürsten, so änderte sich dies nach dem Tode Kaiser Heinrichs VI. Herzog Wladislaw III. setzte 1197 auf den gerade erledigten Stuhl von Prag seinen Caplan Daniel und zwang diesen, von ihm die Regalien zu empfangen und ihm den Lehenseid zu leisten, wodurch dessen Reichsunmittelbarkeit verloren gieng und das Bisthum ganz in Abhängigkeit vom Landesfürsten kam. König Philipp verlieh dann dem mit der Königswürde geschmückten Přemysl Ottokar I. 1198 förmlich das Recht, die Bischöfe seines Reiches zu investieren, was Friedrich II. in der goldenen Bulle von 1212 bestätigte.[3])

Andererseits sprach aber der Papst Innocenz III. 1198 dem Prager Domcapitel das Recht zu, den Bischof frei zu wählen, was Ottokar I. 1207 auch den Domherren von Olmütz verlieh.[4]) Freilich behaupteten auch die Domcapitel ihr Wahlrecht nicht ungeschmälert, indem die Päpste nicht selten die Besetzung der Bisthümer sich selbst vorbehielten.

1344 wurde Böhmen in kirchlicher Beziehung von Deutschland unabhängig, indem Prag zum Erzbisthum erhoben und das Bisthum Olmütz wie das neu gegründete Bisthum Leitomischl ihm untergeordnet wurden. Doch wurde das Erzbisthum seit dem Tode des Erzbischofs Konrad 1431 bis zum Jahre 1561 nicht mehr besetzt und durch Administratoren versehen. Auch das Bisthum Leitomischl gieng aus Mangel an Mitteln ein.

---

[1]) Die Belege für Prag bei Jireček, 1ᵇ, 181 f., für Olmütz bei Dudik, 2, 459 und 4, Beil. I. Vgl. aber gegen dessen Behauptungen über die Reihenfolge von Investitur und Ordination meine Ausführungen in „Mittheilungen des Instituts", 2, 386 ff.

[2]) Dudik, 4, 422 ff.

[3]) Jireček, Cod. iur. Boh., 1, 39. Vgl. meine „Geschichte Österreichs", 1, 381. 383 N. 1.

[4]) Erben, Reg. Boh., 1, 198 Nr. 440. Cod. Moraviae, 2, 38.

Denn auch für die Kirchengüter wurden die Husitenstürme verhängnisvoll. Viele wurden von den Großen in Besitz genommen oder von den Königen verpfändet. Hatte schon früher in Böhmen die Anschauung geherrscht, dass die Kirchengüter trotz der ihnen sonst verliehenen Privilegien zur Kammer des Königs gehörten,[1]) und dass dieser daher ohne Bewilligung des Landtages von denselben Steuern erheben dürfe, so verbot die Wladislaw'sche Landesordnung von 1500 den Klöstern und Geistlichen, ohne Bewilligung des Königs etwas von ihren Gütern zu verpfänden oder zu vertauschen, und bestimmte, dass sie die Verschreibungen zu achten hätten, welche die Könige jemandem auf dieselben ertheilt hätten oder ertheilen würden.[2]) Die Lage der Kirchengüter war daher am Ende des Mittelalters in Böhmen eine viel ungünstigere als in anderen Ländern.

C. Geschichte des ungarischen Reiches.

I. Geschichte der territorialen Verhältnisse.

1. Die Zeit der Árpáden (bis 1301).

Die Ungarn oder Magyaren waren bei ihrer Niederlassung in Ungarn in sieben oder mit den Kabaren, einem Zweige der (wahrscheinlich türkischen) Chazaren, acht Horden oder Stämme getheilt, welche während ihres Aufenthaltes im südlichen Russland den Árpád, Sohn des Almus, zum gemeinsamen Oberhaupte gewählt hatten.[3]) Doch behaupteten auch fortan die Stammeshäupter eine ausgedehnte Gewalt, und auch die obersten Beamten, der Gylas und Karchan, welche neben dem Großherrn die Stelle eines Richters bekleidet haben sollen, besaßen später eigene Gebiete. Erst Geisa I. († 997), ein Nachkomme Árpáds, scheint einen Theil dieser Stammhäupter unterworfen zu haben, und dessen Sohn Stephan I. († 1038), der 1001 mit einer vom Papste Sylvester II. geschickten Krone zum Könige gekrönt wurde, eroberte die letzten noch bestehenden Fürstenthümer, das des Gylas Procui in den westlichen Theilen des „Landes jenseits des Waldes" *(Transsilvania, Ultrasilvania)* oder des späteren Siebenbürgen und das des Achtum zwischen diesem Lande und der unteren Theiß, der Körös und der unteren Donau bis unterhalb Severin.

---

[1]) Dass der König Obereigenthümer des Kirchengutes sei, wird in der „Majestas Carolina" K. Karls IV. ausdrücklich ausgesprochen. Werunsky, 3, 82. Vgl. S. 7.

[2]) Gindely, Geschichte des dreißigjährigen Krieges, 1, 61.

[3]) Die Belege für dies und das Folgende in meiner „Geschichte Österreichs", 1, 114 ff. 140 ff. 183 ff. 317 ff. u. s. w. Einzelnes habe ich jetzt nach Pauler, A magyar nemzet története az Árpádházi királyok alatt (Geschichte des ungarischen Volkes unter den Königen des Árpádenhauses), 2 Bde., Budapest 1893, verbessert.

Ladislaus I. (1077—1095) erwarb auch Croatien, das sich ursprünglich von Istrien und der oberen Kulpa längs des Meeres bis zur unteren Cettina und landeinwärts bis in die Nähe des Verbas erstreckt, dessen Herzog aber seit dem Beginne des 10. Jahrhunderts seine Herrschaft wahrscheinlich auch über das Land von der Kulpa bis zur mittleren Drau ausgedehnt hatte.[1]) Als dort bald nach dem Tode Swinimirs (Zwonimirs), der vom Papste Gregor VII. 1076 den Königstitel erhalten hatte, innere Unruhen ausbrachen, eroberte Ladislaus von Ungarn, der entweder durch seine Schwester Helena, die Witwe Swinimirs, oder durch einen croatischen Großen zur Einmischung bewogen ward, 1091 das binnenländische Croatien, dessen Verwaltung er seinem Neffen Almus übertrug, wurde aber durch einen Einfall der Petschenegen oder Cumanen in Ungarn gehindert, bis zum Meere vorzudringen. Sein Bruder und Nachfolger Coloman (1095—1116), nach dessen Thronbesteigung die Croaten einen einheimischen Großen zum Könige wählten, unterwarf das Land neuerdings und vereinigte es mit Ungarn. Im Jahre 1105 brachte Coloman auch Zara, Traù, Spalato und die benachbarten Inseln, welche bisher die Oberhoheit Venedigs anerkannt hatten, in seine Gewalt und nahm den Titel eines Königs von Croatien und Dalmatien an. Mit Ausnahme von Zara wurden diese Gebiete auch in späteren Kriegen gegen die Venetianer behauptet. Bela II. (1131—1141) dehnte seine Oberherrschaft auch über das von Serben bewohnte Rama (den Nordwesten der Hercegowina) aus, wovon er seit 1138 den Königstitel führte. Auch das zwischen Ungarn und Rama liegende Bosnien erscheint schon 1137 als ungarisches „Herzogthum",[2]) wozu Andreas, der Bruder des Königs Emerich (1196—1204), dem dieser Croatien, Dalmatien und Rama hatte überlassen müssen, 1198 auch noch den Titel eines „Herzogs von Chulm" (oder Chlum südlich von der Narenta) annahm.

Emerich selbst legte sich 1202 den Titel eines Königs von Serbien bei, nachdem er, bei einem dortigen Thronstreite intervenierend, den Großfürsten Stephan II. vertrieben und dessen Bruder Vlk als ungarischen Vasallen eingesetzt hatte.

Auch das unmittelbare Reichsgebiet wurde in dieser Richtung vorgeschoben, indem die Ungarn die Auflösung des oströmischen Reiches benützten, um Belgrad und andere Städte südlich von der Save zu er-

---

[1]) Siehe Klaić-Bojničić, Slavonien vom 10. bis zum 13. Jahrhundert (Agram, 1882), der dies bezüglich des westlichen Theiles des Landes zwischen der Drau und Sau, wo Ladislaus I. dann das Bisthum Agram gründete, sehr wahrscheinlich gemacht hat. Von ungarischen Historikern wie Pesty, Die Entstehung Croatiens (1882) und J. v. Pauler in „Századok", 22, 198 sqq. wird dies freilich bestritten.

[2]) Doch waren die dortigen Bane bis 1254 thatsächlich so gut wie unabhängig. Vgl. Klaić-Bojničić, Geschichte Bosniens, S. 112 ff. 137 ff.

obern, die später als Machover Banat ein besonderes Verwaltungsgebiet bildeten.

Emerichs Bruder Andreas II. (1205—1235) unterstützte die Witwe des russischen Fürsten Roman von Halitsch und Wladimir gegen ihre Feinde, betrachtete sich aber dafür als Oberherrn dieser Länder und nannte sich 1206 „König von Galizien und Lodomerien", obwohl dies nur ein leerer Titel blieb.

Als die Cumanen, welche von der Aluta und unteren Donau bis ins südliche Russland wohnten, nach der durch die Mongolen 1223 an der Kalka erlittenen Niederlage Schutz bei den Ungarn suchten, legte sich Bela IV. (1235—1270) gleich nach seiner Thronbesteigung zum Zeichen seiner Oberhoheit den Titel eines *rex Cumanie* bei.

Bela unterwarf auch (vor 1247) mehrere Woywoden oder Knäsen der Walachen, nachdem deren bisherige Beherrscher, die Cumanen, durch die Mongolen theilweise zersprengt oder vernichtet worden waren, seiner Oberhoheit, während in den späteren Jahren seiner Regierung den Bulgaren in mehreren Feldzügen Widdin entrissen wurde, was seinen Sohn Stephan V. (1270—1272) bewog, sich „König von Bulgarien" zu nennen.

Nach dem vollen Titel der letzten Arpaden: *dei gracia Hungarie, Dalmacie, Croacie, Rame, Servie, Gallicie, Lodomerie, Cumanie Bulgaricque rex* erscheinen alle südlichen, östlichen und südöstlichen Nachbarländer als Bestandtheile des ungarischen Reiches. Doch war die Herrschaft über diese vielfach eine nominelle. Nur Croatien, Dalmatien, das Severiner und das Machover Banat standen wirklich unter der Gewalt des Königs, während die Bane von Bosnien wenigstens im Inneren so gut wie selbständig und die übrigen genannten Länder völlig unabhängig waren.

2. Die Zeit der Anjous und ihrer Nachfolger (1301—1526).

Die langen Thronstreitigkeiten, welche nach dem Aussterben der Árpáden ausbrachen, und die Unbotmäßigkeit der mächtigen Magnaten machten es dem ersten Könige aus dem Hause Anjou, Karl I. (1301 bis 1342) unmöglich, die Ansprüche seiner Vorgänger auf die Vasallenländer geltend zu machen. Der Ban von Bosnien, der auch Chulm unterwarf, machte sich ganz unabhängig. Die Küstenstädte Dalmatiens giengen verloren, indem sie sich unter den Schutz Venedigs stellten. Nur die Herrschaft über das Severiner und Machover Banat wurde gegen die Angriffe des walachischen Woywoden Bazarad und des serbischen Königs Stephan Urosch II. behauptet.[1])

---

[1]) Näheres in meiner „Geschichte Österreichs", 2, 203 ff.

Erst Karls Sohn Ludwig I. „der Große" (1342—1382) vermochte den von ihm geführten Titeln auch eine wirkliche Unterlage zu verschaffen.[1])

Schon 1343 wurde der Woywode der Walachei zur Anerkennung der ungarischen Oberhoheit gezwungen. Einige Jahre darauf wurde die Moldau, ein Theil des früheren Cumaniens, von den Ungarn in Besitz genommen, nachdem die bisher dort herrschenden Mongolen oder Tataren infolge wiederholter Einfälle der Székler das Land geräumt hatten. Doch gelang es (noch vor 1359) dem Häuptling der Walachen in der Marmaros, Bogdan, welcher mit seinen Stammesgenossen über die Karpaten zog und durch andere Walachen verstärkt wurde, in diesem dünn bevölkerten Lande eine Herrschaft zu gründen und sich auch gegen die Angriffe der Ungarn zu behaupten, sodass sich der König mit der Anerkennung seiner Oberhoheit und der Zahlung eines Tributs durch den Woywoden begnügen musste.

Die Großen Dalmatiens und Croatiens wurden schon 1345 unterworfen und 1358 nach mehrjährigen Kriegen auch Venedig zum Abschlusse eines Friedens gezwungen, nach welchem es alle Inseln und Küstenplätze zwischen dem Quarnero und dem Gebiete von Durazzo an Ungarn abtrat.

1351 und 1352 zog Ludwig seinem Oheim, dem Könige Kasimir von Polen, zuhilfe, der mit den Litauern um den Besitz Rothrusslands oder der ehemaligen Fürstenthümer Halitsch und Wladimir kämpfte, und trat ihm bei dieser Gelegenheit gegen 100.000 Goldgulden die von seinen Vorgängern ererbten Ansprüche auf diese Länder ab, mit der Bestimmung, dass, wenn Kasimir ohne männliche Nachkommen mit Tod abgienge, mit Polen, welches der König seinem Neffen für diesen Fall schon 1339 versprochen hatte, auch die genannten Gebiete an Ungarn fallen sollten. Nachdem Ludwig nach Kasimirs Tode 1370 König von Polen geworden war, vereinigte er Ende 1380 oder anfangs 1381 Rothrussland unmittelbar mit Ungarn.

Im Jahre 1356 wurde auch der Ban Twartko von Bosnien genöthigt, die Oberherrschaft des ungarischen Königs wieder anzuerkennen und diesem das Land Chulm abzutreten. Als das von Stephan Duschan gegründete großserbische Reich nach dessen Tode (1355) sich auflöste und die Großen sich gegenseitig bekriegten, erkannte einer von diesen, der seine Besitzungen an der Donau hatte, die Oberhoheit Ungarns an,

---

[1]) Detaillierte Nachweise in meiner Abhandlung: „Ludwig I. von Ungarn und die ungarischen Vasallenländer". (Aus dem „Archiv für österreichische Geschichte", 66 Bd.). Einige Ergänzungen gibt Steinherz, Die Beziehungen Ludwigs I. von Ungarn zu Karl IV. „Mittheilungen des Instituts", 8, 237 ff. und 9, 555. 572 ff. und für Bosnien Klaić-Bojničić, S. 177 ff. Vgl. auch meine „Geschichte Österreichs", 2, 208 ff.

welche durch einen Feldzug König Ludwigs nach Serbien (1359) befestigt wurde. Ebenso gaben Thronstreitigkeiten in Bulgarien den Anlass, dass Ludwig 1365 Widdin eroberte, den dort residierenden Fürsten Sracimir gefangen nahm und dessen Gebiet in ein ungarisches Banat verwandelte.

Um diese Zeit hatten die erwähnten Titel des Königs von Ungarn wirklich eine reale Grundlage.

Aber die Herrschaft über die Vasallenländer war immer eine unsichere. Die Woywoden der Walachei suchten sich wiederholt derselben zu entziehen, und das Land erscheint 1377 in der That als unabhängig. Spätestens anfangs 1370 gab Ludwig auch Widdin gegen Anerkennung seiner Oberhoheit an Sracimir zurück. 1376 ließ sich Twartko von Bosnien, nachdem er seine Herrschaft über Chulm, Trebinje und das Küstenland ausgedehnt hatte, zum „Könige von Serbien, Bosnien und dem Küstenlande" krönen und documentierte sich dadurch als unabhängigen Herrscher.

War schon in der letzten Zeit Ludwigs I. der Einfluss Ungarns auf die Balkanländer im Zurückweichen begriffen, so trat nach seinem Tode (1382) ein allgemeiner Verfall des Reiches ein.[1]) Die Polen erkannten nicht seine ältere Tochter Maria, sondern seine jüngere, Hedwig, als Königin an, die sie mit dem Großfürsten Jagiello von Litauen vermählten. Auch in Ungarn und Croatien erhob sich gegen Maria eine mächtige Partei, welche 1385 den einer Seitenlinie der Anjous angehörigen König Karl von Neapel zum Könige krönte, auch nach dessen baldiger Ermordung den Kampf fortsetzte und Maria selbst gefangen nahm. Ihrem Gemahle Sigismund von Brandenburg, den die Ungarn jetzt als König anerkannten, gelang es zwar endlich, derselben die Freiheit zu verschaffen. Aber während er gegen die Rebellen kämpfte, nahm Hedwig von Polen im Februar 1387 Rothrussland weg, worauf der Woywode der Moldau die Oberhoheit Polens anerkannte und jener der Walachei mit diesem ein Bündnis schloss. Auch der Fürst Stephan von Serbien fiel trotz der Angriffe der Türken von Ungarn ab.

Die Niederlage Sigismunds durch die Türken bei Nikopolis (1397), seine wiederholte Entfernung aus dem Reiche, indem er statt seines Bruders Wenzel die Regierung in Böhmen an sich zu bringen suchte, und die Begünstigung einiger Ausländer hatten die Folge, dass die Unzufriedenen 1403 den König Ladislaus von Neapel, den Sohn des 1386 ermordeten Karl, auf den Thron beriefen, der auch in Dalmatien, Croatien und einem großen Theile von Ungarn als König anerkannt wurde. Sigismund wurde auch diesmal (bis 1409) der Aufständischen Herr. Da aber

---

[1]) Näheres in meiner „Geschichte Österreichs", 2, 324 ff. 521 ff.

Ladislaus die von ihm behauptete Stadt Zara mit einigen benachbarten Gebieten und seine Ansprüche auf den übrigen Theil Dalmatiens 1409 um 100.000 Ducaten an Venedig verkaufte, so brach zwischen diesem und Sigismund 1411 ein Krieg aus, der 1420 mit der Eroberung von ganz Dalmatien durch die Venetianer endete.

Um sich zu diesem Kriege das nothwendige Geld zu verschaffen, verpfändete Sigismund am 9. November 1412 um 37.000 Schock[1]) Groschen an Polen die Herrschaften Lublau, Pudlein und Kniesen und 13 von den deutschen Gemeinden der Zips.

Die vieljährigen Kriege mit den Türken endeten mit dem vollständigen Verluste der südlichen Vasallenländer. Noch während der Regierung Sigismunds mussten diese die Oberhoheit der Türken anerkennen und dem Sultan Tribut zahlen. 1439 wurde Serbien, 1463 Bosnien, 1466 und 1483 die Hercegovina von den Türken erobert. Die vom Könige Mathias 1464 den Türken entrissenen nordwestlichen und nordöstlichen Gebiete Bosniens giengen unter seinen Nachfolgern wieder verloren. 1521 wurden auch die noch in den Händen der Ungarn befindlichen Festungen am rechten Ufer der unteren Save, Sabacz und Belgrad, von den Türken eingenommen, worauf 1526 der Angriff auf Ungarn selbst, die Niederlage bei Mohács, der Tod des Königs Ludwig II. und die Besetzung der Hauptstadt Ofen folgten. Zwar zog der Sultan bei der Annäherung des Winters wieder nach Hause, aber in Peterwardein und anderen Plätzen Syrmiens blieben türkische Besatzungen zurück.

II. Geschichte des öffentlichen Rechtes.

a) Die Thronfolgeordnung.

In Ungarn bestand lange Zeit keine feste Thronfolgeordnung. Das erste gemeinsame Oberhaupt Árpád wurde von den sieben Stämmen gewählt. Der erste König, Stephan der Heilige († 1038), bestimmte, da sein Sohn Emerich noch vor ihm den Tod fand, zu seinem Nachfolger eigenmächtig seinen Schwestersohn Peter, während er seinen Bruderssohn Wazul blenden ließ und dessen Kinder in die Verbannung schickte. Doch wurde Peter 1041 wegen seiner Willkürherrschaft von den Ungarn gestürzt und ein Großer, Aba, auf den Thron erhoben. Der deutsche König Heinrich III., dessen Hilfe Peter anflehte, beraubte Aba der Krone und setzte Peter wieder ein. Aber schon 1046 wurde dieser von den Ungarn neuerdings entthront und Wazuls ältester Sohn Andreas I. als König anerkannt. Auch fortan wurde Ungarn häufig durch Thronkämpfe heimgesucht, indem verschiedene Glieder des Hauses der Árpáden sich die Regierung streitig machten, wobei der Grundsatz, dass die Brüder dem

---

[1]) Ein Schock hat 60 Stücke.

Sohne des Königs an Rechten vorgiengen,¹) nicht ohne Einfluss war. Erst als Andreas II. 1205 den minderjährigen Sohn seines älteren Bruders Emerich der Krone beraubt hatte, fanden die Thronstreitigkeiten ein Ende, weil Andreas selbst (1205—1235), Bela IV. (1235—1270) und Stephan V. (1270—1272) alle nur einen Sohn hinterließen.

Stephans V. Sohn Ladislaus IV., der 1290 ermordet wurde, war kinderlos und vom Stamme der Árpáden nur noch ein männliches Glied vorhanden, Andreas, der Sohn Stephans, den Andreas' II. Witwe Beatrix von Este nach dem Tode ihres Gemahls in Italien geboren hatte. Andreas III. wurde nun von den Ungarn zum Könige gewählt. Aber Ladislaus' IV. Schwester Maria, Gemahlin Karls II. von Neapel, erhob Anspruch auf das Reich, weil dieses auf sie als die nächste Verwandte des letzten Königs gefallen sei. Ihre Ansprüche, die sie auf ihren Sohn Karl Martell und nach dessen Tode (1295) auf ihren Enkel Karl Robert übertrug, wurden nicht bloß von den Päpsten, sondern auch von den mächtigsten Großen Croatiens, später auch von mehreren Bischöfen und Magnaten Ungarns anerkannt. Jedoch behauptete sich Andreas III. bis zu seinem Tode 14. Jänner 1301.²)

Jetzt gab es nur noch Verwandte von weiblicher Seite, nämlich Andreas' III. Tochter Elisabeth, Karl Robert, den Enkel einer Tochter, Wenzel II. von Böhmen, durch seine Mutter Kunigunde Enkel einer Schwester, und Herzog Otto von Baiern, den Sohn einer Schwester Stephans V.

Die Anhänger des Hauses Anjou hielten auch jetzt am Erbrechte der Königin Maria und ihres Enkels fest. Auch der Papst Bonifaz VIII., der Ungarn für das Eigenthum des römischen Stuhles ansah, dem es Stephan der Heilige geschenkt habe, erklärte in feierlicher Weise, dass Ungarn kein Wahlreich, sondern ein Erbreich und Maria nach dem Tode ihres Bruders die nächste Erbin ihres Vaters Stephan V. gewesen sei.³) Die nationale Partei beanspruchte zwar jetzt ein Wahlrecht. Aber auch sie nahm auf die Abstammung von den früheren Königen Rücksicht und wählte zuerst Wenzel, den Sohn Wenzels II. von Böhmen,⁴)

---

¹) Büdinger, Ein Buch ungarischer Geschichte (1058—1100), S. 96 ff. Im allgemeinen vgl. für die Zeit von 1038—1205 meine „Geschichte Österreichs", 1, 183 bis 206 und 317—379.

²) Geschichte Österreichs, 2, 24 f. 70 ff., wo auch die weiteren Thronkämpfe dargestellt sind.

³) *Regnum ipsum Ungarie successionis iure provenit, electionis arbitrio non perfertur,* (und vorher:) *regina Sicilie (Maria) sicut primogeniture ius obtinens clare memorie Stephani regis Ungarie patris sui in eodem regno propinquior est successor et heres quondam Ladislao regi Ungarie fratri suo* sagt Papst Bonifaz VIII. in der Bulle „Spectator omnium" ap. Theiner, Mon. Hung. 1, 398.

⁴) Dieser zählt auch seine Regierungsjahre nicht von seiner Krönung am 27. August 1301, oder von seiner kurz vorher erfolgten Wahl, sondern offenbar vom Tode

und nach dessen Rücktritt 1305 Otto von Baiern zum Könige. Doch vermochte sich dieser ebenfalls gegen Karl Robert nicht zu behaupten, und auch mit der Rechtsanschauung drang der Papst endlich durch. Eine Reichsversammlung auf dem Felde Rákos bei Pest nahm (1307) „Karl und seine Nachkommenschaft, wie es die gesetzliche Nachfolge verlangt, als König und natürlichen Herrn" an.[1]) Auch der Reichstag sprach sich zwar 1308 dem päpstlichen Legaten gegenüber dahin aus, dass die Kirche nur jene zu Königen krönen dürfe, die aus dem königlichen Geschlechte stammten und von den Ständen einträchtig gewählt worden wären. Aber sie beruhigten sich bei der Erklärung des Legaten, dass er nur auf Bitten und mit ausdrücklicher Zustimmung der Prälaten, Barone und Edeln Karl, dem vermöge seiner Abstammung vom alten Königsgeschlechte Ungarn rechtmäßig gehöre,[2]) als König bestätigt habe, womit doch das Erbrecht der weiblichen Glieder der Dynastie, auch der Seitenverwandten, anerkannt war. Karls Enkelin Maria, Ludwigs I. (1342—1382) ältere Tochter, wurde denn auch schon am Tage nach der Beerdigung ihres Vaters zum „Könige" gekrönt und in den Urkunden ihr Erbrecht auf das schärfste betont.[3])

Es konnte aber auf die Anschauungen der Ungarn nicht ohne Einfluss bleiben, dass, als Maria am 25. Juli 1386 in die Gefangenschaft der Rebellen gerieth, ihr Gemahl Markgraf Sigismund von Brandenburg von den Ständen nicht bloß zum „Hauptmann" oder Reichsverweser, sondern im März 1387 auch zum Könige gewählt wurde, dass dann Maria 1395 vor ihm starb, sodass nun ein Wahlkönig herrschte, und dass dieser längere Zeit keine Kinder erhielt. Wenn er nun über die Nachfolge im Reiche eine Verfügung treffen wollte, so konnte dies nicht ohne Beistimmung der Stände geschehen. Aber es charakterisiert die damalige Auffassung, dass Sigismund im September 1402, wenn er ohne männliche Erben mit Tod abgienge, Ungarn „mit Wissen, Zustimmung, Rath

---

Andreas III. an, da eine Urkunde vom 1. März und eine vom 19. Mai 1302 schon das Datum *regni anno secundo* tragen. Fejér, Cod. dipl. Hung. 6^b, 329 = 8^b, 89 und Cod. d. patrius 5, 92.

[1]) *Dominum nostrum Karolum ac posteritatem eius, prout legalis successio exigit, in regem Hungariae ac naturalem dominum perpetuum recepimus.* Fejér, 8^a, 221.

[2]) *De iure deberi regnum.* Fejér, 8^a, 264. Theiner, Mon. Hung. 1, 423.

[3]) *Ludovico ... genitore nostro carissimo ... absque prole masculina de medio sublato nobisque iure successorio ordine geniture solium et coronam ... regni Hungarie et sceptra regiminis ipsius genitoris nostri feliciter adeptis* heißt es in Urkunde Marias von 1383 ap. Fejér, 10^a, 58 und fast gleich p. 46. 60. 65. 72. Selbst Marias jüngere Schwester Hedwig wird in der Huldigungsurkunde der Stadt Zara vom 2. Februar 1383 als *domina nostra naturalis* bezeichnet. Schwandtner, SS. Rer. Hung. 3, 405.

und Willen aller Prälaten, Barone, Edeln und Städte" dem Herzoge Albrecht IV. von Österreich „schenkte", und dass die Stände, indem sie zu dieser „Schenkung" mit Brief und Siegeln ihre Zustimmung gaben, erklärten, im erwähnten Falle den Herzog als ihren König „anzunehmen und zu kröuen".[1]) Als Sigmund endlich 1409 eine Tochter Elisabeth erhielt, vermählte er diese 1421 mit Albrechts IV. Sohn Albrecht V. von Österreich und setzte sie und ihren Gatten zu Erben von Böhmen und Ungarn ein, während, wenn er noch eine Tochter erhielte, Elisabeth zwischen beiden Königreichen sollte wählen dürfen.[2]) Nach Sigismunds Tode (9. December 1437) erkannten auch die ungarischen Stände an, dass seine Tochter Elisabeth ihre „natürliche Herrin" sei, „der in erster Linie dieses Reich vermöge des Rechtes der Geburt" gehöre, nahmen aber auch ihren Gemahl Albrecht als König an. Zugleich gaben die Großen ihre Zustimmung, dass Albrecht seiner Gemahlin eine Urkunde ausstellte, dass, wenn er vor ihr mit Tod abgienge, sie und ihre Erben von den Ungarn als Herren anerkannt werden sollten.[3])

Als aber Albrecht am 27. October 1439 starb, erkannte die Mehrheit der Ungarn weder die schon gekrönte Königin Elisabeth, noch deren nachgeborenen Sohn Ladislaus als Herren an, sondern wählten wegen der von den Türken drohenden Gefahren Wladislaw von Polen zum Könige. Erst als dieser im November 1444 in der Schlacht bei Varna den Tod fand, erkannten die Stände Ladislaus den Nachgeborenen als König an, wählten aber zugleich 1446 den Johann Hunyady zum Gubernator des Reiches, der nun bis Ende 1452, wo Ladislaus für volljährig erklärt ward, die Regentschaft führte.

Auch als Ladislaus am 23. November 1457, noch unvermählt, aus dem Leben schied, nahmen die Ungarn auf die wiederholten Zusagen, die Nachkommen der Königin Elisabeth als Erben anzuerkennen, keine Rücksicht. Die Ansprüche der beiden Schwestern Ladislaus', von denen Anna mit dem Herzoge Wilhelm von Sachsen, Elisabeth mit dem Könige Kasimir von Polen vermählt war, wurden ignoriert und am 24. Jänner 1458 Matthias, Sohn Johann Hunyadys, zum Könige gewählt. Da auch dieser am 6. April 1490 ohne legitime Nachkommen starb, mussten die Ungarn in der Überzeugung, dass ihnen ein Wahlrecht zustehe, nur noch befestigt werden.

Doch hatten unterdessen die Habsburger auf Ungarn begründete Ansprüche erworben. Viele hervorragende Große, die mit Matthias

---

[1]) Die Urkunde Siegmunds vom 14., die der Stände vom 21. September 1402 bei Kurz, Österreich unter Herzog Albrecht IV., 1, 220 und 226.

[2]) Katona, Hist. crit. Hung. 12, 382.

[3]) Die Belege in meiner „Geschichte Österreichs", 3, 4 f. und für das Folgende 3, 18 ff. 66 ff. 130 ff.

sich verfeindeten, wählten am 17. Februar 1459 den Kaiser Friedrich III.
„als Verwandten des Königs Ladislaus" und weil er (seit der Vormundschaft über diesen) die Krone in Besitz habe, zum Gegenkönige. Dieser wusste zwar den Sieg, den seine Truppen am 7. April bei Körmend erfochten, nicht zu benutzen. Aber um die Auslieferung der von den Ungarn so hochgehaltenen Reichskrone zu erwirken und um bei seinen Kämpfen mit den Türken nicht im Rücken angegriffen zu werden, war Matthias zu großen Opfern bereit. Am 3. April 1462 wurden zu Graz Friedenspräliminarien geschlossen, welchen nach ihrer Genehmigung durch den ungarischen Reichstag am 19. Juli 1463 der definitive Friede von Ödenburg (und Wr.-Neustadt) folgte. Der Kaiser gab gegen 80.000 Ducaten die ungarische Krone und die ihm einst von der Königin Elisabeth verpfändete Stadt Ödenburg heraus. Dagegen sollte er den Titel eines Königs von Ungarn lebenslänglich behalten dürfen, und es wurde bestimmt, dass, wenn Matthias ohne Söhne mit Tod abgienge, Friedrich oder ein von ihm zu bestimmender Sohn, oder wenn er nicht mehr lebte, ein von den Ungarn zu wählender Sohn ihm auf dem ungarischen Throne folgen sollte.[1])

Aber nach Matthias' Tode nahmen die Ungarn für sich das Recht der freien Wahl in Anspruch und wollten von Maximilian, des Kaisers Sohne, gerade deswegen nichts wissen, weil er die Krone „aus Gerechtigkeit" fordere. Am 15. Juli 1490 wählte die Mehrheit der ungarischen Stände den König Wladislaw von Böhmen zum Könige, während von einer Minderheit schon früher dessen Bruder Prinz Albert von Polen proclamiert worden war, andere sich später an Maximilian anschlossen. Dieser wurde zwar, nachdem er am 17. November bereits Stuhlweißenburg erobert hatte, durch die Meuterei seiner nicht bezahlten Landsknechte zum Rückzuge genöthigt. Aber da Wladislaw von Norden her durch seinen Bruder Albert, von Süden durch die Türken bedroht wurde, so suchte er mit Maximilian einen Frieden zustande zu bringen, der am 7. November 1491 in Presburg unterzeichnet wurde. Durch denselben wurden die Bestimmungen des Ödenburger Friedens von 1463 erneuert. Es sollten Wladislaw und seine legitimen männlichen Erben im Besitze Ungarns bleiben, aber auch Maximilian den Königstitel führen. Wladislaw und das Reich wurden verpflichtet, die früheren Verschreibungen (von 1463) wegen der Nachfolge zu bestätigen und zu erneuern, sodass, wenn Wladislaw ohne Söhne oder diese ohne männliche Nachkommen mit Tod abgiengen, Ungarn „ipso facto" auf Max und dessen directe Leibeserben übergehen sollte. Die möglichst bald zu berufenden Stände sollten den Vertrag bestätigen.[2]) Dies geschah auch, allerdings

---

[1]) Die Belege in meiner „Geschichte Österreichs", 3, 138 ff.
[2]) *Sese pro se, heredibus et successoribus suis litteris patentibus inscribent in hanc sentenciam, si d. Bladislaum regem liberis masculis ex lumbis suis legittime pro-*

nur nach heftiger Opposition, anfangs März 1492 auf dem Reichstage in Ofen, wo die Bischöfe und Prälaten, 70 Magnaten im Namen der übrigen Barone, Großen und Adeligen Ungarns und Siebenbürgens, 63 Magnaten im Namen der übrigen Barone und Edeln Croatiens und Slavoniens und mehrere königliche Städte urkundlich erklärten, dass sie den Artikel wegen der eventuellen Erbfolge Maximilians und seiner Erben „öffentlich und feierlich angenommen" und beschworen haben.[1])

Dies hinderte freilich nicht, dass der Reichstag, unzufrieden mit der Regierung des schwachen Wladislaw und aufgestachelt von den Freunden des ehrgeizigen Johann Zapolya, im October 1505 einstimmig den Beschluss fasste, dass sie, falls Wladislaw oder ein späterer König ohne männliche Erben mit Tod abgienge, nie einen Ausländer, sondern nur einen Ungarn zum Könige wählen würden. K. Maximilian begann deswegen Krieg gegen Ungarn, und auch Wladislaw billigte obigen Beschluss nicht. Am 19. Juli 1506 wurde in Wien Friede geschlossen, wozu auch der ungarische Reichstag dem Könige unbedingte Vollmacht gegeben hatte. Der Kaiser behielt dabei sich und seinen Erben seine Rechte auf Ungarn vor, während von Seite der ungarischen Bevollmächtigten diese Frage mit Stillschweigen übergangen wurde. Doch hatte dieselbe ihre actuelle Bedeutung verloren, weil am 2. Juli dem Könige ein Prinz, Ludwig, geboren ward. Dieser wurde dann im Juli 1515 mit Maria, der Enkelin des Kaisers, vermählt und zugleich die Verheiratung seiner einzigen Schwester Anna mit einem der beiden Enkel Maximilians in Aussicht genommen. Im Jahre 1521 wurde sie dem Erzherzoge Ferdinand angetraut. Die Aussicht der Habsburger auf Ungarn und Böhmen ward dadurch noch verstärkt.

b) Geschichte der Verfassung und Verwaltung.
I. Die Gesetzgebung Stephans des Heiligen und des Königs Coloman.

Ungarn verdankt seine politische Organisation Stephan dem Heiligen, dessen Gesetze uns noch erhalten sind.[2])

creatis non relictis aut eisdem relictis et sine heredibus descendentibus mortuis decedere contingat, quod in tali casu ipsum Maximilianum, Romanorum regem, aut eo non existente aliquem ex filiis suis, aut his non existentibus eorum heredibus masculis per lineam rectam ex lumbis eorum descendentibus, quem eligendum duxerint, pro suo legittimo et indubitato rege acceptabunt etc.

[1]) Die Friedensverträge mitgetheilt von Firnhaber im „Archiv für österreichische Geschichtsquellen" 1849, 2, 460 ff., die Zustimmungsurkunden der ungarischen und croatischen Ständemitglieder ebendaselbst S. 511 ff. Vgl. über die Frage ihrer staatsrechtlichen Giltigkeit meine „Geschichte Österreichs", 3, 307 N. 1 und für das Folgende S. 430 ff.

[2]) Herausgegeben und commentiert von Endlicher, Die Gesetze des heiligen Stephan, Wien 1849. Vgl. Krajner, Die ursprüngliche Staatsverfassung Ungarns seit

Nachdem er die letzten noch bestehenden Fürstenthümer unterworfen hatte, theilte er das Reich, das bisher in die Gebiete der Stämme und Geschlechter zerfallen war, nach dem Muster der im deutschen Reiche bestehenden Verwaltung in Grafschaften *(comitatus)*, deren Mittelpunkt eine königliche Burg ist, wobei man offenbar an administrative Einrichtungen der früheren slavischen Bewohner angeknüpft hat. Der Graf *(comes)*, im Ungarischen nach der slavischen Bezeichnung župan *span*, später *ispány* genannt (woraus die Deutschen Gespan und Gespanschaft gemacht haben), wird vom Könige auf unbestimmte Zeit ernannt, hat als dessen Stellvertreter nach späteren Urkunden (wie in Deutschland) militärische, finanzielle, administrative und die oberste richterliche Gewalt und erhält von den Einkünften des Comitats ein Drittel, der König zwei Drittel. Unter ihm steht als sein Stellvertreter der Vice-Comes (auch *curialis comes* oder *vicarius comitis*). Wahrscheinlich hat Stephan I. auch schon, und zwar zunächst wahrscheinlich als seinen Stellvertreter bei der Ausübung der obersten Gerichtsbarkeit einen Pfalzgrafen *(palatinus comes)* eingesetzt, obwohl er sich in Urkunden erst von 1055 an nachweisen lässt.

Die Gesetze wurden vom Könige Stephan und seinen Nachfolgern wenigstens bis in das 12. Jahrhundert „nach einem Beschlusse" *(decretum)*, „nach dem Rathe" *(consultu)* oder „auf Bitten" *(petitio)* des „Senates", d. h. der Bischöfe, Äbte und Großen *(optimates, principes)* oder der Grafen (und wohl auch anderer hervorragender Würdenträger) gegeben. Von einer allgemeinen Reichsversammlung findet sich in dieser Zeit keine Spur.[1]) Die Gewalt des Königs war, wenn dieser eine kräftige Persönlichkeit war, offenbar eine sehr ausgedehnte.

In socialer Beziehung[2]) unterscheiden die Gesetze Stephans zunächst Freie *(liberi)* und Unfreie *(servi, ancillae)*, die ganz von der Willkür ihres Herrn abhängen. Sie sind theils Hörige, welche für das von ihnen bebaute Gut zu bestimmten Leistungen verpflichtet sind, theils eigentliche Leibeigene oder Sclaven. Die Freilassung derselben wird unter dem Einflusse des Christenthums begünstigt. Politisch kamen nur die Freien in Betracht.

---
der Gründung des Königthums bis zum Jahre 1382 (Wien 1872), S. 108—148, der besonders die Übereinstimmung mit deutschen Volksrechten, Capitularien und Concilienbeschlüssen nachgewiesen hat. — Sie zerfallen in zwei Theile, von denen der erste nach Vita Stephani maior, cap. 9, *cum episcopis et primatibus Hungarie* bald nach der Annahme der Königswürde, der zweite, wo die königliche Gewalt noch ausgebildeter erscheint, wahrscheinlich gegen Ende der Regierung Stephans gegeben ist. Weitere Nachweise für das Folgende in meiner „Geschichte Österreichs", 1. Bd.

[1]) Nähere Nachweise habe ich in „Mittheilungen des Instituts", 6, 385 ff., gegeben.
[2]) Siehe Endlicher, S. 64 ff.; Krajner, S. 162—223, 259—317, 404—444. Vgl. „Geschichte Österreichs", 1, 150 ff.

Doch bilden sich bald Zwischenstufen aus. Wie ein Theil der Freien, der durch großen Besitz oder Bekleidung höherer Ämter hervorragte, von den Ärmeren als Adel sich ausschied, viele Gemeinfreie dagegen von den Mächtigeren in den Zustand der Hörigkeit herabgedrückt wurden oder sich freiwillig in deren Schutz begaben, so hob sich die sociale Stellung vieler Unfreier. Schon in den Gesetzen Stephans findet sich eine Classe, die zwischen den Vollfreien und den Unfreien oder Halbfreien in der Mitte steht, nämlich die *milites,* welche wahrscheinlich den deutschen Dienstmannen entsprechen. Den höchsten Rang unter ihnen nahmen die *milites* des Königs oder königlichen Dienstleute *(servientes regales)* ein, die unmittelbar unter diesem Kriegsdienste leisteten und dafür Ländereien zu Lehen hatten. Sie erhoben sich bald auch über die Gemeinfreien als Adel, und schon in den Gesetzen Ladislaus I. werden *nobiles* und *milites* als gleichstehend oder gar als gleichbedeutend gebraucht. Später finden wir als wichtige Mittelclasse die Burgmannen *(milites castri, jobbagyones castri),* die persönlich frei, aber für ihre Ländereien zunächst zur Vertheidigung der Burgen und zum Ausrücken ins Feld, theilweise aber auch zu anderen Leistungen verpflichtet waren.

Die Gesetze des Königs Ladislaus I. (1077—1095)[1]) haben für das öffentliche Recht keine besondere Bedeutung. Mehr gilt dies von den Gesetzen, welche König Coloman (1095—1116) „nach dem Rathe des ganzen Senates" auf einer Versammlung der Großen gegeben hat[2]) und die sich auf das Steuer-, Kriegs- und Gerichtswesen wie auf die Besitzverhältnisse bezogen. Der König hatte damals außer den Domänen und Bergwerken nicht bloß das Münz- und Zollregal, sondern erhob auch eine Abgabe von den auf den Märkten verkauften Gegenständen, eine Erwerbsteuer von den Kaufleuten, eine Kopfsteuer von Freien und „Gästen" (Fremden), die sich als Arbeiter bei Gutsbesitzern verdingten, von Burghörigen außerdem eine Arbeitssteuer.[3])

Auf das Kriegswesen wirkten bereits die im Abendlande herrschenden Grundsätze der Vasallität ein. Der König bietet nicht mehr alle Freien und nicht direct zum Kriege auf, sondern die Grafen, welche freie Bauern besitzen, müssen je nach der Größe ihrer Güter gepanzerte oder ungepanzerte Ritter stellen. Auch auf die Besitzverhältnisse war das Lehenwesen von Einfluss. Nur durch Kauf erworbene Güter und solche, welche auf eine Schenkung König Stephans zurückgiengen, sollten

---

[1]) Ap. Endlicher, Mon. Arpad., p. 326 sqq.

[2]) *Regni principibus congregatis tocius senatus consultu.* Decretum Colomanni regis ap. Endlicher, p. 358 sqq. Vgl. über seine Gesetze meine „Geschichte Österreichs", 1, 333 ff. und Büdinger, Ein Buch ungarischer Geschichte, S. 144 ff.

[3]) Vgl. über die Steuern unter Bela III. und deren angebliches Erträgnis auch meine „Geschichte Österreichs", 1, 370 und im allgemeinen Krajner, S. 628 ff.

als volles, frei vererbliches Eigenthum gelten, Vergabungen späterer Könige aber nur auf Söhne oder Brüder übergehen, in Ermanglung von solchen aber an den König zurückfallen.

2. Die „goldene Bulle" Andreas II. und die Gesetzgebung unter den letzten Árpáden.

Unter den Nachfolgern Colomans bis zum Anfange des 13. Jahrhunderts scheint die Gesetzgebung vollständig geruht zu haben. Auch die königliche Gewalt wurde infolge der häufigen Thronstreitigkeiten geschwächt, während sich die Macht und der Einfluss der geistlichen und weltlichen Großen oder Barone[1] immer mehr hob und diese nicht bloß ausgedehnte Besitzungen, sondern auch manche Hoheitsrechte an sich brachten. Noch mehr war dies unter dem schwachen Könige Andreas II. (1205—1235) der Fall, unter dem zugleich infolge eines Kreuzzuges und anderer Kriege, wie der Schenkung von Burgen, Gütern, Einkünften, ja ganzen Comitaten an Barone und Ritter die Finanzen vollständig zerrüttet wurden. Durch die Begünstigung der Großen, namentlich die Vergabung der Burgen und ihrer Güter waren der niedere Adel und die Burgmannen erbittert, weil sie Gefahr liefen, von jenen unterdrückt und ihrer Güter beraubt zu werden. Da auch der Kronprinz Bela gegen seinen Vater eine feindselige Haltung einnahm, so drohte ein gefährlicher innerer Krieg auszubrechen. Endlich vermittelten die Bischöfe einen Ausgleich, dessen Ergebnis die besonders dem niederen Adel günstige „goldene Bulle" von 1222 war.[2]

Der König musste versprechen, den Bitten des Adels, „wie er schuldig sei", in allem nachzukommen, und verordnete daher, dass er selbst oder im Falle seiner Verhinderung der Palatin jährlich am Tage des heil. Stephan (20. August) in Stuhlweißenburg eine Reichsversammlung halten und alle Adeligen das Recht haben sollten, daselbst zu erscheinen und ihre Klagen vorzubringen. Er soll niemanden ganze Comitate oder Ämter als erbliches Besitzthum verleihen, „Gästen" (Fremden) ohne Befragung seines Rathes keine Würden übertragen, Leuten, die nicht in Ungarn wohnten, keine Besitzungen schenken oder verkaufen.

---

[1] Dazu gehörten der Reichskanzler, der seit 1183 an der Spitze der Kanzlei stand, während es früher nur einzelne Notare gegeben hatte, die Hofrichter *(comes curialis,* später *judex curiae)* des Königs und der Königin, der Ban von Croatien und Dalmatien (wenn diese Länder nicht einem Mitgliede der königlichen Familie überlassen waren), der *magister tavernicorum (qui et camerarius dicitur* nach Rogerii Carmen ap. Endlicher, Mon. Arpad., p. 262), der die Einkünfte des Königs zu verwalten hatte und unter dem daher nicht bloß die Leute auf den königlichen Gütern *(udvornici),* sondern später auch die königlichen Städte standen, die anderen höheren Hofbeamten, dann die Grafen oder Obergespäne.

[2] Gedruckt bei Endlicher, Mon. Arpad., p. 412 sqq. und Mon. Strigon., 1, 232 sqq.

Der König darf keinen Adeligen ohne Vorladung und gerichtliche Verurtheilung gefangen nehmen oder an seinem Vermögen schädigen, von den Gütern der Adeligen und von den Unterthanen der Kirchen keine Steuern erheben. Die Adeligen sind auch zum Kriegsdienste nur bei einem feindlichen Angriffe verpflichtet, nicht aber bei einem Feldzuge außerhalb des Reiches, außer gegen Sold. Besitzungen, die jemand für gerechten Dienst erhalten hat, sollen ihm nie entzogen werden. Wenn ein Adeliger ohne Hinterlassung eines Sohnes stirbt, so vererbt er von seinem Lehengut ein Viertel auf seine Tochter, das Übrige, wenn er nicht testamentarisch darüber verfügt hat, auf seine Geschlechtsgenossen, und nur in Ermanglung von solchen soll es an den König zurückfallen. Über Güter und Hintersassen der Adeligen darf der Graf bloß wegen Münz- und Zehntangelegenheiten richten. Nur der Palatin und der Hofrichter, wenn er am Hofe ist, können über alle Leute des Reiches richten, doch darf ersterer in Processen gegen Adelige, welche die Todesstrafe oder den Verlust der Güter zur Folge haben, nicht ohne Zustimmung des Königs ein Urtheil fällen.

Die Grafen sollen sich mit den ihnen gesetzlich zustehenden Einkünften begnügen und, wenn sie die zu ihrer Burg gehörigen Leute bedrücken oder sonst ihr Amt schlecht verwalten, ihrer Stelle beraubt werden und Ersatz leisten.

Der Palatin soll weder den König, noch den Adel, noch andere von diesem Privileg abweichen lassen. Wenn aber der König oder einer seiner Nachfolger demselben entgegenhandelt, so haben die Bischöfe und andere Würdenträger und die Adeligen in ihrer Gesammtheit wie einzeln das Recht, ihm Widerstand zu leisten.

Im Jahre 1231 musste der König die goldene Bulle mit einigen Zusätzen und Auslassungen neuerdings bestätigen.[1]) Namentlich wurde bestimmt, dass bei der jährlichen Reichsversammlung in Stuhlweißenburg auch die Prälaten, die Erzbischöfe und Bischöfe erscheinen sollten, um die Klagen der Armen zu hören und die etwa verletzte Freiheit zu bestätigen, und dass, wenn der Palatin sein Amt schlecht verwaltet hätte, der Reichstag das Recht haben sollte, den König um die Ersetzung durch einen anderen zu bitten. Dagegen war die Einräumung des Widerstandsrechtes an den Adel bei Verletzung der Freiheiten durch den König weggelassen und dafür verfügt, dass in diesem Falle der Erzbischof von Gran das Recht haben sollte, über den König den Bann zu verhängen. Doch haben später die Uugarn die ursprünglichen Bestimmungen vom Jahre 1222, nicht diese Abänderung als das Grundgesetz ihres Reiches angesehen.

---

[1]) Endlicher, p. 428 sqq.

Unter Andreas' II. Nachfolger Bela IV. (1235—1270) wurde die Macht des Adels besonders durch die wiederholten Kriege desselben mit seinem Sohne Stephan, dem er den ganzen Osten des Reiches mit Siebenbürgen abgetreten hatte, neuerdings vergrößert. Bela und sein Sohn mussten 1267 „mit Rath und Zustimmung der Barone" die sogenannten Freiheiten des heiligen Stephan bestätigen und ihnen verschiedene Rechte gewähren, welche über die goldene Bulle noch hinausgiengen.[1]) Nicht bloß von den Gütern der Adeligen, sondern auch von ihren Hintersassen sollte der König nie eine Steuer oder Leistung fordern und über Güter von Adeligen, die ohne Erben mit Tod abgiengen, nur nach Anhörung ihrer Verwandten und im Beisein der Reichsbarone verfügen dürfen. Es verstärkte den Einfluss des niederen Adels gegenüber den doch mehr vom Könige abhängigen Magnaten, dass bestimmt wurde, es sollten bei den jährlichen Reichsversammlungen in Stuhlweißenburg nicht bloß die Barone und Bischöfe, sondern auch zwei oder drei Adelige aus jedem Comitate erscheinen. Andreas III. musste nach seiner Erhebung auf den ungarischen Thron auf einem um den 1. September 1290 gehaltenen Reichstage neue Concessionen machen.[2]) Nicht bloß musste er neuerdings die jährliche Abhaltung einer Reichsversammlung zur Erörterung der Zustände des Reiches, besonders zur Prüfung der Verwaltung der Obergespäne geloben, wo auch die Adeligen erscheinen sollten. Er versprach auch, die wichtigsten Reichsämter, das des Palatins, des Vicekanzlers, des Magister Tavernicorum und des Judex Curiae nur nach dem Rathe des Adels zu besetzen, kein Comitat erblich zu verleihen kein Amt und keine Burg einem Ausländer, Heiden oder Unadeligen zu übertragen, keinen solchen in seinen Rath aufzunehmen und die Kirchen und Adeligen wie deren Hintersassen weder mit Abgaben, noch mit Einquartierungen zu belasten.

3. Die deutsche Colonisation und die Entstehung des Städtewesens.[3])

Schon früh kamen Fremde aus den benachbarten Ländern, besonders aus Deutschland des Handels wegen nach Ungarn. Geisa II. (1141 bis 1162) berief in den ersten Jahren seiner Regierung auch deutsche Bauern aus den Gegenden am Niederrhein („Flandrer") nach dem Süden des heutigen Siebenbürgen, wo sie die Wälder urbar machten. Nachdem durch weitere Einwanderungen aus dem nordwestlichen Deutschland die

---

[1]) Endlicher, p. 512 sqq. Vgl. meine „Geschichte Österreichs", 1, 550 ff.
[2]) Andreae regis III. Decretum ap. Endlicher, p. 615 sqq. Über die Zeit dieses Reichstages siehe Szabó in Századok (1884), 18, 473 ff.
[3]) Vgl. mit meiner „Geschichte Österreichs", 1, 463 ff. Schwicker, Die Deutschen in Ungarn und Siebenbürgen (Völker Österreich-Ungarns, III.), S. 86 ff., wo sich detailliertere Angaben ohne Quellennachweise finden.

Zahl der Deutschen, die seit dem 13. Jahrhundert gewöhnlich Sachsen genannt werden, immer mehr angewachsen war, verlieh ihnen Andreas II. 1224 den großen Freiheitsbrief,[1]) der angeblich auf den Bedingungen beruhte, unter denen Geisa II. sie ins Land gerufen hatte, und für Jahrhunderte die Grundlage ihrer staatsrechtlichen Verhältnisse gebildet hat. Darnach sind alle Deutschen von Broos bis Barót im Süden des Széklerlandes ein Volk, stehen unter einem von ihnen selbst aus den Ansässigen gewählten Richter und dürfen nur dann vor das Gericht des Königs oder des von ihm ernannten Grafen von Hermannstadt geladen werden, wenn ein Streit von ihrem Richter nicht entschieden werden kann. Sie zahlen dem Könige jährlich 500 Mark Silber und stellen zu Kriegen im Lande 500, außerhalb desselben 100 Mann, wenn der König selbst, 50, wenn ein anderer das Heer anführt. Dafür sind sie von allen anderen Abgaben und ihre Kaufleute von allen Mauten frei und können sie über die königlichen Wälder und Wässer frei verfügen. Keinem königlichen Beamten darf in ihrem Lande ein Gut geschenkt werden.

In der Zips haben sich vielleicht ebenfalls schon unter Geisa II. deutsche Bauern niedergelassen, obwohl sie einen umfangreichen Freiheitsbrief erst 1271 von Stephan V. erhielten,[2]) der ihnen ähnliche Vorrechte zusicherte, wie sie die Sachsen Siebenbürgens erhalten hatten.

Auch in anderen Gegenden Ungarns und Siebenbürgens wie Croatiens, vorzüglich an den Südabhängen der Karpaten, gab es deutsche Ansiedler, und besonders nach der Verwüstung des Reiches durch die Mongolen (1241) wurde von den Königen die Einwanderung der Deutschen begünstigt. Auch wo sie kein so zusammenhängendes Gebiet bewohnten wie die Sachsen Siebenbürgens, ist ihnen in der Regel das Recht gewährt, dass sie von den gewöhnlichen Steuern frei sind, nur eine fixe Abgabe an Geld oder Naturalien entrichten und ihre Kriegspflicht genau geregelt ist, dass sie nach eigenen Rechten leben und ihren Richter selbst wählen, dass die höhere Instanz über diesen nicht der Comitatsgraf, sondern der König oder dessen Stellvertreter ist, und dass sie über ihr Vermögen testamentarisch frei verfügen dürfen. Als Beisitzer des Richters oder Schultheißen werden mehrfach Geschworene erwähnt.

Aus solchen Ansiedlungen, wo die Deutschen näher bei einander wohnten und sich nicht vorherrschend mit Ackerbau beschäftigten, mussten von selbst Städte erwachsen, da die Grundbedingungen, Befreiung vom Comitatsgerichte und eigene Gerichtsbarkeit nach eigenen Gesetzen und durch einen eigenen Richter, bereits vorhanden waren. Daher beruht

---

[1]) Teutsch und Firnhaber, Urkundenbuch von Siebenbürgen (Font. rer. Austr. Dipl. XV), p. 28. Zimmermann und Werner, Urkundenbuch zur Geschichte der Deutschen in Siebenbürgen, S. 32.

[2]) Ap. Endlicher, Mon. Arpad., p. 522 sqq.

das Städtewesen in Ungarn durchaus auf deutschen Grundlagen. Die Stadtrechte erweisen sich schon ihrer Form nach als Privilegien für die „Gäste". Ihnen, nicht allen Einwohnern des Ortes werden zunächst bestimmte Rechte verliehen, aus denen sich das Stadtrecht entwickelt, wofür manchmal ein deutsches als Muster gedient hat. So bildete sich seit Bela IV., der besonders nach dem Mongolensturme das Städtewesen systematisch begünstigte,[1]) der Stand der Bürger aus, der vorherrschend aus Deutschen bestand.

4. Die Verfassung und Verwaltung von 1301—1526.

Hatten die langen Thronkämpfe nach dem Aussterben der Árpáden zunächst eine weitere Schwächung der Gewalt des Königs und eine Steigerung der Macht der Großen zur Folge, so änderte sich dies, als Karl I. Robert auf dem Throne befestigt und die letzten nach Selbständigkeit strebenden Magnaten unterworfen waren. Die Großen wurden durch glänzende Feste und verschiedene Auszeichnungen an den Hof gefesselt und auch ihr Eigennutz dadurch befriedigt, dass Karl trotz der entgegenstehenden Gesetze den angesehensten Magnaten zwei, drei, ja noch mehr Comitate verlieh, was freilich die Folge hatte, dass die Verwaltung derselben nicht mehr vom Obergespane selbst besorgt werden konnte, sondern nach und nach fast ausschließlich auf den Vicegespan übergieng. Da die Burgländereien, auf deren Besitz früher der Kriegsdienst hauptsächlich beruht hatte, großentheils in die Hände des höheren Adels gekommen, die Burgmannen theilweise in die Reihen der Hörigen herabgedrückt, theilweise aber auch in den Adelsstand erhoben worden waren, so suchte Karl die Heerespflicht an den adeligen Grundbesitz zu knüpfen und die früheren Aufgebote durch Vasallenheere zu ersetzen, indem die geistlichen und weltlichen Großen und Adeligen im Verhältnis zur Zahl ihrer Höfe Soldaten stellen mussten, wobei jenen, die eine gewisse Zahl von Kriegern unterhielten, gestattet ward, sich des eigenen Banners (daher *banderium* auch für die ganze Abtheilung) zu bedienen. Andererseits wurde der Bürgerstand durch Pflege seiner Interessen und Gründung neuer Städte gekräftigt. Durch die Hebung des Handels und das dadurch gesteigerte Erträgnis der Zölle und Mauten, wie durch neue Steuern, namentlich die „Thorsteuer"[2]) wurden die Einkünfte der Krone vermehrt und diese

---

[1]) Eine Reihe von Städteprivilegien seit 1242 ap. Endlicher, p. 451 sqq.
[2]) Sie betrug 18 Denare oder $1/6$ Ducaten von jedem Hofe, durch dessen Thor ein beladener Heu- oder Getreidewagen fahren konnte, oder einem Gute von entsprechender Größe. Doch waren die Hintersassen des Königs und der Königin, der Kirchen und Herren, wie die Städte, die eine bestimmte Steuer zahlten, davon frei. Die Belege für die inneren Verhältnisse unter Karl I. und Ludwig I. in meiner „Geschichte Österreichs", 2, 200 ff. 243 ff.

von den Ständen unabhängiger gemacht. Der Reichstag wurde daher später gar nicht mehr berufen, sondern durch einen Rath von Prälaten und hohen Beamten („Baronen") ersetzt, der dem Könige keine ernstliche Opposition machte.

Noch unbeschränkter war die königliche Gewalt unter Karls Sohn Ludwig I. (1342—1382), unter dem 1351 noch eine neue Steuer eingeführt wurde, der „Neunte" des Weines und Getreides, der von den Kronbauern nach Entrichtung des kirchlichen Zehnten erhoben wurde. In den letzten drei Jahrzehnten seiner Regierung scheint Ludwig nie einen Reichstag einberufen, sondern alle Verfügungen, selbst bezüglich der Steuern, nur nach Berathung mit Prälaten und Baronen getroffen zu haben. Das öffentliche Leben zog sich in die Comitate, die Versammlung der Siebenbürger Sachsen und die Städte zurück.

Erst unter dem Könige Sigismund trat wieder ein Umschwung ein. Die Aufstände der neapolitanischen Partei und die Angriffe der Türken nöthigten wieder zur häufigeren Berufung der Stände. Ein Reichstag in Temesvár im Jahre 1397, zu dem der König nicht bloß die Prälaten und Barone, sondern auch aus jedem Comitate vier Adelige als Abgeordnete ihrer Standesgenossen berufen hatte, beschloss die Erneuerung der Bestimmung, dass der König oder im Falle seiner Verhinderung der Palatin jährlich eine Reichsversammlung halten und alle Vasallen das Recht haben sollten, dabei zu erscheinen. Auch die Verleihung kirchlicher oder weltlicher Ämter an Ausländer wurde wieder untersagt.[1]) Um aber gegen die übermächtig gewordenen Magnaten, von denen auch die Adeligen vielfach abhängig waren, ein Gegengewicht zu erhalten, berief Sigismund auch Vertreter der königlichen Städte zu den Reichstagen. Zum erstenmale finden wir 1402 auf einem Reichstage in Presburg neben den „Prälaten, Baronen, Edeln und Großen" auch die „Städte" als Mitglieder erwähnt.[2]) Dadurch wurde die spätere Scheidung des Reichstages in zwei Kammern (Tafeln) angebahnt, in die der Magnaten, bestehend aus den Prälaten und Reichsbaronen, und in die der Stände *(status et ordines)*, bestehend aus den Abgeordneten des niederen Adels und der Städte. Schon auf dem Reichstage von 1405 zeigt sich ein Ansatz hiezu, indem der König in der Einleitung zu den dort beschlossenen Gesetzen sagt, er habe aus allen Comitaten und aus den Städten, Flecken und freien Ortschaften, die der königlichen Gerichtsbarkeit unterworfen sind, Abgeordnete berufen und nach Anhörung ihrer Bitten, Forderungen, Aufklärungen, Meinungsäußerungen und Klagen wie

---
[1]) „Geschichte Österreichs", 2, 859 f. und für das Folgende 2, 535 ff.
[2]) Die betreffende Urkunde ap. Fejér, Cod. Hung. X. 4, 136 ist von 12 Prälaten (10 Bischöfen, dem Johanniter-Prior von Vrana und dem Abte von St. Martinsberg), 98 Baronen und Adeligen und den Städten Presburg und Ödenburg besiegelt.

nach dem Rathe der Prälaten, Barone und Großen und nach reiflicher Überlegung die Gesetze gegeben, durch welche namentlich den Städten ihre eigene Criminal- und Civilgerichtsbarkeit garantiert und als zweite Instanz dafür der Magister Tavernicorum, als dritte das Gericht des Königs bestimmt wird.[1])

Über dieses Gesetz holte im nämlichen Jahre der Palatin als Obergespan des Pester Comitats die Meinung der Versammlung desselben ein, welche es, nachdem Paragraph für Paragraph durchberathen worden war, als nützlich für das Reich einstimmig genehmigte,[2]) der erste nachweisbare Fall, wo ein Comitat über die vom Reichstage gegebenen Gesetze sich geäußert hat.

In der Zeit Sigismunds wurde auch die wichtige Stellung des Palatins begründet, wozu der Umstand beigetragen haben mag, dass Nikolaus von Gara diese Würde über drei Jahrzehnte ununterbrochen innegehabt und während der häufigen und oft lange dauernden Abwesenheit des Königs neben dem Erzbischofe von Gran die Stelle eines Reichsverwesers bekleidet hat. Schon ein 1439 unter Sigismunds Schwiegersohn und Nachfolger Albrecht vom Reichstage gegebenes Gesetz[3]) bezeichnet den Palatin als „Richter zwischen dem Volke und dem Könige", verfügt aber zugleich, dass dieser denselben nur nach dem Rathe der Prälaten, Barone und Adeligen sollte ernennen dürfen. Dieser Reichstag, zu dem die Städte nicht berufen worden zu sein scheinen, suchte überhaupt die Rechte des Königs einzuschränken und beschloss, dass dieser sich nicht bloß bei der Vertheidigung des Reiches und bei der Änderung des Geldes, sondern auch bei der Verheiratung seiner Töchter nach dem Rathe der Unterthanen richten und keinem Ausländer oder Bürger ein kirchliches, staatliches oder militärisches Amt oder eine Besitzung übertragen sollte.

Die folgende Zeit, wo zuerst dem nachgeborenen Sohne Albrechts, Ladislaus V., ein Gegenkönig in Wladislaw von Polen gegenüberstand, dann für den minderjährigen Ladislaus der vom Reichstage ernannte Johann Hunyady als Gubernator regierte, musste die Bedeutung der Stände noch steigern. Erst als 1458 Hunyadys Sohn Matthias Corvinus zum Könige gewählt ward, saß wieder ein kräftiger Monarch auf dem Throne. Es wurden zwar auch unter ihm an der Verfassung keine wesentlichen Änderungen getroffen. Aber er vermochte mit Beobachtung der constitutionellen Formen seinen Willen durchzusetzen. Die Stände selbst legten übrigens in den späteren Jahren seiner Regierung auf die

---

[1]) Sigismundi Decretum II. im Corpus Jur. Hungar.
[2]) Fejér X. 4, 459.
[3]) Alberti regis Decretum §. 2 im Corpus Jur. Hungar. wie ap. Katona, Hist. crit. Hung., 12, 882 sqq. und Fejér, 11, 243 sqq.

wichtigsten Bestimmungen der Verfassung keinen sehr großen Wert. Es wurde zwar 1471 neuerdings festgestellt, dass der Reichstag in jedem Jahre einberufen werden sollte. Aber wenige Monate später richteten die Stände an den König die Bitte, in den nächsten zwei Jahren keinen Reichstag abzuhalten. Ja, 1478 bewilligten sie ihm die Steuern für sechs Jahre, wodurch der wichtigste Grund für die Berufung wegfiel.

Die Formen der Verfassung blieben auch unter den Königen aus dem Hause der Jagellonen im wesentlichen dieselben. Aber der Geist war wieder ein anderer, indem unter dem schwachen Wladislaw II. (1490 bis 1516) und dessen jungem Sohne Ludwig II. (1516—1526) die Magnaten, wenn auch vom niederen Adel häufig bekämpft, der maßgebende Factor wurden.[1]) Einem ihrer Standesgenossen zuliebe wurde auch im Frühjahre 1526 das Gesetz gegeben, dass die Würde des Palatins fortan lebenslänglich sein sollte. Einig waren übrigens die Magnaten und der Adel in dem Streben, ein kräftiges Königthum nicht mehr aufkommen zu lassen. Alle früheren Gesetze, welche die Rechte desselben beschränkten, wurden nach dem Tode des Matthias Corvinus erneuert, alle Reformen, besonders auf dem Gebiete des Steuerwesens abgeschafft. Dagegen wurde nach der Unterdrückung des Aufstandes der Bauern im Jahre 1514 der ganze Stand der Freizügigkeit beraubt, unbedingt den Grundherren unterworfen und zu harten Frohndiensten (einen Tag in jeder Woche) und zu hohen Abgaben verurtheilt. Da diese Bestimmungen auch in das um diese Zeit vom Protonotar Stephan Verböczy vollendete Gesetzbuch, das *„Tripartitum opus juris consuetudinarii incliti regni Hungariae"*, Aufnahme fanden, das vom Könige bestätigt ward und, ohne förmlich als Gesetz publiciert zu werden, über drei Jahrhunderte die Kraft eines solchen besaß, so erhielt die Adelsherrschaft eine noch festere rechtliche Grundlage.

c) Die Stellung der Kirche zum Staate.

Die Kirche wurde schon von Stephan dem Heiligen sehr begünstigt, und der Clerus erscheint in seinen Gesetzen als ein bevorzugter Stand. Doch ist es der König, der die Bisthümer und Klöster gründete und die Bischöfe ernannte. Auch Ladislaus der Heilige führt 1092 den Vorsitz auf einer Synode, auf der die Bischöfe, Äbte und weltlichen Großen des Reiches eine Reihe von Beschlüssen über Kirchenzucht fassten. Unter Coloman hält der Erzbischof von Gran zwei Synoden ab, welche dem Geiste P. Gregors VII. entsprechend die Gewalt der Bischöfe den Laien wie den Geistlichen gegenüber zu kräftigen und eine strengere Zucht unter dem Clerus wie dem Volke herzustellen suchten und die

---

[1]) Näheres in meiner „Geschichte Österreichs", 3, 416 ff. 514 ff.

Forderung aufstellten, dass Streitigkeiten, welche geistliche Personen oder kirchliche Personen beträfen, nur nach canonischem Rechte vom Gerichte des Bischofs entschieden werden sollten. Aber die Synode stellte ihre Beschlüsse nicht als giltige Gesetze hin, sondern bat den König, entsprechende Verordnungen zu erlassen. Die von Coloman berufene Reichsversammlung verleiht aber nur einigen unwichtigeren Synodalbeschlüssen Gesetzeskraft.[1]) Auch verzichtete der König 1106 nur auf das Recht, die Bischöfe zu investieren, wahrte sich aber die Befugnis, die kirchlichen Würdenträger zu ernennen. Noch um die Mitte des 13. Jahrhunderts galt es als feststehendes, auch vom Papste anerkanntes Recht, dass bei der Wahl eines Bischofs durch das Capitel die Zustimmung des Königs eingeholt werden musste. Doch gab Geisa II. dem Papste Alexander III. das Versprechen, dass kein Bischof ohne Genehmigung des römischen Stuhles entsetzt werden sollte, was Stephan III. 1169 auch auf die Äbte und Pröpste der Reichsklöster ausdehnte.

Unter Bela III. und seinem Sohne Emerich wurden die Einmischungen der Päpste in die inneren Verhältnisse Ungarns immer häufiger, und auch die Besitzungen und Einkünfte der Bischöfe nahmen infolge der Vergabungen der Könige und anderer immer mehr zu. Der Erzbischof von Gran erhielt neben sonstigen großen Einkünften den Zehnten von allen königlichen Einkünften, selbst vom Münzregal. Auch sonst wurde unter den schwächeren Königen der Clerus mit immer größeren Vorrechten begabt. Andreas II. verlieh 1222 gleichzeitig mit der Ertheilung der goldenen Bulle der Geistlichkeit ein eigenes Privileg, durch das er allen Mitgliedern dieses Standes Freiheit von allen Abgaben an den Staat garantierte und den Laien untersagte, einen Priester vor einem weltlichen Gerichte zu verklagen, wogegen andererseits auch verfügt wurde, dass Geistliche ihr Recht gegen Laien vor dem weltlichen Richter suchen sollten.[2]) Die Steuerfreiheit der Kirchen und ihrer Hintersassen wurde auch durch das Reichsgesetz von 1290 wie durch spätere Gesetze anerkannt.

Hatten in der zweiten Hälfte des 13. Jahrhunderts die Päpste in einzelnen Fällen Bischöfe ernannt, so geschah dies seit Bonifaz VIII. immer häufiger. Entweder ernannten die Päpste dieselben direct, oder sie nahmen wenigstens das Recht der Bestätigung in Anspruch.[3]) Selbst Karl Robert und Ludwig I. mussten sich mit ihren Bitten an den Papst

---

[1]) Die Synodalbeschlüsse unter Ladislaus ap. Endlicher, p. 326 sqq., die unter Coloman p. 349 sqq. 373 sq. Vgl. meine „Geschichte Österreichs", 1, 326 f. und 334 ff. Über die spätere Zeit p. 422 ff. und für das 14. Jahrhundert Fraknói's Einleitung in „Mon. Vaticana Hung.", Ser. I. 3, XXV sqq.

[2]) Endlicher, p. 417. Vgl. meine „Geschichte Österreichs", 1, 434 ff.

[3]) Vgl. meine „Geschichte Österreichs", 2, 200 f.

wenden, wenn sie die Erhebung eines Candidaten auf einen Bischofssitz erwirken wollten. Auch auf die Abteien, Propsteien und Pfarreien dehnten die Päpste ihre Reservationen aus.

Als aber der Papst Bonifaz IX. den von den aufständischen Ungarn 1403 zum Gegenkönige gewählten Ladislaus von Neapel offen begünstigte, gab König Sigismund nach der Unterdrückung der Empörung am 6. April 1404 auf Bitten seiner Unterthanen das Gesetz, dass bei Strafe des Todes und der Güterconfiscation niemand von den Päpsten, Legaten, Cardinälen, Auditoren und anderen Richtern oder Beamten der römischen Curie ein amtliches Schreiben annehmen, namentlich niemand auf Grund eines solchen ohne ausdrückliche Erlaubnis des Königs ein kirchliches Amt annehmen oder verleihen sollte, indem die Besetzung dieser Stellen der Krone vorbehalten wurde.[1]) Dieses Recht wurde fortan sowohl von den Ständen wie von den Königen kräftig gewahrt. Als der Papst in der königslosen Zeit nach Wladislaws I. Tode eine erledigte Stelle besetzte, erhob der Reichstag 1450 dagegen Protest und schrieb dem Papste, dass er die Kirche eher einem Feinde als einem solchen „Gaste" öffnen würde. Ebenso trat Matthias Corvinus allen Versuchen der Päpste, mit Berufung auf Bestimmungen des Kirchenrechtes die Verleihung erledigter Pfründen vorzunehmen, energisch entgegen, ja er drohte sogar mit dem Abfalle Ungarns von der katholischen Kirche, wenn das königliche Ernennungs- und Bestätigungsrecht angefochten würde. Die Päpste fügten sich immer dem mächtigen und in anderen Dingen ergebenen Könige, obwohl dieser 1485 einen Knaben von sieben Jahren zum Primas von Ungarn ernannte.[2])

[1]) Katona, 11, 614. Fejér, X. 4, 303.
[2]) Fraknói, Matthias Corvinus, S. 281 ff.

Zweite Periode.

Die Bildung der österreich-ungarischen Monarchie und deren Geschichte bis zum Erlöschen des Mannsstammes der Habsburger (1526—1740).

I. Geschichte der Staatsbildung.

1. Die Erwerbung Böhmens und Ungarns durch das Haus Habsburg.

Als König Ludwig II. von Böhmen und Ungarn in der Schlacht bei Mohács am 29. August 1526 den Tod gefunden hatte, erhob sein Schwager Ferdinand von Österreich theils im eigenen, theils in seiner Gemahlin Namen gleich Ansprüche auf dessen Reiche.

Bezüglich Böhmens[1]) stützte er sein Recht auf die Erbverträge, welche die Habsburger seit 1364 wiederholt mit den Königen von Böhmen geschlossen hatten. Aber dieselben waren nur mit den Luxemburgern, nicht aber mehr mit den Jagellonen eingegangen worden, konnten also auch nicht mehr für die Thronfolge nach dem Erlöschen dieses Hauses maßgebend sein. Mit um so größerem Rechte hielt dagegen Erzherzog Ferdinand an den Ansprüchen seiner Gemahlin Anna, der Schwester des letzten Königs, fest, weil durch ein von Karl IV. 1348 mit Zustimmung der böhmischen Großen gegebenes Gesetz den böhmischen Ständen und den Vertretern der Nebenländer nur für den Fall, wenn vom königlichen Stamme weder ein männlicher noch ein weiblicher Sprosse vorhanden wäre, ein Wahlrecht zugesprochen wurde (vgl. S. 77) und dieses Gesetz, wenn auch öfter verletzt, doch nie aufgehoben worden war. Auch König Wladislaw hatte 1510 seine Tochter Anna als legitime Erbin von Böhmen erklärt, wenn sein Sohn Ludwig ohne Erben mit Tod abgienge.[2])

Aus dem Erbrechte seiner Gemahlin leitete der Erzherzog aber auch ein Erbrecht für sich selbst ab, weil auch Johann von Luxemburg und Albrecht V. von Österreich infolge ihrer Heirat mit böhmischen Prinzessinnen die Krone erlangt hatten. Er glaubte daher ohne weiteres für sich und seine Gemahlin die Regierung von Böhmen beanspruchen zu

---

[1]) Siehe O. Gluth, Die Wahl Ferdinands I. zum Könige von Böhmen 1526, in „Mittheilungen des Vereins für Geschichte der Deutschen in Böhmen", 15, 198 ff. und 271 ff.; A. Rezek, Geschichte der Regierung Ferdinands I. in Böhmen, I. Ferdinands I. Wahl und Regierungsantritt (Prag, 1878) und meine „Geschichte Österreichs", 3, 537 ff. Vgl. „Die böhmischen Landtagsverhandlungen und Landtagsbeschlüsse vom Jahre 1526 bis auf die Gegenwart". Herausgeg. von Gindely, 1. Bd.

[2]) Palacky, 5ᵇ, 194 f.

können und instruierte auch in diesem Sinne die Gesandten, welche er nach Prag schickte.

Die böhmischen Stände aber, welche von den obersten Landesbeamten auf den 5. October nach Prag berufen wurden, beanspruchten für sich das Recht, den Thron durch Wahl zu besetzen, weil Ludwig weder männliche noch weibliche Nachkommen hinterlassen habe und das Erbrecht nur auf diese, nicht aber auch auf Seitenverwandte übergehe. Ferdinands Gemahlin sei auch dadurch ihres Erbrechtes verlustig geworden, dass sie noch bei Lebzeiten ihres Vaters ausgestattet und dann verheiratet worden sei. In diesem Sinne legten die Stände auch die Urkunde von 1348 aus.

Als Bewerber um den Thron traten neben dem Erzherzoge Ferdinand mehrere Fürsten, darunter auch die Herzoge Wilhelm und Ludwig von Baiern auf, deren Agenten die Zahlung der Landesschulden und bedeutende Summen für verschiedene Adelige, besonders den einflussreichen Oberstburggrafen Zdenko Lew von Rožmital oder Rosenthal in Aussicht stellten. Die österreichischen Gesandten betonten dem Landtage gegenüber in erster Linie die Rechte des Erzherzogs und seiner Gemahlin, wiesen aber außerdem auch auf die Nachbarschaft der Länder, die königliche Abstammung Ferdinands und die im Falle der Noth von seinem Bruder, dem Kaiser, zu erwartende Hilfe hin und schlossen mit der Bitte, dass die Stände sich den Erzherzog und seine Gemahlin zu rechten Herren gefallen lassen und annehmen möchten. Auch sonstige Versprechungen wurden nicht gespart und durch verschiedene Zusicherungen besonders finanzieller Natur zuletzt auch Rožmital gewonnen.

Ein Ausschuss von 24 Personen, 8 aus jedem Stande, welchem der Landtag unbedingte Vollmacht ertheilt hatte, wählte am 23. October einstimmig den Erzherzog Ferdinand, der am folgenden Tage als König proclamiert wurde.

Doch hatte der Landtag schon früher eine Reihe von Artikeln beschlossen, welche der neue König vor seiner Krönung bestätigen sollte. und die theilweise den Zweck hatten, die Herrschaft der Stände oder eigentlich der Aristokratie gesetzlich festzustellen. Bei Lebzeiten des Königs sollte niemand, auch nicht sein Sohn, zum Könige gewählt werden dürfen, sodass die Stände bei jeder Thronerledigung Gelegenheit erhielten, dem Nachfolger neue Bedingungen vorzuschreiben. Der König sollte seinen Hof gewöhnlich in Böhmen haben, im Falle der Entfernung aus dem Lande aber die Regierung nur Eingeborenen, und zwar nach dem Rathe der Stände übertragen werden. Auch sollte derselbe die Ämter in Böhmen und seinen Nebenländern nur mit Böhmen besetzen und zur Entscheidung böhmischer Angelegenheiten nur böhmische Räthe oder solche aus den Nebenländern zuziehen. Kein Landesbeamter sollte ohne rechtliches Erkenntnis der übrigen Beamten, Landrechtsbeisitzer und königlichen Räthe seiner Stelle entsetzt werden dürfen. Endlich sollte der König bestätigen, dass die Stände ihn nicht infolge einer Verpflichtung, sondern aus freiem Willen gewählt hätten, und sollte auch die Urkunde von 1348 dahin interpretieren, dass nur männliche Nachkommen oder eine unverheiratete, noch nicht ausgestattete Tochter des letzten Königs ein Erbrecht hätten.

Um nicht bei der Fortdauer der Machinationen der Herzoge von Baiern und ihrer Anhänger noch im letzten Augenblick den Besitz der Krone zu gefährden, ließ sich Ferdinand zur Erklärung herbei, dass die Stände ihn freiwillig zum Könige gewählt hätten, und versprach, die böhmischen Stände bei ihren Rechten und Freiheiten zu schützen und Ausländer weder zu Landes- oder Hofämtern und zu geistlichen oder städtischen Würden zuzulassen, noch mit solchen böhmische Schlösser oder Städte zu besetzen. Andere Punkte aber, wie die Erläuterung der Urkunde von 1348 im Sinne der Stände, lehnte er ab. Über einige Fragen wollte er bei Gelegenheit der Krönung, die am 24. Februar 1527 erfolgte, mit dem Landtage noch weiter verhandeln. Da es auch in Böhmen eine Partei gab, welche gegen eine weitere Schwächung der königlichen Gewalt war, so setzte Ferdinand in mehreren wichtigen Punkten eine Abänderung der früheren Landtagsbeschlüsse durch. Die Stände gaben zu, dass, wenn der König einen volljährigen Sohn hätte, dieser noch bei Lebzeiten des Vaters gekrönt werden dürfe. Bei Ersetzung untauglicher Landesbeamten sollte der König nicht an die Zustimmung der übrigen Beamten, königlichen Räthe und Landrechtsbeisitzer gebunden sein, sondern nur ihren Rath einholen. Auch die Beiziehung fremder Räthe bei der Verwaltung der böhmischen Finanzen ließen sich die Stände gefallen.

Hatte Erzherzog Ferdinand trotz der Ansprüche seiner Gemahlin thatsächlich nur durch Wahl die Krone von Böhmen erlangt, so erkannten die Stände der Nebenländer, Mährens, Schlesiens und der Lausitz, Anna als Erbin und infolge dessen auch ihren Gatten als Herrn an.

Auch in Ungarn gelangte das Haus Habsburg nur durch Wahl auf den Thron.[1])

Erzherzog Ferdinand glaubte anfangs als Gemahl der Tochter Wladislaws II. Ungarn ohne weiteres in Besitz nehmen zu können. Aber wenn auch die Töchter Ludwigs I. und Sigismunds wie deren Gatten als Herrscher anerkannt worden waren, so hatte doch nach dem Tode des

---

[1]) Vgl. mit den von W. Fraknói herausgegebenen „Monumenta comitialia regni Hungariae", T. I., und dessen (ungarischen) Einleitungen St. Smolka, Ferdinands I. Bemühungen um die Krone von Ungarn (Archiv für österreichische Geschichte, 57. Bd.) wie meine „Geschichte Österreichs", 3, 549 ff. und die dort angeführten Belege.

Ladislaus Postumus der ungarische Reichstag ein Erbrecht der Schwestern desselben nicht mehr anerkannt und einen König gewählt.[1]) In Ungarn gab es auch kein Gesetz, auf das sich Ferdinand zu Gunsten seiner Gemahlin hätte berufen können. Ja, die Friedensverträge von 1463 und 1491 zwischen Österreich und Ungarn schlossen die weiblichen Glieder geradezu von der Thronfolge aus, indem sie den Habsburgern schon beim Mangel von männlichen Nachkommen des Königs die Nachfolge zusicherten. Diese Verträge wären für die Ansprüche Ferdinands entscheidend gewesen. Aber die Ungarn erklärten, die betreffende Bestimmung des Presburger Friedens sei ohne Rechtskraft, weil der Reichstag dazu seine Zustimmung nicht gegeben habe. Man konnte leider diese Behauptung nicht widerlegen, weil die Urkunde, durch welche die ungarischen Stände obigen Artikel genehmigt hatten, vom Kaiser Max dem Rathe von Augsburg zur Aufbewahrung übergeben worden und in Vergessenheit gerathen war.

In Ungarn standen sich seit langem zwei Parteien feindlich gegenüber, die der Magnaten, welche dem Hofe nahe stand, aber durch die Niederlage bei Mohács sehr zusammengeschwunden war, und die des niederen Adels unter Führung des Johann Zapolya, Wojwoden von Siebenbürgen, welche eine entschieden oppositionelle Stellung einnahm. Letztere hielt schon Mitte October eine Versammlung in Tokaj, wo man auf den 5. November zur Vornahme der Königswahl einen Reichstag nach Stuhlweißenburg auszuschreiben beschloss, indem man zugleich alle Nichterscheinenden mit der Strafe des Landesverrathes bedrohte. Unterdessen wurde für Zapolya, der schon längst nach der Krone gestrebt, eifrig Propaganda gemacht. Der Reichstag, auf dem sich eine heftige Abneigung gegen die Deutschen geltend machte, legte besonderes Gewicht auf den Reichstagsbeschluss von 1505, dass nie mehr ein Ausländer, sondern nur ein geborener Ungar zum König gewählt werden sollte. Da der Reichstag fast nur von Anhängern Zapolya's besucht war, wurde dieser am 10. November 1526 als König ausgerufen und am folgenden Tage vom Bischofe von Neutra gekrönt. Ganz Ungarn bis auf einen kleinen Streifen im Westen und Siebenbürgen war in seinen Händen.

Für Ferdinand von Österreich war es von großem Vortheile, dass nicht bloß seine Schwester Maria, die Witwe Ludwigs II., nach Kräften für ihn wirkte, sondern dass sich auch der Palatin Stephan Báthory auf seine Seite stellte, weil nach der ungarischen Verfassung nur dieser als Stellvertreter des Königs das Recht hatte, in gesetzlicher Weise einen Reichstag einzuberufen. Dieser wurde von der Königin-Witwe und dem

---

[1]) Vgl. S. 100 und über die Verträge von 1463 und 1491 S. 101, über den Reichstagsbeschluss von 1505 S. 102.

Palatin auf den 25. November nach Komorn ausgeschrieben, trat aber, da unterdessen diese Stadt in die Gewalt Zapolyas fiel, in Presburg, und zwar erst im December zusammen.

Um die Zahl seiner Anhänger zu vermehren, hatte Ferdinand versprochen, die Ungarn bei ihren Freiheiten und Gesetzen zu lassen, die goldene Bulle Andreas' II. zu beobachten, Ausländer nicht in den ungarischen Rath aufzunehmen und ihnen keine Ämter und kirchlichen Würden zu verleihen. Trotzdem wurde der Reichstag wenig besucht, weil der größte Theil des Reiches in der Gewalt Zapolyas war und man sich durch offenes Auftreten zu Gunsten Ferdinands den größten Gefahren ausgesetzt hätte. Von hervorragenden Magnaten waren nur zwei Bischöfe, der Palatin und der Ban von Croatien anwesend. Zu Gunsten Ferdinands wurde geltend gemacht, dass früher öfter ein König durch Vermählung mit einer ungarischen Prinzessin oder durch Verwandtschaft von weiblicher Seite auf den Thron gekommen sei, dass er vermöge der Verträge von 1463 und 1491 Anspruch auf Ungarn erheben könnte, dass nur er die Macht habe, das Reich gegen die Türken zu schützen und die verlorenen Grenzfestungen zurückzuerobern. Nachdem hierauf der Reichstag in Stuhlweißenburg, weil er nicht vom Palatin einberufen worden, mit allen seinen Beschlüssen für ungesetzlich erklärt worden war, wurde Ferdinand am 17. December einstimmig zum Könige gewählt.

Diesem Beschlusse trat am 1. Jänner 1527 auch der Landtag von Croatien bei, der aber auch auf die früheren Verträge mit Österreich Gewicht legte. Dagegen wählte der Landtag von Slavonien, worunter man damals die Comitate Agram, Kreuz und Warasdin verstand, am 8. Jänner Zapolya zum Könige, indem er sich namentlich auf den Reichstagsbeschluss von 1505 berief.

Ferdinand I. besaß anfangs von Ungarn nur die Städte Presburg, Altenburg und Ödenburg, während Zapolya Herr des Reiches war. Aber dieser begieng den Fehler, am 14. April einen zweimonatlichen Waffenstillstand zu schließen, der dem Könige Ferdinand Zeit ließ, mit Subsidien Böhmens und der Erblande und mit 100.000 Ducaten, die ihm sein Bruder K. Karl V. sendete, ein kleines, aber tüchtiges Heer zu sammeln, mit welchem er am 31. Juli die ungarische Grenze überschritt.

Da Zapolya zur Abwehr seines Gegners gar nichts gethan hatte, so drang Ferdinand fast ohne Widerstand bis Ofen vor, wo er am 23. August seinen Einzug hielt. Nachdem Zapolya am 27. September vom Grafen Niklas Salm bei Tokaj geschlagen und zur Flucht nach Siebenbürgen gezwungen worden war, fanden sich auf dem von Ferdinand nach Ofen ausgeschriebenen Reichstage auch die hervorragendsten Anhänger Zapolyas ein. Am 7. October wurde Ferdinand von demselben als König anerkannt und am 3. November in Stuhlweißenburg gekrönt.

Auch die Stände Slavoniens und eine Versammlung der drei Nationen Siebenbürgens (Ungarn, Székler und Sachsen) erkannten jetzt Ferdinand als König an. Zapolya wurde nach einer neuen Niederlage bei Szina unweit Kaschau (20. März 1528) zur Flucht nach Polen gezwungen.

2. Die Kämpfe um Ungarn und Siebenbürgen (1528—1739).

War durch die Vereinigung Böhmens und Ungarns mit den deutsch-österreichischen Ländern die heutige Monarchie in ihrer äußeren Gestalt geschaffen, so hatte das Haus Habsburg um den Besitz des ungarischen Reiches einen mehr als anderthalbhundertjährigen Kampf zu bestehen.

Zapolya schickte schon Ende 1527 einen Gesandten an den Sultan Suleiman II. nach Constantinopel, welcher ihm die Rechte auf Ungarn abtrat, die er durch die vorübergehende Besetzung eines Theiles dieses Reiches im Jahre 1526 erlangt zu haben glaubte, und ihm seinen Beistand versprach. Im Jahre 1529 unternahm der Sultan mit einem gewaltigen Heere einen Feldzug gegen Österreich zur Unterstützung seines Schützlings, welcher im Herbste 1528 selbst mit ehemaligen Anhängern und polnischen Söldnern wieder in Ungarn eingebrochen war und einen Theil dieses Landes und Siebenbürgens in seine Gewalt gebracht hatte. Die Hauptstadt Ofen wurde von den Türken erobert, Johann Zapolya von ihnen als König eingesetzt. Zwar misslang die Belagerung Wiens, aber der größte Theil Ungarns wie Siebenbürgens blieb in Zapolyas Händen. Nach mehrjährigen Kämpfen wurde am 24. Februar 1538 zwischen Ferdinand I. und Zapolya der Friede von Großwardein geschlossen, wornach dieser Siebenbürgen und den von ihm behaupteten größeren Theil Ungarns mit dem Königstitel behalten, nach seinem Tode aber das ganze Reich an den König Ferdinand fallen sollte.

Als aber Zapolya am 21. Juli 1540 starb, setzten seine Witwe Isabella von Polen und seine Räthe, wie er selbst gewünscht, es durch, dass sein zwei Wochen alter Sohn Johann Sigismund von den meisten seiner Anhänger zum Könige ausgerufen wurde, und dass auch der Sultan diesem seine Unterstützung zusagte. Als im Jahre 1541 ein österreichisches Heer Ofen belagerte, entsetzten die Türken diese Stadt. Aber Suleiman II. nahm dann diese wie die ganze Mitte des Reiches selbst in Besitz und überließ der Königin Isabella und ihrem Sohne nur noch Siebenbürgen und das Land jenseits der Theiß, und zwar nur als türkisches Sandschakat mit der Verpflichtung, einen jährlichen Tribut von 10.000 Ducaten zu zahlen.

Die folgenden Kriege brachten dem Könige Ferdinand neue Verluste. Als am 19. Juni 1547 ein Waffenstillstand abgeschlossen wurde, waren das östliche Slavonien und ein großer Theil Ungarns zu beiden Seiten der Donau bis über Hatvan und Totis hinaus, von der unteren

Theiß bis über Fünfkirchen, bis zum nordöstlichen Ende des Plattensees und zum Vertes-Gebirge in den Händen der Türken, Siebenbürgen, das östliche Ungarn bis oberhalb Debreczin und das Comitat Abauj mit der Stadt Kaschau im Besitze Isabellas und ihres Sohnes. Nur den nordwestlichen Theil Croatiens, den Westen des alten Slavonien (ungefähr bis zur Illova) und den Westen und Norden Ungarns hatte Ferdinand I. zu behaupten vermocht, wofür er aber dem Sultan ein jährliches „Geschenk" von 30.000 Ducaten schicken musste.[1])

Am 19. Juli 1551 musste zwar die Königin Isabella Siebenbürgen und das östliche Ungarn gegen das schlesische Fürstenthum Oppeln an den König Ferdinand abtreten. Aber dies hatte einen neuen Krieg mit den Türken zur Folge, welche Temesvár mit dem ganzen Gebiete am linken Ufer der Maros, die Stadt Veszprim, Szolnok und das Thal der Ipoly eroberten. 1556 gieng auch Siebenbürgen wieder an Isabella und ihren Sohn verloren; nur Gyula, Szegedin, Debreczin und Szathmár wurden jenseits der Theiß von den Kaiserlichen behauptet. Am 1. Juni 1562 wurde mit der Pforte wieder ein Friede auf acht Jahre geschlossen, nach welchem auch das bisherige „Ehrengeschenk" an den Sultan fortgezahlt werden musste.

Nach Ferdinands I. Tode (1564) begann der Fürst Johann Sigismund von Siebenbürgen die Feindseligkeiten gegen K. Maximilian II. Als er diesem nicht gewachsen war, nahm sich Suleiman II. seiner an und zog 1566 selbst gegen Ungarn. Vor dem von Niklas Zriny heldenmüthig vertheidigten Sziget starb derselbe. Aber diese Festung wurde doch erstürmt und auch die letzten Plätze jenseits der mittleren Theiß und der Unna giengen für den Kaiser verloren, während dessen Truppen nur Totis und Veszprim· eingenommen hatten. Szathmár, Tokaj, Erlau, Levenz, Neuhäusel, Komorn, Totis, Palota, Veszprim und Kanizsa bildeten seit dem achtjährigen Frieden von 1568, der dann öfter erneuert wurde, die Endpunkte des österreichischen Gebietes in Ungarn.

Der Krieg brach 1593 wieder aus, als auf einem der Raubzüge, welche die Türken auch während des Friedens sehr oft unternahmen, der Pascha von Bosnien bei Sissek eine vollständige Niederlage erlitt. Dreizehn Jahre dauerte dieser Krieg mit wechselndem Glücke fort. Anfangs waren die Österreicher im ganzen im Vortheil, welche vorübergehend sogar Siebenbürgen wieder gewannen. Erst der Aufstand Bocskays 1604 verschaffte den Türken das Übergewicht. Der Friede von Zsitva Torok (11. November 1606) entsprach dem augenblicklichen Besitzstande.

---

[1]) Über den ersten Türkenkrieg unter Ferdinand I. siehe meine „Geschichte Österreichs", 4, 3—93, über den zweiten S. 159—195, über den unter Maximilian II. S. 249—264, unter Rudolf II. S. 374—471.

Die Türken hatten die Festungen Erlau, Totis, Veszprim, Kanizsa und Bihatsch, der Kaiser Waitzen, Neográd und andere Plätze im Thale der Eipel gewonnen. Auch erkannte der Sultan dem Kaiser jetzt gleichen Rang zu und verzichtete auf das von diesem bisher bezahlte „Ehrengeschenk". Dagegen musste der Kaiser an Bocskay, den die Siebenbürger zu ihrem Fürsten gewählt hatten, im Wiener Frieden (23. Juni 1606) nicht bloß jene ungarischen Comitate, welche schon seine Vorgänger behauptet hatten (Zarand, Bihar, Mittel-Szolnok und Marmaros), sondern noch drei weitere (Szathmár, Beregh und Ugocsa), also fast alle Gebiete jenseits der Theiß, und die Stadt Tokaj abtreten. Zwar sollten diese nach Bocskays kinderlosem Tode (er starb am 29. December 1606) an Ungarn zurückfallen und auch Siebenbürgen unter der Oberhoheit des Königs bleiben. Aber diese bestand höchstens in der Theorie fort, und die schon vor 1606 mit Siebenbürgen vereinigten Comitate vermochte der Kaiser nicht in seine Gewalt zu bringen. Ja, als der Fürst Bethlen Gabor den Aufstand der Böhmen und die Unzufriedenheit in Ungarn benutzte, um sich 1619 eines großen Theiles dieses Reiches zu bemächtigen, musste ihm K. Ferdinand II. im Frieden von Nikolsburg (6. Jänner 1622) sieben weitere Comitate (Szathmár, Szabolcs, Ugocsa, Beregh, Zemplin, Borsod und Abauj) überlassen, sodass dessen Herrschaft im Westen bis über Kaschau hinaus reichte. Nach Bethlens Tode (15. November 1629) kamen diese sieben Comitate wieder an Ungarn zurück. Aber Georg Rákoczy, der im Bunde mit den Schweden den Kaiser bekriegte, erzwang im Wiener Frieden (1645) deren Wiederabtretung. Szathmár und Szabolcs blieben auch nach seinem Tode (1648) bei Siebenbürgen.

Um dieses Land vor der Unterwerfung durch die Türken zu schützen, schickte K. Leopold I. dem Fürsten Johann Kemény im Jahre 1661 ein Heer unter Montecuccoli zuhilfe. Dies hatte einen neuen Krieg mit den Türken zur Folge, welche 1663 die Festungen Neuhäusel und Neográd eroberten, aber 1664 durch Montecuccoli eine Niederlage bei St. Gotthard erlitten. Da aber die kaiserliche Regierung dies nur zur Herstellung eines Friedens (in Vasvár 10. August 1664) auf Grundlage des augenblicklichen Besitzstandes benutzte, so blieben jene Festungen wie Großwardein, welches den Siebenbürgern entrissen worden war, in den Händen der Türken.

Wiederholte Aufstände unzufriedener Ungarn, an deren Spitze sich 1678 Emerich Tököly stellte, veranlassten 1683 neuerdings einen Angriff der Türken, welche zum zweitenmale Wien belagerten, aber hier am 12. September durch die vereinigten Kaiserlichen, Reichstruppen und Polen eine vollständige Niederlage erlitten. Der nun folgende Krieg führte einen vollständigen Umschwung der Verhältnisse herbei. Die

Führer der Kaiserlichen, zuerst der Herzog Karl von Lothringen, dann der Markgraf Ludwig von Baden, zuletzt Prinz Eugen von Savoyen, erfochten, anfangs auch von Reichstruppen unterstützt, eine Reihe glänzender Siege, 1685 bei Gran, 1687 am Berge Harkány südlich von Mohács, 1691 bei Szalankemen, 1697 bei Zenta, und entrissen den Türken eine Festung nach der anderen. Auch Siebenbürgen wurde von den Österreichern besetzt und der junge Fürst Michael II. Apafy 1696 bewogen, gegen eine jährliche Rente und den Titel eines Reichsfürsten sein Land dem Kaiser abzutreten. Im Frieden von Carlowitz (26. Jänner 1699) verzichtete die Pforte auf Ungarn mit Ausnahme des Gebietes zwischen der Theiß und Maros, auf Siebenbürgen, auf Croatien bis zur Unna und auf Slavonien mit Ausnahme eines kleinen Theiles im Osten.

Als die Türken 1715 den Venetianern die ihnen im Frieden von Carlowitz abgetretene Halbinsel Morea wieder entrissen, nahm sich der Kaiser seiner früheren Verbündeten an. Prinz Eugen brachte jenen 1716 eine vollständige Niederlage bei Peterwardein, 1717 bei Belgrad bei und zwang diese Festung zur Capitulation. Im Frieden von Passarowitz (21. Juli 1718) trat die Türkei Temesvár mit seinem ganzen Gebiete südlich von der Maros, welches nun als „Banat" organisiert wurde, den Rest von Slavonien, die kleine Walachei westlich von der Aluta, das nördliche Serbien bis zum Timok und zum westlichen Arme der Morawa und einen schmalen Landstrich von Bosnien am rechten Ufer der Save an Österreich ab. Doch giengen in dem unglücklichen Kriege, den K. Karl VI. 1736 als Verbündeter Russlands begann, die bosnischen und serbischen Gebiete wie die kleine Walachei wieder verloren. Seit dem Frieden von Belgrad (18. September 1739) bildete der Lauf der unteren Unna, Save und Donau bis Orsowa die Grenze zwischen Österreich und der Türkei.

3. Die Gebietserwerbungen K. Ferdinands I. in Deutschland. — Der Heimfall der schlesischen Fürstenthümer. — Die territorialen Folgen des dreißigjährigen Krieges.

Die Gebietserwerbungen, welche Österreich vom Regierungsantritte Ferdinands I. bis zum Erlöschen des Hauses Habsburg in Deutschland machte, waren nicht bedeutend. Nur die Reichsstadt Constanz ward gewonnen, welche wegen ihrer Theilnahme am schmalkaldischen Kriege vom K. Karl V. geächtet wurde und sich dann, um größere Nachtheile zu verhüten, am 15. October 1548 dem Könige Ferdinand unterwarf. Dagegen gieng Würtemberg, welches diesem von Karl V. im Brüsseler Vertrage überlassen worden war, 1534 wieder an den Herzog Ulrich verloren, und im Frieden von Kaaden (29. Juni) verzichtete Ferdinand I. auf dieses Land unter der Bedingung, dass es österreichisches Afterlehen bliebe. K. Rudolf II. verzichtete am 24. Jänner 1599 gegen 400.000 Gulden auch auf die Lehenshoheit, und es wurde nur für den Fall des Aussterbens des Mannsstammes dem Hause Habsburg die Nachfolge vorbehalten.

Unter Ferdinand I. kam auch der größere Theil Schlesiens in den unmittelbaren Besitz der Krone. 1548 erwarb dieser das 1472 an Sachsen verkaufte Herzogthum Sagan vom Kurfürsten Moriz gegen eine anderweitige Entschädigung. Die Fürstenthümer Oppeln und Ratibor, welche 1532 durch den Tod des letzten Herzogs erledigt wurden, fielen an den König. Der Markgraf Georg von Brandenburg-Ansbach, welcher auf Grund früherer Verträge darauf Ansprüche erheben konnte, erhielt dieselben nur als Pfand, und dessen Sohn wurde 1552 mit einer Geldsumme abgefunden.[1]) Auch das Herzogthum Jägerndorf, welches der Markgraf Georg 1523 durch Kauf erworben hatte, hätte nach dem kinderlosen Tode seines Sohnes Georg Friedrich (1603) an die Krone zurückfallen sollen. Doch war K. Rudolf II. zu schwach, um dasselbe dem Kurfürsten Joachim Friedrich, dem es jener vermacht hatte, und dessen zweitem Sohne Johann Georg streitig zu machen.[2]) Erst als dieser wegen seiner Theilnahme am Aufstande der Böhmen in die Acht erklärt wurde, zog K. Ferdinand II. 1622 Jägerndorf ein, belehnte aber damit den Fürsten Karl von Liechtenstein, welchem er schon 1614 das Herzogthum Troppau als Mannslehen verliehen hatte. Doch erhielt dieser nicht mehr alle landesfürstlichen Rechte, und unter seinen Nachkommen wurden diese immer mehr beschränkt.[3])

Im Jahre 1653 fiel das Herzogthum Teschen, 1675 auch die letzten schlesischen Vasallenfürstenthümer Liegnitz, Brieg und Wohlau nach dem kinderlosen Tode des Herzogs Georg Wilhelm an die Krone zurück. Auf diese machte zwar der Kurfürst von Brandenburg Rechte geltend, weil einer der Vorfahren des Herzogs 1537 mit dem damaligen Kurfürsten einen Vertrag geschlossen hatte, wornach im Falle des Aussterbens des Mannsstammes der Herzoge diese Gebiete an die brandenburgische Kurlinie kommen sollten. Aber die böhmischen Stände, welchen König Wladislaw 1510 in einem Majestätsbriefe das Versprechen gegeben hatte, dass kein zur böhmischen Krone gehöriges Land, namentlich kein schlesisches Fürstenthum mehr weiter verliehen werden sollte, hatten ihre Zustimmung zu obigem Vertrage verweigert und Ferdinand I. denselben

---

[1]) Über diese schlesischen Fürstenthümer und die dabei in Betracht kommenden Rechtsfragen siehe meine „Geschichte Österreichs", 4, 204 ff.

[2]) Biermann, Geschichte der Herzogthümer Troppau und Jägerndorf, S. 317 f. 343 ff.

[3]) Biermann S. 579 ff.

auf ihre Klage für ungiltig erklärt.¹) K. Leopold I. wies daher die Ansprüche des Kurfürsten von Brandenburg auf die erwähnten drei Fürstenthümer ebenso zurück wie die Forderungen desselben auf Jägerndorf, indem er sich, wie schon Ferdinand III., nur zu einer Geldentschädigung bereit erklärte. Erst am 22. März 1686, wo durch die Übergriffe Ludwigs XIV. von Frankreich beide Theile einander näher gebracht wurden, kam es zu einem Vertrage, wornach der Kurfürst Friedrich Wilhelm gegen die Abtretung des Schwiebuser Kreises und einer Liechtenstein'schen Schuldforderung auf Ostfriesland²) seinen Ansprüchen auf die schlesischen Fürstenthümer entsagte. Doch hätte Leopold I. wegen seiner Verpflichtung, von Böhmen nichts zu veräußern, auch diese Gebietsabtretung verweigert, wenn sich nicht der Kurprinz Friedrich, der um jeden Preis ein Bündnis mit dem Kaiser zustande zu bringen suchte, vom kaiserlichen Gesandten Fridag zur Ausstellung eines geheimen Reverses hätte bewegen lassen, worin er sich verpflichtete, nach dem Tode seines Vaters Schwiebus gegen einige kleinere Güter oder eine Summe von 100.000 Reichsthalern sofort an den Kaiser zurückzustellen. Doch hat er dann nach seinem Regierungsantritte (1688) noch sieben Jahre, bis anfangs 1695, mit der Herausgabe dieses Gebietes gezögert und nur gegen andere Vortheile, namentlich die Anwartschaft auf Ostfriesland, in dieselbe gewilligt.³)

Führten der böhmische Aufstand und der daraus hervorgehende dreißigjährige Krieg zur Erwerbung des Herzogthums Jägerndorf, so hatten sie andererseits viel bedeutendere Verluste zur Folge. Um die Unterstützung des Kurfürsten Johann Georg von Sachsen gegen die Aufständischen zu erlangen, musste K. Ferdinand II. demselben 1620 das Versprechen geben, dass er ihm bis zum Ersatz der Kriegskosten die beiden Lausitzen verpfänden werde. Der Kurfürst berechnete die Kosten auf 5,153.982 Gulden,⁴) wofür ihm 1623 dieses Land überlassen ward.

Im westfälischen Frieden (24. October 1648) musste Österreich an Frankreich gegen 3,000.000 Livres die Landgrafschaft Ober- und Niederelsass, die Landvogtei über die zehn elsässischen Reichsstädte,

---

¹) Siehe hierüber Grünhagen, Geschichte Schlesiens, 2, 60 ff. und über die Rechtsfrage meine Gegenbemerkungen in „Geschichte Österreichs", 4, 205 f.
²) Statt der Übertragung dieser zahlte der Kaiser 1688 240.000 Reichsthaler.
³) Gegen die Ansicht preußischer Historiker wie Ranke, Zwölf Bücher preußischer Geschichte, S. 360 ff. und 421 ff., und Droysen, Geschichte der preußischen Politik, III. 3, 817 ff. (vgl. auch Grünhagen, Geschichte des ersten schlesischen Krieges, 1, 127 ff.), wornach der Kurprinz durch falsche Vorspiegelungen zur Ausstellung des Reverses bewogen worden sei, siehe die actenmäßige Darstellung bei Přibram, Österreich und Brandenburg 1685—1686. S. 33 ff. und in dessen „Österreich und Brandenburg 1688—1700", S. 6 ff. 35 ff. 59. 69 ff. 102 ff.
⁴) Nach Hurter, Ferdinand II., 8, 552.

den Sundgau und die Festung (Alt-) Breisach abtreten. Doch wurde diese Stadt, wie das im Frieden von Nymwegen (5. Februar 1679) an Frankreich überlassene Freiburg im Breisgau im Frieden von Ryswick (30. October 1697) wieder an Österreich zurückgegeben.

4. Der spanische Erbfolgekrieg (1701—1714) und der Kampf um die Nachfolge in Polen (1733—1735).

Als der Mannsstamm der spanischen Linie des Hauses Habsburg mit Karl II. am 1. November 1700 erlosch, waren nach den spanischen Gesetzen die weiblichen Glieder oder deren Nachkommen zur Nachfolge berufen. Aber von den Schwestern Karls II. hatte die ältere, Maria Theresia, Gemahlin Ludwigs XIV. von Frankreich, bei ihrer Vermählung ausdrücklich auf ihr Erbrecht verzichten müssen, die jüngere, Margareta Theresia, die Gemahlin K. Leopolds I., nur eine Tochter, Maria Antonia, hinterlassen, welche von ihrem Gatten, dem Kurfürsten Max Emanuel von Baiern, einen Sohn Josef Ferdinand gehabt hatte, aber wie dieser selbst (1699) noch vor dem spanischen Könige gestorben war. Das Erbrecht gieng daher auf die Nachkommen der Schwestern Philipps IV., des Vaters Karls II., zurück, von welchen die ältere, Anna Maria, mit dem Könige Ludwig XIII. von Frankreich, die jüngere Maria Anna mit dem Kaiser Ferdinand III. vermählt gewesen war. Auch von diesen hatte die ältere auf ihre Thronrechte verzichtet, während sie der jüngeren, der Mutter K. Leopolds I., ausdrücklich vorbehalten worden waren. Dieser wäre also der berechtigte Erbe des spanischen Reiches gewesen, und er hatte zum Herrn desselben seinen zweiten Sohn Karl bestimmt.

Aber Ludwig XIV. erklärte die Verzichtleistung seiner Gemahlin aus verschiedenen Gründen für ungiltig und setzte es durch, dass der todkranke Karl II. am 3. October 1700 ein Testament unterzeichnete, worin der zweite Sohn des französischen Dauphins Herzog Philipp von Anjou als erster Erbe eingesetzt war.

Der Kaiser bestritt die Giltigkeit dieses Testamentes, weil dadurch spanische Grundgesetze und die Rechte Dritter verletzt würden, und begann 1701 den Krieg, um wenigstens die Rechte des Reiches auf die Reichslehen in Italien, besonders das Herzogthum Mailand zur Geltung zu bringen. Da ihm das zum Königreiche erhobene Preußen schon früher seine Unterstützung zugesichert hatte, bald (7. September 1701) die Seemächte England und Holland mit ihm ein Bündnis schlossen und endlich auch das deutsche Reich an Frankreich den Krieg erklärte, so erlitten die Franzosen nach einigen anfänglichen Vortheilen durch die Verbündeten unter dem Prinzen Eugen von Savoyen und dem Herzoge von Marlborough eine Reihe schwerer Niederlagen, 1704 bei Höchstädt, 1706 bei Ramillies und Turin, 1708 bei Audenarde, 1709 bei Malplaquet.

Die spanischen Besitzungen in Italien und in den Niederlanden und ein Theil Spaniens, wohin sich Erzherzog Karl 1704 auf einer holländisch-englischen Flotte begeben hatte, wurden von den Verbündeten erobert. Als sich aber England infolge eines Ministerwechsels zu einem Separatfrieden und gegen große Vortheile zur Anerkennung Philipps von Anjou als König von Spanien entschloss und sich dem von ihm 1713 in Utrecht geschlossenen Frieden auch Holland, Preußen und die später der Coalition beigetretenen kleineren Staaten, Portugal und Savoyen, anschlossen, so ließen sich die Ansprüche Karls, der nach dem Tode seines Bruders Josef I. (17. April 1711) Herr der österreichischen Länder und deutscher Kaiser geworden war, nicht mehr im vollen Umfange aufrechthalten. Doch erhielt Karl VI. im Frieden von Rastatt (7. März 1714) die spanischen Niederlande, Mailand, Neapel, Sardinien, die spanischen Plätze an der Küste von Toscana und Mantua, dessen Herzog wegen seiner Verbindung mit Frankreich vom Kaiser geächtet worden und 1708 gestorben war.

Als Philipp V. von Spanien, der mit dem Kaiser unmittelbar noch gar nicht Frieden geschlossen hatte, 1717 einen Versuch machte, einen Theil der italienischen Besitzungen wieder zurückzuerobern, und der Herzog Victor Amadeus von Savoyen diese Bestrebungen im geheimen unterstützte, trat der Kaiser am 2. August 1718 der von England, Frankreich und Holland geschlossenen Allianz, die nun den Namen Quadrupelallianz erhielt, bei, und der Herzog von Savoyen wurde gezwungen, dem Kaiser Sicilien zu überlassen, wofür er mit Sardinien und dem Königstitel abgefunden wurde. Auch Philipp V. wurde (1720) zur Verzichtleistung auf die Nebenlande genöthigt, wogegen die verbündeten Mächte die Anwartschaft seines Sohnes Don Carlos aus seiner zweiten Ehe mit Elisabeth von Parma auf Parma und Toscana anerkannten, wo die regierenden Linien dem Aussterben nahe waren.

Doch gieng der größere Theil der Besitzungen des Kaisers in Italien bald wieder verloren.

K. Karl VI. unterstützte nach dem Tode des polnischen Königs August II. (1. Februar 1733) im Einvernehmen mit Russland und England die Wahl seines gleichnamigen Sohnes, während die Mehrzahl der Polen für Stanislaus Lesczinski, den Schwiegervater Ludwigs XV. von Frankreich, war. Als dieser wirklich gewählt, aber durch ein russisches Heer vertrieben und August III. von Sachsen auf den Thron gesetzt wurde, benutzte dies Frankreich, um im Bunde mit Savoyen und Spanien die italienischen Besitzungen des Kaisers anzugreifen. Von den verbündeten Seemächten im Stich gelassen, von Russland erst spät unterstützt, war Österreich den Feinden nicht gewachsen. Nach den am 3. October 1735 zwischen dem Kaiser und dem Könige von Frankreich geschlossenen Friedenspräliminarien, dem Wiener „Tractat", welchem der Wiener „Friede" erst am 18. November 1738 folgte,¹) trat der Kaiser an Savoyen die mailändischen Gebiete von Novara und Tortona, an Don Carlos die Königreiche Neapel und Sicilien mit den Plätzen an der Küste von Toscana ab, erhielt aber dafür die Herzogthümer Parma und Piacenza. Toscana wurde (1737) dem Herzoge Franz von Lothringen (seit 12. Februar 1736 Gemahl der Erzherzogin Maria Theresia, der Erbin Österreichs) zur Entschädigung für sein Stammherzogthum überlassen, welches vorläufig an Stanislaus Lesczinski gegeben ward, nach dessen Tode aber an Frankreich fallen sollte.

II. Geschichte des öffentlichen Rechtes 1526—1740.
a) Die Erbfolge.
I. Die Thronfolge in Ungarn.

Obwohl Ferdinand I. nur durch Wahl auf den ungarischen Thron gelangt war, so dachten die Ungarn nicht daran, ein unbedingtes Wahlrecht in Anspruch zu nehmen. Im Jahre 1547 erklärte der Reichstag ausdrücklich, dass die Stände sich nicht bloss Seiner Majestät, sondern auch der Herrschaft seiner Erben für alle Zeiten unterworfen hätten.²) Die Frage war nur die, ob der älteste Sohn des regierenden Königs als solcher ein Recht auf den Thron habe, oder ob er ein solches erst durch die Anerkennung der Stände erlange, ja diese vielleicht unter mehreren Söhnen eine Wahl treffen könnten.³)

Die ungarischen Räthe Ferdinands I. vertraten, als dieser 1561 die Stände zur Krönung seines ältesten Sohnes Maximilian einberufen wollte, die Ansicht, dass der Erstgeborene zwar dem Könige in der Regierung zu folgen pflege, dass er diese aber erst dann übernehmen könne, wenn er auf einem eigens zu diesem Zwecke einberufenen Reichstage durch alle Insassen gewählt worden wäre. Der König selbst aber gieng

---

¹) Beide (mit zahlreichen einschlägigen Actenstücken) bei Wenck, Cod. jur. gentium, 1, 1 und 88.

²) *Cum sese Ordines et Status regni non solum Majestati suae sed etiam suorum haeredum imperio et potestati in omne tempus subdiderint.* Mon. comitialia Hungariae, 3, 135 art. 5.

³) Die Belege für das Folgende bei A. Gindely, Über die Erbrechte des Hauses Habsburg auf die Krone von Ungarn 1526—1687. „Archiv für österreichische Geschichte", 51, 197 ff. und meine „Geschichte Österreichs", 4, 221 ff. 278. Gegen die Behauptung Lustkandl's, Das ungarisch-österreichische Staatsrecht, S. 9 ff., dass von 1527 an wie auch früher in Ungarn immer die Primogeniturerbfolge, und zwar in männlicher und weiblicher Linie bestanden habe, hat sich mit Recht Fr. v. Deák, Ein Beitrag zum ungarischen Staatsrecht, S. 29 ff. erklärt, der aber wieder das Wahlrecht der Ungarn zu sehr betont hat.

von der Überzeugung aus, dass nach ungarischen Gesetzartikeln wie nach dem Zeugnisse der Geschichte der erstgeborene Sohn des legitimen Königs immer dem Vater gefolgt sei und eine Wahl rechtmäßig nur beim Erlöschen des Herrscherhauses stattgefunden habe. Als er den Reichstag auf den 20. August 1563 nach Presburg berief, vermied er im Einberufungsschreiben wie in der bei der Eröffnung desselben vorgelegten Proposition das Wort „Wahl" und erklärte, er habe beschlossen, „seinen erstgeborenen Sohn Maximilian als legitimen König von Ungarn annehmen, ausrufen, anerkennen und mit Zustimmung, Wissen und Genehmigung aller Reichsstände nach der alten Sitte krönen zu lassen".[1]) Auf dem Reichstage machte sich auch dagegen keine Opposition geltend, und nicht einmal das Unterhaus forderte eine Wahl. Ohne dass eine solche stattgefunden hätte, wurde Maximilian am 8. September gekrönt.

Auch eine eigentliche Wahl des ältestens Sohnes Maximilians II., Rudolfs, fand nicht statt. Der Reichstag richtete 1572 selbst an den Kaiser die Bitte, er möge seinen Erstgeborenen rechtzeitig zum Nachfolger wählen lassen, und als derselbe seine Zustimmung gegeben, proclamierten die Stände Rudolf am 2. April ohne weitere Förmlichkeiten als König.[2]) Zur Krönung wurde dann ein eigener Reichstag einberufen.

Überwog bei der Nachfolge des ältesten Sohnes und Enkels Ferdinands I. die Idee des Erbrechtes, so trat später ein Umschlag ein. Rudolf II. war unvermählt, und sein ältester Bruder Matthias gelangte überhaupt auf gewaltsamem Wege zur Regierung, indem wegen der Weigerung des Kaisers, den 1606 mit Bocskay und den Türken geschlossenen Frieden zu genehmigen, die Stände von Ungarn, Österreich und Mähren sich 1608 gegen ihn erhoben, Erzherzog Matthias sich an die Spitze der Aufständischen stellte und Rudolf im Vertrage von Lieben (24. Juni) gezwungen wurde, zu Gunsten seines Bruders auf die drei erwähnten Länder zu verzichten. Matthias wurde dann am 16. November vom ungarischen Reichstage zum Könige gewählt.

Auch Matthias hinterließ keine Kinder, und da seine ebenfalls kinderlosen Brüder, Max der Deutschmeister und Albrecht, Regent der spanischen Niederlande, auf ihre Ansprüche verzichteten, so wurde sein Vetter Erzherzog Ferdinand von der steirischen Linie zu seinem Nachfolger bestimmt. Wie es in Böhmen gelang, so suchte man im März 1618 auch in Ungarn seine Anerkennung auf Grund des Erbrechtes durch-

---

[1]) *Maximilianum ... filium nostrum in legitimum post nos Hungariae regem recipiendum, pronunciandum, declarandum, recognoscendum, et accedente omnium consensu, scitu et approbatione Ordinum et Statuum Regni iuxta veterem morem et consuetudinem ... coronandum decrevimus.* Mon. comit. Hung. 4, 504.

[2]) Es finden sich hiebei die Ausdrücke *eligere, declarare, postulare.*

zusetzen.[1]) Auch diesmal sprach der Kaiser in der Proposition an den Reichstag den Wunsch aus, dass Ferdinand, den er an Sohnes statt angenommen, als König „ausgerufen, anerkannt und gekrönt werden möge". Aber nur die Bischöfe und ein Theil der weltlichen Magnaten waren dazu bereit. Der niedere Adel aber war, wie jetzt die meisten Ungarn, vom Wahlrechte der Stände überzeugt. Das Unterhaus verlangte sogar vom Kaiser vor der Wahl die Ausstellung eines Diploms, welches den Ständen ein „unbeschränktes und freies Wahlrecht" zusichern[2]) und nach der Erhebung Ferdinands in die Reichstagsartikel aufgenommen werden sollte. Auch die Mitglieder des Oberhauses erhoben gegen diese Forderung keine wesentlichen Einwendungen. Nicht einmal auf den Vorschlag ließ sich das Unterhaus ein, dass der Kaiser das „von Alters hergebrachte" Wahlrecht der Stände anerkennen, diese aber die Erklärung abgeben sollten, dass sie nicht beabsichtigten, vom Hause Österreich abzugehen. Man einigte sich endlich über eine Formel, dass Ferdinand von den Ständen „nach ihrer alten Gewohnheit und immer beobachteten Freiheit" einstimmig zum Könige gewählt worden sei, wobei die Ungarn das Hauptgewicht auf das Wort „wählen", die kaiserlichen Commissäre aber darauf legten, dass die Wahl nach der „alten Gewohnheit" vorgenommen worden sei, welche für ein Erbrecht des regierenden Hauses spreche. Darauf wurde Ferdinand II. am 16. Mai als König proclamiert.

Ferdinand III., sein ältester Sohn Ferdinand IV. und nach dessen Tode sein zweiter Leopold I. wurden, wie sie selbst in ihren Gesetzen aussprachen, von den Ungarn „frei", aber ohne jeden Widerspruch, gewählt. Erst auf dem Reichstage von 1687 unter der Einwirkung der Siege über die Türken wurde für den Mannsstamm die Erbfolge nach dem Rechte der Erstgeburt eingeführt,[3]) ja diese für den Fall des Erlöschens der deutschen Linie auch auf die spanische Linie des Hauses Habsburg ausgedehnt. Wenn aber der Mannsstamm ganz ausstürbe, sollte die alte Gewohnheit und das Recht der Stände in Beziehung auf die Wahl wieder in Kraft treten.

2. Die Erbfolge im Königreiche Böhmen.

Auch die böhmische Krone hatte Ferdinand I. 1526 nur durch Wahl erlangt und dies in einem eigenen Reverse anerkannt. Als aber

---

[1]) Vgl. mit der erwähnten Abhandlung Gindelys S. 233 ff. auch dessen „Geschichte des dreißigjährigen Krieges", 1, 203 ff. und Frankl, Pázmány P. és kora (Peter Pázmány und seine Zeit), 1, 299 ff. und 623 ff., wie die Acten bei Katona, Hist. crit. Hung., 29, 671—939.

[2]) *Regis electionem ex mera et libera statuum et ordinum electione proficisci.* Katona, 29, 697.

[3]) G. A. 1687 art. 2: *Quod amodo imposterum neminem alium quam altetitulatae suae Caesareae et Regiae Majestatis propriis ex lumbis suis descendentium mascu-*

1545 die (1541) verbrannte böhmische Landtafel erneuert und die Landesprivilegien wieder zusammengestellt werden sollten, ließ Ferdinand nur noch die Erklärung einschalten, dass Böhmen vermöge der Urkunden Karls IV. von 1348 und Wladislaws von 1510 an seine Gemahlin Anna als die Schwester des Königs Ludwigs gefallen und diese von den Ständen „als wahre Erbin und Königin" anerkannt worden sei. Die feindselige Haltung, welche die böhmischen Stände während des schmalkaldischen Krieges gegen den König einnahmen, gaben diesem 1547 Anlass, nach Unterdrückung der Bewegung die Anerkennung dieser Erklärung wie der erwähnten zwei Urkunden durch den Landtag durchzusetzen, worauf 1549 sein ältester Sohn Maximilian von den Ständen als König „angenommen" wurde. Auch Maximilians II. Erstgeborener Rudolf II. wurde 1575 vom Landtage als König „angenommen und ausgerufen".[1]) Auch der Bruderzwist im Hause Habsburg änderte an den Gesetzen über die Erbfolge nichts. Nach der erzwungenen Abdankung Rudolfs II. wurde sein Bruder Matthias als König „angenommen".[2]) Als dieser die Stände 1617 berief, um den Erzherzog Ferdinand von Steiermark zum Könige „anzunehmen, auszurufen und zu krönen", suchte zwar die Opposition es durchzusetzen, dass derselbe nicht „angenommen", sondern „gewählt" würde. Aber schießlich stimmten nur zwei Herren gegen die Annahme.[3])

Die Absetzung Ferdinands II. durch die böhmischen Stände und die Wahl Friedrichs von der Pfalz (26. August 1619) waren revolutionäre Acte und führten nach der Niederwerfung des böhmischen Aufstandes zu einer vollständigen Reaction. In der „vernewerten Landesordnung" von 1627 erklärte K. Ferdinand II., dass nach der richtig verstandenen goldenen Bulle von 1348 und dem Majestätsbriefe von 1510 den Ständen nur dann ein Wahlrecht gebüre, wenn vom königlichen Geschlechte eine „Manns- oder Weibsperson" nicht mehr vorhanden wäre, und dass alle, von welchen seine Erbgerechtigkeit angefochten würde, „ipso facto in das Laster und die Strafe der beleidigten Majestät und öffentlichen Rebellion gefallen und Leib und Gut verloren haben sollten".[4]) Der Huldigungseid war fortan dem „Erbherrn" zu leisten. Ferdinand II. berief dann die Stände nicht mehr zur Wahl oder Annahme, sondern nur noch zur Krönung seines gleichnamigen Sohnes.

lorum heredum primogenitum in perpetuum ... pro legitimo suo rege et domino sint habituri. Katona, 35, 490 sq.

[1]) Die Belege für das Gesagte in meiner „Geschichte Österreichs", 4, 126. 133. 247.
[2]) Gindely, Rudolf II., 2, 295.
[3]) Gindely, Geschichte des dreißigjährigen Krieges, 1, 159 ff.
[4]) „Vernewerte Landesordnung" A. I., čechisch und deutsch herausgegeben von H. Jireček in „Codex juris Bohemici", V. 2, 9.

3. Die Erbfolge in den deutsch-österreichischen Ländern.

In den deutsch-österreichischen Ländern galt das Erbrecht des Hauses Habsburg unbestritten. Aber trotz der Bestimmung der *Privilegium majus* war das Erstgeburtsrecht weder gesetzlich eingeführt, noch entsprach es dem Herkommen. Wie Ferdinand I. in den Besitz derselben nur infolge des Grundsatzes gelangt war, dass alle männlichen Glieder des Hauses Habsburg auf die Regierung und die Erträgnisse sämmtlicher Länder Anspruch hätten, so bestimmte er auch in seinem Testamente vom 1. Juni 1543 seinen ältesten Sohn Maximilian nur zu seinem Nachfolger in Ungarn und Böhmen, während er bezüglich der deutsch-österreichischen Länder den Wunsch aussprach, dass seine drei Söhne diese ungetheilt regieren möchten.[1] In einer „Auszeigung" vom 25. Februar 1554 aber nahm er eine Theilung der Erblande vor, von welchen Maximilian II. das Erzherzogthum Österreich mit der Stadt Steyr, Hallstatt und Ischl, Ferdinand Tirol und die Vorlande, Karl Steiermark mit der Grafschaft Cilli, Kärnten, Krain, Görz, Triest und das österreichische Istrien erhalten, von den Einkünften alle möglichst gleichviel beziehen, von den Schulden aber Maximilian die Hälfte, die beiden anderen je ein Viertel übernehmen sollten. Wenn eine Linie im Mannsstamme ausstürbe, sollten ihre Besitzungen an die anderen fallen. Die jüngeren Brüder sollten ohne Zustimmung des ältesten keinen Krieg anfangen und keine Bündnisse schließen und ihm gegen die Türken Hilfe leisten.

So bildeten sich nach dem Tode Ferdinands I. 1564 in Österreich drei regierende Linien. Doch fielen Tirol und die Vorlande schon nach dem Tode des Erzherzogs Ferdinand 1595 an die beiden anderen Linien zurück, weil seine Söhne von Philippine Welser von der fürstlichen Erbfolge ausgeschlossen und der zweiten Ehe des Erzherzogs mit einer Prinzessin von Mantua nur zwei Töchter entsprossen waren. Die Anschauungen der übrigen Glieder des Hauses bezüglich der Vererbung der erledigten Gebiete giengen auseinander, indem K. Rudolf II. behauptete, dass sie ihm als dem Ältesten allein gehörten, während seine Brüder und die Witwe Karls von Steiermark, Maria von Baiern, als Vormünderin ihres Sohnes Ferdinand den gleichen Anspruch aller Erzherzoge verfochten. Die Vertreter der steirischen Linie verlangten eine Theilung dieser Länder, während Rudolf II. und seine Brüder für die Einsetzung einer gemeinschaftlichen Regierung waren. Erst am 5. Februar 1602 kam ein Vergleich zustande, wornach Erzherzog Maximilian der Deutsch-

---

[1] Das Testament und dessen Codicille bei Schrötter, Abhandlungen aus dem österreichischen Staatsrechte, 5, 364 ff. Das Codicill vom Jahre 1547 (S. 415 ff.) traf in dieser Beziehung keine Änderungen.

meister, Rudolfs II. Bruder, im Namen des ganzen Hauses als Gubernator die Regierung Tirols und der Vorlande führte, bis er nach Rudolfs II. Tode 1612 als Landesfürst eingesetzt wurde.¹)

In der österreichischen Linie wurde eine weitere Theilung verhütet, indem die vier jüngeren Brüder Rudolfs II. mit einer jährlichen Rente von je 25.000 Gulden abgefunden wurden. Da keiner von ihnen Kinder hinterließ, so wurden nach dem Tode des Kaisers Matthias (20. März 1619) alle österreichischen Königreiche und Länder in den Händen seines Vetters Ferdinand II. von der steirischen Linie vereinigt.

Dieser verfasste nun am 10. Mai 1621 ein Testament,²) worin er vermöge seiner kaiserlichen, königlichen und landesfürstlichen Gewalt befiehlt, dass fortan alle seine Erbkönigreiche und Länder nie mehr getheilt werden, sondern alle auf den ältesten Descendenten nach dem Rechte der Erstgeburt übergehen und im Falle des Aussterbens des Mannsstammes auf seinen ältesten Bruder und dessen eheliche männliche Linie fallen, die jüngeren Söhne aber eine jährliche Rente von 45.000 Gulden und eine Herrschaft zu ihrer Residenz erhalten sollten. Aber sein zweiter Bruder Leopold, Bischof von Passau und Straßburg, der nach dem Tode des Erzherzogs Maximilian (2. November 1618) vom Kaiser Matthias zum Gubernator Tirols und der Vorlande ernannt worden war und sich zu verheiraten wünschte, verlangte zugleich im Namen seines jüngeren Bruders Karl, Bischofs von Breslau und Brixen, unter Berufung auf die testamentarischen Verfügungen Ferdinands I. 1623 eine förmliche Ländertheilung und setzte es auch durch, dass der Kaiser sich am 15. November 1623 bereit erklärte, ihm zwei Drittel Tirols und der Vorlande als Eigenthum, das andere Drittel aber auf Lebenszeit zur Verwaltung zu überlassen. Am 24. October 1630, nachdem Erzherzog Karl 1624 gestorben war, trat er ihm auch dieses Drittel als Eigenthum ab.³) Doch erlosch auch der Mannsstamm dieser neuen tirolischen Nebenlinie mit Leopolds zweitem Sohne Sigismund Franz am 25. Juni 1665, worauf endlich alle österreichischen Länder wieder vereinigt wurden.

Aber auch K. Leopold I. hielt noch nicht principiell an der Untheilbarkeit der österreichischen Länder fest. Zunächst schien dieselbe zwar dadurch gesichert, dass für seinen zweiten Sohn Karl die spanische Monarchie bestimmt wurde, auf welche deren nächste Erben, der Kaiser und sein Erstgeborener Joseph am 12. September 1703 verzichteten,

---

¹) Hurter, Geschichte K. Ferdinands II., 3, 277 ff. A. Jäger, Beiträge zur Geschichte der Verhandlungen über Tirol 1595—1597, „Archiv für österreichische Geschichte", 50, 103 ff. Egger, Geschichte Tirols, 2, 265 ff.
²) Vollständig bei Schrötter, 5, 504 ff.
³) Vgl. auch Renner, Die Erbtheilung K. Ferdinands II. mit seinen Brüdern, „Zeitschrift des Ferdinandeum", III. Folge 18, 197 ff.

während diesen die österreichischen Länder vorbehalten wurden. Aber im Testamente vom 26. April 1705 traf Leopold I. mit Zustimmung seines älteren Sohnes die Verfügung, dass Karl, wenn ihm beim Frieden keines der spanischen Königreiche bliebe, zu seiner „Abfertigung" die Grafschaft Tirol mit den zugewandten schwäbischen und vorderösterreichischen Ländern erhalten, allerdings aber das „jus belli, pacis et foederum" und die Verhandlung der gemeinen Reichssachen der Entscheidung des Königs Joseph als des Hauptes des Erzhauses und seiner männlichen Nachkommen (jedoch nach Einholung der Meinung des Besitzers Tirols) vorbehalten bleiben sollten. Bezüglich der Nachfolge wurde in dem vom Kaiser und seinen beiden Söhnen ebenfalls am 12. September 1703 geschlossenen „*Pactum mutuae successionis*"[1]) die Vereinbarung getroffen, dass das Recht der Erstgeburt gelten, in Spanien gleichwie in den österreichischen Ländern die legitimen männlichen Nachkommen den weiblichen Gliedern immer vorgehen, beim Erlöschen des Mannsstammes der einen Linie deren Länder an das nächstberechtigte männliche Glied der anderen fallen und die Weiber und deren Nachkommen immer hinter dem Mannsstamme zurückstehen und nur eine dem Herkommen entsprechende Versorgung erhalten sollten. Den Töchtern Karls blieb ihr Recht auf die Länder des Gesammthauses für den Fall gewahrt, dass alle männlichen Glieder und die weiblichen Nachkommen Josephs, die jenen überall und immer vorgehen sollten, ausstürben. Da übrigens Joseph I. am 17. April 1711 ohne Hinterlassung männlicher Nachkommen starb und nun Karl Erbe aller habsburgischen Besitzungen wurde, so verloren die Bestimmungen des Pactum von 1703 ihre Bedeutung.

4. Die pragmatische Sanction.

Alle diese Verfügungen litten an dem Fehler, dass sie nur einseitige Willensäußerungen des Herrschers waren, und dass sie daher wohl die Mitglieder des regierenden Hauses banden, nicht aber auch die Länder, namentlich nicht Ungarn, dessen Stände auch noch 1687 für den Fall des Erlöschens des ganzen Mannsstammes der Habsburger sich ihr Wahlrecht gewahrt hatten.

Die Stände von Croatien und Slavonien, welche infolge der gemeinsamen Vertheidigungsmaßregeln gegen die Türken mit den innerösterreichischen Provinzen in engere Beziehungen getreten waren, erklärten zwar im März 1712 ihre Bereitwilligkeit, auch die weibliche

---

[1]) Dieses wie das Testament K. Leopolds I. von 1705 vollständig mitgetheilt von Fournier, Zur Entstehungsgeschichte der pragmatischen Sanction, „Historische Zeitschrift", 38, 38 ff. Über die Auslegung siehe Bachmann, Die pragmatische Sanction und die Erbfolgeverfügungen K. Leopolds I. (Sep.-Abdruck aus der „Juristischen Vierteljahresschrift", 26. Bd. (1894).

Descendenz als thronberechtigt anzuerkennen. und zwar jene, welche nicht nur Österreich, sondern auch Steiermark, Kärnten und Krain besitzen und in Österreich residieren würde.¹) Aber die ungarischen Vertrauensmänner, mit welchen die Regierung nun über diese Frage verhandelte, hielten zur Gewinnung der Stände verschiedene Concessionen²) für nothwendig, deren Gewährung jene für schwer oder doch für nicht opportun hielt, und die Sache wurde wieder fallen gelassen.

Andererseits hielt Karl VI., der freilich die spanische Monarchie nicht zu behaupten vermocht hatte, an der Idee der Einheitlichkeit aller habsburgischen Besitzungen fest, und er traf aus eigener Machtvollkommenheit Anordnungen über die Erbfolge. Am 19. April 1713 verkündete er seinen versammelten geheimen Räthen und den vornehmsten Würdenträgern seiner Königreiche und Länder als seinen Willen, dass diese alle zunächst bei seinen männlichen Leibeserben nach dem Rechte der Erstgeburt unzertheilt verbleiben, nach Abgang des männlichen Stammes auf seine Töchter nach dem Rechte der Erstgeburt unzertheilt kommen, in Ermanglung aller ehelichen Descendenten des Kaisers auf Josephs I. Töchter und deren eheliche Descendenten und nach diesen auf seine Schwestern und alle übrigen Linien des Erzhauses nach dem Rechte der Erstgeburt übergehen sollten.³) Vorläufig wurde aber diese Willenserklärung des Kaisers nicht publiciert.

Karl VI. fühlte selbst, dass er über die Nachfolge der Mitglieder seines Hauses bis zu dessen Erlöschen durch eine bloße Verordnung wohl vielleicht für die böhmischen und deutsch-österreichischen Länder, nicht aber auch für Ungarn Verfügungen treffen könne. Noch im Jahre 1715 sanctionierte er einen vom ungarischen Reichstage beschlossenen Gesetzartikel, der das hergebrachte Wahlrecht desselben im Falle des Aussterbens der männlichen Nachkommen Leopolds I. bestimmt aussprach.⁴) Da nun sein ihm am 13. April 1716 geborener Sohn Leopold schon am

---

¹) Kukuljevics, Jura Regni Croatiae, Dalmatiae et Slavoniae, 2, 101 sqq. Vgl. I.H.Bidermann, Entstehung und Bedeutung der pragmatischen Sanction, in Grünhuts „Zeitschrift für das Privat- und öffentliche Recht", 2, 127 ff. (siehe auch 21, 347 ff. 362 ff.) und dessen „Geschichte der österreichischen Gesammtstaatsidee", 2, 41 ff. (mit den Anmerkungen S. 196—198; 243—286) auch für das Folgende.

²) Diese sollten Ungarn die Selbständigkeit im Innern und die militärische Unterstützung der übrigen habsburgischen Länder sichern; auch sollte die Untheilbarkeit derselben durch die Verzichtleistung aller Prätendenten für immer festgestellt werden.

³) Cod. Austr. Suppl., p. 683 sqq. Lustkandl, Abhandlungen aus dem österreichischen Staatsrecht, S. 364 ff.

⁴) G. A. 1715: 3: *deficiente ... masculino sexu a Divo condam Leopoldo Rege descendente avitam et veterem approbatamque consuetudinem praerogativamque Statuum et Ordinum in electione et coronatione Regum locum suum habituram esse.* Katona, 38, 97.

4. November starb und ihm dann nur noch Töchter (Maria Theresia 13. Mai 1717, Maria Anna 14. September 1718) geboren wurden, so suchte er seiner Erstgeborenen die Nachfolge zu sichern, und zwar auch durch die Garantien des Staats- und Völkerrechtes. Am 19. Jänner 1720 wendete er sich an die Stände aller seiner Königreiche und Länder mit dem Ansuchen und Befehle, seine 1713 getroffene Anordnung, durch welche eine ewige und untrennbare Union derselben hergestellt werden sollte, als eine „*Sanctio pragmatica, lex perpetuo valitura*" anzunehmen und zu promulgieren. Die Stände der **deutsch-österreichischen und böhmischen Länder**[1]) nahmen diese Erbfolgeordnung größtentheils noch im Laufe des Jahres 1720, die letzten im Jahre 1721 an, und zwar die meisten ohne jede Schwierigkeit. Die Stände Böhmens erklärten sogar, dass der Kaiser ihnen diese „Disposition" „aus purem Überfluss" habe eröffnen lassen. Doch betonten manche Landtage auch ihre Freiheiten. Die tirolischen Stände stießen sich daran, dass diese Successionsordnung nicht mit ihnen berathen worden sei. Ja, die Prälaten hielten sich darüber auf, dass Tirol auf immer der Aussicht, eigene Landesfürsten zu besitzen, beraubt werde.[2])

Die Stände **Ungarns und Siebenbürgens** wurden erst im Jahre 1722 einberufen. Letztere gaben nach kurzen Verhandlungen ihre Zustimmung. Auch der ungarische Reichstag stimmte bei, dass die Krone des Königreiches Ungarn und seiner Nebenländer nach derselben Thronfolgeordnung, wie sie in den übrigen nicht zu theilenden Erbländern des Kaisers bereits festgestellt und publiciert war, vererbt, der Erbe dieser auch als König von Ungarn und der damit untrennbar verbundenen Theile gekrönt werden und erst nach dem gänzlichen Erlöschen des Geschlechtes das Wahlrecht der Stände wieder in Kraft treten sollte. Doch wurden ausdrücklich nur die „römisch-katholischen" Nachkommen Karls VI., Josephs I. und Leopolds I. als erbberechtigt bezeichnet.[3]) 1724 wurde dieses Thronfolgegesetz auch mit den Ständen der österreichischen

---

[1]) Die Stände des Egerer Bezirkes traten am 23. Juli 1721 dem Accessions- und Submissionsinstrument der böhmischen Stände, „in wie weit es sich auf den Pfandschilling Eger appliciren lasset", in einer eigenen Urkunde bei. Kürschner, Eger und Böhmen, Beil. S. XX ff.

[2]) Vgl. mit Bidermann, Pragmatische Sanction, S. 149 ff. und „Gesammtstaatsidee" a. a. O., bezüglich Tirols auch Egger, Geschichte Tirols, 2, 530 ff., bezüglich Böhmens Toman, Das böhmische Staatsrecht 1527—1848, S. 90 ff.

[3]) G. A. 1722/3 art. 1—2, ap. Katona, 38, 458 sqq. Über die Frage, ob die Ungarn nur die Nachkommen Karls VI, Josephs I. und Leopolds I. oder auch die entfernteren Verwandten des Hauses Habsburg als erbberechtigt anerkannt haben, siehe die Erörterungen von Deák, Ein Beitrag zum ungarischen Staatsrecht, S. 75 f. und Lustkandl, Abhandlungen, S. 251 ff.

Niederlande[1]) vereinbart und 1725 auch für die Lombardei publiciert. Die Töchter Josephs I. Maria Josepha und Maria Amalia mussten bei ihrer Vermählung mit den Kronprinzen August von Sachsen (1719) und Karl Albert von Baiern (1722) ausdrücklich auf die österreichischen Länder verzichten, so lange Nachkommen Karls VI. lebten, was auch ihre Gatten thaten.

Auch sonst war Karl VI. bemüht, diesem Gesetze die völkerrechtliche Anerkennung, ja die Garantie der europäischen Mächte zu verschaffen. Seine ganze auswärtige Politik ist in der nächsten Zeit durch dieses Streben bestimmt worden. Er setzte es auch durch, dass Spanien 1725 (und noch einmal 1731), 1726 Russland, 1728 Preußen, 1731 England und Holland, 1732 das deutsche Reich und Dänemark, 1738 Frankreich und Sardinien die pragmatische Sanction anerkannten und garantierten.

b) Geschichte der Verwaltung.

I. Die Verwaltungs- und Justizbehörden der deutsch-österreichischen Länder.

Auf den Grundlagen, welche Maximilian I. geschaffen, baute sein Enkel Ferdinand I. weiter,[2]) nachdem er 1522 den alleinigen Besitz der österreichischen Länder erhalten hatte. Die zwei Regierungen oder Regimenter, eine für die „niederösterreichischen" Länder in Wien und eine für die „oberösterreichischen" in Innsbruck (mit einer Expositur in Ensisheim für die Gebiete im Elsass und im westlichen Schwaben), bestanden auch unter ihm fort. Jede dieser Regierungen war eine collegiale Behörde, welche aus einem Statthalter, einem Kanzler, aus ungefähr zwölf[3]) Räthen oder Regenten, die theils aus Adeligen, theils

---

[1]) Das Gesetz für die Niederlande bei Schrötter, Abhandlungen, 5, 539 ff. Lustkandl, Abhandlungen, S. 368 ff.

[2]) Eingehende Untersuchungen von E. Rosenthal, Die Behördenorganisation K. Ferdinands I., „Archiv für österreichische Geschichte", 69, 51—316. Eine kürzere wertvolle Skizze von Fellner, Zur Geschichte der österreichischen Centralverwaltung (1493—1848), I. Bis zur Errichtung der österreichischen Hofkanzlei (bis 1619). „Mittheilungen des Instituts", 8, 258 ff. Reiches, aber von einem etwas zu centralistischen Gesichtspunkte aus benutztes Material für die ganze Periode bei H. I. Bidermann, Geschichte der österreichischen Gesammtstaatsidee, 2 Abth. (bis 1740), Innsbruck 1867 und 1889. Nachträge und Berichtigungen hiezu von Fellner in seiner Recension in „Mittheilungen des Instituts", 15, 517 ff. Für die Zeit Ferdinands I. vgl. auch meine „Geschichte Österreichs", 4, 207 ff., für Tirol in der 2. Hälfte des 16. Jahrhunderts Hirn, Erzherzog Ferdinand II. von Tirol, 1, 461 ff.

[3]) Später war die Zahl eine größere. Die niederösterreichische Regierung bestand um 1692 nach einer handschriftlich in mehreren Exemplaren vorhandenen (und von d'Elvert, Zur österreichischen Finanzgeschichte, S. 231 N. erwähnten) Belehrung

aus studierten Juristen (Doctoren) genommen wurden, und der nothwendigen Zahl von untergeordneten Beamten bestand. Jede Regierung zerfiel in zwei Senate, einen für die eigentlichen Regierungsgeschäfte mit Einschluss der militärischen Angelegenheiten und einen für die Justiz, indem die Regierungen auch den obersten Gerichtshof für die betreffenden Länder bildeten. Doch durfte dieser Senat die Urtheile nur vorbereiten, während die Entscheidung selbst im Plenum gefällt wurde. Auch die Kammern in Wien und Innsbruck, welchen die Finanzverwaltung und die Rechtsprechung in Finanzsachen, die Aufsicht über die Finanzbeamten[1]) und die Controle der Rechnungen übertragen waren, standen in enger Verbindung mit den Regierungen, indem wöchentlich ein- oder zweimal eine gemeinsame Sitzung stattfinden und Regierungsangelegenheiten, welche auch finanzielle Fragen berührten, unter Beiziehung von Kammerräthen entschieden werden sollten. Jeder Kammer war ein Kammerprocurator beigegeben, welcher die finanziellen Ansprüche des Landesherrn gerichtlich zu vertreten und auch im Falle des Ungehorsams gegen dessen Befehle einzuschreiten hatte.

Den schon von Maximilian I. gehegten Absichten entsprechend setzte Ferdinand I. anfangs 1527 einen Hofrath ein, welcher den obersten Gerichtshof und die oberste Instanz bei Beschwerden in Verwaltungsangelegenheiten nicht bloß für die österreichischen Erblande, sondern auch für das deutsche Reich bildete, in welchem Ferdinand seinen Bruder während der häufigen Abwesenheit desselben vertrat. Doch behielt er sich selbst die Entscheidung vor, wenn eine Angelegenheit von besonderer Wichtigkeit wäre oder die Räthe sich nicht einigen könnten, d. h. Stimmengleichheit oder nur eine geringe Majorität vorhanden wäre. Dieser Hofrath, der keinen ständigen Sitz hatte, sondern dem Hofe folgte, bestand zum größeren Theile aus Adeligen, zum kleineren aus Doctoren der nieder- und oberösterreichischen Länder und des deutschen Reiches. Im Gegensatze zu seinem Großvater räumte Ferdinand I. wohl den Regierungen ein Vorschlagsrecht, aber nicht den Ständen der verschiedenen Länder ein Ernennungsrecht ein, weil er die Hofräthe „nicht als Gesandte der Lande, sondern als seine Räthe und Diener" ansah. Den Vorsitz führte seit 1528 der Hofmarschall. Als aber Ferdinand I. 1558 deutscher

---

für Hofkammerräthe, „Teutsch-Oesterreichisch ausgelegter Adler", neben dem Statthalter und dem Kanzler aus 14 Mitgliedern des Herren-, 14 des Ritterstandes, 7 von der Gelehrtenbank und 8 Secretären u. s. w.

[1]) In Österreich unter und Österreich ob der Enns, Steiermark, Cilli, Kärnten und Krain bildeten die fortbestehenden Vicedomämter eine Mittelbehörde zwischen den Kammern und einem Theile der unteren Finanzbeamten. Von den Vitzthumämtern unabhängig waren die Salzämter und manche Maut- und Aufschlagämter. Siehe „Mittheilungen des Instituts", Ergänzungsband 4, 232 ff.

Kaiser und aus seinem Hofrathe 1559 ein Reichshofrath[1]) ward, wurde ein eigener Präsident desselben ernannt und auch der Reichsvicekanzler, den der Erzbischof von Mainz als Reichserzkanzler mit Zustimmung des Königs ernannte, Mitglied desselben.

Der Vertreter des Landesfürsten in den einzelnen Ländern war der Landeshauptmann,[2]) der auch von ihm ernannt und besoldet wurde. Er hatte die Rechte des Landesfürsten zu wahren, für die Ausführung der Befehle und Verordnungen desselben und für die Ruhe und Sicherheit des Landes zu sorgen und besaß auch ausgedehnte richterliche Befugnisse.[3]) Indem er aber auch das Haupt der Stände und Vorsitzender derselben war, nahm er eine eigenthümliche Doppelstellung ein.

Die untersten Verwaltungsbezirke bildeten wie im späteren Mittelalter die „Herrschaften" und die landesfürstlichen Städte. Auf jenen übte der Grundherr selbst oder durch einen seiner Beamten die Polizeigewalt und in der Regel auch die Civilgerichtsbarkeit und hatte auch die directen Steuern zu repartieren und einzuheben. In den landesfürstlichen Städten und Märkten übte der Magistrat dieselben Rechte.

Auch in der Gerichtsverfassung der deutschen Erblande[4]) fanden in dieser Periode keine wesentlichen Veränderungen statt. Wie im späteren Mittelalter gab es auch jetzt Dorf- und Patrimonialgerichte, Stadt- und Landgerichte, für die adeligen Mitglieder der Stände das alle Vierteljahre einmal zusammentretende „Landrecht" (im Lande unter der Enns das Gericht des Landmarschalls, in den anderen Provinzen das des Landeshauptmanns mit Beisitzern aus dem Herren- und Ritterstande,[5]) für Streitigkeiten über landesfürstliche Lehen die Lehengerichte, für die Bediensteten des Hofes und die Beamten der Hofstellen das Gericht des Obersthofmarschalls, für die Professoren, Doctoren, Studenten und Diener der Universitäten Wien und Graz das Gericht der Universitätsbehörden,[6]) für kirchliche, Ehe- und Ver-

---

[1]) Dieser blieb aber bis 1620 auch für die deutsch-österreichischen Länder in Processsachen die oberste Instanz. Bidermann, 1, 79 N. 129. Fellner in „Mittheilungen des Instituts", 8, 286 f.

[2]) Im Lande unter der Enns der Landmarschall.

[3]) In Tirol war seine administrative und polizeiliche Gewalt auf das Land an der Etsch mit Einschluss des Eisack- und Pusterthales beschränkt.

[4]) Vgl. über diese vor 1740 A. v. Domin-Petrushevecz, Neuere österreichische Rechtsgeschichte, S. 2 ff.

[5]) Nur in Tirol war das adelige „Hofrecht", das unter dem Vorsitze des Landeshauptmanns in Bozen tagte, nicht bloß aus (6—8) Landherren, sondern auch aus 4 Vertretern der Städte Bozen und Meran zusammengesetzt. Hirn, Erzherzog Ferdinand, 1, 500.

[6]) In Graz gab es seit 1594 ein außerhalb der Universität stehendes „akademisches Gericht", das aber nur im Delegationswege auf Wunsch des Rectors eine Klage entscheiden konnte. Krones, Geschichte der Universität in Graz, S. 316 ff.

löbnissachen der Christen die bischöflichen, für Militärpersonen die Militärgerichte. Die zweite Instanz für die den genannten Civilgerichten unterworfenen Personen, die erste für den Fiscus, die nichtständischen Adeligen, die Geistlichen in weltlichen Sachen, die kaiserlichen Beamten, die Großhändler und Fabrikanten bildeten die nieder-, die inner- und die oberösterreichische Regierung. Die österreichische Hofkanzlei war allgemeine Revisionsinstanz für die übrigen Gerichte. Doch musste um die Bewilligung zur Revision und Appellation immer erst ausdrücklich angesucht werden. Auch gab es zwischen den verschiedenen Gerichten zahllose Competenzconflicte, sodass man langer Zeit bedurfte, um zu seinem Rechte zu gelangen. Zugleich fehlte es an einheitlichen Gesetzen, wenn auch die Halsgerichtsordnung Karls V. die Grundlage für alle späteren Landesgerichtsordnungen (des Erzherzogs Karl für Steiermark von 1574, K. Ferdinands III. für Österreich unter der Enns von 1656, Leopolds I. für das Land ob der Enns von 1675 und Josephs I. für Böhmen, Mähren und Schlesien von 1707) bildete.

Karl VI. errichtete 1717 für Niederösterreich, 1722 für Innerösterreich eigene Wechselgerichte (mit einem Richter und sechs Beisitzern aus dem Handelsstande, die von der Kaufmannschaft gewählt und vom Kaiser bestätigt wurden) und als zweite Instanz ein Appellationswechselgericht.

2. Die Verwaltung der böhmischen Kronländer.

In der Verwaltung Böhmens trat nach der Vereinigung mit den deutsch-österreichischen Ländern zunächst keine Änderung ein. Keine Realunion, nur eine Personalunion hatten die Stände mit der Wahl Ferdinands I. herstellen wollen. Nach den von ihnen bei dieser Gelegenheit gestellten Bedingungen sollte der König gewöhnlich in Böhmen residieren und für den Fall seiner Abwesenheit die Regierung nur Eingeborenen übertragen werden.

In der That führten unter Ferdinand I. und seinen nächsten Nachfolgern, wenn dieselben, was meist der Fall war, sich nicht in Prag aufhielten, die obersten Landesbeamten („Landesofficiere"), allerdings nach den ihnen vom Könige ertheilten Instructionen, die Regierung. Rudolf II. ernannte 1577 bestimmte Landesbeamte zu seinen „Statthaltern, Regenten und Räthen" und schrieb ihnen ihre Pflichten vor. Aufrechthaltung der Ehre und des Dienstes Gottes, Handhabung der Autorität, Regalien, Freiheiten und Rechte der böhmischen Länder, Schutz der Landesgrenzen, Administrierung der gleichen Justiz für Arme und Reiche, ohne in den ordentlichen Rechtsgang einzugreifen, Beaufsichtigung der Städte und ihrer Gerichte und Handhabung der obersten Polizei wurden als ihre Aufgaben bezeichnet.¹) Der Vorsitz stand dem Oberstburggrafen zu.

Bei der Besetzung einer erledigten Stelle musste der König die Gutachten der übrigen Landesbeamten einholen, war aber nicht an die Meinung der Mehrheit gebunden. Auch die Ernennung der Beisitzer des Landrechtes und des Kammergerichtes erfolgte wahrscheinlich auf Grund eines Vorschlages der betreffenden Collegien, und nur die Mitglieder des Hoflehengerichtes und des 1547 errichteten Appellationsgerichtes konnten vom Könige selbständig ernannt werden. Die obersten Beamten mit Ausnahme des Münzmeisters waren unabsetzbar. Alle diese Beamten mussten beim Antritte ihres Dienstes nicht bloß dem Könige, sondern auch „dem Herren- und Ritterstande und der ganzen Gemeinde des Königreiches Böhmen" schwören.²)

Wie eine eigene Regierung, so hatte Böhmen auch seine eigene Kammer, für die sich aber Ferdinand I. in seiner am 25. März 1527 für dieselbe erlassenen Instruction die Raitkammer seiner Erblande zum Muster nahm,³) und seine eigene Hofkanzlei, deren Vorsteher, später Oberstkanzler genannt, die Vorlagen für die Landtage festzustellen, die Beschlüsse derselben dem Könige vorzulegen, die Verordnungen desselben zu contrasignieren, die Erledigung der an den König gerichteten Eingaben, besonders in Gnadensachen und Privilegienverleihungen, vorzubereiten hatte, sodass die Hofkanzlei eine Art oberster Regierungsbehörde für alle böhmischen Kronländer bildete. Doch musste der Kanzler dem Hofe des Königs folgen, bis 1620 sein Sitz bleibend nach Wien verlegt ward.⁴)

---

¹) Fellner a. a. O. S. 298 ff. Bidermann, 1, 78 N. 128. Vgl. Toman, Das böhmische Staatsrecht 1527—1848, S. 80 ff.

²) Gindely, Geschichte der Gegenreformation in Böhmen, S. 431 ff.

³) Rosenthal, S. 177 ff. Die Instruction S. 281 ff.

⁴) Übrigens wehrten sich die Nebenländer theilweise gegen die Unterordnung unter die böhmischen Centralstellen, besonders die Hofkanzlei, und gegen die Bevorzugung der eingeborenen Böhmen bei der Besetzung der Ämter. Besonders bei der Absetzung Rudolfs II. und der Erhebung seines Bruders Matthias im Jahre 1611 machten sich diese Bestrebungen geltend. Die Mährer setzten in der That durch, dass die Einmischung der böhmischen Kanzlei in die Verwaltung und Justizpflege ihres Landes verboten und dem Kanzler auf ihren Vorschlag ein mit den mährischen Verhältnissen vertrauter Vicekanzler an die Seite gegeben ward. Für Schlesien und die Lausitzen wurde auf das Drängen ihrer Vertreter zur Entscheidung ihrer Angelegenheiten eine von der böhmischen unabhängige „deutsche Kanzlei" in Breslau mit einem Vicekanzler und den anderen nothwendigen Beamten errichtet. Doch verfügte der König schon 1616 die Wiedervereinigung beider Kanzleien und die Unterordnung des Vicekanzlers unter den Hofkanzler. Gindely, Rudolf II., 2, 261 ff. und 345 ff. P. v. Chlumecky, Karl von Zierotin, 1, 762 ff. Grünhagen, Geschichte Schlesiens, 2. 147 fl. und 159 ff.

Auch in Beziehung auf die Gerichtsverfassung behielt Böhmen seine selbständige Stellung.[1]

Auch in dieser Periode war das Landrecht der privilegierte Gerichtshof für die Mitglieder des Herren- und Ritterstandes, wie für die Geistlichen als Besitzer landtäflicher Güter. Das „größere Landrecht", dessen Beisitzer der Oberstburggraf, Oberstlandkämmerer und Oberstlandrichter und 12 vom Könige ernannte Mitglieder des Herren-, 8 des Ritterstandes (seit Ferdinand II. 16 Herren und 10 Ritter) waren, entschied in Criminalfällen wie bei Streitigkeiten um Erbschaften, liegende Güter und in die Landtafel eingetragene Schuldverschreibungen. Wenn der König anwesend war, führte er selbst den Vorsitz, sonst der Oberstburggraf. Das „kleinere Landrecht", das aus einigen niederen Landesbeamten zusammengesetzt war, entschied über geringere Streitfragen und Forderungen bis zu einer Höhe von 100 Schock Groschen.

Mit dem Landrecht stand das Landtafelamt in Verbindung, welches die Processe zu instruieren und die Urtheile zu vollziehen und gewisse Klagen, z. B. über Theilung landtäflicher Güter, Herausgabe von Erbschaftstheilen, auch selbständig zu entscheiden hatte.

Das königliche Kammerrecht, dessen Mitglieder (wenigstens 12, später 14) vom Könige aus den Herren und Rittern ernannt wurden und dessen Vorsitz der Landhofmeister führte, hatte eine allerdings vielfach bestrittene Competenz in Civilstreitigkeiten, durfte aber jedenfalls nicht über unbewegliche Güter entscheiden.

Vor das Oberstburggrafenrecht mit 6 adeligen Beisitzern (seit 1627 auch Prager Bürgern) gehörten Streitigkeiten des Adels über Schuldverschreibungen ohne Hypothek. Das Hoflehenrecht entschied unter dem Präsidium des Hoflehenrichters in Lehensachen. Seit Ferdinand II. theilte es sich in einen böhmischen und einen deutschen Senat.

Eigenthümlich war allen diesen Gerichten, dass sie nur drei- oder viermal im Jahre durch eine gewisse Anzahl von Tagen gehalten wurden.

Die Gerichtsbarkeit in den königlichen Städten stand den Magistraten, in den unterthänigen Städten und auf dem Lande den Grundherren zu, welche sie entweder selbst oder durch ihre Beamten, in den unterthänigen Städten aber gewöhnlich durch die von den Bürgern gewählten Magistrate, deren Bestätigung sie sich vorbehielten, ausübten.

Die Verbindung, in welche sich die protestantische Majorität der Stände 1547 mit dem Kurfürsten von Sachsen einließ, führte auch auf dem Gebiete der Verwaltung eine Stärkung der königlichen Gewalt herbei. Ferdinand I. setzte in den unmittelbaren Städten königl-

---

[1] Eine kurze Übersicht mit Berücksichtigung der älteren Literatur bei Toman, S. 133 ff.

liche Richter (in den Prager Städten Hauptleute) ein, welche allein das Recht zur Berufung der Gemeinde haben, an allen Rathsversammlungen theilnehmen, Eingriffe in die Rechte der Krone verhindern und die Rechtsprechung überwachen sollten. Um den Berufungen von den Urtheilssprüchen der Städte an auswärtige Gerichte oder an die Stadtgerichte von Prag und Leitmeritz ein Ende zu machen, wurde für die unadeligen, nicht dem Landrechte unterstehenden Volksklassen Böhmens und seiner Nebenländer 1548 in Prag ein **Appellationsgericht** eingesetzt, das aus einem Präsidenten und aus Herren, Rittern, Doctoren und Bürgern der Alt- und Neustadt Prag zusammengesetzt ward.[1]) Wurde das von der ersten Instanz gefällte Urtheil vom Appellationsgericht bestätigt, so war jede weitere Berufung unzulässig. Im entgegengesetzten Falle konnte die Revision durch den König nachgesucht werden, wofür bei der **Hofkanzlei** eine **Revisionscommission** eingesetzt ward. Auch in Criminalsachen stand dem von dem grundherrlichen Gerichte Verurtheilten die Berufung an das Appellationsgericht frei, wenn jenes nicht früher bei diesem selbst um Belehrung nachgesucht hatte, was vor Anwendung der scharfen Frage (Folter) vorgeschrieben war. Vom Landrecht war eine **Appellation an den König** bei Civilprocessen nicht gestattet. Dagegen stand es bei Criminalprocessen dem Kläger frei, die Sache an den König oder das Landrecht zu bringen.

Die Niederwerfung des böhmischen Aufstandes durch Kaiser Ferdinand II. hatte in Beziehung auf die Organisation der Behörden keine wesentliche Änderung zur Folge. Doch wurde, als die böhmische Hofkanzlei 1620 nach Wien verlegt wurde, die **böhmische Statthalterei**, die aus den zwölf obersten Landesofficieren gebildet war, eine ständige Behörde. Die Beamten geriethen in eine größere Abhängigkeit vom Könige. Nach der „**vernewerten Landesordnung**" von 1627 behielt sich der König das Recht vor, die Ämter beliebig zu besetzen, wenn er auch versprach, in Böhmen ansässige Personen zu ernennen. Auch sollten die Landesofficiere und Landrechtsbeisitzer ihr Amt nicht mehr wie bisher in der Regel lebenslänglich behalten, sondern nach fünf Jahren in die Hände des Königs resignieren, von dessen Belieben ihre weitere Verwendung abhieng.[2]) Ihren Eid leisteten sie nur noch dem Könige, nicht auch dem Lande. Daher sollten auch die höchsten Beamten nach einem Hofdecrete vom 3. September 1628 nicht mehr „oberste Landesofficiere

---

[1]) J. C. Graf v. Auersperg, Geschichte des königl. böhmischen Appellationsgerichtes, 1, 14 f. Dieser nennt 3 Herren, 2 Ritter, 4 Doctoren und 5 Bürger. Nach Bucholtz, Geschichte Ferdinands I., 6, 427 ff., bestand das Gericht aus je 4 Mitgliedern der drei Stände und 4 Rechtsgelehrten; nach Toman, S. 140 f., aus 5 Herren, 3 Rittern, 5 Bürgern und 5 Doctoren. Doch werden später keine Bürger mehr erwähnt.

[2]) Cod. jur. Bohem. ed. H. Jireček, V. 2, 19 und 53 A. IX und XXXIX.

des Königreiches Böhmen", sondern „königliche oberste Landesofficiere im Königreiche Böhmen" heißen,[1]) während früher nur der Präsident, die Räthe und der Procurator der Kammer königliche Beamte gewesen waren.

Auch die Kreishauptleute, welche für die Aufrechthaltung des Friedens und der öffentlichen Ordnung, wie der katholischen Religion zu sorgen, die Verordnungen zu publicieren, ursprünglich auch die aufgebotene Mannschaft ihres Kreises anzuführen, später die Einquartierung und Verpflegung zu überwachen, wie auch bei der Einhebung der Steuern mitzuwirken und (seit 1680) die Streitigkeiten zwischen den Unterthanen und ihren Herrschaften zu schlichten hatten, wurden in größere Abhängigkeit vom Könige gebracht besonders dadurch, dass sie von diesem ernannt und nicht mehr aus den angesehensten und begütertsten, sondern theilweise aus ärmeren, wenn auch angesessenen Adeligen[2]) genommen und 1649 zum Gehorsam gegen die Landesbeamten als Statthalter des Königs verpflichtet wurden. Indem man ihnen bald[3]) auch einen Gehalt zahlte, wurden sie zu besoldeten Beamten, auf welche 1685 auch die Verfügung über die fünfjährige Amtsdauer angewendet wurde.[4])

Auch auf die Justiz sicherte sich der König größeren Einfluss, indem die „vernewerte Landesordnung" bestimmte, dass alle Urtheile des Landrechtes, welche Leib und Leben oder die Ehre beträfen, vor der Veröffentlichung ihm zur Genehmigung vorgelegt werden, und es auch gestattet sein sollte, gewisse Angelegenheiten von vornherein bei der böhmischen Hofkanzlei anhängig zu machen, wo unter Beiziehung von Justiz- und obersten Landesbeamten das Urtheil gefällt werden sollte.[5])

Ursprünglich wurden die „judicialia" wie die „publica" im Plenum verhandelt. Erst Karl VI. verfügte 1719, dass für die einen wie für die anderen getrennte Senate gebildet werden sollten.[6])

Durch die Landesordnung von 1627 wurde auch die Herrschaft der böhmischen Sprache gebrochen, welche bisher in der Verwaltung und bei Gerichten die alleinberechtigte gewesen war. Jetzt wurde bei Pro-

---

[1]) Toman, Das böhmische Staatsrecht, S. 51 f.

[2]) Einer sollte aus den im Kreise angesessenen Herren, einer aus den Rittern genommen werden.

[3]) In Mähren seit 1641. d'Elvert, Zur österreichischen Verwaltungsgeschichte (Schriften der historisch-statistischen Section, 24. Bd.), S. 235 f.

[4]) Toman, S. 55 ff. und für Mähren d'Elvert, S. 234 ff.

[5]) Landesordnung A. X und F. I—IV. — Beim Appellationsgericht wurde die Zahl der Doctoren auf 8 vermehrt, die der Herren und Ritter auf 8 vermindert, die alle (auch die adeligen Beisitzer) eine Prüfung abgelegt haben mussten. 1729 bestand es aus einem Präsidenten, einem Vicepräsidenten und 32 Räthen. Auersperg, 1, 23 ff. Toman, S. 140 ff.

[6]) Fellner in „Mittheilungen des Instituts", 15, 528.

cessen wie bei Eintragungen in die Landtafel das Deutsche für gleichberechtigt erklärt und verfügt, dass die Verhandlungen in der Sprache des Angeklagten geführt und, so lange nicht alle Landrechtsbeisitzer beider Sprachen kundig wären, getrennte deutsche und böhmische Senate eingerichtet werden sollten.[1]) 1644 verordnete Kaiser Ferdinand III., dass jeder Rath des Appellationsgerichtes in Prag der deutschen und böhmischen Sprache mächtig sein und in ersterer die Referate erstattet werden sollten.[2])

In Mähren wurde 1636 unter dem Vorsitze des Landeshauptmannes ein Tribunal (in Brünn) eingerichtet, welches nicht bloß die summarischen Processe, die keine längere Voruntersuchung erforderten, erledigen, sondern auch als Repräsentant des Kaisers die politische Verwaltung führen und für Aufrechthaltung der katholischen Religion, Förderung des Handels und gute Polizei sorgen sollte, zu welchem Zwecke es 1739 in einen politischen und Justizsenat getrennt wurde. Auch hier wurde (1639 und 1712) bestimmt, dass die Acten in deutscher oder böhmischer Sprache geführt und in der gleichen Sprache auch das Urtheil verkündet, aber im Rathe selbst nur deutsch referiert und abgestimmt werden sollte. Die Appellation gegen Erkenntnisse des Tribunals gieng unmittelbar an den Kaiser.[3])

Für die Erhebung und Verwaltung der dem Landesfürsten zur Verfügung stehenden Einnahmen (Kriegssteuern, Biergeld u. s. w.) wurde 1567 dem Landesunterkämmerer Mährens ein „Rentdiener" an die Seite gegeben, dessen Wirkungskreis aber erst nach der Niederwerfung der Rebellion, als die Einnahmsquellen vermehrt wurden, erweitert wurde. Jetzt (1621) wurde statt eines Rentdieners ein „Rentmeister" mit einem Gegenschreiber ernannt, durch den der Landesunterkämmerer nach und nach in den Hintergrund gedrängt ward.[4])

In Schlesien war schon 1557 eine königliche Kammer errichtet worden, welcher aber nicht bloß die Verwaltung der königlichen Einkünfte und die Aufsicht über die Bergwerke, Münze, Ämter u. s. w., sondern auch die Überwachung der Gerichte übertragen wurde, sodass sie eine förmliche Landesregierung darstellte.[5])

---

[1]) Landesordnung C. II.—V., D. XLIII. XLVII., F. IV. XLVI., J. VI. und für Mähren Cod. iur. Bohem. V. 3, 122 sqq., §. 117—120 u. s. w.

[2]) Auersperg, 1, 29. 49. Es gab auch einen deutschen und böhmischen Secretär und einen deutschen und böhmischen Registrator, S. 43.

[3]) d'Elvert, a. a. O. S. 198 ff. und 251 ff. Die kaiserl. Instruction vom 13. December 1636 in „Schriften der historisch-statistischen Section", 16, 428 ff.

[4]) d'Elvert, a. a. O. S. 122 ff. und 286 ff.

[5]) Grünhagen, 2, 95 ff. Vgl. d'Elvert, Zur österreichischen Finanz-Geschichte, „Schriften der historisch-statistischen Section", 26, 151 ff.

3. Die Verwaltung der ungarischen Kronländer.

Noch entschiedener als die Böhmen hielten die Ungarn an der Selbständigkeit ihres Reiches fest. Eine eigene Landesregierung, eine eigene Kammer und eine eigene Hofkanzlei bestanden auch unter Ferdinand I. und seinen Nachfolgern fort. Aber auch hier traten doch manche Veränderungen des bisherigen Zustandes ein. Die Würde eines Palatins, der während der Abwesenheit des Königs mit voller Gewalt dessen Stelle zu vertreten hatte, blieb seit 1531 trotz des Drängens des Reichstages meist unbesetzt, weil die Könige es für gefährlich hielten, einem Manne, der, allerdings aus mehreren vom Könige vorgeschlagenen Candidaten, von den Ständen gewählt ward und unabsetzbar war, so ausgedehnte Befugnisse zu überlassen. Sie ernannten als Haupt der ungarischen Landesregierung einen Statthalter *(locumtenens regius)*, gewöhnlich einen Erzbischof oder Bischof mit einigen Räthen, während die richterlichen Befugnisse desselben einem „Palatins-Stellvertreter", die militärischen zweien Landescapitänen oder Hauptleuten, dem einen für das Land diesseits, dem anderen für das Gebiet jenseits der Donau übertragen wurden. Erst der Aufstand Bocskay's erzwang 1608 die Wiederbesetzung der Würde eines Palatins. Nach dem Tode Franz Wesselénys 1667 trat wieder eine Unterbrechung ein, was in Verbindung mit anderen Ursachen die Verschwörung der Grafen Nádasdy, Zriny und Frangepani und den Aufstand Tökölys veranlasste. Um Ungarn zu beruhigen, gestattete K. Leopold I. 1681 wieder die Wahl eines Palatins.[1])

Den nächsten Rang nach diesem nahm der Hofrichter *(judex curiae regiae)* ein, welcher der oberste Landesrichter war. Doch bildete die Appellationsinstanz für die königlichen Städte der oberste Schatzmeister *(thesaurarius, tavernicorum regalium magister)*, zu dessen Competenz alle Angelegenheiten, welche mit den königlichen Einkünften zusammenhiengen, und auch die Aufsicht über die königlichen Städte gehörten.

Wie der Palatin in Ungarn, so stand in Croatien und Slavonien der Ban an der Spitze der Landesregierung, welcher auch Präsident der dortigen Gerichtstafel und Anführer der Streitkräfte des Landes war und überhaupt die militärischen Angelegenheiten zu entscheiden hatte.

Ferdinand I. organisirte die ungarische Finanzverwaltung 1528 auf neuer Grundlage und errichtete statt des Thesaurariates eine ungarische Kammer, deren Instruction mit der für die böhmische Kammer fast wörtlich übereinstimmte. Nachdem dieselbe 1529 mit dem Verluste Ofens

---

[1]) A. v. Virozsil, Das Staats-Recht des Königreiches Ungarn, 1, 357 ff. 2, 325 ff., wo auch die Nachweise bezüglich der übrigen höchsten Reichsbarone sich finden.

verschwunden war, wurde sie 1531 in Presburg, welches fortan Sitz der ungarischen Regierung war, mit einem umfassenderen Wirkungskreise wieder hergestellt und erhielt 12. December 1548 eine neue Organisation, welche für die Zukunft maßgebend wurde. Die Einhebung der Einnahmen aus den nördlichen und nordöstlichen Comitaten wurde wegen ihrer weiten Entfernung dem Befehlshaber der Sároser Burg übertragen, 1567 aber wurde hiefür die Zipser Kammer errichtet, welche zu der in Presburg in einer gewissen Unterordnung stand.[1]) Auch auf Croatien erstreckte sich der Wirkungskreis der ungarischen Kammer nicht.

Ein eigenes Verwaltungsgebiet auf dem Boden der ungarischen Krone bildete die Militärgrenze.

Ferdinand I. wendete schon als Erzherzog, besonders aber nach seiner Wahl zum Könige von Ungarn, der Vertheidigung Croatiens, der Vormauer Steiermarks und Krains, große Aufmerksamkeit zu und befestigte und besetzte, von den Ständen der innerösterreichischen Länder mit Geld und Truppen unterstützt, die wichtigsten Plätze dieses Landes, die er theilweise von Magnaten erworben hatte. Dasselbe geschah unter seinem Sohne Erzherzog Karl, dem Rudolf II. 1578 förmlich die Vertheidigung der „windischen" und „croatischen Grenze"[2]) übertrug. Die Verwaltung dieser Festungen, welche theils von königlichen, theils von ständischen (innerösterreichischen) Truppen besetzt waren, wurde dem Ban von Croatien entzogen und unter die Truppenbefehlshaber gestellt. Dasselbe geschah mit den „Walachen", d. h. Serben griechischer Religion aus den türkischen Provinzen, besonders aus Bosnien und Slavonien, welche sich am Ende des 16. Jahrhunderts in großer Zahl in den Grenzgebieten niederließen und gegen die Verpflichtung, auf Verlangen der Grenzcommandanten Kriegsdienste zu leisten, in der windischen Grenze bei Kopreinitz, Kreuz, Ivanich u. s. w. öde liegende Ländereien erhielten.[3]) Am 5. October 1630 wurden durch eine Verordnung K. Ferdinands II. nähere Anordnungen über die Verwaltung und Gerichtsbarkeit der windischen oder Warasdiner Grenze und die Rechte und Pflichten ihrer Bewohner getroffen, welche dann auch auf das croatische oder Karlstädter Generalat ausgedehnt wurden.

---

[1]) Acsády, Magyarország pénzügyei I. Ferdinánd uralkodása alatt (Ungarns Finanzwesen unter der Regierung Ferdinands I.), p. 47 sqq. Bidermann, 1, 30 und 89 f. N. 34—36.

[2]) Unter der ersteren verstand man das Gebiet zwischen der Drau und Sau, unter der letzteren das zwischen der Sau und dem Meere.

[3]) Die Belege für die Entstehung der Militärgrenze in meiner „Geschichte Österreichs", 4, 367 ff. 370 f. 394. Über die spätere Zeit siehe das stoffreiche, aber schwer lesbare Werk von Vaniček, Specialgeschichte der Militärgrenze, 1. Bd., wovon Schwicker, Geschichte der österreichischen Militärgrenze (1883) einen übersichtlichen Auszug gemacht hat.

Durch die Rückeroberung der südlichen Grenzgebiete unter Leopold I. und Karl VI. wurde nicht bloß das Karlstädter Generalat bis zum Meere und zur Grenze Dalmatiens ausgedehnt, sondern auch die Bildung neuer Grenzdistricte veranlasst. Die Petrinier oder Banalgrenze, deren Anfänge auch bis ins 16. Jahrhundert zurückreichen, die aber unter dem Ban von Croatien stand, wurde durch den Karlowitzer Frieden bis zur Unna erweitert und unter Karl VI. neu organisirt. In den Jahren 1701 und 1702 wurde auch ein Generalat an der Save von Gradisca bis zur Mündung der Theiß (slavonische Grenze), ein anderes längs der Theiß und Maros bis an die siebenbürgische Grenze errichtet; in ersterem erhielten die Grenzer herrenlosen Grundbesitz, in letzterem, das kein besonderes Gebiet bildete, Sold in Geld und Naturalien.[1]) Nach dem Frieden von Passarowitz (1718) wurde längs der Donau von der Theißmündung bis zur Grenze Siebenbürgens die Temeser Grenze eingerichtet. Dagegen wurde durch die Gewinnung des Banates die Theiß-Maroser Grenze überflüssig, und sie wurde denn auch in der ersten Zeit Maria Theresias (1743—1750) aufgelöst und die dortigen Grenzer theilweise an die Donau übersetzt, wo die Temeser oder Banater Grenze neu organisirt wurde. Es gab nun fünf verschiedene Grenzen, die Karlstädter, Warasdiner, Banal-, slavonische und Banater Grenze, welche aber anfangs kein abgeschlossenes Gebiet bildeten, indem die Ortschaften, die unter der Militäradministration standen, mit solchen, welche der Civiladministration untergeordnet blieben, vermischt waren. Erst nach und nach fanden gegenseitige Austauschungen und Umsiedlungen statt. Am wenigsten war dies in der siebenbürgischen Militärgrenze der Fall, welche 1763—1765 errichtet wurde, aber bei der Bevölkerung am wenigsten Anklang fand.

Auch die übrigen unter Leopold I. und Karl VI. gewonnenen ungarischen Gebiete wurden nicht unmittelbar mit dem Hauptlande vereinigt. Siebenbürgen, welches der Fürst Michael II. Apafy 1696 gegen eine anderweitige Entschädigung dem Kaiser abtrat, erhielt ein eigenes königliches Gubernium mit einem Thesaurariat und eine eigene Hofkanzlei in Wien.[2]) Auch die am linken Ufer der Maros und Theiß gelegenen Comitate, welche die Türken im Passarowitzer Frieden abtraten, wurden als eigenes Verwaltungsgebiet, „Temesvárer Banat,“ eingerichtet.

Die Verwaltung des eigentlichen Ungarn wurde nach den Beschlüssen des Reichstages von 1722/23 auf neuen Grundlagen or-

---

[1]) Seit 1705 stand die Militärgrenze nicht mehr unter dem Hofkriegsrathe in Graz, sondern unter dem in Wien (s. u. S. 154 f.).

[2]) Schon 1691, nachdem der Kaiser für den minderjährigen Michael II. die vormundschaftliche Regierung übernommen hatte.

ganisiert.¹) Es wurde in Presburg der „königlich ungarische Statthaltereirath" eingesetzt, der unter dem Vorsitze des Palatins oder in dessen Abwesenheit des Judex Curiae, aus 22 Räthen bestehen sollte, die der König aus den Prälaten, Magnaten und Adeligen ernennt. Er ist keiner Hofstelle, sondern nur dem Könige untergeordnet und führt in dessen Namen die innere Verwaltung mit Ausnahme der reinen Justiz-, Cameral- und militärischen Angelegenheiten.²) Seine Anträge und Gutachten unterbreitet er dem Könige durch die ungarische Hofkanzlei, durch welche ihr dieser auch seine Befehle übermittelt. Auch den Verkehr zwischen dem Könige und den Ständen vermittelt die Hofkanzlei, welcher auch die Gnadensachen, Verleihung von geistlichen und weltlichen Ämtern, Gütern, Titeln und Orden und die Ausübung der kirchlichen Hoheitsrechte zustehen. Die Hofkanzlei, deren Vorstand bis 1731 immer ein Bischof war, hat ihren Sitz am Aufenthaltsorte des Königs, soll aber von allen anderen Behörden unabhängig sein.

Die unteren Verwaltungsbehörden bildeten noch immer die (alle drei Jahre neugewählten) Comitatsausschüsse, welche unter dem Vorsitze des vom Könige ernannten oder erblichen Obergespans oder eines Vicegespans die Gesetze und Verordnungen kundmachten und ausführten, oder auch dagegen Vorstellungen erhoben, die auf das Comitat gelegten Steuern unter die Unterthanen repartirten, die Localverwaltung führten und die Reichstagsdeputirten wählten, wie die Magistrate der königlichen Städte, die sich großer Selbständigkeit erfreuten.³)

Auch das Gerichtswesen wurde durch die Gesetze von 1723 theilweise neu geordnet.⁴)

Den obersten Gerichtshof bildete die königliche Curie, welche fortan ständig fungieren sollte und in zwei Abtheilungen, die Septemviraltafel und die königliche Tafel, zerfiel. Jene, so genannt, weil sie in älterer Zeit aus den sieben vornehmsten Reichsbeamten bestanden hatte, war die oberste Revisionsinstanz für das ganze Reich. Sie bestand aus dem Palatin oder in dessen Abwesenheit dem Judex curiae als Präsidenten, aus dem Tavernicus oder Schatzmeister und dem Primas und

---

¹) G. A. 1722/23 art. 97—102. Katona, XXXVIII, 551 sqq. Vgl. über den Statthaltereirath Virozsil, 3, 77 ff., über die Hofkanzlei S. 66 ff.

²) Doch gehören zu seiner Competenz auch die Zölle und Mauten, die Forstcultur und der Bergbau, wie die Einhebung der Contribution für die Unterhaltung der Soldaten und die Einquartierung und die Sorge für die Verpflegung derselben durch ihre Quartierherren.

³) Virozsil, 3, 96 ff.

⁴) G. A. 1722/23 art. 24—42. ap. Katona, XXXVIII, 486 sqq. Vgl. Virozsil, 3, 128 ff.

aus einer Anzahl von Beisitzern, die vom Könige aus den Prälaten, Magnaten und Adeligen ernannt wurden. Die „königliche Gerichtstafel", die aus dem königlichen Personal *(Personalis praesentiae regiae in judiciis locumtenens)* als Präsidenten und 16 Beisitzern (2 Prälaten, 2 Magnaten, je einem Stellvertreter des Palatins — Vice-Palatinus — und des Judex curiae u. s. w.) zusammengesetzt war, verhandelte einzelne Sachen als erste Instanz, war aber im allgemeinen die Appellationsinstanz für alle unteren Gerichte. In Croatien und Slavonien nahm die Banaltafel unter dem Vorsitze des Bans dieselbe Stellung ein. Hieran reihten sich die Districtualgerichtstafeln (vier für Ungarn und eine für Croatien) für wichtigere Civilprocesse, die Comitatsgerichte (unter dem Vorsitze des Ober- oder Vicegespans), die Gerichte der königlichen Freistädte (unter Vorsitz des Stadtrichters), wie der privilegierten Märkte und Districte (Cumanen, Jazygen u. s. w.) und endlich als Einzelgerichte für die Adeligen die Gerichte des Vicegespans und des Stuhlrichters *(judex nobilium)*, für die Bauern die Herrenstühle *(sedes dominicales)* unter dem Vorsitze des Grundherrn oder seines Stellvertreters. Als Rechtsquellen dienten in Ungarn hauptsächlich das *Decretum tripartitum juris consuetudinarii regni Hungariae* des Stephan Verböczy von 1514 und das *Corpus juris Hungarici*, eine Sammlung von einzelnen Gesetzen, obwohl beide nur Privatarbeiten waren.

4. Die gemeinsamen Regierungsbehörden.

Trotz des Strebens der Böhmen und Ungarn, die Selbständigkeit ihrer Reiche auch unter den Habsburgern aufrechtzuerhalten, fehlte es doch nicht an gemeinsamen Regierungsbehörden, was besonders dadurch ermöglicht wurde, dass der König nach der Verfassung jener Reiche in wichtigen Fragen nicht an die Zustimmung der Stände gebunden war. Unabhängig von diesen entschied er über Krieg und Frieden,[1]) über die Art der Kriegführung, über die Einhebung und Verwendung der regelmäßigen Einkünfte aus den Krongütern und Regalien und über manche sonstige Verwaltungsfragen. So konnte der gemeinsame Herrscher seine verschiedenen Königreiche und Länder nach gemeinschaftlichen Grundsätzen regieren und in Beziehung auf die auswärtigen, militärischen und die finanziellen Verhältnisse eine reale Einheit zwischen denselben herstellen.

---

[1]) Seit dem Bruderkriege zwischen K. Rudolf II. und Matthias (1608) suchten die ungarischen Stände allerdings die Gewalt des Königs in dieser Beziehung zu beschränken, indem gesetzlich bestimmt wurde, dass dieser ohne Zustimmung des Reichstages keinen Krieg anfangen und dass beim Abschlusse eines Friedens oder Vertrages mit den Türken Ungarn zurathe gezogen und den Gesandtschaften an die Pforte Ungarn beigegeben werden sollten. (Belege bei Virozsil, 2, 81 ff.) Aber die Könige haben sich auch fortan an diese Gesetze nicht strenge gehalten.

Die Fragen der auswärtigen Politik wie die allgemeinen Regierungs- und Verwaltungsangelegenheiten unterlagen der Berathung des geheimen Rathes, welcher schon in der ersten Zeit Ferdinands I., im Jahre 1527, vorhanden ist. Er bestand unter ihm und seinen nächsten Nachfolgern nur aus drei bis fünf der vornehmsten Würdenträger, und zwar zum größten Theile Deutschen. In der letzten Zeit Ferdinands III. (vor 1654) war ihre Zahl auf fünfzehn,[1]) unter Leopold I., wo die Würde endlich als bloßer Titel verliehen wurde, nach und nach auf mehr als 60 gestiegen.[2])

Dies machte aber eine Änderung der Geschäftsordnung nothwendig. Leopold I. berief seit circa 1659 nur noch einige der vornehmsten geheimen Räthe zu einer Conferenz, welche eine Art von Ministerrath vorstellte. Noch öfter aber bildete er aus seinen geheimen Räthen Commissionen, gewöhnlich von vier oder fünf, manchmal wechselnden Mitgliedern, welchen ein gewisses Gebiet der auswärtigen Politik (die Beziehungen zum deutschen Reiche, zu Spanien, zu Frankreich u. s. w.) zugewiesen wurde. Für plötzlich auftauchende Fragen, z. B. den ungarischen Aufstand im Jahre 1670, wurden wohl auch außerordentliche Commissionen eingesetzt. Die einlaufenden Berichte auswärtiger Gesandten oder Agenten kamen an den Präsidenten der betreffenden Commission.[3])

Für gewisse innere Angelegenheiten, z. B. Verhandlungen mit den Landständen, namentlich wegen Bewilligung der Contribution, für Cameralsachen und die finanzielle Seite der militärischen Angelegenheiten setzte Leopold I. eine ständige Commission oder „Deputation" ein.[4])

Auch unter Joseph I. wurde nur eine geringe Anzahl von geheimen Räthen in die Conferenz berufen und dauerten anfangs die Commissionen fort. Doch setzte er endlich (März 1709) statt dieser eine ständige Conferenz von acht geheimen Räthen ein, welche über die auswärtige Politik und die Kriegssachen berathen sollte. Bei Verhandlungen über

---

[1]) Die geheimen Räthe unter Ferdinand I. siehe in meiner „Geschichte Österreichs", 4, 211 f., unter K. Maximilian II., K. Matthias und Ferdinand III. in den „Relationen der Botschafter Venedigs", herausgegeben von Fiedler in „Font. rer. Austr. Dipl.", 30, 337 und 26, 19. 187. 400 sqq.

[2]) 1670 gab es 26, 1684 schon 41 (Bidermann, 1, 114 N. 24), um 1692 gar 53 wirkliche und 9 Titular-Geheimräthe (nach der S. 137, N. 3 erwähnten Handschrift). Die Angabe Mailáths, Geschichte Österreichs, 4, 382, dass die Zahl beim Tode Leopolds I. gar 164 betragen habe, dürfte doch übertrieben sein.

[3]) Großmann, Die Geschäftsordnung in Sachen der äußeren Politik am Wiener Hofe zu K. Leopolds und Lobkowitz' Zeiten, „Forschungen zur deutschen Geschichte", 12, 459 ff. Vgl. Gaedeke, Die Politik Österreichs in der spanischen Erbfolgefrage, 2, 64 ff.

[4]) Sie bestand 1709 aus dem Oberstkämmerer und den Präsidenten der Hofkanzleien, der Hofkammer und des Hofkriegsrathes und verhandelte unter dem Vorsitze des Kaisers. Fellner in „Mittheilungen des Instituts", 15, 527.

Angelegenheiten des deutschen Reiches sollten auch der Präsident des Reichshofrathes und der Reichsvicekanzler beigezogen werden. Wenn Justizsachen zu erledigen waren, sollte der geheime Rath im Plenum verhandeln. Auch unter Karl VI. bestand diese Conferenz fort.[1])

Den Vorsitz bei den Berathungen des geheimen Rathes führte manchmal der Kaiser selbst, sonst in der ersten Zeit Ferdinands I. sein oberster Kanzler, der Trientner Bischof Bernhard von Cles und nach dessen Rücktritt (1538) der Obersthofmeister, wie dies in der Regel auch unter den späteren Kaisern der Fall war. Erst 1709 wurde verfügt, dass in Abwesenheit des Kaisers der älteste geheime Rath den Vorsitz führen sollte.

Wie der geheime Rath, so bildete auch die allgemeine Hofkanzlei, welche die gefassten Beschlüsse desselben, wie des Hofrathes und die Befehle des Monarchen ausfertigte, eine Centralbehörde. Sie zerfiel anfangs theils nach sachlichen, theils nach territorialen Gesichtspunkten in mehrere Abtheilungen unter je einem Secretär. Ihr Vorstand war der „oberste" Kanzler, wie er offenbar im Gegensatze zu den Kanzlern von Böhmen und Ungarn und bei den Landesregierungen genannt wurde. Aber nach dem Rücktritte Bernhards von Cles ernannte der König nur noch einen Vicekanzler, der fortan regelmäßig aus dem Juristenstande genommen wurde. Als Ferdinand I. 1558 deutscher Kaiser wurde, hieß dieser Reichsvicekanzler, hörte aber deswegen nicht auf, die Kanzleigeschäfte der österreichischen Erblande zu besorgen, für welche in der Reichskanzlei eine eigene Expedition bestand.[2]) Erst anfangs 1620 wurde von Ferdinand II. neben der Reichskanzlei eine eigene österreichische Kanzlei mit einem Vicekanzler und später Hofkanzler an der Spitze errichtet. Diese wurde auch „zur Hauskanzlei der deutschen Habsburger gemacht und erhielt die Expedition aller der Geschäftsstücke, welche die österreichischen Länder und die secreta des Erzhauses betrafen".[3]) Auch der Verkehr mit den auswärtigen Mächten kam immer mehr an die österreichische Hofkanzlei.[4])

---

[1]) A. Arneth, Prinz Eugen, 1, 200 ff. 342 ff.; 2, 95 ff.; 3, 451. Vgl. Bidermann, 2, 17 f. und Fellner, a. a. O. S. 526 f.

[2]) Die allgemeine Hofkanzlei mischte sich aber auch in die Angelegenheiten Böhmens und Ungarns ein. Auch ungarische Statthalter erhielten von ihr die Instructionen. Bidermann, 1, 87 N. 27.

[3]) Fellner in „Mittheilungen des Instituts", 15, 521. Vgl. Bidermann, 1, 35 42 f. und die Noten 65, S. 99 und 26—33, S. 116 ff. — Unter dem Hofkanzler gab es eigene Expeditionen oder Departements für die niederösterreichischen und innerösterreichischen und nach der Wiedervereinigung Tirols mit den österreichischen Ländern unter K. Leopold I. auch für die oberösterreichischen Länder.

[4]) Doch war der diplomatische Verkehr mit Russland und der Türkei Sache des Hofkriegsrathes, mit Polen Sache der schlesischen Abtheilung der böhmischen Kanzlei. Bidermann, 2, 18.

Eine dritte gemeinsame Behörde war der von Ferdinand I. 1556 errichtete Hofkriegsrath, der für die Werbung, Ausrüstung und Verproviantierung der Truppen und für die Instandhaltung der Festungen und Zeughäuser zu sorgen hatte.[1])

Auch der anfangs 1527 errichteten Hofkammer, welche aus einem Schatzmeister (später Präsident genannt), mehreren Räthen, einem Hofzahlmeister u. s. w. bestand, war von vorneherein ein allgemeinerer Wirkungskreis zugedacht. Sie hatte die Aufgabe, alle den Staatshaushalt betreffenden Angelegenheiten zu berathen, die Landkammern zu überwachen, die nicht durch die Landesverwaltung absorbierten Einkünfte derselben, die außerordentlichen Steuern und etwaigen Subsidien des deutschen Reiches, wie die aufgeliehenen Gelder in Empfang zu nehmen und die Ausgaben für den Hof, die Gesandten, die Centralbehörden und das Heer anzuweisen. Dadurch musste sie nothwendig eine größere Bedeutung erlangen als die böhmische und ungarische Kammer, welche, wie der König ausdrücklich verfügte, „auf die Hofkammer ihr Aufsehen (*respectum*) haben" sollten. Sie hatte auch regelmäßig über die Vorlagen an den böhmischen Landtag und den ungarischen Reichstag, besonders solche finanzieller Natur, ihr Gutachten abzugeben, wogegen auch die Stände Ungarns anfangs gar keine Einwendung machten, weil die ungarische Kammer nicht als eine Landesbehörde, sondern als eine königliche Behörde angesehen wurde, welche vor allem die Rechte und Interessen des Landesherrn zu wahren hatte. Ja selbst die Verwaltung der ungarischen Bergwerke, des Münzwesens und einzelner Mautämter wurde der ungarischen Kammer entzogen und zuerst der niederösterreichischen Kammer, dann der Hofkammer übertragen. Auf dem Reichstage von 1569 wurde auch gesetzlich anerkannt, dass „nach dem bisherigen Gebrauche die Kammersachen in der (Hof-) Kammer, die Kriegssachen im (Hof-) Kriegsrathe", und nur jene Angelegenheiten, welche „die Justiz, Rechte und Freiheiten des Reiches" beträfen, im ungarischen Rathe verhandelt werden und zur Verhandlung dieser Angelegenheiten immer wenigstens zwei ungarische Räthe dem Hofe folgen sollten.[2]) Im Interesse der Parteien sollte beim Hofkriegsrathe und der Hofkammer je ein (ungarischer) Dolmetsch angestellt, Schriftstücke aber, welche nur die Rechte und Freiheiten Ungarns (und seiner Angehörigen) beträfen, nach einem Gesetze von 1567 nicht von der deutschen, sondern von der un-

---

[1]) Firnhaber, Zur Geschichte des österreichischen Militärwesens. Skizze der Entstehung des Hofkriegsrathes, „Archiv für österreichische Geschichte", 30, 91 ff.

[2]) *Majestas sua benigne declaravit: quae justiciam, jura, libertatesque regni concernunt, in Hungarico, quae cameralia, in camera, quae vero bellica negotia sunt, in bellico consilio more hactenus observato tractari etc.* Mon. comit. Hung., 5, 270 art. 38.

garischen Kanzlei ausgefertigt werden.¹) Durch das Gesetz von 1569 war auch vom ungarischen Reichstag anerkannt worden, dass es gemeinsame militärische und finanzielle Angelegenheiten gebe.

Die Theilung der österreichischen Länder unter die drei Söhne Ferdinands I. (1564) hatte freilich auch Einfluss auf die Stellung der Centralbehörden. Denn wie K. Maximilian II. und dessen Nachfolger hatten auch die Erzherzoge Ferdinand von Tirol und Karl und Ferdinand von Steiermark einen eigenen geheimen Rath, einen Hofrath, eine Hofkammer und eine Hofkanzlei. Auch ein eigener Hofkriegsrath wurde 1578 in Graz eingesetzt.²) Diese Behörden dauerten, allerdings mit beschränkteren Befugnissen, selbst dann noch fort, als 1619 Innerösterreich und 1665 Tirol und Vorderösterreich wieder mit dem Hauptkörper der habsburgischen Monarchie vereinigt wurden. Nur die niederösterreichische Kammer wurde unter Ferdinand II. mit der Hofkammer vereinigt, welche fortan auch die Geschäfte jener besorgte.³) Auch unter K. Leopold I. gab es in Graz und Innsbruck besondere Geheimrathscollegien mit eigenen „Hofvicekanzlern" für die Verwaltung und die Justiz. Bezüglich dieser entschieden sie als oberste Revisionsinstanzen die Civilsachen endgiltig, während sie in Criminalsachen die Gnadengesuche und die Recurse an die Gnade des Kaisers dem Hofe vorlegen mussten. Es gab daselbst auch eigene Hofkammern und dem Namen nach auch eigene Hofkanzleien, die freilich der österreichischen Hofkanzlei⁴) einverleibt wurden, indem der oberste Hofkanzler zugleich Provinzialkanzler war. Dem entsprechend gab es auch in der österreichischen Hofkanzlei drei getrennte Departements (Expeditionen) mit eigenen Referenten und Kanzleibeamten, eine nieder-, eine ober- und eine innerösterreichische Expedition.⁵)

Erst K. Joseph I., welcher am 5. Mai 1705 seinem Vater folgte, machte diesen föderalistischen Einrichtungen bezüglich der deutschen Erblande ein Ende. Schon wenige Wochen nach seinem Regierungsantritte fasste er den Entschluss, den innerösterreichischen Hofkriegsrath und die militärischen Angelegenheiten in Tirol und den Vorlanden dem

---

¹) Mon. comit. 5, 159 art. 40.

²) Bidermann, 1, 24 und dessen „Geschichte der landesfürstlichen Behörden in und für Tirol" im „Archiv für Geschichte Tirols", 3, 338 ff. Vgl. Hirn, Erzherzog Ferdinand II. von Tirol, 1, 461 ff., der jedoch (S. 476) glaubt, dass es unter Ferdinand noch nicht zur Bildung eines förmlichen Collegiums geheimer Räthe gekommen sei, und Fellner in den „Mittheilungen", 8, 289 f.

³) Fr. Freiherr v. Mensi, Die Finanzen Österreichs, S. 4.

⁴) Durch diese verkehrten auch der Wiener Hofkriegsrath und die Hofkammer mit den obersten Behörden in Graz und Innsbruck.

⁵) Bidermann, Geschichte der landesfürstlichen Behörden in Tirol, S. 342 ff. und „Gesammtstaatsidee", 1, 42 f. 46 ff. (mit den Noten 61—87 S. 134 ff.) und 2, 1 ff.

Hofkriegsrathe in Wien, die Hofkammern in Graz und Innsbruck der Hofkammer in Wien unterzuordnen. Trotz des Widerstrebens der betreffenden Behörden wie der Stände Tirols und Steiermarks wurde diese Verordnung bis 1709 durchgeführt. Gleichzeitig (1705) wurde eine **Umgestaltung der österreichischen Hofkanzlei** angebahnt, indem im Interesse einer rascheren Geschäftsbehandlung **zwei Hofkanzler** ernannt wurden. Sie leiteten zwar die Kanzlei gemeinschaftlich und unterzeichneten gemeinsam die Erlässe. Aber thatsächlich theilten sie sich doch so in die Geschäfte, dass der eine die „Publica", der andere die „Juridica" übernahm.[1]) 1720 wurde dies bleibend eingeführt. Der erste Hofkanzler sollte fortan mit zwei Räthen die „Haus- und Staatsachen", also die das Herrscherhaus betreffenden Fragen, die Ceremonialien bei Krönungen und die auswärtigen Angelegenheiten,[2]) der zweite, der Vorstand der eigentlichen österreichischen Kanzlei, mit den übrigen Räthen die „Provincialia und Judicialia", also die inneren Verhältnisse, die oberste Justiz und die administrativen Angelegenheiten unter sich haben.[3]) Die Länderreferenten wurden beseitigt. Mit rein militärischen und finanziellen Fragen hatte die Hofkanzlei nichts mehr zu thun.

Wurden so die Folgen der Ländertheilung von 1564 wieder beseitigt, so suchten die **Ungarn** den Einfluss der Centralbehörden auf ihre Angelegenheiten dauernd einzuschränken. Schon unter Maximilian II., besonders aber unter der schwachen Regierung Rudolfs II. klagten die Stände, dass der Kaiser durch die deutsche Hofkanzlei auch über ungarische Angelegenheiten Weisungen ertheilen lasse und fremden Räthen Einfluss gestatte, dass die ungarischen Behörden, die ungarische Hofkanzlei, der Statthalter und die ungarischen Räthe durch die allgemeine Hofkammer und den Kriegsrath in den Hintergrund gedrängt, die Befehlshaberstellen in den ungarischen Festungen an Ausländer übertragen würden.[4]) Nach dem Aufstande Bocskays musste den Ungarn im Wiener Frieden [5]) (23. Juni 1606) die Zusicherung gemacht werden, dass die Palatinswürde hergestellt und alle Ämter und Befehlshaberstellen in Ungarn und dessen Nebenländern mit Ausnahme von zwei Grenzfestungen an der Donau nur Eingeborenen verliehen werden sollten. In den Gesetzartikeln, welche Matthias noch vor der Krönung zum Könige von Ungarn (Nov. 1608)

---

[1]) Bidermann, 2, 8 ff. mit den Anmerkungen S. 106 ff.
[2]) Nur der diplomatische Verkehr mit der Pforte verblieb noch dem Hofkriegsrathe.
[3]) Die betreffende Instruction vom 26. März 1720 bei G. Wolf, Geschichte der k. k. Archive in Wien, S. 16. Vgl. Fellner, a. a. O. S. 528 f.
[4]) Näheres auf Grund der „Mon. comitialia Hungariae" in meiner „Geschichte Österreichs", 4, 264 und 439 ff.
[5]) Der Text bei Katona 28, 545 sqq.

bestätigen musste,¹) wurde verfügt, dass der Einfluss der (Wiener) Hofkammer und der niederösterreichischen Kammer auf die ungarische Finanzverwaltung und die Einkünfte dieses Reiches vollständig aufhören und der König über ungarische Angelegenheiten keine Ausländer mehr um Rath fragen sollte.

Vollständig sind diese Bestimmungen freilich nicht ausgeführt worden. Auch fortan, besonders seit Leopold I., und zwar nicht bloß in Zeiten, wo die ungarische Verfassung ausser Kraft gesetzt war, übten Mitglieder des geheimen Rathes Einfluss auf die Entscheidungen des Kaisers über ungarische Angelegenheiten und die Wiener Hofkammer auf finanzielle Fragen, wurden zahlreiche Ausländer zu Räthen der ungarischen Kammer ernannt, ergiengen Weisungen des Kaisers an die ungarischen Behörden durch die allgemeine Hofkanzlei, ohne dass übrigens die ungarischen Würdenträger dagegen ernstliche Opposition machten. Der Wirkungskreis der ungarischen und noch mehr der siebenbürgischen Hofkanzlei und Kammer ist auch unter Karl VI. ein sehr beschränkter; sie erscheinen in Abhängigkeit von den betreffenden Wiener Hofstellen.²) Noch mehr war dies seit der Unterdrückung des Aufstandes von 1618 bei den böhmischen Ämtern der Fall.

Eine ziemlich selbstständige Stellung nahmen der spanische und niederländische Rath ein, welche nach der Erwerbung der spanischen Nebenländer, und zwar jener 1713 für die italienischen Länder, mit drei Abtheilungen, dem Rath von Neapel, dem von Sardinien (später Sicilien) und dem von Mailand, dieser 1719 für die österreichischen Niederlande errichtet wurde.³)

Unter Joseph I. und Karl VI. wurden neue Einrichtungen geschaffen, welche für alle österreichischen Länder Bedeutung hatten.

1706 wurde die „Wiener Stadtbank" errichtet, welche einen Theil der Staatsschulden verzinsen und nach und nach abzahlen sollte, wogegen ihr das Erträgnis eines Theiles der indirecten Steuern wie deren Verwaltung überlassen wurde. Die Leitung dieser Bank hieß „Ministerial-Bancodeputation".⁴) Eine noch umfassendere Aufgabe erhielt die 1715 creierte „Universal-Bancalität",⁵) welche in Wien ihren Sitz und in mehreren Provinzial-Hauptstädten eigene „Bancalcollegien"

---

¹) ap. Katona, 29, 72 sqq.

²) Belege aus der Zeit der drei letzten Habsburger bei Bidermann, 1, 43 ff. mit den Anmerkungen 29—51 und 54—67 S. 116 ff. und 2, 21 ff. (und 145, N. 74—80), 32 f. (S. 174, N. 17), 56 ff. (288, N. 113—128).

³) A. Arneth, Prinz Eugen, 2, 349—369; 3, 107.

⁴) Fr. Freih. v. Mensi, Die Finanzen Österreichs von 1701—1740, S. 205 ff. Den Namen hatte diese Bank davon erhalten, dass die Stadt Wien für die Einhaltung der Verbindlichkeiten haftete und auch an der Verwaltung betheiligt war.

⁵) v. Mensi, S. 431—572.

hatte. Sie sollte nach der ursprünglichen Einrichtung als Staatscentralcasse die meisten Einnahmen des Staates empfangen und die angewiesenen Ausgaben auszahlen, als Staatscreditinstitut der Regierung Credit verschaffen und zugleich als Depositenbank fungieren. Sie hatte also eine viel umfassendere Aufgabe als die neben ihr noch fortbestehende Wiener Stadtbank. Das „Bancalgubernium" drohte anfangs auch die Hofkammer ganz in den Hintergrund zu drängen, indem alle Cameralämter ihm untergeordnet wurden. Doch wurde es eben wegen der Rivalität beider schon 1716 wieder aufgehoben und über die Hofkammer und Bancalität eine aus den vornehmsten Ministern zusammengesetzte „Finanzconferenz" gestellt, welcher die oberste Leitung und die Überwachung der ganzen Verwaltung übertragen wurde, ohne dass sie selbst administrative Befugnisse hatte. Die Hofkammer war 1713 im centralistischen Sinne umgestaltet worden, indem statt der bisherigen Referate nach Ländern Commissionen nach Materien eingesetzt wurden. Doch wurden schon 1732 diese bis auf drei wieder beseitigt und sechs „Departements" oder Commissionen nach Ländern eingerichtet, wobei jedes Departement einen ständigen Referenten erhielt.[1])

Zur Förderung des Handels, besonders des Seehandels mit dem Orient wurde 1716 ein Commercienrath für Innerösterreich eingesetzt, an dessen Stelle 1718 das „Haupt-Commercien-Collegium" in Wien trat. Auch in einzelnen Provinzen wurden Commerz-Deputationen oder -Collegien errichtet.[2])

5. Das Steuerwesen.[3])

Die Einkünfte des Landesfürsten theilten sich in dieser Periode in ordentliche und außerordentliche. Jene, welche nicht von der Bewilligung der Stände abhingen, bestanden in den Erträgnissen der Domänen oder Staatsgüter, der Ämter, Stadtsteuern, des Ungelts (Verzehrungssteuer von Getränken oder auch von anderen Gebrauchsgegenständen in den Städten) und der Regalien, nämlich der Bergwerke, Münze, Wälder, Zölle,[4]) Mauten und der Judensteuer, wozu in

---

[1]) Bidermann, 2, 27 ff. und 169, N. 3—9. Mensi, S. 127 ff., 648 ff.

[2]) Bidermann, 2, 34 und 178 ff; d'Elvert, Zur österreichischen Verwaltungs-Geschichte, S. 375.

[3]) Für die Regierung Ferdinand I. Näheres in meinen „Studien über die finanziellen Verhältnisse Österreichs unter Ferdinand I. in „Mittheilungen des Instituts", Ergänzungsband 4, 181 ff., für die spätere Zeit Freiherr v. Mensi, Die Finanzen Österreichs von 1701—1740. Einzelne Materialien gibt auch d'Elvert, Zur österreichischen Finanz-Geschichte in „Schriften der historisch-statistischen Section", 25. Bd.

[4]) In Ungarn nach ihrer Höhe *tricesima*, in Siebenbürgen *ricesima* (des Wertes) genannt.

Ungarn die Einkünfte von den erledigten geistlichen Pfründen und in der ersten Hälfte dieser Periode der kirchliche Zehent kam, den der König gegen Entschädigung der Bischöfe für sich verwendete. Auch wurden im Laufe dieser Periode Stempel, Taxen und 1701 (bleibend 1723) das Tabakmonopol eingeführt.

Diese Einnahmen, deren Verwaltung der Hofkammer zustand, konnten zur Deckung der regelmäßigen Ausgaben für den Hofstaat, Gnadengaben, kirchliche Stiftungen, die Verwaltung und allenfalls auch für die Verzinsung der vom Landesfürsten gemachten Anlehen ausreichen, nicht aber auch für die militärischen Bedürfnisse, da zur Vertheidigung der österreichischen Länder gegen die Türken, später auch gegen die Franzosen und andere Feinde ein Heer zu erhalten, Festungen anzulegen und andere militärische Bedürfnisse zu bestreiten waren. Um diese Auslagen zu decken, musste sich der Landesfürst an die Stände der verschiedenen Länder wenden, um die Bewilligung von Subsidien oder außerordentlichen Steuern oder auch (was seit Maximilian II. öfter geschah) die Übernahme von Schulden auf das Land durchzusetzen. Schon in der zweiten Hälfte der Regierung Ferdinands I. wurden fast Jahr für Jahr außerordentliche Subsidien gezahlt. Anfangs hoben die Stände die von ihnen bewilligten Summen nicht bloß selbst ein, sondern sie verwendeten sie auch in der Regel zur Ausrüstung und Besoldung der von ihnen gestellten Truppen. Später wurden sie wohl dem Landesfürsten oder den von ihm bezeichneten Personen eingehändigt. Aber mit Rücksicht auf ihren Hauptzweck wurden sie immer als „Militärbewilligung" von den „Cameraleinnahmen" unterschieden. Auch aus anderen Anlässen, z. B. bei der Erbhuldigung, der Reise des Kaisers zu seiner Krönung oder der Vermählung desselben oder seiner Kinder wurden von den Ständen außerordentliche Subsidien gefordert und bewilligt.

Die Steuerobjecte waren nicht in allen Ländern dieselben.

Die Stände Ungarns bewilligten in der Regel außer den Arbeiten der Unterthanen für die Befestigung der Grenzplätze *(labores gratuiti)* eine Grundsteuer, und zwar von jedem Bauerngute (einer *porta*) eine bestimmte Anzahl von Gulden.

In Böhmen wurde 1541 eine Vermögenssteuer eingeführt, indem von 1000 Schock Groschen zuerst 10, dann 12 Schock gezahlt werden mussten, wozu 1547 eine Biersteuer kam, welche die an der damaligen Erhebung betheiligten Städte noch besonders zählen mussten.[1]) Im Jahre 1567 wurde statt der Vermögenssteuer eine Haussteuer eingeführt, die den

---

[1]) Anfangs betrug diese nur 1 Groschen von jedem verkauften Fasse (à 4 Eimer) Bier, wurde aber dann mehrmals und endlich durch die Landesordnung von 1627 (A. 34) zur Strafe für den Aufstand auf 1 Gulden für ein Fass erhöht.

Adel fast gar nicht traf, 1570 noch eine Verkaufssteuer[1]) hinzugefügt, 1593 die Steuerfreiheit der Adeligen wieder beseitigt und dieselben nach der Zahl der Bauernansässigkeiten auf ihren Gütern besteuert.

In Mähren wurden im Laufe des 16. Jahrhunderts mit Bewilligung der Stände neben dem Biergroschen in den königlichen Städten auch noch eine (auch von den Herrschaften entrichtete) Realsteuer, eine Capitaliensteuer, ein Biergeld auf dem Lande, ein Aufschlag vom ein- und durchgeführten Wein und von dem im Lande verkauften Schlachtvieh und Getreide eingeführt.[2])

Nach dem dreißigjährigen Kriege setzten es die oberen Stände Böhmens und Mährens durch, daß sie von ihren herrschaftlichen Gütern gar keine Contribution mehr zahlten. Der böhmische Kataster von 1654 wie der mährische von 1664 beruhte auf den von den Herrschaften überreichten Fassionen, aber die Fassionspflicht beschränkte sich nur auf den Besitz der Unterthanen, der (wenig zahlreichen) Freisassen und der Bürger für die außerhalb der Stadt gelegenen Güter. Doch übernahmen die oberen Stände und die königlichen Städte Mährens 1671 auf Verlangen des Kaisers einen Theil der Contribution. Die Herrschaften in Böhmen zahlten seit 1706 das Extraordinarium, wenn ein solches neben der von den Unterthanen schon regelmäßig gezahlten Contribution bewilligt wurde.

In den nieder- und innerösterreichischen Ländern bildete die Grundlage für die Besteuerung des landschaftlichen Grundbesitzes die Gilt, d. h. 1% des dem Einkommen von demselben entsprechenden Capitalswertes (ungefähr $\frac{1}{5}$ des Ertrages), und es wurde je nach Bedürfnis die halbe, ganze, doppelte u. s. w. Gilt bewilligt. Im Lande unter der Enns hatten $\frac{1}{5}$ der bewilligten Summe die Städte und Märkte, die übrigen $\frac{4}{5}$ die Prälaten, Herren und Ritter zu zahlen, doch waren diese (seit 1545) berechtigt, ihre Unterthanen in entsprechender Weise zur Zahlung heranzuziehen. Diesen gegenüber waren die Herrschaften insofern begünstigt, als bei ihnen $\frac{1}{100}$, bei den Bauern schon $\frac{1}{60}$ des Wertes ihres Grundbesitzes die Steuereinheit bildete. Als die Besteuerung der Gilten zur Aufbringung der immer mehr steigenden Subsidien nicht mehr ausreichte, führte man (ständig seit 1584) neben dieser noch eine zweite Realsteuer (die Urbarsteuer oder den Hausgulden) ein, deren Einheit

---

[1]) Anfangs musste von jedem verkauften Gegenstande der dreißigste Groschen gezahlt werden. Später wurde die Steuer auf einige wichtigere Gegenstände, Getränke, Vieh, Fische eingeschränkt. Siehe über alle diese Fragen Gindely, Geschichte der böhmischen Finanzen von 1526—1618. „Denkschriften der kaiserlichen Akademie", 18, 91 ff.

[2]) d'Elvert, a. a. O. S. 153 ff.

das Haus bildete und die anfangs ausschließlich, später größtentheils von den Unterthanen getragen werden musste.

In Tirol bildete die Grundlage der Besteuerung das zwischen den Ständen und dem Kaiser vereinbarte Landlibell von 1511, welches die Zahl der im Falle eines feindlichen Angriffes von den Hochstiftern Brixen und Trient, den Prälaten und dem Adel, den Städten und Gerichten zu stellenden Kriegsknechte oder die dafür zu zahlenden Summen festsetzte. Nach der damals vereinbarten Vertheilung (den „Steuerknechten") wurden dann auch die directen Steuern umgelegt.

Wenn an die verschiedenen Länder außerordentliche Anforderungen gestellt wurden, zu deren Befriedigung die gewöhnlichen Grundsteuern nicht ausreichten, so wurden wohl auch andere Steuern votiert, die sich als eine Mischung von Vermögens-, Einkommen- oder Erwerbsteuer und Kopfsteuer darstellten, oder es wurden auch Getränk- und Verzehrungssteuern bewilligt. Schon früh hat sich ein bestimmtes Verhältnis für die Leistungen der verschiedenen deutschen und böhmischen Länder herausgebildet, wenn man sich auch nicht immer an dasselbe gehalten hat. Als Ende 1541 Vertreter derselben dem Könige Ferdinand I. eine Vermögenssteuer bewilligten, welche bei den Mitgliedern der Stände, den Geistlichen, Bürgern und Freibauern $1/100$, bei den gemeinen Leuten und den Unterthanen $1/60$ ihres Vermögens betrug, schätzte man das Erträgnis in Böhmen auf 375.000, in Mähren auf 150.000, in Schlesien auf 200.000, in der Lausitz auf 50.000, in den deutschen Erblanden auf 371.000 Gulden.[1]) Später wurde manchmal von den böhmischen Ländern nur so viel verlangt wie von den Erblanden. Dagegen sollten nach einem unter Maximilian II. zwischen den böhmischen Ländern und den österreichischen Ständen geschlossenen Übereinkommen diese $1/3$, jene $2/3$ zahlen. Auch 1670 galt als Grundsatz, dass bei einer Forderung von 1,800.000 Gulden Niederösterreich 200.000, Oberösterreich 100.000, Innerösterreich 300.000, zusammen also 600.000, die böhmischen Länder 1,200.000 (und zwar davon Böhmen $4/9$, Mähren $2/9$, Schlesien $3/9$) beisteuern sollten. Im Jahre 1682 wurde das Verhältnis der Steuersumme der deutschösterreichischen und der böhmischen Länder wie $6 1/4$ zu $11 3/4$ (oder wie 150 zu 282) festgesetzt, wobei von der von diesen zu zahlenden Summe die Hälfte auf Böhmen, ein Drittel auf Mähren, zwei Drittel auf Schlesien entfielen.[2]) Die Contribution, die von dem ungarischen Reichstage 1715 auf zehn Jahre bewilligt wurde und fortan ständig blieb, betrug ungefähr 2,500.000 Gulden.[3])

---

[1]) Böhmische Landtagsverhandlungen 1, 532 f.
[2]) d'Elvert, a. a. O. S. 222 ff. Vergl. Toman, Das böhmische Staatsrecht, S. 96 f. Bidermann 2, 92.
[3]) d'Elvert, Zur österreichischen Verwaltungs-Geschichte, S. 395 f.

6. Das Heerwesen.[1]

Die Verfügung über die bewaffnete Macht stand dem Kaiser zu, der selbst alle wichtigeren Anordnungen traf. Die oberste Militärbehörde war der 1556 errichtete **Hofkriegsrath** mit einem Präsidenten (später auch einem Vicepräsidenten) und einer Anzahl von Räthen, welcher für die Ergänzung, Ausrüstung und Verpflegung des Heeres, für den Bau und die Instandhaltung der Festungen und Zeughäuser zu sorgen, Operationspläne zu entwerfen, die Befehle zwischen dem Kaiser und den Truppencommandanten zu vermitteln, die Vorschläge zur Ernennung der Feldherren, Festungscommandanten und Regimentsinhaber zu machen und die Justiz über die höheren Officiere und die außerhalb der Regimenter stehenden Militärpersonen auszuüben hatte.

Um für die Verpflegs- und Geldbedürfnisse der Armee zu sorgen und die Gebarung zu controliren, wurde 1650 eine eigene Behörde, das **General-Kriegs-Commissariat-Amt** eingesetzt, welches unter Leopold I. zur Hofstelle erhoben und dem Hofkriegsrathe coordiniert wurde. Für die Verproviantierung der Truppen im Frieden und für die Anlegung von Magazinen wurde das **Obrist-Proviant-Amt** geschaffen, welches aber zunächst von der Hofkammer und dem General-Kriegs-Commissariat-Amte abhieng.

Für die Ausübung der Gerichtsbarkeit, soweit sie dem Hofkriegsrathe zustand, gab es ein eigenes **General-Feld-Kriegs-Auditoriats-Amt**, an dessen Spitze der General-Feld-Kriegs-Auditor stand, welcher meist zugleich Hofkriegsrath war.

Viele Rechte, welche jetzt als Ausfluss der Souveränität angesehen werden, standen in dieser Periode den **Inhabern der Regimenter** zu. Diese warben die Truppen, ernannten die Officiere ihres Regimentes, führten die Verwaltung desselben und waren seine Gerichtsherren, indem sie die Disciplinargewalt ausübten und in wichtigeren Fällen das richterliche Verfahren anordneten und ihnen das Urtheil zur Bestätigung oder zur Milderung vorgelegt wurde *(jus gladii et aggratiandi)*. Erst nach und nach suchten der Hofkriegsrath und einzelne Generale diese Rechte einigermaßen einzuschränken.

Ein stehendes Heer hat es aber im Beginne dieser Periode noch nicht gegeben. Auch war alles nur für die Vertheidigung eingerichtet. In den deutsch-österreichischen wie in den böhmischen Ländern bestand die **Verpflichtung der Vasallen**, im Falle eines feindlichen Angriffes dem Landesfürsten auf eigene Kosten beizustehen, in Ungarn in ähnlicher Weise die **adelige Insurrection**, nach der jeder Edelmann persönlich,

---

[1] Vgl. im allgemeinen „Feldzüge des Prinzen Eugen von Savoyen", 1, 187 ff.

die mächtigeren Barone, Prälaten und Magnaten mit ihren Vasallen unter eigenem Banner *(Bandcrium)* ins Feld rücken mussten.[1]) Die Stellung weiterer Truppen hieng von dem guten Willen der Stände ab, welche auf Ansuchen des Landesfürsten diesem für eine bestimmte Zeit, etwa drei oder sechs Monate, ein Landesaufgebot (den 30., 10. oder 5. Mann oder den ganzen Landsturm) bewilligten, das sie in der Regel selbst besoldeten und verpflegten. Es stand dem Fürsten frei, Söldner zu halten. Aber da die Mittel, über welche er unabhängig von den Ständen verfügen konnte, nur gering waren, so wurden solche erst im Falle der Noth angeworben und so bald als möglich wieder entlassen.

Erst die langen, im 16. Jahrhundert nur durch mehrjährige Waffenstillstände unterbrochenen Kriege mit den Türken und die Nothwendigkeit, auch im Frieden für den Schutz der Grenzen gegen türkische Streifscharen zu sorgen, zwangen den Kaiser, in Ungarn und Croatien eine ständige Streitmacht zu unterhalten, die aber beim Tode Ferdinands I. 1564 nur ungefähr 9000 Mann betrug.[2]) Im 17. Jahrhundert stieg die Zahl immer mehr an. Wohl wurden nach jedem Kriege ganze Regimenter aufgelöst, aber manche wurden auch im Frieden unterhalten.

Die Ungarn beschwerten sich aber fast auf jedem Reichstage über die Anwesenheit „fremder" Truppen in ihrem Gebiete, wie denn überhaupt das Bewusstsein der Zusammengehörigkeit der österreichischen Länder noch nicht entwickelt war und nicht einmal die deutschösterreichischen Provinzen es als ihre Pflicht ansahen, im Falle der Bedrohung durch einen Feind einander Beistand zu leisten.[3]) Nur ausnahmsweise wollten die ungarischen Stände in Friedenszeiten in einzelnen Grenzfestungen fremde Truppen dulden. Erst 1715 erkannte der ungarische Reichstag es an, dass das Reich durch die Insurrection allein nicht genügend vertheidigt werden könne, und dass ein reguläres Heer, aus Eingeborenen und Fremden bestehend, erhalten werden müsse. Die Stände gestatteten daher die Aushebung einiger tausend Mann. Doch wurde ausdrücklich betont, dass über die dazu nothwendige Contribution auf dem Reichstage verhandelt werden müsse.[4]) Weniger sträubten sich die Un-

---

[1]) Später aber nur noch, wenn der König in eigener Person auszog.

[2]) Siehe meine „Studien über die finanziellen Verhältnisse Österreichs unter Ferdinand I." in „Mittheilungen des Instituts", Ergänzungsband, 4, 211 f.

[3]) Noch 1645 leugneten die Steirer die Verpflichtung, den Österreichern gegen die Schweden Hilfe zu leisten; 1704 behaupteten die Krainer diesen Standpunkt der Stadt Triest, 1707 die Kärntner und Krainer den durch die ungarischen Insurgenten bedrohten Steirern gegenüber. 1708 hatten die Steirer selbst den Kärntnern, diese den Tirolern gegen die Franzosen eine ausgiebige Unterstützung verweigert. Bidermann, 2, 6 und 25; 101 N. 22 und 165 N. 95 und 96.

[4]) G. A. 1715 art. 8.

garn gegen die Errichtung von Befestigungen, wozu sie durch Geld, noch häufiger aber durch Roboten beitrugen, und zwar in der Weise, dass infolge von Reichstagsbeschlüssen mehrere Comitate zum Baue oder zur Einhaltung einer bestimmten Festung verpflichtet waren. Für die Befestigung der Plätze in der Militärgrenze leisteten die Stände der innerösterreichischen Länder, für jene Komorns und Raabs jene des Erzherzogthums Österreichs und auch das deutsche Reich bedeutende Beiträge.

Die Macht der Stände in den böhmischen und deutschösterreichischen Ländern wurde infolge der Gegenreformation und der Unterdrückung des Aufstandes gebrochen, und dieselben machten von dieser Zeit an gegen die Bewilligung von Subsidien zur Aufbringung, Besoldung und Verpflegung von Truppen keine grundsätzliche Opposition mehr, wenn sie auch von der verlangten Summe häufig etwas herabzuhandeln suchten.[1]) Nur die tirolischen Stände, die noch die grösste Bedeutung behauptet hatten, wehrten sich noch unter K. Karl VI. gegen die Anschauung, dass alle Erblande zum Unterhalte des kaiserlichen Heeres beizutragen hätten, und erhoben gegen eine von ihnen zu diesem Zwecke geforderte Steuer die Einwendung, dass Tirol vertragsmäßig nur sich selbst zu vertheidigen habe und ohnehin zum Unterhalte der vier Landmiliz-Regimenter[2]) die Hälfte beitrage; zu einer „weiteren Militärnothdurft zu contribuieren und solche Postulate perpetuierlich werden zu lassen, sei durchaus nicht der Stände Gesinnung".[3])

Für die Einquartierung oder Kasernierung der Truppen mussten die Stände (in Ungarn in der Regel die Comitate) sorgen. Auch zum Unterhalte der einquartierten oder durchmarschierenden Soldaten wie für die Aufbringung der erforderlichen Pferde mussten vielfach die Länder oder Comitate beitragen, und erst unter Karl VI. wurde das Contributionswesen genauer geordnet.[4])

c) Geschichte des Ständewesens.
I. Die deutschen Erbländer.[5])

Die Landtage der deutschen Erbländer bestanden in dieser wie am Ende der vorhergehenden Periode aus vier Ständen, Prälaten, Herren,

---

[1]) Beispiele aus der Zeit von 1636—1699 für Mähren bei d'Elvert, Beiträge zur Geschichte der Rebellion u. s. w. in „Schriften der historisch-statistischen Section" 16, 770—828.
[2]) Seit der Mitte des 17. Jahrhunderts war das Landesaufgebot militärisch organisiert.
[3]) Bidermann, 2, 354 N. 261.
[4]) Bidermann, 2, 357 N. 269 und 148 N. 77.
[5]) Siehe hierüber Pribram, Die niederösterreichischen Stände und die Krone in der Zeit Leopold I., „Mittheilungen des Instituts", 14, 589 ff. Pritz, Geschichte des Landes ob der Enns, 2, 612 ff. Hermann, Geschichte Kärutens, 2ᵇ, 24 ff.

Rittern und Städten und Märkten. In Tirol, wo alle Adeligen in einer Curie vereinigt waren, bildeten die Vertreter der Bauern, der „Gerichte", den vierten Stand. In Vorarlberg waren die Städte und Gerichte allein im Landtage vertreten, und sie bildeten nur eine Curie. Die Mitglieder des Clerus und des Adels hatten das Recht, persönlich zu erscheinen, die Städte und Märkte wie in Tirol und Vorarlberg die Landbezirke (Viertel) schickten einen oder zwei Vertreter (die Städte meist den Bürgermeister oder Stadtrichter), welche an Instructionen gebunden waren. Von Tirol und theilweise von Krain abgesehen, standen aber die Delegirten des Bürgerstandes an Rechten hinter den übrigen Ständen weit zurück. Sie leisteten mit diesen die Huldigung und wohnten der Verlesung der Landtagspostulate bei. Aber sie waren von den gemeinsamen Berathungen der Prälaten und Adeligen ausgeschlossen, zählten meist nur als eine Virilstimme, und auch die Verwaltung, soweit sie zur Competenz der Stände gehörte, stand meist den oberen Ständen allein zu.

Die Einberufung des Landtages erfolgte durch den Landesfürsten. Bestimmte Termine hierfür hat es nicht gegeben. Da der Hauptzweck immer die Bewilligung der verlangten Steuern war, so kam es darauf an, auf wie lange Zeit diese erfolgte. Ferdinand I. suchte dieselbe immer auf mehrere, wenigstens auf zwei Jahre, durchzusetzen. Aber wegen des Sträubens der Stände wurde endlich die jährliche Einberufung Regel.[1]) Später wurde sie in den meisten Ländern wieder seltener.

Den Vorsitz im Landtage führte der Landeshauptmann (im Lande unter der Enns „Landmarschall"). [2])

Auf dem ersten Landtage, der nach dem Regierungsantritte eines neuen Landesfürsten berufen wurde, fand die Erbhuldigung der Stände statt, wogegen der Fürst diesen und dem Lande die alten Privilegien und hergebrachten Rechte und Freiheiten bestätigte.

Das wichtigste Recht der Stände war das der Bewilligung von Steuern, hauptsächlich der Grundsteuer (Contribution), wogegen der Fürst bezüglich der Regalien (der Einnahmen von den Bergwerken und

---

Aelschker, Geschichte Kärntens, S. 890 ff. Dimitz, Geschichte Krains, 2, 299; 3, 215 ff.; 4, 69 ff. Egger, Die Entwicklung der tirolischen Landschaft. Programm des Gymnasiums zu Innsbruck, 1876. Egger, Die Tiroler und Vorarlberger (Die Völker Österreich-Ungarns, IV), S. 141 ff. Hirn, Erzherzog Ferdinand von Tirol, 2, 59 ff.

[1]) Erst 1689 bewilligten die Stände des Landes unter der Enns auf zwölf Jahre bestimmte Steuersummen, was sie freilich nicht gegen neue Forderungen während dieser Zeit schützte. Pribram, S. 628 N. 1.

[2]) In Kärnten wurde, weil die Stelle des Landeshauptmannes oft längere Zeit nicht besetzt und durch einen Landesverweser versehen wurde, später von den Ständen ein Burggraf als Vorsitzender des Landtages und der Verordneten gewählt, und zwar anfangs auf Lebenszeit, später auf sechs Jahre. Hermann, 2ᵇ, 32 f.

Münzen, der Mautaufschläge u. dergl.) von diesen unabhängig war und besonders seit dem 17. Jahrhundert auch von Wein und Bier, Vieh und Fleisch oft eigenmächtig Abgaben erhob.[1]) Der Fürst liess beim Beginn des Landtages sein Postulat vorlegen, welches auf Grund eines Gutachtens der Hofkammer, die wieder das General-Kriegs-Commissariat und die anderen Ämter befragt hatte, gestellt wurde. Über dieses Postulat beriethen die vier Stände gesondert, und in jedem entschied die Mehrheit der Stimmen. Dann erfolgte eine gemeinsame Berathung der drei oberen Stände, und nachdem man sich auch mit den Vertretern der Städte ins Einvernehmen gesetzt hatte, wurde die kaiserliche Proposition schriftlich beantwortet. In Tirol wurden die Vorlagen des Landesfürsten zuerst in Ausschüssen berathen, in denen alle Stände vertreten waren. Wohl nie wurden die Forderungen der Regierung gleich anfangs im vollen Umfange bewilligt, weswegen diese auch immer höher gestellt wurden, als nothwendig war. Es folgte dann auf die Replik der Stände eine Duplik der Regierung, und oft kam es zu einer Triplik oder Quadruplik u. s. w., bis man sich, nachdem beide Theile einige Concessionen gemacht hatten, über einen bestimmten Steuerbetrag einigte. Dabei gab der Kaiser in der Regel die Erklärung ab, dass diese Bewilligung von Seite der Stände nur aus gutem Willen geschehe und ihren Rechten nicht präjudicieren solle.

An die Steuerbewilligungen knüpften die Stände in der Regel auch ihrerseits Wünsche und Beschwerden über Missstände, deren Beseitigung sie verlangten. Ein Recht, davon die Steuerbewilligung abhängig zu machen, wurde freilich principiell nie anerkannt. Aber die Regierung musste doch möglichste Rücksicht darauf nehmen, um die Stände günstiger zu stimmen. Manche Gesetze sind mit Berücksichtigung der Wünsche der Stände erlassen worden, freilich nicht in der Weise, dass sie mit diesen förmlich vereinbart worden wären.

Zu den persönlichen Vorrechten der Mitglieder der oberen Stände gehörten der privilegierte Gerichtsstand vor dem Landrechte, der ausschließliche Anspruch auf die Richterstellen und auf den Besitz ständischer Besitzungen im betreffenden Kronlande, die Ausübung der Gerichtsbarkeit über ihre Unterthanen in erster Instanz u. s. w.

Die Entscheidung mancher weniger wichtiger Angelegenheiten, die Vorbereitung der Verhandlungsgegenstände, wie die Erstattung von Gutachten war Sache des ständischen Ausschusses, der in manchen Ländern nur aus gewählten Mitgliedern der drei oberen Stände, im Lande ob der Enns und in Tirol aus Vertretern aller vier Stände zusammengesetzt war. Für die Ausführung der Landtagsbeschlüsse, die Verwaltung, soweit

---

[1]) Siehe das Verzeichnis der Patente von 1556—1754 in „Schriften der historisch-statistischen Section der mährisch-schlesischen Gesellschaft", 23, 415 ff.

sie in den Händen der Stände war, und für die Einquartierung und Unterhaltung des im Lande befindlichen Militärs war in mehreren Ländern schon im 16. Jahrhundert ein zweiter Ausschuss, die „Verordneten", eingesetzt worden, zu denen im Lande unter der Enns und in Kärnten je zwei Mitglieder der drei oberen Stände,[1]) in anderen Ländern auch Vertreter der Städte gewählt wurden. Die Wahl erfolgte anfangs nur bis zum nächsten Landtage, dann auf drei oder vier oder (in Niederösterreich seit 1682) auf sechs Jahre. In manchen Ländern, wie in Tirol, Kärnten und (wenigstens zeitweise) auch in Krain gab es einen **engeren** oder **kleinen** und einen **großen Ausschuss**. Letzterer[2]) wurde bei wichtigeren Anlässen, die aber doch nicht die Einberufung des ganzen Landtages nothwendig erscheinen ließen, versammelt.

Unter dem Landtage oder zunächst den Verordneten stand gewöhnlich ein **Einnehmeramt** für die Einhebung der städtischen Einkünfte, ein **Raitamt** oder eine Raitkammer zur Prüfung der Rechnungen, auch wohl ein **Rentmeisteramt**, das die im Executionswege hereinzubringenden Abgaben einzutreiben hatte.

Auch die Beisitzer des **Landrechtes** (auch Landschranne oder Schrannengericht) wurden vom Landtage gewählt, und zwar nur aus dem Adel.

2. Die böhmischen Länder.

Der **böhmische Landtag** bestand auch in dieser Periode aus den Herren, Rittern[3]) und Vertretern der königlichen Städte, die eine eigene Curie bildeten, aber vom Adel nicht als gleichberechtigt angesehen wurden. Durch die „vernewerte Landesordnung" von 1627 wurden auch dem Erzbischofe von Prag und den infulierten Prälaten, welche in die Landtafel eingetragene Güter besaßen, wieder Sitz und Stimme auf den Landtagen eingeräumt, und zwar bildeten sie den ersten Stand.[4]) Die Städte, welche mit Ausnahme von Pilsen und Budweis wegen ihrer Theilnahme am Aufstande ihre Standschaft verloren hatten, erhielten diese durch

---

[1]) Im 16. Jahrhundert, wo die Protestanten unter den Mitgliedern der Stände überwogen, wurden keine Prälaten gewählt. Doch setzte die Regierung dann die Wahl solcher wieder durch. In Kärnten und Krain wurde aber nur einer gewählt.

[2]) Er bestand in Kärnten aus 16 bis 24, in Tirol, wo er die vollen oder „offenen" Landtage immer mehr verdrängte, aus je 10 bis 12, der kleine aus je 5 bis 6 Vertretern der vier Stände.

[3]) Die Herren und Ritter hatten alle das Recht, auf dem Landtage zu erscheinen. Doch kam es im 16. Jahrhundert öfter vor, dass wegen der grossen Kosten die Adeligen eines Kreises Vertreter wählten und diesen eine Entschädigung bewilligten. Palacky, V, 2, 400. Toman, S. 59 f.

[4]) L. O. A. 24.

die Gnade K. Ferdinands II. wieder zurück. Doch wurden sie nur durch Abgeordnete von Prag, Budweis, Pilsen und Kuttenberg, welche deswegen privilegierte Städte hießen, auf den Landtagen repräsentiert. Die Vertreter der Prager Städte durften auch innerhalb der Schranken des Landtagssaales erscheinen.[1)]

Die Einberufung des Landtages galt als Recht des Königs und nur in revolutionären Zeiten versammelten sich die Stände eigenmächtig. Nach der Erhebung zu Gunsten der Schmalkaldner wurde 1547 das Gesetz gegeben, dass bei Strafe des Todes niemand ohne königliche Bewilligung einen Landtag oder eine Kreisversammlung [2)] berufen dürfe. 1627 wurde dieses Verbot bei Strafe des Verlustes von Leben, Ehre und Gut erneuert.[3)]

Die Stände hatten eigentlich nur das Recht, über die ihnen vorgelegten königlichen Propositionen zu verhandeln. Doch konnten sie dadurch, dass sie auf die an sie gestellten Forderungen besonders finanzieller Natur nicht eingiengen, die Verhandlung ihrer Wünsche und Beschwerden durchsetzen. Die Landesordnung von 1627 sprach aber das Recht, Propositionen zu machen, ausdrücklich dem Könige allein zu und erklärte es für ein Verbrechen und einen Eingriff in das königliche Amt, wenn jemand mündlich oder schriftlich einen Antrag stellen würde. Nur beim Könige durfte man eine Sache anregen. Auch wurde den Ständen verboten, an Steuerforderungen unbillige Bedingungen zu knüpfen.[4)]

Zur gesetzlichen Giltigkeit eines Landtagsbeschlusses war nicht bloß die Sanction des Königs, sondern auch die Eintragung in die Landtafel nothwendig, welche in Anwesenheit ständischer Vertreter (Relatoren) und der dazu bestimmten obersten Beamten erfolgen musste.

Die Befugnisse der Stände waren anfangs sehr ausgedehnte. Die Wahl oder Annahme des Königs, die Bewilligung aller außerordentlichen Steuern,[5)] des Aufgebotes oder der Stellung anderer Truppen, die Veranlagung und Einhebung der bewilligten Steuern, die Ertheilung des Incolates an Ausländer, die Genehmigung der Veräußerung von Kammergütern und Theilen des böhmischen Krongebietes und die Beschlussfassung über neue Gesetze gehörten zu ihrer Competenz. Die von ihnen bewilligten Steuern durften nur für den bestimmten Zweck verwendet werden.

[1)] P. Stransky's Staat von Böhmen. Uebersetzt, berichtigt und ergänzt von Cornova, 7, 222 ff.
[2)] Diese waren bisher von den Kreishauptleuten berufen worden.
[3)] Böhmische Landtagsverhandlungen, 2, 500, L. O. A. IV.
[4)] L. O. A. 5. 6.
[5)] Zu diesen gehörten nicht bloß die Erträgnisse der Domänen und Regalien nicht, sondern auch nicht das nach der Rebellion den Städten mit Ausnahme von Pilsen und Budweis als Strafe auferlegte Biergeld (1 Gulden von jedem Fass) L. O. A. XXXIV.

Durch die Einführung des Erbrechtes für sämmtliche Mitglieder des Hauses Habsburg wurde das Wahlrecht der Stände auf den Fall des Aussterbens aller Seitenverwandten beschränkt. Durch die Landesordnung von 1627 wurde die Ertheilung der Erlaubnis von Werbungen, zur Erbauung von Festungen und Schlössern, zur Errichtung von Mauten und Zöllen, wie der Aufnahme von Ausländern in das Incolat dem Könige zugesprochen.[1]) Auch behielt sich Ferdinand II. ausdrücklich das Recht vor, in Böhmen „Gesetze und Recht zu machen und alles dasjenige, was das Jus legis ferendae, so uns als dem Könige allein zusteht, mit sich bringt".[2]) Doch erklärte er, dass er Contributionen nur auf den Landtagen „und anders nicht" begehren lassen würde,[3]) und dieses Versprechen erneuerte er in dem am 29. Mai 1629 gegebenen Majestätsbriefe, worin er für sich und seine Erben versprach, alle vier Stände und die ganze Gemeinde des Erbkönigreiches bei ihren Rechten zu lassen.

Im Jahre 1640 räumte Ferdinand III. den Ständen auf dem Gebiete des Privat- und Strafrechtes, der Polizeigesetzgebung u. dgl. auch das Recht der Initiative ein, indem er ihnen erlaubte, über geringere Sachen, die nicht den „status publicus" und seine „Person, Hoheit, Autorität und Regalien" betreffen, sich zu unterreden und Beschlüsse zu fassen, deren Publicierung aber von seiner Bestätigung abhängen sollte.[4]) Das Recht des Königs, auch aus eigener Machtvollkommenheit über solche Fragen Gesetze zu geben, wurde indessen dadurch nicht aufgehoben, und es wurde davon auch in wichtigen Fällen Gebrauch gemacht. Selbst so tief in die Rechte und die materiellen Interessen eingreifende Gesetze wie das böhmische Robotpatent von 1680 (und dessen Erneuerungen und Abänderungen von 1717 und 1738) wurden „aus Kayserlich- und Königlicher Macht und Vollkommenheit" erlassen.[5])

Das Steuer- und Recrutenbewilligungsrecht des Landtages wurde seit der Unterdrückung des Aufstandes von 1618 oft dadurch umgangen, dass der König besonders in Kriegszeiten der rascheren Erledigung wegen statt desselben eine „Zusammenkunft" der obersten Landesbeamten, Landrechtsbeisitzer und königlichen Räthe, manchmal auch der Kreishauptleute oder einzelner Ständemitglieder einberief. Die Forderungen

---

[1]) L. O. A. 12. 14. 20.
[2]) L. O. A. VIII. Auch im Kundmachungspatent vom 10. Mai 1627, worin darauf hingewiesen ist, dass Böhmen „in forma universitatis rebellieret" habe, behält sich der König das Recht vor, „solche Unsere Landes-Ordnung zu mehren, zu bessern und was sonst das Jus legis ferendae mit sich bringt", wie auch die in der L. O. nicht begriffenen Fälle „durch Constitutiones regias zu decidieren". Über die Bedeutung dieses Artikels siehe Gindely, Gegenreformation in Böhmen, S. 471 ff.
[3]) A. 5.
[4]) Novella Aa. IX. „Histor. Aktenstücke über das Ständewesen in Österreich", 2, 53.
[5]) Grünberg, Die Bauernbefreiung in Böhmen, Mähren und Schlesien, 2, 5 ff.

des Königs wurden von diesen auch regelmäßig bewilligt, allerdings unter Verwahrung und manchmal gegen nachträgliche Genehmigung der Stände. Seit der letzten Zeit Leopolds I. wurden manche Steuern auch ohne jede Bewilligung eingehoben.[1])

Zur Vorberathung, manchmal auch zur Entscheidung gewisser Angelegenheiten oder zur Ausführung von Landtagsbeschlüssen, wie zur Verwaltung des Landesvermögens wurden von den Landtagen oft Commissionen eingesetzt, zu deren Mitgliedern meist die obersten Landesbeamten, Landrechtsbeisitzer und Räthe des Königs, wie Vertreter der verschiedenen Stände gewählt wurden. Als die Landesbeamten nicht mehr als ständische, sondern als königliche Beamte angesehen wurden, wählte der Landtag 1652 für die Beaufsichtigung des ständischen Steueramtes und die mit der Vertheilung einer bewilligten Steuer zusammenhängenden Fragen eine aus 12 Personen (3 aus jedem der vier Stände) bestehende „Hauptcommission", deren Wirksamkeit immer wieder erneuert wurde und der namentlich die Ausführung der Landtagsbeschlüsse zustand. Infolge des Widerstandes der Regierung verschwindet diese seit 1674, und es wurde dafür 1714 die Errichtung eines besoldeten „Landesausschusses" aus je zwei Vertretern der drei oberen Stände und der vier Prager Städte beschlossen, der, 1715 zum erstenmale gewählt, die Landesökonomie zu besorgen, das ständische Steuerwesen zu überwachen, die Entwürfe für die Vertheilung des einquartierten Militärs abzufassen hatte u. s. w. Alle drei Jahre sollten die Beisitzer der drei oberen Stände neu gewählt werden, doch wurden sie thatsächlich vom Vorstande der betreffenden Ständecurie ernannt. Bei wichtigeren Angelegenheiten wurde der Landesausschuss durch zwei weitere Mitglieder aus jedem Stande verstärkt.[2])

Die Gebiete von Glatz und Ellbogen und das an Böhmen verpfändete deutsche Reichsland Eger waren auf dem böhmischen Landtage gar nicht vertreten, und es musste wegen der Übernahme der von diesem bewilligten Steuern vom Könige erst mit ihren Vertretern verhandelt werden. Ellbogen wurde erst nach 1644, Glatz 1696 den übrigen böhmischen Kreisen gleichgestellt. Dasselbe geschah 1723 auch mit dem Egerlande, das noch 1721 als selbständiges Gebiet seinen Beitritt zur pragmatischen Sanction erklärt hatte.[3])

---

[1]) Toman, S. 69. Auch in Mähren schrieb der Kaiser vor 1693 „die verwichene Jahr hero die Bey- und Kopfsteuer *Jure regio*" aus. „Schriften der historisch-statistischen Section" 16, 833.

[2]) Toman, S. 75 ff.

[3]) Toman, S. 93 ff. Kürschner, Eger und Böhmen. Die staatsrechtlichen Verhältnisse, S. 105—157. Für das 16. Jahrhundert geben die „böhmischen Landtagsverhandlungen" Aufschluss.

In Mähren waren die Verhältnisse denen Böhmens im wesentlichen gleich. Auch die „vernewerte Landes-Ordnung des Erb-Marggraffthumbs Mähren"[1]) vom 10. Mai 1628 stimmt mit der 1627 für Böhmen erlassenen in den Hauptpunkten meist wörtlich überein. Wie in Böhmen spielten die Vertreter der Städte in Mähren auf den Landtagen eine sehr untergeordnete Rolle. Sie hatten zusammen nur eine Stimme und durften nur außerhalb der Schranken des Landtagssaales stehen, bis ihnen K. Joseph I. 1711 daselbst wenigstens Sitze einräumte. Auch in Mähren wurde zuerst (wenigstens seit 1636) für einzelne Fälle, seit 1686 ständig, ein Landesausschuss („Landschafts-Deputirte"), in den je zwei Vertreter der vier Stände gewählt wurden, unter dem Vorsitze des Landeshauptmannes eingesetzt.[2])

In Schlesien scheint sich das Ständewesen, wie es dann während der ganzen Periode bestand, noch während der Regierung Ferdinands I. ausgebildet zu haben. Es gab hier drei Curien: 1. die regierenden Fürsten, zu denen noch die Standesherren mit einer Collectivstimme kamen, 2. vier Vertreter der Ritterschaften der unmittelbar unter der Krone stehenden Fürstenthümer Schweidnitz, Jauer, Glogau und Breslau und der Abgeordnete der Stadt Breslau, 3. vier Abgeordnete der übrigen Städte der genannten Fürstenthümer. Den Vorsitz führte der Oberlandeshauptmann, an welchen zugleich alle Aufträge des Königs giengen, als dessen Statthalter er daher in gewissem Sinne betrachtet werden konnte. Nach einem Privileg König Wladislaws von 1498 musste derselbe aus den schlesischen Fürsten genommen werden. Doch wurde seit Ferdinand I. immer der Bischof von Breslau für diese Würde ernannt.[3])

Generallandtage, bei denen auch Delegierte der Stände der böhmischen Nebenländer in Prag erschienen, fanden außer in den revolutionären Zeiten von 1608—1620 nur sehr selten statt, nach der Unterdrückung des Aufstandes wohl nur bei der Krönung des Königs und hie und da zur Vertheilung einer bewilligten Steuersumme unter die verschiedenen Länder. Von 1710—1723 tagte auch eine gemeinsame ständische Commission zum Zwecke einer neuen Redaction der Landesordnungen für Böhmen und Mähren.[4])

3. Die Ungarn.

Für die Zusammensetzung des ungarischen Reichstages wurden erst auf dem Reichstage von 1608 bei Gelegenheit der Krönung

---

[1]) Herausgegeben von H. Jireček im „Codex juris Bohemici", V, 0.
[2]) d'Elvert, in „Schriften der historisch-statistischen Section" 16, 877 ff. 23, CCCXVI f. und 24, 194 ff.
[3]) Grünhagen, 2, 93 ff. Vergl. 417 ff.
[4]) Toman, S. 96 ff.

des Königs Matthias bestimmte Normen festgestellt,[1]) wobei theils das Herkommen bestätigt, theils neue Anordnungen getroffen wurden. Der Reichstag sollte in die Magnaten- und Ständetafel zerfallen, jene aus den Prälaten und Magnaten, diese aus den Vertretern des Adels und der freien königlichen Städte bestehen. Zu diesen Prälaten gehören die Bischöfe, welche ein Capitel und einen Residenzort haben,[2]) aber nicht die Titularbischöfe, zu den Magnaten die Reichsbarone oder obersten Reichs- und Hofbeamten, die Obergespäne und die Angehörigen des hohen Erbadels. Mitglieder der Ständetafel sind außer den Vertretern des Adels, welche von diesem in den einzelnen Comitaten[3]) gewählt und mit Instructionen versehen wurden, und der königlichen freien Städte[4]) auch die zu Mitgliedern des königlichen Rathes gewählten Adeligen, die Protonotare und die Beisitzer der königlichen Gerichtstafel wie die Stellvertreter jener Magnaten, die nicht persönlich auf dem Reichstage erschienen. Auch die Domcapitel mit ihren Pröpsten und die Pröpste und Äbte, die keinem Bischofe unterworfen sind, mit ihren Conventen hatten je eine Stimme in der Ständetafel.

Das Recht der Einberufung, das durch eigene Schreiben erfolgte, hatte nur der König und in gewissen Fällen der Palatin als dessen Stellvertreter. Bezüglich der Zeit gab es keine feststehende Norm. Der König berief den Reichstag, wenn er die Mitwirkung der Stände für irgend einen Zweck, namentlich zur Krönung oder zur Wahl eines Nachfolgers oder des Palatins oder zur Votierung einer außerordentlichen Steuer für nothwendig hielt. Da diese im 16. Jahrhundert von den Ständen meist auf zwei Jahre bewilligt wurde, so wurde damals gewöhnlich auch der Reichstag alle zwei Jahre einberufen. Doch gab es auch größere Zwischenräume, besonders im 17. und 18. Jahrhundert, nachdem der Reichstag eine ständige Steuer bewilligt hatte. 1635 baten die Stände

---

[1]) G. A. 1608, art. 1. Vergl. im allgemeinen über die Zusammensetzung, die Befugnisse u. s. w. des ungarischen Reichstages Virozsil, 2, 293 ff. und 3, 3 ff.

[2]) Später erhielten auch der Erzabt vom St. Martinsberg, der Großpropst von Agram als *Prior Auranae* (einst den Maltesern gehörig) und der Propst des heil. Martin *de promontorio Varadinensi* als Generalvicar des Prämonstratenserordens Sitz und Stimme in der Magnatentafel.

[3]) Die Zahl stand nicht fest und schwankte zwischen 1 und 4. Doch hat sich nach und nach als Gewohnheit herausgebildet, dass jedes Comitat durch zwei Adelige vertreten wurde. Virozsil, 3, 11 u. h.

[4]) Nach dem Gesetze von 1608 sollten zwar nur acht, welche in einem Gesetze Wladislaws II. von 1514 als Freistädte aufgeführt und von denen noch dazu Ofen und Pest in den Händen der Türken waren, die Reichsstandschaft besitzen. Doch behaupteten doch auch andere ihr Recht, oder es wird ihnen später vom Reichstage förmlich zugesprochen. Freilich hatte jede Stadt, die gewöhnlich zwei Vertreter wählte, nur eine Stimme.

den König, den Reichstag alle drei Jahre zu berufen, und diese Bitte wurde 1647, 1655, 1681, 1715 und 1723 erneuert.¹) Doch wurden während der Regierung Karls VI. (1711—1740) nur vier Reichstage (1712, 1714/15, 1722/23 und 1728) abgehalten. Die Sitzungen waren in der Regel öffentlich.

Zur Competenz der Stände gehörte auch in Ungarn die Wahl, seit 1687 wenigstens die Krönung des Königs, die Wahl des Palatins, die Bewilligung von außerordentlichen Steuern und Recruten, die Abfassung von Reichsgesetzen, die Erhebung einer Gemeinde zur königlichen Freistadt und die Verleihung des Indigenats an Ausländer. Bei der Krönung musste der König durch das „Inauguraldiplom"²) feierlich geloben, die Freiheiten, Privilegien, Rechte, Gesetze und Gewohnheiten des Reiches in allen Punkten zu beobachten. Doch wurde auf dem Reichstage von 1687 aus der goldenen Bulle Andreas' II. von 1222 der Paragraph 31 entfernt, der den Würdenträgern und Adeligen das Recht einräumte, im Falle der Verletzung derselben durch den König diesem Widerstand zu leisten.

Auch der ungarische Reichstag sollte vor allem die königlichen Propositionen verhandeln und erledigen. Doch sträubte sich namentlich die Ständetafel manchmal, in die Berathung derselben einzugehen, ehe die Forderungen und Beschwerden *(gravamina)* des Landes erledigt wären. War es gelungen, eine Einigung der beiden Tafeln herbeizuführen, was manchmal in einer gemischten Sitzung beider geschah, so wurden die vereinbarten Anträge an den König gebracht, der sie entweder annahm oder ablehnte oder eine Modification beantragte. War endlich (oft nach mehrmaligem Schriftenwechsel) der Gesetzentwurf, der meist die verschiedensten Gegenstände umfasste, zwischen dem Reichstage und dem Könige vereinbart, so wurde derselbe als königliches Decret publiciert.

In der zweiten Hälfte dieser Periode suchten übrigens die Könige hie und da ihren Zweck, besonders die Bewilligung einer Steuer, mit Umgehung des Reichstages dadurch zu erreichen, dass sie nur die ersten Würdenträger und einige Magnaten, Beamte und Vertreter einzelner Comitate und Städte zu einer Versammlung *(concursus regnicolarum)* beriefen, was das Gesetz von 1715 im Falle eines plötzlichen feindlichen Angriffes ausdrücklich als zulässig erklärte.³)

Neben dem allgemeinen Reichstage gab es im 16. und 17. Jahrhundert auch Versammlungen mehrerer benachbarter Comitate,

---

¹) G. A. 1635, art. 94; 1647, art. 154; 1655, art. 49; 1681, art. 58; 1715, art. 14; 1723, art. 7.
²) Siehe über dies Virozsil, 1, 306 ff.
³) G. A. 1715, art. 8.

auf denen besonders Maßregeln zur Abwehr der Feinde, aber auch andere dieselben interessierende Angelegenheiten berathen wurden.

4. Allgemeine Delegiertenversammlungen.

Unter Ferdinand I. fanden nicht bloß öfters Ausschusstage der fünf niederösterreichischen Länder, manchmal auch unter Beiziehung Tirols, oder Generallandtage der böhmischen Kronländer statt, sondern er berief auch mehrmals Delegierte der Erbländer und der böhmischen und ungarischen Stände zu einer gemeinsamen Versammlung, besonders um über Maßregeln zur Abwehr der Türken zu berathen. Aber die Ungarn scheinen nur einmal, 1542, sich eingefunden zu haben, ohne an den gemeinsamen Berathungen theilzunehmen. Die Böhmen weigerten sich, jede Berathung zu beschicken, die außerhalb ihres Reiches tagte.[1]) Dieser Versuch, eine engere Verbindung aller habsburgischen Ländergruppen herbeizuführen, wurde daher aufgegeben.

Infolge der Weigerung K. Rudolfs II., die 1606 mit Bocskay und den Türken vereinbarten Friedensverträge zu bestätigen, und der dadurch hervorgerufenen Unzufriedenheit fanden sich auf Veranlassung des Erzherzogs Matthias im Jänner 1608 auf dem ungarischen Reichstage auch Abgeordnete der Stände des Landes unter und ob der Enns ein, welche am 1. Februar mit den Ungarn eine Conföderation zur Aufrechterhaltung jener Friedensschlüsse eingiengen, dem am 19. April auch die Stände Mährens beitraten. Am 29. Juni schlossen die Vertreter der drei unierten Länder zur Erwirkung freier Religionsübung für die Protestanten noch ein geheimes Bündnis in Stěrbohol.[2])

Im Jahre 1614 machte K. Matthias einen Versuch, auf einem Generalconvent aller österreichischen Länder, auch Innerösterreichs, Tirols und Vorderösterreichs, die nicht unter seiner unmittelbaren Herrschaft standen, die Mittel zu einem Kriege gegen die Türken und Bethlen Gabor zu erlangen. Es schickten auch alle Landtage (auch der ungarische) mit Ausnahme des böhmischen, für den die obersten Beamten sieben Vertreter wählten, ihre Delegierten, deren Zahl ungefähr 70 betrug. Die Abgeordneten der einzelnen Länder mussten getrennt und schriftlich ihre Antworten abgeben.[3]) Da aber fast alle Länder sich für die Aufrechterhaltung des Friedens aussprachen und so die Hoffnung der Regierung

---

[1]) Bidermann, 1, 3 ff.; 2, 94 ff.; Toman, S. 4 ff.
[2]) Geschichte Österreichs, 4, 480 ff., 515.
[3]) Gindely, Der erste österreichische Reichstag in Linz im Jahre 1614. Aus den „Sitzungsberichten der kaiserlichen Akademie", 40. Band und „Geschichte des dreißigjährigen Krieges", 1, 94 ff.

auf diesen Delegiertentag nicht in Erfüllung gieng, so wurde dieser Versuch nicht mehr wiederholt, und zwar um so weniger, als nach dem böhmischen Aufstande von 1618 die Verbindung der Stände der verschiedenen Länder, die sich (1619 und 1620) neuerdings unter sich verbanden, einen revolutionären Charakter annahm.

Erst als die ständische Macht gebrochen war, berief die Regierung in vereinzelten Fällen eine geringe Zahl von Delegierten der Stände der österreichischen und böhmischen Länder nach Wien, so 1655, um den Schlüssel für die Vertheilung der Steuern auf die verschiedenen Ländergruppen feststellen, und 1714, um sich eine bestimmte Steuersumme auf zehn Jahre (Decennalrecess) bewilligen zu lassen. Doch verhandelten die Vertreter jedes Landes für sich mit der Regierung.[1]

d) Das Städtewesen in den deutschen und böhmischen Ländern.

Die Verwaltungsformen der landesfürstlichen Städte blieben auch in dieser Periode im wesentlichen bestehen. Die Verwaltung durch einen Bürgermeister und Stadtrichter (oder diesen allein) und einen oder mehrere Räthe wurde nicht beseitigt. Aber die bevormundende Richtung des modernen Staates machte sich doch gleich beim Beginne der Neuzeit geltend, wie das Beispiel von Wien zeigt. K. Maximilian I. gab am 20. November 1517 für dieses ein neues Stadtrecht, worin er aus „fürstlicher Machtvollkommenheit" mehrere Artikel der früheren Stadtrechte aufhebt, andere „erläutert". Namentlich behielt er sich das Recht vor, zu prüfen, ob die von den 200 „Genannten" jährlich für die Stelle des Bürgermeisters oder zu (18) Rathsherren Gewählten tauglich und würdig seien, und dieselben eventuell durch tauglichere zu ersetzen. Ferdinand I. schaffte 1522 die „Genannten" ganz ab und gab der Stadt am 12. März 1526 ein neues Stadtrecht. Fortan sollte das Stadtregiment aus 100 Mitgliedern bestehen, die aus den tauglichsten, ein Haus in Wien oder den Vorstädten besitzenden Bürgern gewählt werden sollten. 76 bilden den äußeren Rath, 24, von denen 12 aus den 100 gewählt, 12 vom Landesfürsten ernannt wurden, den inneren Rath. Der äußere Rath wird jährlich durch den inneren, der innere durch den äußeren gewählt, aber der Landesfürst trifft aus den vorgeschlagenen Personen die Auswahl. Auch aus den jährlich von den 100 für die Stelle des Bürgermeisters Gewählten nimmt die Regierung den Tauglichsten. Die zwölf vom äußeren Rathe Gewählten (der Stadtrath) führen die eigentliche Verwaltung mit Einschluss der Polizei, der Bewachung der Stadt, der Vormundschaften, haben aber in wichtigen Fragen auch den äußeren Rath beizuziehen. An den Verhandlungen des Stadtrathes nimmt

---

[1] Toman, S. 97 f. Bidermann, 2, 36 ff. Was dieser 2, 92 N. 14 gegen die Mitwirkung ständischer Vertreter im Jahre 1655 anführt, ist nicht beweisend.

auch ein vom Landesfürsten ernannter und besoldeter Anwalt theil, der für die Ausführung der landesfürstlichen Verordnungen zu sorgen und auf die Abstellung der dem Interesse des Landesfürsten nachtheiligen Beschlüsse zu dringen hat. Der Stadtrichter, welcher mit den vom Landesfürsten ernannten zwölf Räthen das Stadtgericht bildet, das in Schuld- und Criminalsachen zu urtheilen hat, wird vom Landesfürsten nach Belieben ernannt.

Dieses Stadtrecht ist bis auf K. Josef II. in Wirksamkeit geblieben und sind nur wenige Abänderungen getroffen worden, indem der Kaiser im Jahre 1554 genehmigte, dass das Stadtrichteramt mit einem Bürger besetzt werden, und 1561 verfügt wurde, dass der Bürgermeister und der Stadtrichter nicht länger als zwei Jahre ohne Unterbrechung ihr Amt bekleiden sollten.[1]

Auch in **Böhmen** wurde die frühere Autonomie der königlichen Städte in dieser Periode sehr beschränkt durch die Einsetzung der **königlichen Richter** (1547), welche allein den Gemeinde- und Stadtrath berufen durften und ihre Verhandlungen wie die Rechtsprechung überwachten, und durch die Einsetzung des **Prager Appellationsgerichtes** (1548), womit auch die Berufungen an andere Städte untersagt wurden. Nach der Niederwerfung des böhmischen Aufstandes wurde 1621 in jeder Stadt ein **Hauptmann** ernannt, welcher für die Ausführung der Verordnungen der böhmischen Hofkanzlei und Kammer und für die Aufrechterhaltung der Ruhe und Ordnung zu sorgen hatte, die Vermögensgebarung der Stadt überwachte, die Gemeindebeamten und Lehrer ernannte und so alle Gewalten in den Hintergrund drängte. 1628 wurde den Städten auch die Aufnahme von Darlehen ohne Genehmigung des Kaisers oder der Kammer untersagt und der Auftrag gegeben, dieser jährlich die Rechnungen über die städtischen Einnahmen und Ausgaben vorzulegen.[2]

e) Das Verhältnis des Staates zur Kirche.

Im Verhältnis zwischen Staat und Kirche trat in Folge der Reformation eine wesentliche Änderung ein. Da es den kirchlichen Behörden anfangs theils an Eifer, theils an Macht fehlte, um das Umsich-

---

[1] Tomaschek, Geschichts-Quellen der Stadt Wien, 1, LXVIII ff. Weiss, Geschichte der Stadt Wien (2. Auflage), 2, 364 ff. Für andere Städte fehlt es noch an genügenden Vorarbeiten.

[2] Gindely, Geschichte der Gegenreformation, S. 268 ff. 279. Über die Verhältnisse in Mähren, wo der Appellationszug an das Prager Appellationsgericht 1644 eingeführt wurde und das königliche Tribunal und der Landesunterkämmerer immer grösseren Einfluss erhielten, siehe d'Elvert in „Schriften der historisch-statistischen Section", 23, CCCXVI f.

greifen des Protestantismus zu hindern und das kirchliche Leben zu kräftigen, übernahm die Regierung diese Aufgabe, was die Folge hatte, dass diese auch auf die kirchlichen Verhältnisse Einfluss erhielt und die Kirche unter die **Bevormundung des Staates** gerieth.[1]) Ferdinand I. ließ seit 1528 wiederholt die Kirchen und Klöster seiner Länder durch von ihm ernannte weltliche und geistliche Commissäre visitieren. Er erließ Vorschriften, um der Universität Wien ihren katholischen Charakter zu wahren. Er suchte durch seine Vertreter auch dem Concil von Trient gegenüber seine Anschauungen über die einzuführenden kirchlichen Reformen zur Geltung zu bringen, namentlich die Bewilligung des Laienkelches und der Priesterehe durchzusetzen. Durch die Türkennoth gedrängt, zog er, anfangs allerdings mit Genehmigung des Papstes, auch die **Geistlichen und Klöster zur Besteuerung** herbei und verkaufte einen Theil der Kirchengüter. Auch die späteren Kaiser mussten aus dem gleichen Anlasse von den Kirchen und Geistlichen Steuern erheben, wozu in der Regel die Bewilligung des Papstes eingeholt wurde. Als ein Provinzialconcil in Salzburg im Jahre 1549 Beschlüsse fasste, welche vor allem die Aufrechterhaltung der alten Privilegien des Clerus bezweckten, erklärte Ferdinand I., nicht dulden zu wollen, dass die Bischöfe ihm „in seine landesfürstliche Obrigkeit greifen".

Sein Sohn Maximilian II. erließ am 22. December 1567 eine „**Generalordnung**" für die **Klöster und Stifter** des Erzherzogthums Österreich und setzte am 5. Jänner 1568 einen aus fünf Commissären bestehenden „**Klosterrath**" ein, welchem die Prälaten jährlich über ihre weltliche Verwaltung Rechnung legen sollten, wie er auch auf die Besetzung der kirchlichen Pfründen Einfluss übte.

Maximilians II. Nachfolger, welche vor allem die Austilgung des Protestantismus anstrebten, legten auch der Erstarkung der kirchlichen Gewalt und der Geltendmachung der geistlichen Privilegien keine ernstlichen Hindernisse in den Weg. Aber Rudolf II. setzte es doch in einem Vertrage mit dem Bischof von Passau (1592) durch, dass der Bischof im Falle der Absetzung eines Prälaten ihm rechtzeitig die Ursachen bekanntgeben sollte, damit er Commissäre dazu absenden und die Temporalien in Empfang nehmen könnte, zu deren Verwaltung bis zur Wiederbesetzung der Pfründe er Delegierte ernennen sollte. Auch sollte der Bischof ohne Wissen des Kaisers keinen Geistlichen wegen Criminalvergehens citieren dürfen. Die Rechte des Klosterrathes blieben auch unter Ferdinand II. und Ferdinand III. noch aufrecht.

---

[1]) Die Belege für das Folgende in meiner „Geschichte Österreichs", 4, 93 ff. 143 ff. 228 f. und bei Friedberg, Die Gränzen zwischen Staat und Kirche, 1, 114 ff. Vergl. für die Zeit Ferdinands III. und Leopolds I. auch d'Elvert, in „Schriften der historisch-statistischen Section", 16, 720 ff.

Unter Ferdinand III. tritt das Streben, die Hoheit des Staates auch in kirchlichen Angelegenheiten zur Geltung zu bringen, wieder mehr hervor. Der Kaiser verbot (1641) die Publication päpstlicher Bullen ohne sein Wissen und Willen. Er untersagte (1654) dem General der Cistercienser die Visitation der oberösterreichischen Klöster. Er verfügte, dass Streitigkeiten wegen Collaturen und Zehnten nicht von den Consistorien, sondern von den weltlichen Gerichten entschieden werden sollten. Er suchte das kirchliche Asylrecht einzuschränken. Er wahrte strenge die Befugnisse, die ihm „kraft des obersten Patronats- und Vogteirechtes" über die Kirche zustanden, und befahl daher, dass keine Wahl eines standesmäßigen infulierten Prälaten vorgenommen werde, ehe ihm Bericht erstattet und von ihm zur Wahrung seiner landesfürstlichen Rechte quoad temporalia Commissäre abgeordnet wären.

Auch Leopold I. hielt an diesem Rechte fest, verlangte von dem zu Wählenden gewisse Eigenschaften und verbot dem Gewählten vor der Erlangung der kaiserlichen Bestätigung die Verwaltung der Temporalien. Auch den Verkauf weltlicher Güter an Geistliche erklärte er für ungiltig. Derselbe Fürst verfügte, dass vor der Ausführung geistlicher Urtheile durch weltliche Behörden untersucht werden solle, ob dabei nichts vorkomme, was der Landesverfassung nachtheilig wäre. Die Affigierung einer päpstlichen Bulle ohne Bewilligung der Regierung erklärte auch er (1681) für unzulässig. Joseph I. verbot die Visitation der Klöster durch fremde Provinzialen. Karl VI. befahl, dass in weltlichen Sachen vom Consistorium nicht an den Papst oder Nuntius, sondern an die niederösterreichische Regierung appelliert werden solle.

Doch behauptete der Katholicismus noch immer seine Stellung als Staatsreligion.

Die Juden wurden nur an einzelnen Orten und nur in beschränkter Zahl geduldet.

Auch gegen das Eindringen des Protestantismus in die österreichischen Länder traf Ferdinand I. strenge Maßregeln und verhängte 1527 gegen die Ketzer theils Landesverweisung, theils die Todesstrafe. Aber ausgeführt wurde diese Verordnung fast nur gegen die Wiedertäufer, da die Lutheraner von den meisten Adeligen und manchen Beamten geschützt wurden. Nachdem die Zahl derselben immer mehr zugenommen hatte, gewährte Maximilian II. 1568 durch die „Religions-Concession" den Herren und Rittern des Erzherzogthums Österreich das Recht der freien Religionsübung in ihren Schlössern, Häusern und Gebieten und in den unter ihrem Patronate stehenden Kirchen, was er in der „Assecuration" von 1571 für das Land unter der Enns auch auf das Gesinde und die Unterthanen der Adeligen ausdehnte, aber den landesfürstlichen Städten und Herrschaften verweigerte. Die protestantischen Ständemitglieder

Böhmens erhielten 1575 nur eine mündliche Zusage des Kaisers, dass er ihnen in ihrem Glauben und ihrem Religionswesen keinen Eintrag thun werde. Auch sein Bruder Erzherzog Karl sicherte 1578 den Adeligen der innerösterreichischen Länder mündlich, für sich und ihr Gesinde freie Religionsübung zu, während er bezüglich der Städte nur versprach, die Bürger in ihrem Gewissen nicht zu beschweren.

Während die Protestanten überall die ihnen gesetzten Schranken hinauszurücken suchten, namentlich auch in den landesfürstlichen Städten und Märkten Priester anstellten, machten sich bei den Landesfürsten entgegengesetzte Tendenzen geltend. Erzherzog Ferdinand von Tirol wies aus seinen Ländern viele der übrigens nicht zahlreichen Protestanten aus. Erzherzog Ferdinand von Steiermark, Karls Sohn, wies 1598 zuerst aus den Städten, dann auch aus den Herrschaften des Adels die protestantischen Geistlichen und Lehrer aus und zwang 1599—1604 die Bürger und Bauern, entweder katholisch zu werden oder auszuwandern. 1628 traf auch den protestantischen Adel dasselbe Schicksal.

Dagegen gelangen die Versuche, im Erzherzogthum Österreich die Gegenreformation durchzuführen, unter dem schwachen Rudolf II. noch nicht, ja sein Bruder Matthias musste in seiner „Resolution" von 1609 über die Zugeständnisse Maximilians II. noch hinausgehen. Auch in Böhmen musste Rudolf II. im „Majestätsbrief" von 1609 allen Bewohnern Gewissensfreiheit, den Ständen aber (Herren, Rittern und königlichen Städten) freie Religionsübung und das Recht, auf ihren Besitzungen Kirchen und Schulen zu erbauen, zugestehen.

Als aber der Aufstand der Böhmen von 1618, dem sich auch die Protestanten Mährens, Schlesiens und Österreichs anschlossen, durch die Schlacht am Weißen Berge niedergeschlagen war, trat auch hier eine Änderung aller religiösen Verhältnisse ein, und man suchte überall die Gegenreformation durchzuführen. 1624 wurden die Protestanten aller bürgerlichen und politischen Rechte beraubt und, als sie trotzdem ihrem Glauben treu blieben, gewaltsam zum Katholicismus zurückgeführt. 1627 wurde auch den protestantischen Adeligen befohlen, katholisch zu werden oder ihre Güter zu verkaufen und auszuwandern. In ähnlicher Weise gieng man in Österreich vor, wo 1626 theilweise aus diesem Anlasse ein Bauernaufstand ausbrach. In Österreich wurden die protestantischen Adeligen, welche dem Kaiser Ferdinand II. freiwillig gehuldigt hatten, nicht ausgewiesen, aber ihnen nicht bloß der öffentliche, sondern auch der Privatgottesdienst verboten.

In Schlesien blieb die kirchliche Reaction auf die unmittelbar unter dem Kaiser stehenden Gebiete beschränkt und wurde erst nach dem westfälischen Frieden vollständig durchgeführt. Eine Bestimmung dieses Vertrages sicherte den Vasallenfürstenthümern Brieg, Liegnitz, Münsterberg und Oels und der Stadt Breslau ausdrücklich freie Religionsübung zu, während diese in den anderen Gebieten auf drei Kirchen außerhalb der Städte Schweidnitz, Jauer und Glogau beschränkt ward.

Die gesichertste Stellung erhielt der Protestantismus in Ungarn. Nachdem in Folge der Thronkämpfe und der Türkenkriege das Lutherthum wie der Calvinismus sich ungehindert hatten ausbreiten können, suchte zwar die Regierung (1604) denselben einige Kirchen abzunehmen. Aber gerade dies rief den Aufstand Bocskays hervor, und im Wiener Frieden[1]) vom 23. Juni 1606 wurde bestimmt, dass die Stände, d. h. Magnaten, Adeligen und freien Städte wie die unmittelbar dem Könige gehörigen Marktflecken das Recht der freien Religionsübung haben sollten, was in den Antecoronationalartikeln des Königs Matthias von 1608 auf alle Städte und Dörfer ausgedehnt wurde. Durch den Linzer Frieden vom 16. September 1645 wurden alle früheren Gesetze zu Gunsten der Protestanten neuerdings bestätigt.

Auch die slavischen Bewohner der Balkanhalbinsel, welche sich im 16. Jahrhundert in den croatisch-windischen Grenzgebieten niederließen und meist der griechischen Religion anhiengen, erhielten das Recht der freien Ausübung ihres Bekenntnisses. Die Zahl und Bedeutung derselben wuchs in Ungarn am Ende des 17. Jahrhunderts. Als nämlich unter Leopold I. die Kaiserlichen siegreich nach der Balkanhalbinsel vordrangen, wurden die christlichen Bewohner derselben 1690 mit Erfolg zum Kampfe gegen die Türken aufgerufen. Nach dem Rückzuge der Kaiserlichen verließen die am meisten compromittierten Serben oder Raitzen, angeblich 36.000—40.000 Familien, unter Führung des Patriarchen von Ipek, Arsen Czernovich, ihre Heimat und zogen nach Ungarn, wo sie später ständige Wohnsitze, besonders zwischen Theiß und Donau und am rechten Ufer der Maros erhielten. Der Kaiser sicherte ihnen durch das Privileg vom 21. August 1690, welches durch das Patent vom 20. August 1691 noch erweitert wurde, neben ausgedehnten politischen Rechten auch freie Ausübung ihrer Religion und die Befugnis zu, selbst einen Erzbischof ihrer Nation zu wählen, der die kirchliche Oberaufsicht und das Recht haben sollte, Bischöfe zu weihen, Mönche zu bestellen, Priester einzusetzen und Kirchen bauen zu lassen. Später suchte man freilich in Folge des Drängens katholischer Bischöfe diese Rechte einigermaßen einzuschränken; namentlich durfte der Metropolit keinen Bischof weihen, ehe er die allerhöchste Bestätigung eingeholt hatte. Aber im Wesentlichen blieben die kirchlichen Privilegien aufrecht. Als nach Czernovichs Tode (1706) in Ipek ein neuer Patriarch gewählt wurde, kamen die Metropoliten der Serben wieder in ein gewisses Abhängigkeitsverhältnis von

---

[1]) Katona, 28, 545 sqq.

diesem, bis 1741 der Patriarch Arsen Joannovich selbst die Würde eines Metropoliten und Erzbischofs der Serben erhielt und seinen Sitz nach Carlowitz verlegte.[1]

In einer weniger günstigen Lage befanden sich die Ruthenen an den Südabhängen der Karpaten und die Walachen in Siebenbürgen, welche sich zur griechischen Religion bekannten. Ihre Priester wurden sogar von den Grundherren als Leibeigene behandelt. Doch verbesserten sie ihre Lage, wenn sie sich zur Union mit der katholischen Kirche entschlossen, wie dies auch die meisten Ruthenen und viele Walachen in der Zeit Leopolds I. gethan haben.[2]

Dritte Periode.

Das Zeitalter der inneren Reformen unter Maria Theresia und ihren Söhnen (1740—1792).

I. Geschichte der territorialen Verhältnisse.

1. Der österreichische Erbfolgekrieg.

Obwohl die pragmatische Sanction durch alle europäischen Mächte garantiert worden war, blieb nach dem Tode K. Karls VI. (20. October 1740) die Nachfolge seiner älteren Tochter Maria Theresia,[3] der Gemahlin des Großherzogs Franz von Toscana, nicht unangefochten.

Vor allem erhob Karl Albert von Baiern Ansprüche auf die Länder Karls VI., und zwar als Nachkomme einer Tochter K. Ferdinands I., Anna, die mit dem Herzoge Albrecht V. von Baiern vermählt gewesen war. Es stellte sich nun allerdings sofort heraus, dass im Testamente Ferdinands I. von 1543 wie im Codicill zu demselben vom Jahre 1547 den Nachkommen Annas die Nachfolge nicht, wie der bairische Hof gemeint hatte, nach dem Aussterben der männlichen, sondern der „ehelichen" Erben Ferdinands vorbehalten war. Aber man suchte darzuthun, dass unter „ehelichen" Nachkommen doch nur die männlichen zu verstehen seien, und behauptete auch, auf die den Grundsätzen des

---

[1] Schwicker, Politische Geschichte der Serben in Ungarn, S. 4 ff.
[2] Siehe hierüber die Abhandlungen Fiedlers in „Sitzungsberichte der kaiserlichen Akademie", 27, 350 ff.; 38, 284 ff.; 39, 481 ff.
[3] Ich verweise im allgemeinen auf A. v. Arneth, Geschichte Maria Theresias, (10 Bände, Wien 1863—1879).

ieutschen Lehenrechtes widersprechenden römischrechtlichen Anschauungen sich stützend, dass die Töchter des ersten Besitzers (Ferdinands I.) vor denen des letzten den Vorzug hätten. Auf anderem Wege suchte man wenigstens Ansprüche Baierns auf Oberösterreich, Tirol und Böhmen nachzuweisen.¹) Auch Spanien erhob Ansprüche auf Österreich, gestützt auf den Theilungsvertrag zwischen Karl V. und Ferdinand I. und spätere Verträge zwischen der deutschen und spanischen Linie des Hauses Habsburg, die natürlich für das jetzt regierende Haus Bourbon keine Giltigkeit mehr hatten.

Doch war es zweifelhaft, ob Spanien und die Wittelsbacher den Kampf gegen Österreich unternehmen würden, als ein Angriff von Seite Friedrichs II. von Preußen erfolgte.

Friedrich II. erneuerte die Ansprüche seines Hauses auf die schlesischen Herzogthümer Liegnitz, Brieg, Wohlau und Jägerndorf, obwohl sein Urgroßvater 1686 gegen die Abtretung des Schwiebuser Kreises darauf verzichtet und sein Großvater Friedrich I. 1695 diesen freiwillig gegen andere Vortheile herausgegeben hatte.²)

Friedrich II. sah auch die Rechtsfrage als Nebensache an.³) Aber er wollte die Gelegenheit benutzen, um eine bedeutende Vergrößerung seines Staates durchzusetzen. Er erbot sich, Maria Theresia bei ihrem Erbtheile, soweit es in Deutschland liege, zu schützen, ihr eine Geldsumme zu zahlen und ihrem Gemahle bei der Kaiserwahl die Stimme zu geben, wenn sie ihm Schlesien oder „einen guten Theil" desselben freiwillig überließe. Doch wartete er einen Erfolg der Verhandlungen nicht ab, sondern fiel am 16. December 1740 mit seinem Heere ohne Kriegserklärung in Schlesien ein, das bis auf wenige Festungen in kurzer Zeit in seine Hände fiel, weil man auf einen Angriff von dieser Seite gar nicht gefasst gewesen war. Durch den Sieg bei Mollwitz (10. April 1741) wurde ihm dasselbe gesichert.

Friedrichs Einrücken in Schlesien gab das Signal zum allgemeinen Angriffe auf Österreich.

Frankreich schloss ein Bündnis mit Preußen und schickte ein Heer zur Unterstützung des Kurfürsten von Baiern, der nun im September 1741 Oberösterreich und dann einen Theil Böhmens mit der Hauptstadt Prag eroberte und sich in beiden Ländern die Huldigung leisten ließ.

¹) K. Th. Heigel, Der österreichische Erbfolgestreit, S. 28 ff.
²) Vergl. oben S. 125.
³) Selbst Droysen, Geschichte der preußischen Politik V, 1, 152 gesteht: „Nicht Preußens Recht auf Schlesien ist der Grund und der leitende Gedanke dieser Combination. Aber dies Recht bietet eine Handhabe, die Auseinandersetzung einzuleiten, welche die Politik Preußens fordert.

Der Kurfürst von Sachsen erhob als Gemahl der älteren Tochter K. Josephs I. Ansprüche auf Österreich und drang in Böhmen ein. Spanien griff die italienischen Besitzungen Österreichs an. Auch Friedrich von Preußen, der sich gegen die Abtretung Niederschlesiens zum Frieden bereit erklärt und am 9. October einstweilen den Waffenstillstand von Kleinschnellendorf geschlossen hatte, schlug wieder los und ließ seine Truppen in Mähren einrücken, wo am 26. December Olmütz capitulierte. Am 24. Jänner 1742 wurde der Kurfürst von Baiern als Karl VII. zum deutschen Kaiser gewählt.

Aber trotzdem ließ Maria Theresia, welche in der Opferwilligkeit ihrer Völker, besonders der Ungarn, eine Stütze und an den Seemächten England und Holland Bundesgenossen fand, ihr Vertrauen nicht sinken. Graf Khevenhüller warf anfangs 1742 die Baiern aus Oberösterreich hinaus und zog am 12. Februar in München ein. Dagegen wurden die Österreicher am 17. Mai bei Chotusitz von Friedrich II. geschlagen, was Maria Theresia bewog, am 11. Juni mit Preußen den Frieden von Breslau zu schließen und diesem Schlesien mit Ausnahme der Herzogthümer Teschen und Troppau und des größten Theiles von Jägerndorf und die Grafschaft Glatz zu überlassen. Auch Sachsen schloss sich diesem Frieden an.

Durch den Rücktritt Preußens von der Coalition wurden die in Böhmen stehenden Franzosen isoliert und dann bis Ende 1742 vollständig aus dem Lande vertrieben. 1743 eroberten die Österreicher ganz Baiern und drängten die Franzosen über den Rhein zurück. Im Sommer 1744 überschritt Maria Theresias Schwager Karl von Lothringen den Rhein und eroberte das nördliche Elsass. Aber die Hoffnung Maria Theresias, sich durch die Erwerbung Baierns einen Ersatz für Schlesien zu verschaffen, wogegen der Kurfürst auf Kosten Frankreichs entschädigt werden sollte, wurde durch einen unerwarteten Angriff des preußischen Königs auf Böhmen (August 1744) vereitelt. Doch führte dieser trotz einzelner Siege, welche Friedrich über die Österreicher und die mit ihnen verbündeten Sachsen erfocht, keine territorialen Veränderungen herbei. Der Friede von Dresden (25. December 1745) bestätigte die Abmachungen des Breslauer Friedens. Auch starb Karl VII. am 20. Jänner 1745, worauf dessen Sohn Maximilian Josef am 22. April mit Österreich den Frieden von Füßen schloss und am 13. September der Großherzog Franz von Toscana zum Kaiser gewählt ward. Da indessen Österreich die meisten Truppen gegen Preußen concentriert hatte, so machten unterdessen die übrigen Feinde Fortschritte, sowohl in den Niederlanden, als in Italien, wo Österreich einen Bundesgenossen am Könige von Sardinien gefunden hatte, dem es dafür im Wormser Vertrage (13. September 1743) die letzten Reste seiner Besitzungen jenseits des

Ticino und des Lago Maggiore überlassen musste. Aber trotz der Erfolge, welche der französische Marschall Moriz von Sachsen in den Jahren 1746 und 1747 in den Niederlanden errang, war Frankreich zum Frieden geneigt, weil 1748 36.000 Russen im Solde der Seemächte den Österreichern zu Hilfe zogen und die Engländer den Krieg zur See mit steigendem Glücke führten.

Am 18. October 1748 wurde der Friede von Aachen abgeschlossen, nach dem Österreich dem spanischen Infanten Don Philipp das Herzogthum Parma mit Piacenza und Guastalla abtrat, aber die Niederlande zurückerhielt.

Der Versuch, den Österreich acht Jahre später unternahm, im Bunde mit Russland und Frankreich und einigen kleineren Mächten und unterstützt vom deutschen Reiche dem preußischen Könige Schlesien wieder zu entreißen, hatte keinen Erfolg. Nach einem siebenjährigen Kriege stellte der Friede von Hubertusburg am 15. Februar 1763 den territorialen Zustand, wie er vor dem Kriege gewesen war, wieder her.

2. Die erste Theilung Polens und der bairische Erbfolgekrieg.

Das Streben der Kaiserin Katharina II., Polen, wo die Russen seit langem die Herren gespielt hatten, vollständig ihrem Einflusse zu unterwerfen und zu diesem Zwecke eine Reform der verrotteten Zustände dieses Reiches unmöglich zu machen, wie das brutale Auftreten ihres Gesandten Repnin riefen in Polen eine ungeheure Aufregung hervor und veranlassten 1768 die Conföderation von Bar, welche die russischen Truppen vergeblich zu unterdrücken versuchten.

Österreich hätte die Polen gerne unterstützt, um dem Umsichgreifen der Macht Russlands Schranken zu setzen. Da es aber weder von Frankreich noch von England Hilfe erwarten konnte und Preußen seit 1764 mit Russland verbündet war, so wagte es nicht, sich für Polen in einen gefährlichen Krieg zu stürzen. Im October 1768 erklärte zwar die Pforte, bedroht durch die zunehmende Übermacht Russlands und gereizt durch die Verbrennung eines tatarischen Fleckens durch russische Truppen den Krieg. Aber die Türken führten diesen unglücklich und verloren 1769 und 1770 die Moldau und Walachei und die Festungen an der Donaumündung, während eine russische Flotte nach der Vernichtung der türkischen Flotte Morea zum Aufstande brachte.

Dadurch war neben der polnischen auch die orientalische Frage auf die Tagesordnung gebracht, bei der Österreich in erster Linie interessiert war. Der Staatskanzler Fürst Kaunitz wollte als Vermittler zwischen Russland und der Türkei auftreten und suchte auch ein besseres Verhältnis mit Preußen herzustellen, um eventuell gegen Russland freie Hand zu bekommen. Kaiser Joseph machte zu diesem Zwecke dem preußischen

Könige (August 1769) einen Besuch im Feldlager zu Neiße, und als Friedrich denselben im September 1770 in Neustadt in Mähren erwiderte, fand sich auch Kaunitz ein, um mit demselben zu unterhandeln. Aber erreicht wurde nichts. Friedrich wünschte zwar ebenfalls die Herstellung des Friedens zwischen Russland und der Pforte, um nicht weiter zur Zahlung von Subsidien an jenes verpflichtet zu sein. Aber er wollte sein Bündnis mit Russland nicht gefährden und sich zu keinem Schritte herbeilassen, der die Kaiserin Katharina beleidigen könnte. Er hielt eine **Theilung Polens** für das beste Mittel, um die Interessen Russlands, Preußens und Österreichs zu befriedigen, und ließ schon im Februar 1769 in Petersburg darüber sondieren.

Damals hatte dies keine weitere Folge, weil Russland Polen mit niemandem, am wenigsten mit Österreich theilen wollte. Als aber dieses zur Verhinderung von Grenzverletzungen im nördlichen Ungarn gegen Polen Truppen aufstellte und in diesen Militärcordon auch die an Polen verpfändete Zips, ja (im Juli 1770) auch einige angrenzende Bezirke Galiziens einbezog, da nahm der preußische König dies zum Anlass, um einige Bezirke von Polnisch-Preußen und Großpolen durch seine Truppen besetzen zu lassen. Die russische Kaiserin äußerte sich über diese Besetzung polnischer Gebiete durch Österreich und Preußen zu Friedrichs II. Bruder Heinrich, der sich gerade in Petersburg aufhielt, in einer Weise, dass man daraus schließen konnte, sie würde gegen eine Theilung Polens durch die drei Nachbarmächte nichts einzuwenden haben. Friedrich betrieb nun die Angelegenheit mit größtem Eifer und es gelang ihm, sich mit der Kaiserin Katharina darüber zu verständigen. Jetzt blieb Österreich nichts übrig, als entweder ruhig zuzusehen, wie die beiden rivalisierenden Nachbarmächte sich auf Kosten Polens vergrößerten, oder gegen dieselben für die Integrität Polens und der Türkei einen mehr als gefährlichen Krieg zu unternehmen, oder selbst am Raube theilzunehmen. So sehr sich nun auch das Rechtsgefühl Maria Theresias dagegen sträubte, so konnte Österreich nur den letzten Weg einschlagen, und es suchte jetzt auch einen möglichst großen und günstig gelegenen Theil Polens zu erlangen.

Am 5. August 1772 kamen die Verhandlungen zwischen Österreich und Russland zum Abschlusse, nachdem sich dieses mit Preußen schon am 17. Februar geeinigt hatte. Österreich erhielt bei dieser **ersten Theilung Polens** die Zips, die nun wieder mit Ungarn vereinigt ward, die ehemals schlesischen Herzogthümer Zator und Auschwitz, den südlichen Theil Kleinpolens zwischen den Flüssen Weichsel und San, Rothrussland mit Ausnahme des weit nach Norden vorspringenden Landes Chelm und den Westen Podoliens bis zum Flusse Podhorze, was alles unter dem Namen **Galizien und Lodomerien** zusammengefasst wurde. Es war ein Gebiet von ungefähr 1450 Quadratmeilen mit 2½ Millionen Einwohnern.[1])

Österreich hatte am 6. Juli 1771 mit der Pforte ein Defensivbündnis geschlossen, nach dem es sich verpflichtete, derselben einen Frieden zu verschaffen entweder auf Grundlage des Belgrader Friedens von 1739 oder anderer ihr annehmbar scheinender Bedingungen. Dagegen sollte es die Kleine Walachei und 11¼ Millionen Gulden erhalten. Nachdem Österreich den Gedanken, gegen Russland unter Umständen mit Waffengewalt aufzutreten, vollständig aufgegeben hatte, war freilich dieser Vertrag hinfällig geworden. Aber man konnte sich nicht entschließen, auf die Vortheile desselben einfach zu verzichten. Nur wollte man auf Wunsch des Kaisers Joseph nicht die Kleine Walachei, sondern einen Theil des Fürstenthums Moldau, die sogenannte Bukowina gewinnen, die durch ihre Lage von Wichtigkeit war, indem sie die Moldau militärisch beherrschte und eine unmittelbare Verbindung Galiziens mit Siebenbürgen herstellte. Da man nicht erwartete, dass die Pforte dieses Land gutwillig abtreten würde, ließ man im Herbste 1774 Truppen in die Bukowina einrücken, auf welche am 7. Mai 1775 auch die Pforte verzichtete, da sie sich nicht stark genug fühlte, sie Österreich mit Gewalt wieder abzunehmen.[2])

Eine weitere Vergrößerung des Staates hoffte Joseph II., der auf die auswärtige Politik immer größeren Einfluss erlangte, nach dem kinderlosen Tode des bairischen Kurfürsten Maximilian Josef (30. December 1777) durchzusetzen. Nach den wittelsbachischen Hausgesetzen war sein Erbe der Kurfürst Karl Theodor von der Pfalz, der ebenfalls kinderlos war. Doch erhob Österreich, das sich für den Verlust Schlesiens durch andere deutsche Gebiete entschädigen wollte, auf Veranlassung des Kaisers Ansprüche auf einige kleinere Gebiete in der Oberpfalz, die böhmische Lehen waren, und auf den nördlichen Theil Niederbaierns, welch letztere sich aber nur auf eine im Jahre 1426 erfolgte Belehnung Albrechts V. von Österreich durch K. Sigismund stützten, die durch eine spätere Entscheidung des Kaisers beseitigt war. Österreich wünschte übrigens mit Karl Theodor ein Abkommen zustande zu bringen, was schon in wenigen Tagen gelang. Auch Karl Theodors nächster Erbe, der Herzog Karl von Zweibrücken, war geneigt, dem mit Österreich geschlossenen Vertrage beizutreten.

---

[1]) Vgl. mit Arneth, Geschichte Maria Theresias, 8. Bd. und A. Beer, Die erste Theilung Polens (2 Bde. und 1 Bd. Documente) Wien 1873. Fr. de Smitt, Frédéric II., Cathérine et le partage de Pologne, Paris et Berlin, 1861. Reimann, Neuere Geschichte des preußischen Staates (seit 1763), 1. Bd., 1882 u. s. w.

[2]) Vgl. mit Arneth a. a. O. 8, 469 ff. Werenka, Bukowinas Entstehen und Aufblühen. Maria Theresias Zeit. I. „Archiv für österreichische Geschichte", 78, 99 ff.

Aber Friedrich II. von Preußen wollte eine Vergrößerung des österreichischen Gebietes in Deutschland um jeden Preis verhindern und suchte nur nach einem rechtlichen Anlass, um sich der Sache anzunehmen. Durch seinen Agenten Grafen Görtz brachte er es dahin, dass der Herzog von Zweibrücken seine Absicht, den Vertrag mit Österreich zu genehmigen, aufgab, ja ihn um seine Unterstützung bat. Als Österreich die Zurückziehung seiner Truppen, welche es in die ihm zugesprochenen Theile Baierns hatte einrücken lassen, verweigerte, fiel er im Juli 1788 mit 160.000 Mann in Böhmen ein. Doch kam es zu keiner ernstlichen Unternehmung, und im Herbste zogen sich die Preußen über die Grenze zurück.

Maria Theresia, welche mit dem Vorgehen ihres Sohnes in dieser Frage von Anfang an nicht einverstanden gewesen war, hatte schon beim Beginn des Krieges ohne Wissen desselben Unterhandlungen mit dem preußischen Könige angeknüpft. Im Winter wurden diese neuerdings aufgenommen und am 13. Mai 1779 der Friede von Teschen abgeschlossen durch den Österreich das sogenannte Innviertel erhielt, aber seinen sonstigen Ansprüchen auf Baiern entsagte.[1])

3. Der Krieg K. Josephs II. mit den Türken (1788—1791).

Joseph II. hatte es schon bei Lebzeiten seiner Mutter für die wichtigste Aufgabe der österreichischen Politik gehalten, Russland von Preußen zu trennen und ein österreichisch-russisches Bündnis zustande zu bringen. Es kam ihm zustatten, dass Katharinas II. sehnlichster Wunsch war, das türkische Reich zu vernichten und für ihren zweiten Sohn Constantin ein griechisches Kaiserthum in Constantinopel zu errichten. Da ein Vordringen der Russen über die Donau und den Balkan nur mit Zustimmung Österreichs möglich war, so beschloss Katharina, das 1780 ablaufende Bündnis mit Preußen nicht mehr zu erneuern, sondern dafür eine Allianz mit Österreich zu schließen.

Schon im Mai 1781 kam auf acht Jahre ein Defensivbündnis zwischen Österreich und Russland zustande. Auf den 1782 von Katharina II. gemachten Vorschlag, die Türken aus Europa zu vertreiben und die Länder derselben zu theilen, gieng Joseph II. nicht ein. Doch reizte die Kaiserin durch ihre Übergriffe die Pforte so lange, bis diese 1787 an Russland den Krieg erklärte, an welchem auch Joseph II. als Verbündeter Russlands theilnahm. Der Verlauf war anfangs ein ungünstiger. Die Russen, deren Heerwesen ganz in Verfall war, leisteten 1788 gar nichts. Österreich stellte zwar 200.000 Mann ins Feld. Aber Lacy, der

---

[1]) Arneth, 10, 280 ff. Vgl. Reimann, Geschichte des bairischen Erbfolgekrieges (Leipzig 1869) und „Neuere Geschichte des preußischen Staates", 2. Bd., wie die Aufsätze A. Beers in der „Historischen Zeitschrift" 35, 88 ff. und 38, 403 ff.

militärische Rathgeber des Kaisers, vertheilte die Truppen über die ganze Grenze von der Unna bis in die Bukowina, sodass nirgends eine größere Armee vorhanden war, welche den Türken überlegen gewesen wäre. Man musste sich daher auf die Vertheidigung beschränken und verlor im heißen Sommer in den sumpfigen Niederungen Ungarns sehr viele Leute. 1789 dagegen eroberte Laudon, der über die österreichische Hauptarmee den Oberbefehl erhielt, die Festung Belgrad. Der Prinz Coburg, der ein selbständiges Corps commandierte, siegte im Verein mit Suworow bei Fokschani und Martineschti, warf die Türken über die Donau zurück und besetzte dann Bukarest. Aber die Ausbeutung dieser Erfolge wurde durch auswärtige und innere Verhältnisse unmöglich gemacht.

Preußen, das seit 1788 mit England und Holland verbündet war, wollte diesen Krieg zur Erwerbung neuer Gebiete benutzen, machte gewaltige Rüstungen und schloss Verträge mit der Türkei und Polen. Von Österreichs Verbündeten war Russland durch einen Angriff des Königs von Schweden, Frankreich durch die fortschreitende Revolution gelähmt. Zugleich brach infolge der kirchlichen und administrativen Neuerungen K. Josephs II. in den österreichischen Niederlanden eine offene Empörung aus. In Ungarn erreichte die Unzufriedenheit einen sehr gefährlichen Grad. Der galizische Adel bereitete im Einvernehmen mit Preußen eine Bewegung vor.

Als nun am 20. Februar 1790 K. Joseph II. starb und sein Bruder Leopold von Toscana ihm in der Regierung folgte, suchte er den äußeren Frieden und die innere Ruhe wieder herzustellen und erbot sich, auf alle Gebietsvergrößerungen zu verzichten, wodurch die Seemächte befriedigt wurden. Am 27. Juli 1790 schloss Österreich mit Preußen die Convention von Reichenbach, worin es sich verpflichtete, mit der Türkei auf Grundlage der territorialen Verhältnisse vor dem Kriege einen Waffenstillstand und dann unter Vermittlung Preußens und der Seemächte Frieden zu schließen. Im Frieden von Szistowa, der am 5. August 1791 unterzeichnet wurde, begnügte sich Österreich mit der Abtretung von Alt-Orsova und Czetin unter dem Titel einer Grenzberichtigung.[1])

---

[1]) Arneth, Joseph II. und Katharina II. Ihr Briefwechsel. A. Beer, Die orientalische Politik Österreichs seit 1774. Vergl. Haeusser, Deutsche Geschichte (3. Auflage) 1, 221 ff. H. v. Sybel, Geschichte der Revolutionszeit (4. Auflage) 1, 154 ff. Ranke, Die deutschen Mächte und der Fürstenbund S. 289 ff.

II. Geschichte des öffentlichen Rechtes (1740—1792).

a) Die Zeit der Regierung Maria Theresias (1740—1780).

I. Die Organisation der Verwaltung.[1])

Nachdem Maria Theresia ihr Recht auf die von ihrem Vater beherrschten Gebiete in einem achtjährigen Erbfolgekriege behauptet hatte, fühlte sie die Nothwendigkeit, die bisher nur durch die Dynastie zusammengehaltenen Länder auch innerlich zu einigen und eine straffere Form der Verwaltung einzuführen. Doch dehnte sie diese Centralisation weder auf die Niederlande und Mailand, die ihre gesonderte Verwaltung behielten, noch auf Ungarn aus, dem sie 1741 seine gesonderte Administration bestätigt hatte, sondern suchte nur aus den deutsch-österreichischen Provinzen und den Ländern der böhmischen Krone einen auf gleiche Weise verwalteten Ländercomplex zu schaffen. Als Rathgeber stand ihr besonders Graf Haugwitz, ein geborener Schlesier, der Präsident von Österreichisch-Schlesien geworden war, zur Seite.

Früher waren nur einzelne organisatorische Maßregeln getroffen worden.

Im Jahre 1742 war die 1720 thatsächlich getrennte österreichische Hofkanzlei auch formell geschieden und für die Leitung der auswärtigen Angelegenheiten wie für die des Herrscherhauses die Hof- und Staatskanzlei, für die Verwaltung der inneren Verhältnisse die österreichische Hofkanzlei geschaffen worden. Jener wurden 1757 auch der italienische und niederländische Rath einverleibt.[2]) Im Februar 1741 hatte Maria Theresia die Finanzconferenz aufgehoben und die Leitung des ganzen Finanzwesens dem Grafen Gundacker Starhemberg übertragen, der Senior der geheimen Conferenz und Präsident der Ministerial-Bancodeputation war, und 1746 diese selbst zu einem Hofmittel, d. h. einer unmittelbar unter der Kaiserin stehenden Centralstelle gemacht. Zur Förderung des Handels wurde 1746 ein Commerzdirectorium eingesetzt, welches seine Wirksamkeit auch auf Ungarn ausdehnte.[3]) Dagegen verschwand die geheime Conferenz schon in den ersten Regierungsjahren Maria Theresias und nach 1748 auch die Deputation

---

[1]) Vgl. hierüber im allgemeinen A. v. Arneth, Maria Theresia, 4, 27 ff. und 9, 334 ff. Th. v. Kern, Die Reformen der Kaiserin Maria Theresia. „Geschichtliche Vorträge und Aufsätze", S. 176 ff. (aus dem „Historischen Taschenbuch" 1869). d'Elvert, Zur österreichischen Verwaltungs-Geschichte, S. 334 ff. A. Beer, Die Finanzverwaltung Österreichs 1749—1816. „Mittheilungen des Instituts", 15, 237 ff.

[2]) Arneth, 2, 197 f., 4, 244 f.

[3]) Arneth, 4, 72. Mensi, S. 708. A. Beer, S. 238 ff., 273.

in inneren Angelegenheiten, indem die Kaiserin es vorzog, sich mit den einzelnen Ministern zu berathen.

Durchgreifendere Änderungen in der Verwaltung wurden 1749 vorgenommen. Um die Rivalität der österreichischen und der böhmischen Hofkanzlei zu beseitigen, wurden von der Kaiserin beide aufgehoben und an ihre Stelle für beide Ländergruppen ein gemeinsames *Directorium in publicis et cameralibus* gesetzt, dem neben der politischen Administration ein Theil der Finanzverwaltung, nämlich die Contributionen und die anderen directen Steuern und das „deutsche Camerale", übertragen wurden. Die Hofkammer behielt nur noch das Bergwesen und die Geschäfte, die ihr bisher in den ungarischen Ländern zugestanden hatten. Auch der Wiener Stadtbank wurde die selbständige Verwaltung der ihr überwiesenen Einnahmsquellen gelassen. Ebenso hatte jede dieser drei Stellen gewisse Ausgaben anzuweisen und zu verrechnen, die Hofkammer namentlich die Bestreitung des Hofhaltes. Ein gleichmäßiges Vorgehen dieser drei selbständig nebeneinander stehenden Behörden in Fragen der Finanzverwaltung wurde durch Zusammentreten von Commissionen nur nothdürftig erreicht.

Das Commerzdirectorium wurde 1753 zu einer mit dem Directorium in publicis et cameralibus vereinigten unmittelbaren Hofstelle erklärt, welche die Handelsfragen der ganzen Monarchie nach einheitlichen Principien entscheiden sollte. Ihm wurde auch die Regulierung der Mauten und Zölle übertragen.[1])

Das Justizwesen, soweit es früher mit den Hofkanzleien vereinigt gewesen war, wurde bei der Errichtung des Directoriums von diesem getrennt und für die aus den „deutschen (d. h. den deutschen und böhmischen) Erblanden" auf dem Wege der Revision oder Appellation an den Hof gelangenden Angelegenheiten eine eigene „oberste Justizstelle",[2]) bestehend aus einem Kanzler (seit 1752 Präsidenten), zwei Vicekanzlern und 15 Räthen, creiert. Sie zerfiel in drei Senate (*„Consessus"*) 1. für die böhmischen, 2. die Wiener und niederösterreichischen, 3. die ober- und innerösterreichischen, tirolischen und vorderösterreichischen Sachen, wobei bestimmt wurde, dass bei der Behandlung böhmischer Angelegenheiten mehr böhmische, bei der Behandlung österreichischer Fragen mehr österreichische Räthe, „niemals aber böhmische und österreichische allein" zugezogen werden sollten. Für das 1772 erworbene Galizien wurde

---

[1]) Beer, S. 273 f., 317.
[2]) Fr. v. Maasburg, Geschichte der obersten Justizstelle in Wien (1749—1848), 2. Auflage, Prag 1891. Das betreffende Handschreiben der Kaiserin vom 1. Mai 1749 S. 347 ff.

(1780) ein eigener Senat errichtet, in dem es anfangs (bis 1786) gestattet war, lateinisch zu referieren. Doch war für viele Fälle als dritte Instanz 1774 ein oberstes Tribunal in Lemberg errichtet worden. Indem der obersten Justizstelle zugleich die einschlägigen Verwaltungsgeschäfte, namentlich auch die Verleihung der im Justizdienste erledigten Stellen übertragen war, bildete sie für die deutsch-böhmischen Länder nicht bloß den obersten Gerichtshof, sondern auch ein gemeinsames Ministerium.

In ähnlicher Weise wurde auch die Verwaltung der Provinzen organisiert. Auch hier wurde die Justiz von der Verwaltung getrennt und für die politischen, Cameral-, Contributions- und gemischten Militärsachen eine eigene „Repräsentation und Kammer" mit einem Präsidenten an der Spitze, für Handelsangelegenheiten ein Commercienconsess eingesetzt. Bei dieser Gelegenheit wurde auch die böhmische Statthalterei aufgelöst, während die Justiz den bisherigen obersten Landesbeamten unter dem Vorsitz des Oberstburggrafen, wie in Niederösterreich, Steiermark, Tirol den Regierungen, in Oberösterreich der Landeshauptmannschaft, in Schlesien dem königlichen Amte blieb. Für Mähren wurde ein eigenes Appellations- und Criminal-Obergericht in Brünn geschaffen. Später wurde den Repräsentationen, welche seit 1763 Gubernien hießen,[1]) auch die Justiz theilweise wieder zugewiesen, aber für diese bei denselben ein eigener Justizsenat errichtet, welcher die dritte Instanz für alle nicht an den Hof gelangenden Rechtsangelegenheiten war.

Das Präsidium beim Gubernium erhielt der Vorsitzende der Stände (Landmarschall, Landeshauptmann, Oberstburggraf), der so eine Doppelstelle bekleidete, aber in erster Linie von der Regierung abhängig war.

Den Schlussstein der neuen Einrichtungen bildeten die Kreisämter, welche in Böhmen bereits bestanden und in den deutschen Provinzen vom Jahre 1748 an eingeführt wurden. In Böhmen selbst trat insofern eine Veränderung ein, als statt der bisherigen zwei Hauptleute, eines aus dem Herrn- und eines aus dem Ritterstande, ein Kreishauptmann von der Regierung, und zwar bald ohne Rücksicht auf dessen Ansässigkeit im Kreise ernannt und der Sitz der Hauptleute in eine bestimmte Stadt verlegt wurde, während sie früher ihren Sitz auf ihren eigenen Herrschaften gehabt hatten.[2])

Die Kreishauptleute erhielten zunächst die Aufgabe, für die Durchführung der neuen Contributionseinrichtung und überhaupt für die Vollziehung der kaiserlichen Verordnungen wie für die Aufrechthaltung der

---

[1]) In Niederösterreich wurde dafür wieder der Name „Regierung", in Oberösterreich, Kärnten und Krain der Name „Landeshauptmannschaft" hergestellt.

[2]) Toman, S. 151 f. Vgl. Beer, S. 288, Anm. 2.

öffentlichen Sicherheit und Wohlfahrt zu sorgen. Nach und nach zogen sie aber nicht bloß die Übung der ganzen Polizei in den Bereich ihrer Wirksamkeit, sondern controlierten auch das ganze Gemeindeleben und das Verhalten des Clerus. Später sahen sie es auch als eine ihrer vorzüglichsten Aufgaben an, die Unterthanen gegen willkürliche und ungerechte Behandlung ihrer Grundherren zu schützen.

Die Gerichtsbarkeit in erster Instanz wurde, schon aus finanziellen Rücksichten, noch nicht allgemein verstaatlicht. Aber der größere Theil der zahllosen Patrimonial- und magistratischen Gerichte, für deren entsprechende Besetzung es an Kräften fehlte, wurde nach und nach aufgehoben. In Böhmen blieben nach einer allerhöchsten Verordnung vom Jahre 1765 von 386 Halsgerichten nur 30 übrig,[1]) deren jedes mit einem erfahrenen und obergerichtlich geprüften Syndicus und einem ebenfalls geprüften Rathsherrn als Assistenten versehen sein sollte, während den übrigen „in Ruhe zu versetzenden" Gerichten nur das Recht der gefänglichen Einziehung eines Verbrechers und der Vornahme eines summarischen Verhörs blieb.

Wenn Maria Theresia für Anstellungen von Beamten bei den Gerichten ebenso wie bei anderen Stellen die Ablegung von Prüfungen, als Bedingung der Zulassung zu diesen aber den Nachweis entsprechender Universitätsstudien verlangte,[2]) so regelte sie andererseits auch die Besoldungen, wogegen die Bezüge von Gerichtssporteln abgeschafft wurden.

An der Spitze der Militärverwaltung stand auch in dieser Periode der Hofkriegsrath, der 1753 in drei Departements, das *militare publicopoliticum* (für Recrutierung, Einquartierung, Verproviantierung, Vorspann u. dgl.), das *judiciale* und das *oeconomicum* (für Bekleidung u. s. w.) getheilt wurde. Das letztgenannte wurde 1761 als Generalcommissariat abgelöst, aber 1768 wieder damit vereinigt.[3])

Um in die Verwaltung der deutsch-böhmischen Länder eine noch größere Einheit zu bringen und auch zwischen den verschiedenen Hof-

---

[1]) Außer den Magistraten der vier Prager Städte und der Stadt Eger, wie dem Consistorium der Prager Universität noch 24. Maasburg, Die Organisierung der böhmischen Halsgerichte im Jahre 1765 (Prag 1884), S. 93 ff. und 119 ff. In Mähren, wo es über 200 Halsgerichte gegeben hatte, waren diese schon 1729 und nochmals 1752 sehr bedeutend reduciert worden. Ebendaselbst S. 7, N. 18. Über die Reformen auf dem Gebiete des Justizwesens siehe auch A. v. Domin-Petrushevecz, Neuere österreichische Rechtsgeschichte, S. 32—88 und d'Elvert, Weitere Beiträge zur österreichischen Rechtsgeschichte, (Schriften der historisch-statistischen Section, 27. Bd.), S. 123 ff.

[2]) Vgl. d'Elvert, a. a. O., S. 124 f.

[3]) d'Elvert, Zur österreichischen Verwaltungs-Geschichte, S. 379 f. A. Wolf, Österreich 1740—1792 (Allgemeine Geschichte in Einzeldarstellungen) S. 103.

stellen eine gewisse Gleichmäßigkeit der leitenden Grundsätze bei der Verwaltung der inneren Angelegenheiten herzustellen, wurde im December 1760 nach dem Vorschlage des Grafen Kaunitz als berathendes Collegium der österreichische Staatsrath[1]) geschaffen, der aus sechs Mitgliedern, drei vom Herrenstande mit dem Titel Minister und drei aus dem Gelehrten- und Ritterstande mit dem Titel Staatsräthe bestehen sollte. Demselben sollten alle der Kaiserin vorgelegten Angelegenheiten zur Begutachtung übergeben werden. Er sollte dann die allerhöchsten Entschließungen entwerfen, die Befolgung derselben überwachen, auf bestehende Gebrechen aufmerksam machen, Wahrung der Religion ohne übertriebenen Eifer, der öffentlichen Ordnung und des Staatscredits sich zur Aufgabe setzen, Vorschläge zur Hebung des Ackerbaues, der Industrie und des Handels erstatten und endlich die unwandelbaren Grundregeln der Staatsverwaltung aufstellen. Die ihm vorgelegten Gegenstände (besonders Anträge der Centralstellen) wurden nicht in gemeinsamen Sitzungen verhandelt, sondern im Circulationswege erledigt, wobei in der Regel mit den jüngsten Räthen (dem Range nach) begonnen wurde, dann die Staatsminister und zuletzt der Staatskanzler das Gutachten abgab. Auf Grund der Gutachten wurde dann von einem der Staatsminister der Entwurf zur allerhöchsten Entschließung abgefasst, der, wenn die Ansichten auseinander gegangen waren, noch einmal in Umlauf gesetzt wurde. Der Staatsrath war eine gesammtstaatliche Behörde und hat nicht bloß die Zustände der deutsch-böhmischen Länder, sondern auch die Ungarns, der Niederlande und der italienischen Besitzungen seiner Berathung unterzogen.

Auf Grund der vom Staatsrathe gemachten Vorschläge, besonders jener des Grafen Kaunitz, wurde die 1749 verfügte Vereinigung eines Theiles der Finanzverwaltung mit der politischen Administration wieder beseitigt, am 23. December 1761 das Directorium *in publicis et cameralibus* aufgehoben und die politische Verwaltung der „k. k. vereinigten böhmisch-österreichischen Hofkanzlei" unter einem obersten Kanzler[2]) und einem Vicekanzler übertragen. Die Finanzverwaltung wurde unter drei Centralbehörden vertheilt, die Hofkammer, die Caisse générale und die Rechenkammer. Der Hofkammer wurde die Oberaufsicht, Verwaltung und Verbesserung aller Cameral- und Contributionsgefälle übertragen. Sie sollte für die Herbeischaffung der Einkünfte des Staates sorgen und die Auszahlung der für den Staatsaufwand nothwendigen Summen anordnen. Die Auszahlungen selbst sollten durch die Generalcasse erfolgen, in welche alle Einnahmen fließen sollten. Die Prüfung

---

[1]) C. Freiherr v. Hock und Bidermann, Der österreichische Staatsrath (Wien 1869—1879).

[2]) Dieser hieß eigentlich böhmischer Obrister und österreichischer erster Kanzler.

der Einnahmen und Ausgaben, also die Controle jener beiden Centralstellen war Aufgabe der **Hofrechenkammer**, der alle Buchhaltungen untergeordnet wurden. Sie sollte aber auch allgemeinere Fragen wie die Ursachen der Zu- oder Abnahme der Gefälle erörtern und hierüber Vorschläge machen, wie auch über Änderungen im Maut- und Tarifwesen Gutachten abgeben. Der Hofkammer musste jetzt auch die Ministerial-Banco-Deputation Rechnung legen. Zugleich wurde eine deutsch-erbländische **Credits-Deputation** für das Staatsschuldenwesen creiert. Der **Commercienrath** wurde eine selbständige Hofstelle mit einem eigenen Präsidenten. Er sollte sich die Hebung der inländischen Cultur, der Manufacturen und des Commercii angelegen sein lassen. Später wurde ihm auch die Leitung der Staatsfabriken übertragen.

In analoger Weise wurde 1763 auch die **Verwaltung der einzelnen Provinzen** geordnet, überall eine politische Stelle (Gubernium), eine Justiz- und eine Finanzstelle, ein Commercienconsess, ein Fiscal- und Zahlamt errichtet.[1]) Wie weit schon damals die Centralisation getrieben wurde, zeigt die Bestimmung, dass Extracte aus den Protokollen über die Rathssitzungen bei den Gubernien wöchentlich je nach den Verhandlungsgegenständen an die Hofkanzlei oder die Hofkammer oder den Hofcommercienrath oder die oberste Justizstelle eingesendet werden mussten.[2])

Schon 1760 wurde als Departement des Directoriums (später der Hofkanzlei) eine **Studienhofcommission** für die Leitung des Unterrichtswesens errichtet, welches jetzt durchaus als Staatssache, als „politicum", betrachtet wurde, sodass von der Regierung nicht bloß die Volksschulen organisiert und die Lehrpläne für die Gymnasien und die weltlichen Facultäten der Universitäten festgestellt, sondern (1774) auch den theologischen Facultäten und den Hausstudien der Klöster der Lehrplan und die Lehrbücher vorgeschrieben wurden. 1774 erhielt diese Studiencommission eine Stellung unmittelbar unter der Kaiserin, wenn auch eine gewisse Unterordnung unter den obersten Kanzler bestehen blieb.[3])

1770 wurde für kirchliche Angelegenheiten eine aus geistlichen und weltlichen Mitgliedern zusammengesetzte **geistliche Hofcommission** (*consessus in publicis ecclesiasticis*) unter dem Vorsitze des obersten Kanzlers geschaffen.[4])

---

[1]) Über die Befugnisse und die Organisation des mährischen Guberniums, von welchem sich die übrigen nicht unterscheiden, siehe d'Elvert, S. 396.

[2]) d'Elvert, S. 407.

[3]) Kink, Geschichte der Universität zu Wien, 1, 483 f. A. v. Helfert, Die österreichische Volksschule, 1, 287.

[4]) Hock-Bidermann, Der österreichische Staatsrath, S. 53. Arneth, 9, 57.

Die 1761 und 1762 getroffenen Einrichtungen wurden zunächst nicht vollkommen durchgeführt und blieben auch später nicht unangefochten.[1]) Der Hofkammer wurde nicht die Verwaltung aller Gefälle übertragen, sondern die Contributionen bei der Hofkanzlei, viele Gefälle bei der Ministerial-Banco-Deputation gelassen, deren Präsident Graf Hatzfeld bald auch Präsident der Generalcassendirection wurde. Die Militärcassen blieben von den allgemeinen Cassen getrennt. Die oberste Leitung des Staatsschuldenwesens übernahm der Kaiser Franz selbst, nach dessen Tode (1765) sie an Hatzfeld übertragen wurde.

Später machte sich das Streben geltend, die Verwaltung der Finanzen mehr zu centralisieren, was besonders durch Hatzfeld betrieben und auch von der Kaiserin begünstigt wurde. 1765 wurde die Generalcassendirection mit der Hofkammer vereinigt, die in Hatzfeld, der nun den Titel „Finanzminister" führte, mit der Bank auch denselben Präsidenten hatte. Auch das Contributionale und die anderen die Länder betreffenden Abgaben wurden jetzt der Hofkammer übertragen. Im Februar 1771 wurde Hatzfeld zum obersten Kanzler ernannt, unter den seit 1765 auch der Commercienrath gestellt war, blieb aber zugleich Präsident der Banco-Deputation und der Hofkammer, so dass die politische Verwaltung, die Finanzen und die Handelsangelegenheiten in seinen Händen vereinigt wurden. Doch weigerte er sich, das Amt eines obersten Kanzlers zu übernehmen, wenn nicht auch die Hofrechenkammer aufgehoben würde. Da sich der Staatsrath entschieden dagegen aussprach, so ernannte ihn die Kaiserin im December 1771 zum „dirigierenden Minister in inländischen Geschäften", während die Ämter des obersten Kanzlers und die des Präsidenten der Hofkammer, der Ministerial-Banco-Deputation und des Commercienrathes wieder getrennt wurden. Dabei wurde die Competenz der Hofkammer eingeschränkt und das Contributionale mit der Erbschafts- und Schuldensteuer wie die Verwaltung des Banates der Hofkanzlei überwiesen. Erst 1773 setzten die politischen Behörden die Aufhebung der Selbständigkeit der Hofrechenkammer durch, wenn sie auch ihren eigenen Präsidenten behielt. 1776 wurde das Commerciale wieder mit der Hofkanzlei vereinigt.

Auch die Commercienconsesse in den einzelnen Provinzen wurden 1772 aufgehoben und ihre Geschäfte einer eigenen Commission beim Gubernium übertragen.

Für die 1772 erworbenen polnischen Gebiete wurde 1774 eine eigene „galizisch-lodomerische Hofkanzlei" errichtet. Doch wurde sie schon 1776 mit der böhmisch-österreichischen vereinigt und diese in zwei Senate, einen für die Angelegenheiten der böhmischen Länder und

---

[1]) Näheres bei Beer, S. 244 ff.

Galiziens, einen für die der deutschen Provinzen und des Temesvárer Banates getheilt.¹) Auch die Kreiseintheilung wurde auf Galizien ausgedehnt.

Zum Unterschiede von den deutsch-böhmischen Provinzen blieben die Formen der Verwaltung in Ungarn im wesentlichen unverändert. Maria Theresia hatte bei ihrer Krönung im Jahre 1741 die ungarische Verfassung beschworen und konnte daher ohne Verletzung derselben keine Abänderungen ohne Zustimmung der Stände treffen. Der auf dem Landtage dominierende Adel hielt aber unbedingt am Hergebrachten fest. Die ungarische Hofkanzlei, die Hofkammer und die Statthalterei behielten daher auch jetzt den Wirkungskreis, den sie unter Karl VI. gehabt hatten.

Doch wurden manche territoriale Einrichtungen getroffen, um, wie Maria Theresia 1741 versprochen hatte, die Integrität Ungarns herzustellen. Schon in den nächsten Jahren wurde die Theiß-Maroser Militärgrenze aufgelöst und die Civilverwaltung wieder hergestellt. 1772 nach der ersten Theilung Polens wurden die diesem verpfändeten Zipser Städte, 1776 Fiume, das seit dem 15. Jahrhundert zu Inner-Österreich gehört hatte, 1778 das Temesvárer Banat mit Ungarn vereinigt, dieses in drei Comitate getheilt, Fiume unter einen eigenen Gouverneur gestellt, die Zips der ungarischen Kammer untergeordnet.²)

Auch die gesonderte Verwaltung der serbischen Niederlassungen wurde beseitigt. Maria Theresia hatte mit Rücksicht auf die Dienste, welche die Serben im österreichischen Erbfolgekriege geleistet hatten, die ihnen gewährten Privilegien neuerdings bestätigt und, ihrem Wunsche nach administrativer Selbständigkeit wenigstens theilweise nachgebend, im August 1745 eine besondere Hofcommission eingesetzt, welche die Angelegenheiten derselben nach einheitlichen Grundsätzen in unparteiischer Weise erledigen sollte. Im August 1747 wurde diese Commission in eine unmittelbare Hofstelle, die „Hofdeputation in Transylvanicis, Banaticis et Illyricis" mit einem Präsidenten an der Spitze umgewandelt, welche dieselben Rechte haben sollte wie die Hofkanzleien. Da zwischen dieser illyrischen Hofdeputation und der ungarischen Hofkanzlei häufige Competenzconflicte ausbrachen, so suchte die Kaiserin diese dadurch zu beseitigen, dass die Deputation nur die kirchlichen Angelegenheiten und die Privilegiensachen der Serben erledigen, die Steuersachen und Justizangelegenheiten in den Comitaten und Städten Ungarns dagegen von den dortigen Behörden und in letzter Instanz von der ungarischen Hofkanzlei erledigt werden sollten. Aber der Gegensatz zwischen den beiden Hofstellen hörte damit nicht auf, und als wegen verschiedener

---

¹) Arneth, 8, 422; 10, 94.
²) Arneth, 10, 121 ff. Fessler-Klein, 5, 420 ff.

Ursachen an mehreren serbischen Orten Unruhen ausbrachen, ließ sich die Kaiserin bewegen, am 2. December 1777 die illyrische Hofdeputation ganz aufzuheben und ihre Geschäfte in Ungarn der dortigen Hofkanzlei, in der Militärgrenze dem Hofkriegsrathe und in dem damals noch selbständig verwalteten Banate der dortigen Hofstelle zu übertragen, welche Angelegenheiten, die alle berührten, in gemeinsamen Commissionen erledigen sollten.[1])

Auch in den österreichischen Niederlanden traten keine Veränderungen ein, da solche auch hier ohne Zustimmung der Stände nicht möglich waren und diese am Hergebrachten festhielten.

In der Lombardei dagegen führte der Großkanzler Graf Christiani, der Leiter der dortigen Statthalterei, 1755 eine neue Gemeindeverfassung ein, durch welche alle Steuern zahlenden Gemeindeglieder direct oder indirect Antheil an der Besorgung der Gemeindeangelegenheiten erhielten. In den einzelnen Provinzen wurden Delegationen eingesetzt, die aus Vertretern der Bezirke, des Adels und der Kaufleute bestanden.[2])

2. Das Heer- und Steuerwesen.

Auf die Vorstellungen des Grafen Haugwitz, dass wie Schlesien auch Böhmen und Mähren bald verloren gehen würden, wenn man nicht zum Schutze derselben immer eine genügende Truppenmacht bereit hätte, dass die Mittel zur Erhaltung derselben aber nur dann aufgebracht und die Armee nur dann rasch verwendet werden könnte, wenn auch die Grundherren zu größeren Steuerleistungen herangezogen würden, und wenn nicht mehr die Stände, sondern die Regierung allein über das Militärwesen frei verfügen könnte, befahl Maria Theresia demselben nach dem Ende des Erbfolgekrieges die Ausarbeitung eines Planes, wie man zur Unterhaltung von 108.000 Mann in den deutsch-österreichischen und ungarischen Ländern 14,000.000 Gulden aufbringen könnte. Haugwitz beantragte nun, dass das Recht der Landtage, der Regierung jährlich Geld und Truppen zu bewilligen, durch ein Abkommen thatsächlich beseitigt werden und die Stände sich zunächst auf zehn Jahre, wie es schon wiederholt geschehen war, herbeilassen sollten, zu diesem Zwecke statt wie bisher eine Contribution von ungefähr 9 Millionen, fortan 14 Millionen Gulden jährlich zu zahlen, wogegen sie von allen Naturalleistungen für Mannschaft und Pferde frei sein und die Kosten der Werbung oder Aushebung, die Ausrüstung und Verpflegung der Truppen vom Staate übernommen werden sollten. Zur Aufbringung der Steuern sollte durch neue Abschätzung des unbeweglichen Vermögens ein gerechter

---

[1]) Schwicker, Politische Geschichte der Serben in Ungarn, S. 78—346.
[2]) Arneth, 4, 243 ff.

Maßstab gewonnen werden und alle Steuerbefreiungen aufhören. Als Wert eines Gutes sollte das Zwanzigfache des jährlichen Reinertrages angenommen und von diesem Werte von den Adeligen der hundertste, von den Bauern der fünfzigste Theil als Steuer entrichtet werden.

Der Plan wurde von der Kaiserin genehmigt und trotz aller Schwierigkeiten, die sich ihm entgegenstellten, fast von allen Landtagen angenommen, worauf Delegierte derselben mit der Ministerial-Banco-Deputation einen Recess oder Vertrag schlossen. Jedes Land übernahm eine bestimmte Summe, von der aber ein Theil den Ständen zur Bestreitung ihrer Bedürfnisse und für die Tilgung der Landesschulden überlassen wurde. Doch ließen sich die Stände von Steiermark, Krain, Görz und Gradisca zu einem solchen nur auf drei Jahre herbei, sodass man die Recesse noch zweimal erneuern musste. Tirol ließ sich nur bewegen, statt der geforderten Summe von 100.000 jährlich 70.000 Gulden zu bewilligen. Die Stände Kärntens lehnten den Antrag ganz ab, wenn nicht die erhöhten Lasten den Bauern allein aufgebürdet würden, was die Kaiserin bewog, die neue Einrichtung „jure regio" einzuführen und vom 1. Februar 1750 an (bis zum Jahre 1770) die ständischen Einkünfte durch landesfürstliche Beamte einheben zu lassen.[1])

Um eine gerechtere Vertheilung der Grundsteuer zu ermöglichen, ließ die Kaiserin die Erträgnisse der bäuerlichen und herrschaftlichen Güter durch Fassionen oder Messungen feststellen, worauf auch die geistlichen und adeligen Besitzungen der regelmäßigen Besteuerung unterworfen wurden, obwohl sie geringer veranschlagt wurden als die der Bürger und Bauern.[2]) Dieser theresianische Kataster ist dann bis 1819 die Grundlage der directen Besteuerung in Österreich geblieben.

In Ungarn setzte die Regierung auf dem Landtage von 1751 nur die Erhöhung der Contribution um 500.000 Gulden durch. Der Landtag von 1764 bewilligte noch weitere 500.000 Gulden und 100.000 für die ungarische Leibgarde, so dass sich die Contribution Ungarns jetzt auf 3,900.000 Gulden belief. Außerdem mussten aber die steuerpflichtigen Unterthanen zur Unterhaltung des Heeres auch Getreide, Heu, Holz u. s. w. liefern.[3])

---

[1]) Arneth, 4, 11 ff. Vgl. einen Aufsatz von A. Beer, Die Staatsschulden und die Ordnung des Staatshaushaltes unter Maria Theresia, der im 82. Bd. des „Archiv für österreichische Geschichte" erscheinen wird, und für Kärnten Hermann, 2ᵇ, 28 f.

[2]) In Böhmen und Mähren zahlte man anfangs vom Rusticale von 180 Gulden 60 Gulden oder $33^1/_3\%$; später in Böhmen $42^1/_4\%$, in Mähren $36^1/_9\%$, vom Dominicalbesitz in Böhmen 29%, in Mähren anfangs $22^2/_3\%$, später $26^3/_{10}\%$. Näheres bei d'Elvert, Zur österreichischen Finanz-Geschichte, S. 579 ff.

[3]) Arneth, 4, 193 ff.; 7, 110 ff.

Die Ergänzung des Heeres erfolgte anfangs noch durch Werbung, die allerdings auch durch List und Gewalt unterstützt wurde. Seit 1753 musste jedes Land eine bestimmte Zahl von Recruten aufbringen, die auf die einzelnen Herrschaften und Städte vertheilt wurden. Durch Patent vom 10. März 1770 wurde zum Zwecke einer gerechteren Vertheilung in den böhmischen, nieder- und innerösterreichischen Erblanden die Conscription oder „Seelenbeschreibung" nach den einzelnen Ortschaften eingeführt und auf Grund derselben die Länder 1773 in „Werbbezirke" getheilt, von welchen jeder nach Bedürfnis jährlich die auf ihn entfallende Zahl von Soldaten stellen musste. Die Auswahl der an das Militär Abzugebenden wurde den Obrigkeiten überlassen. Doch war ein großer Theil der Bewohner, namentlich die Geistlichen, Adeligen, Beamten des Staates und die höheren Herrschaftsbediensteten, die Doctoren, Chirurgen, die Bürger der landesfürstlichen Städte und Märkte, deren Söhne und viele Andere gesetzlich vom Militärdienste befreit. Dieser selbst war lebenslänglich, doch fanden zahlreiche Beurlaubungen statt.[1]

Die Regelung des Zollwesens hat die Regierung als Hoheitsrecht betrachtet und, ohne die Zustimmung oder auch nur den Rath der Stände einzuholen, durchgeführt. Doch ist man nur schrittweise vorgegangen. Graf Rudolf Chotek, der von 1749 bis 1761 Präsident des Universal-Commerzdirectoriums war, suchte durch hohe Schutzzölle oder durch das Verbot der Einfuhr einzelner Waren die inländische Industrie zu heben, die er auch direct unterstützte. Auch hob er wohl die zahllosen Binnenzölle auf, aber nicht bloß Ungarn und die nichtungarischen Länder blieben durch Zolllinien getrennt, sondern auch die deutsch-böhmischen Länder zerfielen noch wie unter Karl VI. in sechs verschiedene Zollgebiete. Im Jahre 1769 dagegen stellte der Staatsrath als leitende Grundsätze auf: Einführung eines einheitlichen Zolltarifs für das ganze Reich, geringe Ausfuhr- und geringe oder gar keine Durchfuhrzölle, niedrige Zölle für Roh- und Hilfsstoffe, hohe für Luxuswaren, Aufhebung der Monopolien. Diesen Principien entsprechend wurde 1775 ein neues Zollsystem eingeführt, das der Vicepräsident der Ministerial-Banco-Deputation, der Graf Philipp Cobenzl, ausgearbeitet hatte. Die Einfuhrverbote wurden durch hohe Zölle ersetzt und alle ständischen und Privatmauten wie alle Binnenzölle mit Ausnahme der zwischen Ungarn und den Erblanden aufgehoben.[2]

Das unter Karl VI. eingeführte Tabakmonopol wie das Postwesen wurden mehr ausgebildet, 1751 das Lotto, während des siebenjährigen

---

[1] Patente vom 10. März 1770 und 10. März 1773 im k. k. Kriegsarchiv. Vgl. H. Meynert, Geschichte des Kriegswesens und der Heerverfassungen in Europa, 3, 164 und 283 ff.

[2] Arneth, 4, 72 ff. und 9, 447 ff. Hock-Bidermann, S. 92 ff. d'Elvert, Österreichische Finanz-Geschichte, S. 593 f., 613 f. Vgl. S. 499 ff.

Krieges eine **Erbsteuer** (wofür die Geistlichkeit ein jährliches Äquivalent zahlte), eine Schulden- oder Classen-, d. h. **Einkommensteuer**, eine **Interessensteuer** und andere eingeführt,[1]) 1762 auch unverzinsliche Wertpapiere, „**Bancozettel**" ausgegeben.

3. Die Anfänge der Codification des Rechtes.[2])

Auch die Codification des Rechtes nahm Maria Theresia als Majestätsrecht für sich in Anspruch, ohne die Stände der verschiedenen Provinzen zurathe zu ziehen. Am 23. Jänner 1753 wurde für **Böhmen** eine neue **Strafprocessordnung** erlassen, die dann auch für Österreichisch-Schlesien und 1760 auch für Mähren Giltigkeit erhielt.[3]) Doch sollte dies nur ein Provisorium sein. Der Wunsch der Kaiserin gieng dahin, die außerordentliche Menge ganz verschiedener Rechte zu beseitigen und durch ein einheitliches zu ersetzen und dadurch eine größere Rechtssicherheit herbeizuführen. Es wurden daher zwei Commissionen eingesetzt, die eine 1752, um für die deutsch-böhmischen Länder ein gemeinsames Gesetz für Strafrecht und Strafprocess auszuarbeiten, die andere, die sogenannte Compilationscommission, um ein allgemeines bürgerliches Gesetzbuch abzufassen. Die Criminalcommission, welche auf Grund der früheren peinlichen Gerichtsordnungen, besonders jener Ferdinands III. und Josephs I., eine neue schaffen sollte, vollendete bis 1766 den ersten Theil der „allgemein-peinlichen Gerichtsordnung", die am 31. December 1768 von der Kaiserin bestätigt und 1769 als „**Theresianische Halsgerichtsordnung**" publiciert wurde. Sie beruht ganz auf dem Inquisitionsprincip, sodass der Richter Ankläger, Vertheidiger und Urtheilsfäller zugleich war. Doch wurde die darin noch beibehaltene Anwendung der Folter 1776 abgeschafft.

Weniger Erfolg hatte die für die Ausarbeitung des Civilrechtes eingesetzte Compilationscommission, obwohl sie aus hervorragenden praktischen Juristen und Gelehrten bestand. Als das Werk 1767 vollendet war, verweigerte ihm die Kaiserin wegen seiner Weitläufigkeit (8 Bände!) und Unklarheit die Genehmigung und sie verlangte die Abfassung eines klaren Auszuges. Dieser wurde zwar gemacht, aber bei Lebzeiten der Kaiserin nicht mehr zum Gesetze erhoben.

Dagegen wurden specielle „**Falliten-**" oder „**Cridaordnungen**", Process- und Executionsordnungen, Wechsel- und Handelsgerichtsordnungen theils für einzelne Provinzen, theils für größere Länder-

---

[1]) d'Elvert, S. 603 ff.
[2]) Domin-Petrushevecz, S. 32 ff.
[3]) Fr. v. Maasburg, Die Process-Ordnung für Böhmen vom 23. Jänner 1753 (Wien 1886).

gruppen erlassen, auch in den meisten nichtböhmischen Ländern Landtafeln und für die nicht landtafelfähigen Güter Grundbücher eingerichtet, endlich die Landtafelfähigkeit auch auf Bauern ausgedehnt.

4. Das Ständewesen unter Maria Theresia.

Die Formen des Ständewesens blieben auch unter Maria Theresia erhalten,[1]) ja in Galizien wurde nach dem Muster der übrigen Provinzen ein Landtag, bestehend aus Herren, Rittern und Vertretern der Städte, und ein ständischer Ausschuss, bestehend aus drei Herren und drei Rittern, 1775 neu eingeführt. Die Landtage der deutsch-böhmischen Provinzen entsagten freilich ihrem wichtigsten Rechte, dem der Bewilligung der Contribution, durch die 1748 mit der Regierung theils auf zehn, theils auf drei Jahre geschlossenen Recesse, wodurch die Grundsteuer fixiert wurde, was nach Ablauf der betreffenden Periode erneuert wurde. Es war eine bloße Formalität, wenn trotzdem die bestimmten Steuern vom Landtage postuliert und von diesem bewilligt wurden. Aber thatsächlich war das Recht, welches die Stände preisgaben, nicht sehr groß gewesen, weil die Contribution, welche von den einzelnen Ländern verlangt und bewilligt wurde, schon längst feststand und auch Decennalrecesse schon unter Karl VI. abgeschlossen worden waren. Auch stellte die Kaiserin den Ständen einen Revers aus, dass dieser Recess ihren Privilegien und „wohl hergebrachten Gewohnheiten" nicht präjudicieren und der Landtag trotzdem alle Jahre abgehalten werden sollte.[2]) Doch zeigt es immerhin eine geringe Achtung der ständischen Rechte, wenn in Kärnten wegen der Widerspenstigkeit des Landtages das neue System octroyiert und die ständischen Einkünfte sequestriert wurden. (S. 197). Auch während des siebenjährigen Krieges wurden ohne Bewilligung der Landtage neue Steuern eingeführt und verschiedene andere „inkameriert", d. h. der ständischen Bewilligung und Verwaltung entzogen.[3])

Dagegen tagte 1761 in Wien eine aus je einem Delegierten der Stände der deutsch-böhmischen Länder bestehende Creditsdeputation, welche die Ausgabe mit 6% verzinslicher und rückzahlbarer ständischer Zahlungsobligationen in der Höhe von 18,000.000 Gulden beschloss, wofür die Länder solidarisch die Haftung übernahmen. 1763 trat dieselbe noch einmal zusammen, wobei die Ausgabe von 21,900.000 Gulden, aber

---

[1]) Toman, S. 107 ff.

[2]) Der Recess mit Mähren bei d'Elvert, Zur österreichischen Finanz-Geschichte. Anhang S. 113 ff.; mit dem Lande unter der Enns bei (Andrian), Österreich und seine Zukunft (1840) S. 209 ff.

[3]) Nur die Stände Tirols erklärten die 1758 ohne ihre Zustimmung eingeführte Kriegssteuer für ungiltig und bewilligten nur das gewöhnliche Postulat und ein Darlehen. Egger, 3, 12 ff.

nur zu 5% verzinslich, zur Einlösung der früheren Obligationen beschlossen ward.

Aber wichtige Gesetze wurden ohne Befragung der Stände gegeben, selbst das tiefeinschneidende Robotpatent von 1775 (S. 202) ohne Zustimmung, ja trotz des Widerspruches derselben erlassen.

Auch die Wirksamkeit der ständischen Ausschüsse oder „Verordneten" wurde durch die landesfürstlichen Behörden, besonders die Kreisämter immer mehr in den Hintergrund gedrängt. Selbst die den ständischen Organen zustehende Verwaltung des sogenannten Domesticalfondes, in welchen die Überschüsse der bewilligten Steuern und einzelne den Ständen vorbehaltene Gefälle flossen und aus welchen die ständischen Beamten bezahlt und andere Landesbedürfnisse bestritten wurden, ward 1770 der Controle der Hofrechenkammer unterworfen.[1]) Auch die Geschäftsordnung der Landesausschüsse wurde 1779 und 1780 von der Regierung ohne Befragung der Stände normiert und die monatliche Einsendung der Protokolle an die Hofkanzlei vorgeschrieben.

5. Die Beschränkung der Autonomie der Gemeinden.

Die Centralisationstendenzen der Regierung unter Maria Theresia übten auch ihre Rückwirkung auf die Stellung der Gemeinden, besonders der autonomen Städte.[2])

Schon 1749 wurde für das Land ob der Enns verordnet, dass die in den landesfürstlichen Städten dem Herkommen gemäß gewählten Stadtschreiber und Syndici nur nach erfolgter Bestätigung durch die Repräsentation und Kammer zur Ausübung ihres Amtes zugelassen werden sollten. Bald wurden auch die Marktpolizei, namentlich die Aufsicht über Maß und Gewicht, und die Gewerbe- und Zunftangelegenheiten der Aufsicht der Kreisämter unterworfen, die Baupolizei an die Landesregierung gezogen, eine Dienstbotenordnung erlassen, welche in die bisherigen Befugnisse der Gemeindebehörden eingriff. Ein Gesetz vom 7. Jänner 1754 verfügte mit Rücksicht auf die „bei den Städten und Märkten obwaltenden Gebräuche und Unordnungen", „dass jeden Ortes sich befindenden Zünften wohlerfahrene Männer als Commissäre vorzustellen, über alle politischen Vorfälle und Veranlassungen ein Protokoll zu führen und dasselbe namentlich dem Kreisamte zur Einsicht einzureichen und in erheblichen Gegenständen die höhere Entscheidung

---

[1]) Erwähnt in den Beschwerden der böhmischen Stände von 1790 in „Historische Actenstücke über das Ständewesen in Österreich", 2, 85. Ob dies auch bezüglich der anderen Provinzen geschehen ist, vermag ich nicht zu sagen.

[2]) S. Beidtel, Über österreichische Zustände in den Jahren 1740—1792, IV. „Sitzungsberichte der kaiserlichen Akademie", 8, 26 ff.

zu gewärtigen sei". Es hatte dies die **Erweiterung des schriftlichen
Verfahrens** und die Anstellung eines für die Protokollführung geeigneten
Beamten zur Folge und unterwarf auch die landesfürstlichen Städte in
allen wichtigeren Angelegenheiten der Oberaufsicht der Regierung. Auch
in der Verwaltung ihrer Besitzungen und Einkünfte wurden die
Städte durch zahlreiche Verordnungen beschränkt.[1]) Die **Aufhebung
zahlreicher städtischer Criminalgerichte** war ein weiterer Eingriff
in die Rechte der Städte.

6. Die Regelung der Unterthänigkeitsverhältnisse.[2])

Die Nothwendigkeit einer Erhöhung der Steuerkraft und des allgemeinen Wohlstandes, das Princip des modernen Staates, zwischen sich
und den Unterthanen keine trennenden Schranken zu dulden, und endlich
die immer weitere Kreise erfassenden Ideen der Humanität drängten die
Regierung zur **Verbesserung der Lage der bäuerlichen Bevölkerung**, die mit Ausnahme von Tirol von schweren Lasten gedrückt war
und in Ungarn und den slavischen Ländern noch theilweise in den Banden
der Leibeigenschaft schmachtete. Die Zustimmung der Landtage einzuholen hielt die Regierung auch in diesen Fragen nicht für nothwendig;
höchstens um ihr Gutachten wurden sie angegangen.

1769 wurde die Verhängung der Zuchthausstrafe durch die
Herrschaften von der Genehmigung des Kreisamtes abhängig gemacht.
Einzelne Lasten, welche aus den Grundsätzen der Leibeigenschaft entsprangen, z. B. die Zahlung einer Gebür für die Erlaubnis, eine Ehe einzugehen, ein Handwerk zu treiben, außerhalb des Gutes zu dienen oder
sich niederzulassen, wie die Taxen für die Erwerbung der Freiheit wurden
gesetzlich normiert. Zur Untersuchung und Feststellung der auf
manchen Gütern übermäßig hohen Roboten wurden Urbarialhofcommissionen eingesetzt (1768 für Schlesien, 1771 für Böhmen) und trotz
des Widerspruches der Stände diese Frage durch das Patent vom 6. Juli
1771 für Schlesien, durch das Patent vom 13. August 1775 auch für
Böhmen und Mähren geregelt. Auch in Ungarn wurden die bäuerlichen
Verhältnisse 1766 durch die Regierung eigenmächtig geordnet, nachdem
der Landtag die gesetzliche Regelung dieser Frage verweigert hatte. Es
wurde den Bauern, wenn sie ihre Schuldigkeiten gegen die Grundherren

---

[1]) Beispiele bei d'Elvert, Beiträge zur Geschichte der königlichen Städte Mährens, insbesondere der Landeshauptstadt Brünn (Schriften der historisch-statistischen Section, 13. Bd.), S. 442 ff.

[2]) K. Grünberg, Die Bauernbefreiung in Böhmen, Mähren und Schlesien.
2 Bde. (Wien 1893, 94). Vgl. Kern, a. a. O. S. 222 ff. Arneth, 9, 338 ff. Hock-Bidermann, S. 68 ff. Toman, S. 122 ff.

erfüllt hätten, die Freizügigkeit zugesichert, die Höhe der Roboten festgestellt und die Berufung von der Herrschaft an das Comitatsgericht gestattet.

7. Die kirchlichen Verhältnisse.

In der Stellung der Regierung gegenüber den Protestanten und Juden trat auch unter Maria Theresia keine wesentliche Änderung ein. Aus dem Lande ob der Enns und aus Innerösterreich wurden Protestanten zur Auswanderung nach Ungarn und Siebenbürgen gezwungen.[1]) Erst 1778 wurden die Protestanten unter gewissen Bedingungen zur Erlangung des Doctorgrades an der Wiener Universität zugelassen.[2])

Die Stellung der Griechisch-Nichtunierten wurde unter Maria Theresia eine günstigere als früher, wenn sie auch nicht ganz von Zurücksetzungen frei blieben. Für die Unierten wurde 1770 in Munkács ein eigenes Bisthum gegründet.

Auf das Verhältnis der Regierung zur katholischen Kirche[3]) wirkten die damaligen Anschauungen über die Omnipotenz der Staatsgewalt und die antipäpstlichen Anschauungen zahlreicher Canonisten, welche in dem Werke des Trierer Weihbischofs Hontheim (Febronius) „De statu ecclesiae et de legitima potestate Romani Pontificis" (1764) einen beredten Ausdruck fanden, schon unter Maria Theresia ein, so sehr diese auch persönlich der katholischen Religion ergeben war.

Die Visitation der Bisthümer durch päpstliche Nuntien wurde nicht mehr geduldet, auch das „*Placetum regium*" jetzt strenge zur Geltung gebracht. Schon 1746 wurde dem Erzbischofe von Wien und dem Official des Bischofs von Passau, welche in einem Fastenpatente bezüglich der Ertheilung von Dispens für das Fleischessen sich auf eine päpstliche Bulle und eine Encyklica berufen hatten, ohne die landesfürstliche Erlaubnis nachgesucht zu haben, die dadurch begangene „Ungebür" durch besondere Hofdecrete zu erkennen gegeben und die Erwartung ausgesprochen, dass sie fortan in ähnlichen Fällen sich fügen würden, weil die Kaiserin sonst nicht unterlassen könnte, solche Mittel zu ergreifen, die ihrer landesfürstlichen Hoheit zukommen. Es wurde sowohl der Regierung aufgetragen, zu „invigilieren, dass solches nicht mehr vorkomme", als auch den Buchdruckern bei Strafe des Verlustes ihres Gewerbes befohlen, ohne Erlaubnis der Regierung keine geistliche Verordnung zu

---

[1]) Arneth, 4, 42 ff.
[2]) Kink, Geschichte der Universität zu Wien, 1ᵃ, 515.
[3]) Beidtel, Untersuchungen über die kirchlichen Zustände in den österreichischen Staaten, S. 36 ff. Friedberg, Die Gränzen zwischen Staat und Kirche, 1, 137 ff. Arneth, 4, 55 ff. und 9, 44 ff.

drucken, welche auf die öffentlichen Verhältnisse Einfluss hätte.¹) Allgemein wurden im Jahre 1767 die Bischöfe daran erinnert, dass ohne Zustimmung der Kaiserin keine päpstliche Verfügung angenommen oder vollzogen werden dürfe. Es wurde auch die Publication einzelner Bullen wirklich untersagt.

Mit der Steuerfreiheit des Adels wurde (nach 1748) auch die des Clerus beseitigt. Holte man anfangs für die Besteuerung der Kirchengüter noch päpstliche Indulte ein, die für eine gewisse Zeit gewährt wurden, so unterließ man dies seit 1767, wo wieder eine solche Periode zu Ende gieng, indem der Staatsrath dies für unnothwendig erklärte.

Als „suprema advocata ecclesiarum" nahm die Kaiserin das Recht in Anspruch, die Verwaltung des Kirchenvermögens zu beaufsichtigen, und verlangte (1752) zur Beseitigung der dabei eingerissenen Unordnungen die Vorlage aller Kirchenrechnungen an die Regierung. Im Jahre 1756 wurde der Vermögensstand aller milden Stiftungen untersucht und über ihre Verwaltung Bestimmungen getroffen. Um die Anhäufung von Gütern in der todten Hand zu verhindern, wurde der Ankauf von Landgütern durch Geistliche ohne Bewilligung der Regierung verboten und genau vorgeschrieben, wie viel jeder Noviz in das Kloster mitbringen dürfe.

Das Vermögen des vom Papste Clemens XIV. am 23. Juli 1773 aufgehobenen Jesuitenordens wurde für den Staat in Anspruch genommen, aber von der Kaiserin, soweit es nicht durch fromme Stiftungen oder den Unterhalt der Ordensmitglieder erschöpft würde, zur Förderung des Unterrichtes bestimmt und dadurch der Grund zum Studienfonde gelegt.

Das Asylrecht zahlreicher geweihter Plätze wurde 1775 auf Seelsorgskirchen beschränkt und für schwerere Verbrechen aufgehoben.

Den geistlichen Gerichten suchte man die Laien ganz zu entziehen und auch die bürgerlichen Folgen der Kirchenstrafen zu beseitigen oder die Verhängung derselben von der Zustimmung der Regierung abhängig zu machen. 1755 wurde verordnet, dass von jeder Excommunication vor ihrer Veröffentlichung dem Hofe Anzeige gemacht, 1768 ausgesprochen, dass die rechtliche Giltigkeit des kirchlichen Urtheilsspruches, soweit es bürgerliche Folgen nach sich zöge, von der Zustimmung der Landesbehörde abhängen und, um dieser ein selbständiges Urtheil zu ermöglichen, bei der Prüfung des Thatbestandes weltliche Beamte beigezogen werden sollten.

Selbst in rein geistliche Angelegenheiten griff die Regierung ein, und wenn sie für die Aufhebung zahlreicher Festtage (1754 und 1771)

---

¹) Cod. Austriacus, 5, 217.

die Zustimmung des Papstes einholte, so gieng sie in anderen Fragen eigenmächtig vor. So regulierte sie schon 1750 und später noch öfter die Stolgebühren und die Taxen für kirchliche Conducte und verbot die Processionen in fremde Länder schon frühzeitig ganz, 1772 auch solche, die über Nacht ausblieben. 1770 wurde verordnet, dass vor Erreichung der Volljährigkeit, also vor Vollendung des 24. Jahres, niemand bindende Klostergelübde sollte ablegen dürfen. 1777 wurde auch verfügt, dass Ehedispense nicht mehr persönlich, sondern durch Vermittlung des Bischofs vom Papste eingeholt werden sollten. Auch der Studienplan für die theologischen Facultäten und für die Hausstudien der Klöster, wie die zu benutzenden Lehrbücher wurden durch die Regierung vorgeschrieben.

b. Die Regierung K. Josephs II. (1780—1790).

I. Die Änderungen auf dem Gebiete der Verwaltung.[1])

Joseph II. war seinem Vater Franz I. schon im Jahre 1765 auf dem deutschen Kaiserthrone gefolgt und auch von seiner Mutter zum Mitregenten angenommen worden, hatte aber nur auf dem Gebiete des Militärwesens seinen Willen zur Geltung bringen können. Als er nach dem Tode seiner Mutter (29. November 1780) selbständig die Regierung übernahm, gieng er mit glühendem Eifer an die Durchführung seiner Ideen, welche die des aufgeklärten Absolutismus, der Allgewalt des Staates waren.

Zu diesem Zwecke wurden die Zahl und der Einfluss der Staatsbeamten sehr vermehrt, für welche der Kaiser durch die Einführung bestimmter Pensionen sorgte. Um dieselben besser kennen zu lernen, führte er die sogenannten Conduitlisten ein, welche jährlich an die vereinigte Hofkanzlei eingesendet werden sollten.

Joseph II. strebte vor allem die Durchführung der straffsten Centralisation an, und zwar nicht bloß in den deutsch-böhmischen Provinzen sondern in allen seinen Ländern. Auf historische Rechte und das Herkommen wurde dabei keine Rücksicht genommen.

Um nicht die Verfassung von Ungarn und Böhmen beschwören zu müssen, ließ er sich zum Könige dieser Reiche gar nicht krönen, ja die Kronen in die kaiserliche Schatzkammer nach Wien bringen. Auch in den übrigen Ländern ließ er sich nicht die Huldigung leisten. Die ungarischen Stände wurden während seiner ganzen Regierung nie einberufen.

---

[1]) Hock-Bidermann, Österreichischer Staatsrath, S. 109 ff. d'Elvert, Zur österreichischen Verwaltungs-Geschichte, S. 441 ff. Toman, S. 159 ff. und bezüglich Ungarns Horváth, Geschichte der Ungarn, 2, 468 ff. Fessler-Klein 5, 493 ff.

In den nichtungarischen Provinzen wurden die den Ständen zukommenden Rechte, besonders die Verwaltung der Landesfonde, für gewöhnlich ohnehin durch die Landesausschüsse oder Verordneten ausgeübt. 1783 wurden vom Kaiser auch diese aufgehoben und die wichtigsten Geschäfte derselben der Landesregierung, dem Gubernium, übertragen. Freilich wurden dieser zwei ständische Abgeordnete als Räthe mit Sitz und Stimme beigegeben. Aber diese durften von den Ständen nur aus jenen Personen gewählt werden, welche die Regierung mit Rücksicht auf ihre Vorbildung als wahlfähig bezeichnete, und dieser blieb auch die Bestätigung vorbehalten. Auch das ständische Steueramt wurde mit der Cameralcasse, die ständische Buchhaltung mit der Cameralbuchhaltung vereinigt.

Die Landtage selbst wurden anfangs noch öfter einberufen. Aber sie wurden fast ausschließlich auf die Bewilligung der Postulate beschränkt und nur über einzelne Gesetze um ein Gutachten befragt. Durch das Steuerpatent von 1789, welches die Abgaben für den Grundbesitz bleibend festsetzte, wurde auch das Steuerbewilligungsrecht der Stände thatsächlich beseitigt. Auch die Verfügung über die Landesfonde wurde diesen entzogen. Ohne Anzeige an die Hofkanzlei und die Bewilligung der Hofkammer durfte auch nicht der kleinste Gehalt angewiesen werden.

Das Streben nach Vereinfachung der Geschäfte führte 1782 zur Vereinigung der siebenbürgischen Hofkanzlei mit der ungarischen, fortan die „ungarisch-siebenbürgische" genannt, der Regierung in Schlesien mit dem Gubernium für Mähren, der Landeshauptmannschaft für Görz und Gradisca mit dem Gubernium in Triest, der Kärntens und Krains mit dem innerösterreichischen Gubernium in Graz (1783).

Auch die Trennung der Finanzverwaltung von der politischen Administration wurde (1782) beseitigt und die Hofkammer und Ministerial-Banco-Deputation mit der böhmisch-österreichischen Hofkanzlei, die ungarische Kammer oder, wie sie jetzt wieder genannt wurde, das Thesaurariat, mit der dortigen Statthalterei unter einem Chef vereinigt und ihr Sitz zugleich von Presburg nach Ofen übertragen, dagegen die Würde des Palatins nicht mehr besetzt. Nur die Hofrechenkammer blieb bestehen, ja ihr Wirkungskreis wurde noch erweitert, indem ihr die Buchhaltereien in den einzelnen Ländern, die ständischen und städtischen Buchhaltungen, die beiden Rechenkammern in der Lombardei und den Niederlanden unterstellt, ja auch die Aufsicht über die Buchhaltungen in Ungarn und Siebenbürgen übertragen wurden. Der Kaiser hätte auch die Justiz wieder mit der Verwaltung vereinigt, wenn ihn nicht die vom Staatsrathe dagegen vorgebrachten Gründe davon abgebracht hätten. Auch in den Provinzen wurden die verschiedenen Verwaltungszweige im Gubernium concentriert.

Die Kreisämter erlangten unter Joseph II. noch größere Wichtigkeit als bisher. Nicht bloß das Steuerwesen, das Conscriptions- und Recrutierungssystem und die Aufsicht über das Schulwesen, sondern auch die Unterthansangelegenheiten, die Beaufsichtigung der Herrschaften und ihrer Beamten, die Organisierung und Überwachung der Gemeinden, das neue Steuer- und Urbarialsystem, die Förderung der neuen Armeninstitute, die Judenangelegenheiten u. s. w. lagen in ihren Händen. Es war daher von doppelter Bedeutung, dass jetzt auch Bürgerliche zu Kreishauptleuten ernannt wurden.

In Ungarn, wo die Comitatsversammlungen gegen die Maßregeln des Kaisers die schärfste Opposition erhoben, wurden dieselben 1785 zuerst beschränkt und 1786 ganz beseitigt, die Obergespane ihrer Stellen enthoben, die Vicegespane zu königlichen Beamten gemacht und zugleich das Land in zehn Districte getheilt, welche unter die Leitung eines von der Regierung gestellten Commissärs gestellt wurden, der die Verwaltung der Comitate zu überwachen hatte.

Für die Ausübung der Polizeigewalt wurden in allen größeren Städten nach dem Muster von Wien Polizeidirectionen eingerichtet, die dem Gubernium untergeordnet wurden.

Der bureaukratische Geist machte sich auch bei der Reorganisierung der Stadtverfassungen geltend. In allen größeren landesfürstlichen Städten wurde ein Magistrat eingerichtet, der aus einem Bürgermeister (in Wien und Prag auch zwei Vicebürgermeistern) und einer Anzahl von Räthen bestand. Diese wurden durch einen Ausschuss der Bürger, der Bürgermeister von den Räthen gewählt, aber alle nur aus solchen Personen, welche vor dem Appellationsgericht eine Prüfung abgelegt und vom Gubernium ein Eligibilitätsdecret erhalten hatten. Die Wahl der Magistratsräthe erfolgte auf Lebensdauer, die des Bürgermeisters auf vier Jahre, doch konnte dieser nach Ablauf derselben von der Regierung auf weitere vier Jahre bestätigt werden. Da jene wie dieser zugleich eine fixe Besoldung erhielten, so waren sie nicht so sehr Vertreter der Bürgerschaft als landesfürstliche Beamte.[1])

Die Centralisationstendenzen und das Streben, die Geschäftsbehandlung zu beschleunigen, veranlassten den Kaiser, 1784 das Deutsche als Amtssprache einzuführen. Nicht bloß in den slavischen Ländern,

---

[1]) Siehe hierüber Domin-Petrushevecz, S. 95, 107, 111 ff. und für Wien Weiss 2², 371 ff., für Prag Toman, S. 169, für Brünn d'Elvert in „Schriften der historisch-statistischen Section" 13, 453 ff. Im einzelnen gab es manche Abweichungen, wie denn in Wien die Wahlen nicht durch die Bürger, sondern durch den „äußeren Rath" vorgenommen wurden, der keine entsprechende Vertretung jener war.

wo die nationalen Sprachen besonders von den Adeligen fast gar nicht mehr gebraucht wurden, sollte dies geschehen, sondern auch in Ungarn sollte binnen drei Jahren bei allen Behörden, auch den Gerichten und Comitaten statt des Latein das Deutsche gebraucht werden.[1])

2. Die Reformen auf dem Gebiete des Justizwesens.[2])

Auf dem Gebiete des Justizwesens strebte K. Joseph II. „eine einfachere, gleichmäßige Organisierung der Gerichte, einen gleichmäßigen Instanzenzug, die möglichste Vereinigung der Justizgewalt in den Händen des Monarchen und die Heranbildung eines tauglichen Richterstandes" an.

Nachdem er einmal den Gedanken der Wiedervereinigung der Justiz mit der Verwaltung aufgegeben hatte, suchte er die Scheidung auch consequenter als bisher durchzuführen. Zugleich wurde in das bisherige Chaos der Gerichte Ordnung gebracht.

Nach den vom Kaiser (1782—1784) für die Civiljustiz gegebenen Jurisdictionsnormen bildeten die unterste Instanz im allgemeinen die Ortsgerichte, theils die Magistrate der dazu berechtigten Städte, theils die grundherrlichen und sonstigen Ortsgerichte. Doch mussten die Städte wenigstens einen geprüften Syndicus, die Grundherren einen geprüften Rechtsverwalter (Justiziar) anstellen und besolden und diese auch für die Amtshandlungen desselben haften. Die in den verschiedenen Provinzen bisher bestehenden Landrechte behielten nur die Civilgerichtsbarkeit über die Mitglieder des Prälaten-, Herren- und Ritterstandes, über die Stifter, Klöster und Capitel und über die landesfürstlichen Städte und Ortschaften als Corporationen, wie die Entscheidung der Streitigkeiten zwischen Unterthanen und Herrschaften, welche aus dem Unterthanspatent vom Jahre 1781 entsprangen. Alle anderen Gerichte mit Ausnahme der Militär-, Mercantil- und Wechselgerichte und der Berggerichte (die Universitäts-, Diöcesangerichte in weltlichen Sachen, das landmarschallische Gericht, die Judengerichte) wurden aufgehoben.

Die zweite Instanz bildeten die Appellationsgerichte,[3]) an welche alle Recurse, auch die von den bischöflichen Gerichten (außer jenen,

---

[1]) Ja es sollte jemand nicht zum Deputierten gewählt oder in das Gymnasium aufgenommen werden, sogar nicht einmal ein kirchliches Amt erhalten, wenn er nicht Deutsch verstände.

[2]) Domin-Petrushevecz S. 89 ff. d'Elvert, Zur österreichischen Verwaltungs-Geschichte, S. 465 ff. Toman, S. 173 ff. Vergl. Hock-Bidermann, S. 225 ff.

[3]) Doch gab es in den deutschen und böhmischen Ländern und in Galizien nur sechs, das niederösterreichische in Wien, das inner- und oberösterreichische in Klagenfurt, das vorderösterreichische in Freiburg, das böhmische in Prag, das mährisch-schlesische in Brünn und das galizische in Lemberg. 1787 wurde auch das vorderösterreichische aufgehoben und mit dem niederösterreichischen vereinigt.

welche die Giltigkeit eines Sacraments betrafen) giengen, während alle anderen Recursinstanzen wie die bei den Gubernien bestehenden Justizsenate aufgehoben wurden. Die Appellationsgerichte wurden von den Landesregierungen jetzt vollständig getrennt, und nur bei jenen in Brünn und Freiburg hatte das Präsidium der jeweilige Leiter der politischen Verwaltung.

Den Appellationsgerichten stand auch die Oberaufsicht über die Gerichte ihres Sprengels, die Prüfung der Richter und Advocaten und die Ausstellung von Eligibilitätsdecreten für Bewerber um besoldete Rathsstellen bei den Magistraten und Obrigkeiten zu.

Als dritte Instanz blieb die oberste Justizstelle in Wien bestehen. Doch durfte an diese nur dann appelliert werden, wenn die Entscheidungen der beiden unteren Instanzen nicht übereinstimmten.

Die Organisierung der Criminalgerichte erfolgte erst durch Patent vom 20. August 1787, nachdem am 2. April das Strafgesetzbuch kundgemacht worden war. Da der Kaiser nur solchen Gerichten die Strafrechtspflege anvertrauen wollte, welche mit einer genügenden Zahl geprüfter und ordentlich besoldeter Männer besetzt werden konnten, so hob er die meisten der zahllosen Criminalgerichte auf und ließ in sämmtlichen deutschen und böhmischen Provinzen und in Galizien nur 66, in der Regel eines in jedem Kreise, theilweise den Magistrat der betreffenden Stadt, bestehen, die dem Appellationsgericht der betreffenden Provinz als Criminal-Obergericht wie dieses der obersten Justizstelle untergeordnet wurden. Doch wurde die vollständige Ausführung dieses Planes durch den frühen Tod des Kaisers verhindert, und an den meisten Orten blieb es beim Alten.

Alle Beamten erhielten eine feste Besoldung, wogegen die Sporteln oder Gerichtstaxen vom Staate eingezogen wurden.

Auch in Ungarn und Siebenbürgen war 1785 das Gerichtswesen in ähnlicher Weise wie in den deutsch-slavischen Provinzen organisiert worden. Der obersten Justizstelle entsprachen die Septemviraltafel in Ofen und das Landesgubernium in Hermannstadt, den Appellationsgerichten die königlichen Tafeln an den beiden genannten Orten. Mit den Landrechten hatten die Districtualtafeln (fünf in Ungarn und Croatien und zwei in Siebenbürgen) Ähnlichkeit, indem wichtigere Processe adeliger Personen in erster Instanz von ihnen entschieden wurden; doch fungierten sie zugleich als zweite Instanz für Criminalsachen Unadeliger. Weitere Gerichte erster Instanz blieben die Comitatsgerichte, die Magistrate der königlichen freien Städte und privilegierten Märkte, die Berggerichte und für das Landvolk (den Ortsgerichten in den westlichen Provinzen entsprechend) die Herrenstühle. Die Criminalgerichtsbarkeit wurde den Grundherren entzogen.[1]) Auch diese Organisierung verschwand, als Joseph II. am 28. Jänner 1790 alle seine in Ungarn eingeführten Reformen politischer Natur wieder aufhob.

3. Die Fortschritte der Codification des Rechtes.[2])

Die schon unter Maria Theresia vollendete, aber nicht mehr sanctionierte „allgemeine Gerichtsordnung" für das civilgerichtliche Verfahren wurde mit Patent vom 1. Mai 1781 für die böhmischen und deutschösterreichischen Länder kundgemacht und trat in diesen mit dem 1. Mai 1782, am 1. Jänner 1784 auch in Galizien in Wirksamkeit. Sie beruht auf dem Princip, dass der Richter nicht von amtswegen, sondern nur auf Antrag der Parteien vorgehen, und dass das Verfahren abgesehen von geringfügigen Sachen (bis zu 25 Gulden) ein schriftliches sein sollte. Spätere Verordnungen regeln die Geschäftsordnung und die Gerichtstaxen, wie das Verfahren außer Streitsachen (Verlassenschafts- und Vormundschaftsangelegenheiten).

Gleichzeitig erschien eine „allgemeine Concursordnung".

Ein vollständiges Gesetzbuch für das Civilrecht kam auch unter Joseph II. noch nicht zustande. Doch wurden einzelne Materien geregelt, das Eherecht durch Patent vom 16. Jänner 1783, welches die Entscheidung aller Streitigkeiten in Eheangelegenheiten den landesfürstlichen Gerichten übertrug, die Intestat-Erbfolge durch Patent vom 11. Mai 1786.

Mit Patent vom 1. November 1786 wurde der erste Theil des allgemeinen bürgerlichen Gesetzbuches, das Personenrecht enthaltend, publiciert, welches am 1. Jänner 1787 in Wirksamkeit trat, für alle deutschen und böhmischen Länder Giltigkeit hatte und alle bisherigen in Gesetzen oder Gewohnheiten wurzelnden Rechte beseitigte.

Durch Patent vom 2. April 1787 wurde das „allgemeine Gesetzbuch über Verbrechen und derselben Bestrafung" kundgemacht, welches zuerst zwischen Criminalverbrechen und politischen Verbrechen, d. h. Vergehen und Übertretungen unterscheidet, der Willkür der Richter gesetzliche Schranken setzt und die Todesstrafe mit Ausnahme des standrechtlichen Verfahrens bei Aufruhr und Tumult aufhebt.

Daran schloss sich (Patent vom 17. Juni 1788) die Criminalgerichtsordnung oder Strafprocessordnung, welche wie die Theresiana auf dem Inquisitionsprincip beruhte und den Anklageprocess ganz beseitigte.

---

[1]) Domin-Petrushevecz, S. 183 ff.
[2]) Ebenda S. 116 ff.

4. Die Reform des Steuersystems.[1])

Joseph II. führte auf dem Gebiete der indirecten wie der directen Besteuerung umfassende Änderungen ein, ohne die Zustimmung oder auch nur das Gutachten der Stände seiner Länder einzuholen.

Die Änderung der Zollgesetzgebung (durch Patent vom 27. August 1784) hatte weniger den Zweck, die Einkünfte des Staates zu erhöhen, als die einheimische Industrie zu heben, indem die Einfuhr aller Waren, die im Inlande selbst erzeugt oder von der Regierung für entbehrliche Luxusartikel angesehen wurden, ganz verboten oder nur ausnahmsweise gegen sehr hohe Zölle für einzelne Private gestattet wurde.

Viele kleine oder nur in einzelnen Provinzen erhobene Abgaben wie die Privatmauten wurden abgeschafft. Dagegen wurde eine neue Taxordnung eingeführt, die Höhe der Stempel neu normiert, wobei auch (1789) die Zeitungen der Stempelpflicht unterworfen wurden.

Für eine neue Ordnung der Grundsteuer, die nicht erhöht, sondern nur gleichmäßiger vertheilt werden sollte, gab der Kaiser durch Patent vom 20. April 1785 die Grundsätze bekannt. Bei der Bemessung derselben sollte jeder Unterschied zwischen Dominical-, Rustical-, Cameral- und kirchlichen Gründen aufhören und als Grundlage der Geldwert des Bruttoerträgnisses dienen. Dasselbe sollte zunächst durch die Fassionen der Besitzer ermittelt, diese aber durch Gemeindeausschüsse und dann durch Provincialcommissionen revidiert und allenfalls auch durch Vermessung und Abschätzung der Grundstücke controlliert werden. Vom Hundert des Grundertrages sollten dem Besitzer 70% zur Bestreitung der Culturkosten, der Aussaat, des eigenen Unterhaltes und der Gemeindeabgaben, $17^7/_9\%$ zur Deckung seiner Leistungen an den Grundherrn gelassen, $12^2/_9\%$ als Steuer an den Staat gezahlt werden. Nachdem der neue Kataster, freilich in übereilter Weise und oft fehlerhaft vollendet worden war, wurde am 10. Februar 1789 das Grundsteuerpatent bekanntgemacht, das am 1. November in Kraft treten sollte. Die Erhebung der Steuer wurde den Obrigkeiten entzogen und den Gemeinden übertragen.

5. Die Reformen Josephs II. auf dem socialen Gebiete.[2])

Um die Stellung der bäuerlichen Bevölkerung zu sichern, erließ der Kaiser am 1. September 1781 das Unterthanspatent, welches die Verhältnisse zwischen den Herrschaften und ihren Unterthanen in den deutschen und böhmischen Provinzen und in Galizien regelte. Wenn ein Unter-

---

[1]) d'Elvert, Zur österreichischen Finanz-Geschichte, S. 644 ff.
[2]) Domin-Petrushevecz, S. 145 ff. Grünberg, 1, 282 ff. und 314 ff.; 2, 371—451.

than an seinen Grundherrn eine Forderung zu stellen hatte oder durch diesen beeinträchtigt wurde, hatte er zuerst an die Grundobrigkeit ein Ansuchen um gütliche Abhilfe zu richten. Erhielt er binnen einer bestimmten Zeit keinen Bescheid oder war er damit nicht zufrieden, so konnte er sich an das Kreisamt wenden, welches zunächst suchen sollte, einen Ausgleich zu erwirken. Gelang dies nicht, so hatte dasselbe, wenn es sich um Steuern, Roboten oder andere politische Sachen handelte, selbst die Entscheidung zu treffen, wogegen den Parteien der Recurs an die Landesstelle und in dritter Instanz an den Kaiser freistand. Handelte es sich um civilrechtliche Fragen, so sollte das Kreisamt die Sache dem in der Provinz aufgestellten Unterthansadvocaten übergeben und dieser die Sache beim Landrechte anhängig machen. Wo es keine Unterthansadvocaten gab, musste der Fiscus die Unterthanen unentgeltlich vertreten. Gleichzeitig regelte das Strafpatent das den Grundobrigkeiten gegen widerspenstige Unterthanen zustehende Strafrecht, verbot die Auferlegung von Geldstrafen ganz und machte die Abstiftung von Haus und Hof, wie die Verfügung einer mehr als achttägigen Arreststrafe oder einer Strafarbeit von der Genehmigung des Kreisamtes abhängig.

Durch Patent vom 1. November 1781 wurde in Böhmen, Mähren und Schlesien, dann in Galizien, endlich (1785) auch in Ungarn die Leibeigenschaft aufgehoben und den Unterthanen das Recht der Eheschließung, der Freizügigkeit, der Erlernung eines beliebigen Handwerkes zugesichert. Doch blieben die Roboten und andere Leistungen als dingliche Rechte den Herrschaften erhalten.

Auch der Einfluss der Herrschaften auf die Erbfolge in den unterthänigen Gütern ward beschränkt, sodass die Bauern aus Nutznießern immer mehr in Eigenthümer verwandelt wurden. Auf den Gütern des Staates, der landesfürstlichen Städte und der Kirchen und Klöster wurde die Ablösung der Roboten durch eine Abgabe an Geld oder Naturalien gefördert. Im Jahre 1786 wurden die Robotleistungen auch in Galizien, 1787 in Ungarn in ähnlicher Weise geregelt, wie es in den böhmischen Ländern schon 1775 geschehen war.

Durch Patent vom 9. Mai 1785 wurde die Umwandlung schuldenfreier Realfideicommisse in Geldfideicommisse erlaubt.

Durch das Patent vom 10. Februar 1789 wurde für die Roboten und andere Leistungen der Bauern an die Grundherren eine fixe Abgabe, höchstens $17^{7}/_{9}\%$ des ermittelten Bruttoertrages des Bodens eingeführt, doch gestattet, durch freiwilliges Übereinkommen beider Parteien die Geldschuldigkeit in Naturalgiebigkeiten oder Fronen oder Lohnarbeiten umzuwandeln.

6. Die kirchlichen Verhältnisse unter Joseph II.

Schon im ersten Jahre seiner Regierung hob Joseph II. den Druck auf, der auf den Akatholiken lastete. Durch das Toleranzpatent vom 13. October 1781 erlaubte er den Lutheranern, Reformierten und nichtunierten Griechen, wenn an einem Orte oder dessen Umgebung 100 Familien wohnten, Bethäuser nebst Schulen (allerdings ohne Thürme. Geläute und öffentlichen Eingang von der Straße) zu errichten und auf eigene Kosten Geistliche und Schullehrer zu bestellen. Auch sollten die genannten Akatholiken zum Häuser- und Güterkaufe, zum Bürger- und Meisterrechte und zu akademischen Würden und Civildiensten mittels Dispens von Seite der Kreisämter zugelassen werden. Die Reverse bei gemischten Ehen wurden abgeschafft und verordnet, dass, wenn der Vater katholisch wäre, alle Kinder in der katholischen Religion erzogen werden, die Kinder eines protestantischen Vaters und einer katholischen Mutter dem Geschlechte der Eltern folgen sollten. Auch der Übertritt von der katholischen zu einer anderen christlichen Religion wurde gestattet, jedoch nicht ganzen Gemeinden, sondern nur Einzelnen und nach einer späteren Verordnung nur, wenn sich jemand früher bei einem katholischen Geistlichen einem sechswöchentlichen Religionsunterrichte unterzogen hätte. In Wien wurde ein Consistorium helvetischer Confession errichtet, dorthin auch das Consistorium augsburgischer Confession, das bisher in Teschen gewesen war, verlegt und demselben die Superintendenten in den deutschen Erblanden untergeordnet.

Auch die Juden wurden von vielen Schranken befreit, mit denen die früheren Jahrhunderte sie umgeben hatten. Es wurde ihnen die Ausübung von Handwerken und Gewerben, die Errichtung von Fabriken und die Pachtung von Gütern gestattet und an Orten, wo sie keine eigenen Schulen hatten, ihnen erlaubt, ihre Kinder in christliche Schulen zu schicken.

Dagegen wurde die Gründung neuer Secten, wie der Deisten in Böhmen nicht geduldet.

Auch in seinem Verhalten gegenüber der katholischen Kirche[1] gieng Joseph II., der von der Absolutheit der Staatsgewalt noch tiefer durchdrungen war als seine Mutter und daher auch nicht den geringsten Einfluss des Papstes auf die inneren Verhältnisse seiner Länder dulden wollte, viel weiter als diese.

Schon im März 1781 wurde den Bischöfen und geistlichen Oberen untersagt, päpstliche Bullen oder Erlässe, sowie Verordnungen geist-

---

[1] Kurze Übersichten bei Friedberg, 1, 165 ff. und A. Jäger in „Österreichische Geschichte für das Volk" 14, 67 ff., der aber auch die unechten „Briefe K. Josephs II." benützt hat. Vgl. Schlitter, Die Reise des Papstes Pius VI. nach Wien. Font. rer. Austr. Dipl. 47ᵇ, 34 ff.

licher Oberen außerhalb Österreichs, auch wenn sie dogmatische oder kirchliche Fragen beträfen, vor eingeholter Genehmigung der Regierung zu publicieren oder eigene gedruckte oder geschriebene Anordnungen oder Hirtenbriefe für ihre Diöcesen ohne Bewilligung der Landesstelle zu erlassen. Alle Recurse nach Rom und die Einholung von Dispensen wurden verboten. Von canonischen Ehehindernissen, die nicht im göttlichen oder Naturrechte wurzelten, sollten die Bischöfe „vermöge der von Gott ihnen verliehenen Gewalt" dispensieren. Auch die geistlichen Orden sollten mit Generalen, die ihren Sitz nicht in Österreich hätten, keine Verbindungen unterhalten, sondern unter inländischen Provinzialen und der Aufsicht der Bischöfe stehen.

Nachdem man dann die Entfernung aller Ausländer aus den österreichischen Klöstern befohlen hatte, verfügte eine kaiserliche Verordnung vom 12. Jänner 1782[1]) die Aufhebung aller Klöster, welche bloß ein beschauliches Leben führten, welches Schicksal später auch noch viele andere traf. Die Güter derselben wurden vom Staate eingezogen und daraus (Decret vom 28. Februar 1782) der Religionsfond gebildet, der zunächst zur Erhaltung der Mitglieder der aufgehobenen Klöster und dann hauptsächlich zur Errichtung und Dotierung neuer Seelsorgsstationen dienen sollte. Die noch beibehaltenen Klöster wurden der Aufsicht des Staates unterworfen.

Für alle kirchlichen Angelegenheiten, mit Ausnahme der Glaubenslehren, der Verwaltung der Sacramente und der inneren Kirchendisciplin wurde 1782 nach dem Muster der schon unter Maria Theresia (1765) errichteten „Giunta economale" in Mailand für die deutschen und ungarischen Länder die „geistliche (Hof-) Commission" geschaffen, welche innerhalb der bestehenden Gesetze selbständig entschied und in den einzelnen Provinzen Filialen hatte.[2])

Die Abgrenzung der bestehenden Pfarreien, wie die Errichtung neuer nahm ebenfalls die Regierung eigenmächtig vor. Als man aber die österreichischen Länder von den Diöcesen der außerhalb derselben residierenden Bischöfe loslösen und auch eine neue Abgrenzung der inländischen Bisthümer, wie die Errichtung neuer vornehmen wollte, suchte man doch die Zustimmung des Papstes zu erwirken. Die Besetzung des Erzbisthums Mailand und anderer Bisthümer und

---

[1]) Verfügt wurde die Aufhebung schon durch kaiserliches Rescript an den Hofkanzler vom 29. November 1781.

[2]) A. Wolf, Die Aufhebung der Klöster in Innerösterreich, S. 13 f. und 34 ff. Hock-Bidermann, Staatsrath, S. 445 ff. Schlitter, a. a. O., S. 40 ff. Schon unter Maria Theresia war 1770 zur Berathung kirchlicher Fragen eine solche Commission eingesetzt, aber 1771 wieder aufgehoben worden. Arneth, 9, 57. Brunner, Die theologische Dienerschaft am Hofe Josephs II., S. 318.

verschiedener Beneficien in der Lombardei, die seit Jahrhunderten dem römischen Stuhle zugestanden, nahm der Kaiser 1782 für sich in Anspruch, begnügte sich aber damit, dass der Papst (im Jänner 1784) in einem Concordat ihm und seinen Nachfolgern das Ernennungsrecht übertrug.

Joseph II. war auch der erste katholische Fürst, der bei der Gründung einer neuen Universität (in Lemberg) die Genehmigung des Papstes nicht einholte, weil er die Hochschulen als reine Staatsanstalten ansah.

Der theologische Unterricht wurde ganz vom Staate in die Hand genommen und (30. März 1783) nach Aufhebung der bischöflichen Seminarien und der Hausstudien der Klöster staatliche Generalseminarien errichtet. 1784 wurde auch der privilegierte Gerichtsstand der Cleriker aufgehoben und die kirchliche Gerichtsbarkeit auf rein geistliche Angelegenheiten beschränkt.

Das Ehepatent vom 16. Jänner 1783 erklärte die Ehe für einen bürgerlichen Vertrag, der nur durch die Staatsgesetze Giltigkeit erlange. Auch bezüglich der Ehehindernisse und der Ehescheidungen wurden Bestimmungen ohne Rücksicht auf die Vorschriften des Kirchenrechtes getroffen, die Ehescheidungen erleichtert.

Selbst über die Einzelheiten des Gottesdienstes wurden vom Staate Vorschriften gegeben und auch die Verkündigung von Ablässen ohne landesfürstliche Bewilligung untersagt.

c) Die Restauration unter Kaiser Leopold II.

I. Ungarn.[1)]

Da die Reformen Josephs II. den Abfall der österreichischen Niederlande und eine hochgradige Unzufriedenheit in mehreren anderen Ländern, besonders in Ungarn zur Folge gehabt hatten, so ließ sich sein Bruder Leopold II., der ihm am 20. Februar 1790 in der Regierung folgte, zu weitgehenden Concessionen gegen die Wünsche der Stände herbei.

Den Ungarn und Siebenbürgern hatte Joseph II. noch vor seinem Tode, am 28. Jänner 1790, durch die Hofkanzlei erklären lassen, dass er die politische und Justizverfassung vom 1. Mai an in den Zustand versetzen werde, wie sie bei seinem Regierungsantritte gewesen war, und hatte alle seine Verordnungen mit Ausnahme des Toleranzedictes, der Regelung der Pfarreien und der Feststellung des Verhältnisses der Unterthanen zu den Grundherren für ungiltig erklärt. Leopold bestätigte dieses Patent und behielt auch die Entscheidung der erwähnten drei

---

[1)] Horváth, 2, 615 ff. Fessler-Klein, 5, 587 ff.

Fragen dem Reichstage vor, welcher auf den 6. Juni nach Ofen einberufen wurde.

Die Stände suchten anfangs durch das vom Könige bei seiner Krönung zu bestätigende Inauguraldiplom seine Macht wesentlich zu beschränken, ja ihm sogar einen Reichsrath an die Seite zu geben, den er in allen inneren und äußeren Angelegenheiten zurathe ziehen und durch den alle Verordnungen gegengezeichnet werden sollten. Doch weigerte sich Leopold entschieden, ein anderes Inauguraldiplom anzunehmen als das Maria Theresias. Andererseits aber genehmigte er eine Reihe von Gesetzartikeln,[1]) welche die ungarische Verfassung gegen weitere Verletzungen und die Selbständigkeit der inneren Verwaltung Ungarns sichern sollten. Der Kaiser erkannte an, dass Ungarn ein freies und hinsichtlich seiner Regierungsform unabhängiges und keinem anderen Lande oder Volke unterworfenes Reich sei, seine eigene Verfassung habe und nach seinen eigenen Gesetzen und Gewohnheiten, nicht aber nach der Norm der anderen Provinzen regiert und verwaltet werden solle. Er erkannte weiter an, dass das Recht, Gesetze zu geben, abzuschaffen und zu interpretieren, dem gesetzlich gekrönten Könige und den im Reichstage versammelten Ständen gemeinsam sei und nicht außer diesem ausgeübt und dass das Reich nicht durch Verordnungen oder Patente regiert werden dürfe. Es wurde weiter bestimmt, dass der Reichstag wenigstens jedes dritte Jahr einberufen und Subsidien oder Recruten weder den Ständen noch den Unadeligen bloß durch königliche Willkür auferlegt werden dürfen. Als Amtssprache bei den Behörden wurde wieder das Latein eingeführt. Auch die Palatinswürde wurde wieder besetzt. Das Urbarium Maria Theresias wurde unter die Gesetze aufgenommen und die Freizügigkeit der Bauern ausdrücklich anerkannt, aber die weitergehenden Verordnungen Kaiser Josephs zu Gunsten derselben gegen den Wunsch Leopolds II. von den Ständen nicht anerkannt.

Wurden durch die Restauration der alten Zustände und die feierliche Anerkennung ihrer Verfassung und selbständigen Verwaltung die ungarischen Stände befriedigt, so wurde andererseits Siebenbürgen auf Wunsch der dortigen Stände davon getrennt und die siebenbürgische Hofkanzlei wieder hergestellt, im übrigen aber ähnliche Gesetze wie in Ungarn beschlossen. Für die Serben wurde sogar auf Wunsch ihres Nationalcongresses im Februar 1791 eine eigene „illyrische" Hofkanzlei geschaffen, obwohl der ungarische Reichstag auf Wunsch des Königs die Immatriculierung der Nichtunierten und die Zulassung derselben zum Güterbesitze und zur Bekleidung von Aemtern beschloss, sodass sie in

---

[1]) Von den Gesetzartikeln des Reichs- oder Landtages von 1790/91 haben hauptsächlich 3, 10, 12—14 und 16—19 politische Bedeutung.

den ungarischen Ländern mit den anderen Bürgern gleichberechtigt wurden. Doch erhielt diese Hofkanzlei nur denselben Wirkungskreis, welchen die illyrische Hofdeputation unter Maria Theresia gehabt hatte, und wurde vom Kaiser Franz auf Wunsch der ungarischen Stände schon am 3. Juli 1792 ganz aufgelöst.[1])

2. Die deutschen und böhmischen Länder.[2])

Wie in Ungarn, so wurden auch in den deutsch-österreichischen und böhmischen Provinzen die Landtage einberufen. Alle erhoben mehr oder weniger weitgehende Forderungen, welche in dem Verlangen der Abschaffung aller Neuerungen Josephs II. übereinstimmten. Manche, wie die Stände Böhmens giengen noch weiter. Sie wiesen auf das Wahlrecht und die ausgedehnten Befugnisse, welche die Stände während des ganzen Mittelalters, ja auch noch unter den ersten Habsburgern gehabt hätten, hin und verlangten, dass alle beschränkenden Clauseln der verneuerten Landesordnung von 1627 aufgehoben werden sollten. Sie forderten eine mit Einwilligung und Übereinstimmung des Königs und der Stände verfasste Constitution oder ein Staatsgrundgesetz, „d. i., einen Vertrag mit (zwischen) dem Souverän und der Nation", jährliche Einberufung des Landtages, den auch der Oberstburggraf ohne Bewilligung der Hofstelle sollte berufen dürfen, Steuerbewilligungs- und Gesetzgebungsrecht mit dem Rechte der Initiative, Beschwörung der Landesordnung durch den König, Herstellung der alten Landesämter und Verleihung derselben an solche, die im Lande angesessen wären, Nichtzulassung der Bürgerlichen zu den höheren Stellen, besondere adelige Gerichtsbarkeit, Abschaffung der den Bauern gewährten Begünstigungen u. s. w.[3])

Leopold hatte schon im April und Mai 1790 die josephinische Steuer- und Urbarialregulierung wieder abgeschafft und das theresianische Steuersystem und das Robotpatent von 1775 hergestellt. Auch sonst machte er den Ständen manche Zugeständnisse. Überall wurden die ständischen Ausschüsse mit einer eigenen Buchhaltung wieder ins Leben gerufen. Den Ständen Böhmens, wo sich Leopold zum Könige krönen ließ, wurde mit Allerhöchster Entschließung vom 28. Juni 1791 ausdrücklich zugesichert, dass ihre „Vernehmung platzgreifen

---

[1]) Schwicker, Politische Geschichte der Serben in Ungarn, S. 358 ff.
[2]) Springer, Geschichte Österreichs, 1, 24 ff. Domin-Petrushevecz, S. 197 ff. Beer in „Mittheilungen des Instituts", 15, 302 ff. Vgl. d'Elvert, Zur österreichischen Verwaltungs-Geschichte, S. 506.
[3]) Die Forderungen der böhmischen Stände (vom 4. September 1790) in „Historische Aktenstücke über das Ständewesen in Oesterreich", 2, 64—143, der Stände Mährens in „Schriften der historisch-statistischen Section", 14, 104 ff. Über Steiermark s. Bidermann, Die Verfassungs-Krisis in Steiermark (Separat-Abdruck aus den „Mittheilungen des historischen Vereins", 21. Bd.), über Tirol Egger, 3, 128 ff.

würde, wenn es um die Festsetzung oder Abänderung der Constitution oder solcher Gesetze zu thun ist, so das ganze Land betreffen", und dass es ihnen auch „unbenommen bleibe, sowohl gegen die einzuführenden Gesetze, als auch gegen alle Verordnungen, auch wenn selbe Sr. Majestät Bestätigung erhalten haben, ihre geziemenden Vorstellungen zu machen, welche aber keinen effectum suspensivum zur Folge haben sollen".[1]) Aber alle weiter gehenden Forderungen der Stände, selbst die freie Verfügung über den Domesticalfond wurden zurückgewiesen und den böhmischen Ständen ausdrücklich erklärt, dass das Jahr 1764 den Maßstab der künftigen Verfassung bilden würde. Bezüglich der Steuerbewilligung wurde diesen bemerkt, dass, „was bisher postuliert worden, auch künftig postuliert werden wird", dass aber „in dringenden Fällen und in Kriegszeiten nicht gestattet werden kann, in die quaestionem an? einzugehen", wenn auch den Ständen „die quaestio quomodo? oder eigentlich die Repartition der Lieferungen und übrigen außerordentlichen Anlagen unbenommen bleibe". Leopold II. ließ sich nur zu einer Restauration, aber nicht zu einer Reaction herbei.

Auch bezüglich der Verwaltung wurden im wesentlichen die Zustände wieder hergestellt, welche unter Maria Theresia bestanden hatten. Das innerösterreichische Gubernium wurde wieder in die drei Länderstellen für Steiermark, Kärnten und Krain getheilt und auch in Görz eine solche errichtet. Auch die Bukowina wurde wieder von Galizien getrennt.

Bei den Centralstellen griff man ebenfalls auf die theresianischen Einrichtungen zurück. Die Finanzverwaltung und die Leitung der Handelsangelegenheiten wurden von der Hofkanzlei wieder losgelöst und dafür die Hofkammer hergestellt, mit welcher auch die Bancodeputation vereinigt blieb. Die Hofkammer erhielt auch ihren früheren Einfluss auf das Berg- und Münzwesen in Ungarn und auf die siebenbürgischen Bergwerke und Kammereinkünfte, während das Contributionswesen der Hofkanzlei blieb. Der Kammer sollte auch von den übrigen Hofstellen Mittheilung gemacht werden, wenn es sich um die Creierung eines neuen Amtes oder um die Gewährung einer Besoldung oder Pension handelte.[2])

In ähnlicher Weise wurde auch bezüglich der Justizorganisation auf die frühere historische Entwicklung mehr Rücksicht genommen und die großen Appellationsgerichtssprengel getheilt. Vorderösterreich wurde vom Appellationsgericht in Wien getrennt und in Freiburg ein eigenes

---

[1]) Historische Aktenstücke 2, 144 ff. Vgl. über Böhmen auch Toman, S. 181 ff. Die Erledigung der Desiderien der mährischen Stände mitgetheilt von d'Elvert in „Schriften der historisch-statistischen Section", 14, 253, die der Stände anderer Provinzen in der officiellen Sammlung der politischen Gesetze Leopolds II.

[2]) Beer in den „Mittheilungen", 15, 302 ff.

Appellationsgericht geschaffen, das mit der dortigen Regierung und Kammer vereinigt ward. Ebenso erhielt Tirol ein eigenes Appellationsgericht in Innsbruck. Auch die Landrechte für Kärnten, Krain und Görz wurden wieder hergestellt, aber mit den dortigen Landeshauptmannschaften vereinigt. Dagegen wurde beim mährisch-schlesischen Appellationsgerichte die Stelle des Präsidenten von der des Gouverneurs getrennt.

Wie in Ungarn die lateinische Amtssprache wieder in Wirksamkeit trat, so wurde auch für Anstellungen in den italienischen Gebieten und Galizien die Kenntnis des Deutschen nicht mehr gefordert.

3. Die kirchlichen Verhältnisse.

Von Leopold II., welcher schon am 9. April 1790 die Bischöfe aufforderte, ihm ihre Beschwerden und die Mittel zur Abhilfe bekanntzugeben, erwartete die Kirche die Aufhebung der Verfügungen seines Bruders. Aber nur in einzelnen Punkten trat eine Änderung ein. Der Kaiser überliess die Feststellung der Gottesdienstordnung und die Erziehung der Theologen wieder im wesentlichen den Bischöfen, hob die Generalseminarien auf und stellte einzelne der aufgehobenen Klöster wieder her. Aber der Einfluss des Staates auf die Schule im allgemeinen und die Ehegerichtsbarkeit wie das Placetum wurden auch unter Leopold II. gewahrt, die Einschränkung der Toleranz, die Aufhebung des Rechtes der Geistlichen, sich wegen Bedrückung durch die Oberen an die Landesstelle zu wenden, die Verwaltung des Religionsfondes durch die Bischöfe und die Wiederherstellung der privilegierten Gerichtsbarkeit des Clerus verweigert. Auch fortan wurden die Geistlichen als „Beamte des Staates in der Kirche" angesehen.[1]

Vierte Periode.
Das Zeitalter der Coalitionskriege gegen Frankreich und des politischen Stillstandes (1792—1848).

I. Geschichte der territorialen Verhältnisse.

1. Der erste Coalitionskrieg und die zweite und dritte Theilung Polens.[2]

Die Gefahren, mit welchen die seit 1789 immer tiefer gehende Umwälzung in Frankreich auch die Nachbarstaaten bedrohte, und die

---

[1] A. Jäger, a. a. O., S. 305 ff. Friedberg, 1, 176 ff.
[2] Von den zahlreichen einschlägigen Werken sind die wichtigsten Häusser, Deutsche Geschichte vom Tode Friedrich des Großen bis zur Gründung des deutschen

Gefährdung der dortigen Königsfamilie, die dem Kaiser Leopold II. verwandtschaftlich nahe stand, führte eine engere· Verbindung Österreichs und Preußens herbei. Durch einen Vertrag vom 25. Juli 1791 garantierten sich beide Mächte ihre Besitzungen, und durch das Defensivbündnis vom 7. Februar 1792 wurde ihr Verhältnis noch enger geknüpft. Die Kriegspartei in Frankreich, besonders die in der gesetzgebenden Versammlung einflussreichen Girondisten, welche glaubten, dass ein Kampf mit dem Auslande auch die Umwälzung im Innern beschleunigen würde, drängte zum Bruche und zwang den König, am 20. April 1792 an Österreich den Krieg zu erklären, nachdem am 1. März K. Leopold II. gestorben und sein Sohn Franz II. ihm in der Regierung gefolgt war.

Als die Preußen unter dem Herzoge von Braunschweig und ein österreichisches Corps unter Clerfayt im August in Frankreich einrückten, fanden sie nur geringen Widerstand. Die Pässe des Argonnenwaldes fielen in ihre Hände. Aber der Herzog von Braunschweig versäumte den günstigsten Zeitpunkt zum Angriffe auf das französische Heer unter Dumouriez und zog sich nach der Kanonade bei Valmy (20. September) nicht bloß über die Grenze, sondern bis über den Rhein zurück, dessen linkes Ufer theilweise in die Hände der Franzosen fiel. Dumouriez führte nun den größten Theil seiner Truppen gegen Belgien, besiegte durch seine Übermacht die Österreicher am 6. November bei Jemappes, zwang diese zum Rückzuge hinter die Maas und besetzte Belgien bis auf Luxemburg.

Unterdessen hatte der Nationalconvent am 21. September das Königthum abgeschafft, Ludwig XVI. am 21. Jänner 1793 der Guillotine überliefert, und als die englische Regierung hierüber ihre Missbilligung äußerte, an England und Holland, später auch an Spanien den Krieg erklärt.

Während der Krieg immer größere Dimensionen annahm, lockerte sich die enge Verbindung zwischen Österreich und Preußen. Der König Friedrich Wilhelm II., der anfangs den größten Eifer für den Krieg gegen Frankreich an den Tag gelegt hatte, erklärte am 25. October 1792 in der Note von Merle, dass er Österreich fortan nur dann, wenn ihm von diesem und Russland ein bestimmter Theil Polens überlassen würde, mit seiner ganzen Macht unterstützen, sonst aber sich auf die Stellung des im Vertrage vom 7. Februar 1792 festgesetzten Contingentes (20.000 Mann)

Bundes, 4 Bde., 3. Aufl. 1861/63. H. v. Sybel, Geschichte der Revolutionszeit von 1789 bis 1800, 5 Bde. (letzte Aufl. 1877—1882) und dagegen H. Hüffer, Diplomatische Verhandlungen aus der Zeit der französischen Revolution (bis zur Auflösung des Rastatter Congresses), 3 Bde., 1868—1879 und Vivenot-Zeissberg, Quellen zur Geschichte der deutschen Kaiserpolitik Österreichs, 5 Bde. (1780—1795), 1873—1890. Vgl. Ranke, Ursprung und Beginn des Revolutionskrieges 1875, und A. Beer, Leopold II., Franz II. und Katharina, ihre Correspondenz. 1874.

beschränken würde. Österreich wagte bei seiner bedrängten Lage nicht diese Forderung einfach abzuschlagen. Aber ehe seine bedingungsweise Zustimmung nach Petersburg gelangt war, hatte sich Preußen bereits mit Russland geeinigt und schloss am 23. Jänner 1793 mit diesem einen Vertrag, nach welchem beide Mächte ein großes Stück von Polen erhalten, aber andererseits den von Österreich angestrebten Austausch Belgiens gegen Baiern unterstützen sollten.

Dieses Vorgehen Preußens hatte die Folge, dass Ende März 1793 in Österreich die Leitung des Auswärtigen dem Baron Thugut, einem entschiedenen Gegner Preußens, übertragen wurde, der eine bedeutende Vergrößerung dieses Staates nur gegen einen entsprechenden Machtzuwachs Österreichs zulassen wollte. Diese sah er aber nicht in der bisher angestrebten Vertauschung Belgiens gegen Baiern, sondern in der Eroberung eines französischen Grenzgebietes und einer polnischen Provinz, um hier Russland und Preußen das Gegengewicht halten zu können.

In seiner Abneigung gegen Preußen wurde Thugut durch die Haltung desselben während des Feldzuges von 1793 nur noch bestärkt. Während die Österreicher unter dem Prinzen von Coburg und dem Erzherzog Karl nach dem Siege bei Neerwinden (18. März) die Franzosen aus den Niederlanden hinauswarfen und dann mehrere Festungen im nördlichen Frankreich einnahmen, beschränkten sich die Waffenthaten der Preußen bis Ende Juli auf die Wiedereroberung von Mainz, und auch dann unternahmen sie wieder die Belagerung der Grenzfestung Landau, die sie Monate lang aufhalten konnte. Ja, der König ließ sich (22. September) wieder zu einer Erklärung an Österreich bewegen, dass er dem Kaiser höchstens dann noch länger mit gleicher Macht Hilfe leisten könnte, wenn ihm die Verbündeten die Mittel zur Unterhaltung seines Heeres bewilligten. Zugleich nahmen die Ereignisse auf den Hauptkriegsschauplätzen eine ungünstige Wendung. An der belgischen Grenze, wo die Österreicher durch Engländer und Holländer verstärkt worden waren, machten die Verbündeten infolge der Zersplitterung ihrer Streitkräfte keine weiteren Fortschritte, ja sie erlitten bei Hondschooten (6. September) und Wattignies (15. und 16. October) nicht unbedeutende Niederlagen. Am Rhein wurden die Österreicher unter Wurmser, der, anfangs von den Preußen unterstützt, im Herbste ins Niederelsass eingedrungen war, infolge der Unthätigkeit des Herzogs von Braunschweig von den Franzosen mit großer Übermacht angegriffen und am Ende des Jahres über den Rhein zurückgedrängt.

Infolgedessen verlor Thugut zu einer selbständig operierenden preußischen Armee jedes Vertrauen und hätte für diese auch dann keine Subsidien gezahlt, wenn die schlechte Finanzlage Österreichs dies ermöglicht hätte. Doch schlossen England und Holland am 19. April 1794 mit Preußen einen Vertrag, wonach dieses versprach, gegen bedeutende Subsidien 62.400 Mann zu stellen und dort zu verwenden, wo es für die Interessen der Seemächte am zuträglichsten erschiene. Aber Preußen, dessen Aufmerksamkeit in erster Linie durch den Aufstand der Polen unter Kosciuszko in Anspruch genommen wurde, weigerte sich, seine Truppen, der Forderung der Seemächte entsprechend, nach den Niederlanden zu schicken, und auch am Rhein blieb ihr Führer Möllendorf, ein entschiedener Gegner Österreichs und des Krieges mit Frankreich, fast ganz unthätig. So wendete sich das Kriegsglück entschieden auf die Seite der Franzosen, die kolossale Rüstungen gemacht hatten. Die Österreicher wurden nach einer Reihe blutiger Kämpfe im Sommer 1794 zur Räumung Belgiens und endlich zum Rückzuge über den Rhein gezwungen, im Winter auch noch Holland von den Franzosen erobert.

Unterdessen war der Aufstand der Polen durch den russischen General Suworow niedergeworfen worden und hatte mit der Einnahme von Warschau (8. November 1794) sein Ende erreicht. Österreich hätte am liebsten den früheren Zustand wieder hergestellt gesehen. Da aber Russland und Preußen die vollständige Zertrümmerung Polens wollten, so suchte auch Thugut ein möglichst großes Stück zu erwerben, wobei er von der russischen Kaiserin unterstützt wurde. Am 3. Jänner 1795 wurde zwischen Österreich und Russland der Vertrag über die dritte Theilung Polens unterzeichnet. Österreich erhielt das Gebiet zwischen den Flüssen Pilica und Bug, d. h. die Woiwodschaften Krakau, Sandomir und Lublin und die Landschaft Chelm mit einigen kleineren Bezirken, ein Gebiet von 1000 Quadratmeilen, das unter dem Namen Westgalizien eine eigene Provinz wurde.

Durch diese Vorgänge in Polen war das Interesse am Kriege gegen Frankreich für einige Zeit in den Hintergrund gedrängt worden. Der König von Preußen hatte sich schon im Herbste 1794 zur Anknüpfung von Unterhandlungen mit Frankreich bewegen lassen, die am 5. April 1795 zum Frieden von Basel führten. Preußen ließ nach den Bestimmungen desselben seine linksrheinischen Besitzungen in den Händen der Franzosen unter der Bedingung, dass es für den Fall einer definitiven Abtretung bei einem allgemeinen Frieden eine Entschädigung erhielte. Zugleich wurde mitten durch Deutschland eine Demarcationslinie gezogen, welche die Franzosen nicht überschreiten sollten, wenn Preußen nördlich von derselben die Neutralität aufrecht erhielte. Nord- und Mitteldeutschland bis zum Neckar und zur Südgrenze des fränkischen Kreises wurde dadurch dem Kriege entzogen. Noch früher, am 9. Februar, hatte der Großherzog Ferdinand von Toscana, des Kaisers Bruder, mit Frankreich Frieden geschlossen, am 22. Juli folgte auch Spanien.

So setzten nur Österreich mit einem Theile des deutschen Reiches, einige italienische Staaten und England den Krieg noch fort. Trotzdem waren im Jahre 1795 die Österreicher den Feinden überlegen. Als nach langer Unthätigkeit beider Theile die Franzosen unter Jourdan und Pichegru im September den Nieder- und Mittelrhein überschritten, wurden sie von Clerfayt und Wurmser in mehreren Treffen besiegt und über den Rhein bis an die Nahe und die Festung Landau zurückgedrängt.

Auch im Jahre 1796 waren die Österreicher in Deutschland siegreich. Der Erzherzog Karl besiegte die Armee Jourdans, die schon bis in die Oberpfalz vorgedrungen war (22.—24. August), in den Treffen bei Teining, Neumarkt und Amberg und (3. September) in der Schlacht bei Würzburg und trieb die Feinde wieder über den Rhein zurück. Dadurch war Moreau, der bereits Süddeutschland bis zur Isar in seine Gewalt gebracht hatte, isoliert und sah sich ebenfalls zum Rückzuge über den Rhein gezwungen.

Aber alle diese Erfolge der Österreicher wurden durch die **Siege der Franzosen in Italien**, wo 1796 **Napoleon Bonaparte**[1]) den Oberbefehl erhalten hatte, mehr als aufgewogen. Durch mehrere Siege (12. bis 21. April) nöthigte er die Österreicher unter Beaulieu, die mit den Sardiniern die westlichen Apenninen besetzt hielten, zum Rückzuge, zwang den König von Sardinien zu einem Separatfrieden und trieb nach dem Treffen bei Lodi (10. Mai) die Österreicher bis Mantua zurück. Um diese Festung zu entsetzen, wurde Wurmser aus Deutschland nach Italien geschickt. Aber eine Reihe blutiger Treffen hatten nur den Erfolg, dass auch dieser (im September) in Mantua seine Rettung suchen musste. Auch FZ. Alvinczy, der ihn nun retten sollte, war nicht glücklicher. Nach den Niederlagen bei Arcole (15.—17. November) und Rivoli (14. Jänner 1797) musste er sich nach Tirol zurückziehen und Mantua, durch Hunger bezwungen, capitulieren (3. Februar).

Als nun Bonaparte nach Innerösterreich vordrang, vermochte ihn der Erzherzog Karl nicht mehr aufzuhalten. Schon standen die Franzosen im nördlichen Steiermark, als ein Waffenstillstand und dann (18. April) der Präliminarfriede von Leoben abgeschlossen wurde. Der definitive Friede wurde erst am 17. October in Campoformio[2]) abgeschlossen und war in manchen Punkten ungünstiger als jener. Österreich verzichtete auf die Niederlande, die mit Frankreich, und auf die Herzogthümer Mailand und Mantua, die mit der neugebildeten cisalpinischen Republik vereinigt wurden. Dafür erhielt es das Gebiet der

---

[1]) Thiers, Hist. du Consulat et de l'Empire. 20 T. (nur in den späteren Theilen von Wert). Lanfrey, Geschichte Napoleons I., aus dem Französischen von Glümer, 5 Bde. (bis 1810). Fournier, Napoleon I., 3 Bdchen. (1886—1889).

[2]) Eigentlich in Napoleons Hauptquartier Passariano.

Republik Venedig, deren Selbständigkeit Bonaparte vernichtet hatte, soweit es östlich vom Gardasee, der Etsch und dem unteren Po lag, mit Einschluss des venetianischen Istrien und Dalmatiens. In geheimen Artikeln gab der Kaiser seine Zustimmung, dass Frankreich beim Frieden mit dem Reiche den größten Theil des linken Rheinufers erhalten und die dadurch beeinträchtigten Reichsstände rechts vom Rhein angemessen entschädigt werden sollten. Österreich sollte auch dem seines Landes beraubten Herzog von Modena den Breisgau überlassen, dafür aber wie für die Grafschaft Falkenstein (in der Pfalz) und das Frickthal das Erzbisthum Salzburg und Baiern bis zum Inn bekommen.

Auf dem Congress in Rastatt, der am 9. December eröffnet wurde, setzte Frankreich es durch, dass ihm vom Reiche das ganze linke Rheinufer abgetreten wurde. Aber ehe die Entschädigungsfrage gelöst war, fand der Congress infolge eines neuen Krieges ein rasches Ende.

2. Der zweite Coalitionskrieg (1799—1801) und der Reichsdeputations-Hauptschluss.[1])

Frankreich setzte auch nach Abschluss des Friedens mit allen Staaten des Festlandes seine Gewaltthaten fort. Die batavische und cisalpinische Republik wurden jeder Selbständigkeit beraubt, 1798 die Schweiz als helvetische Republik von Frankreich abhängig gemacht, der Kirchenstaat in eine Republik verwandelt, die Könige von Sardinien und Neapel bedroht, von Napoleon Bonaparte dem Johanniterorden die Insel Malta entrissen und Ägypten erobert. Dadurch fühlte sich aber nicht bloß Österreich neuerdings bedroht. Auch der Kaiser Paul von Russland, der 1796 seiner Mutter Katharina II. gefolgt war, wurde ein erbitterter Feind Frankreichs, schloss Bündnisse mit Neapel, England und der Türkei, sicherte Österreich seine Unterstützung zu und setzte bereits Landtruppen und Kriegsschiffe in Bewegung. Da Österreich sich weigerte, die Zurückziehung dieser Truppen zu verlangen, so erklärte Frankreich am 12. März 1799 an Österreich und Toscana den Krieg, nachdem ein übereilter Angriff der Neapolitaner bereits die Vertreibung des Königs nach Sicilien und die Wegnahme der festländischen Besitzungen des Königs von Sardinien zur Folge gehabt hatte.

Aber in Deutschland wie Italien waren die Franzosen im Nachtheile. Erzherzog Karl trieb den bis an die obere Donau vorgedrungenen

---

[1]) S. außer Häusser, Sybel, Hüffer und Lanfrey auch (Erzherzog Karl) Geschichte des Feldzuges von 1799 in Deutschland und der Schweiz, 2 Bde. Michailowski-Danilewski und Miliutin, Geschichte des Krieges Russlands mit Frankreich im Jahre 1799 (übersetzt von Schmidt), 5 Bde., 1856—1858. A. Beer, Zehn Jahre österreichischer Politik, 1877. Fournier, Gentz und Cobenzl. Geschichte der österreichischen Diplomatie 1801—1805. 1870. Wertheimer, Geschichte Österreichs und Ungarns im ersten Jahrzehnt des 19. Jahrhunderts, 2 Bde. (bis 1809), 1884, 90.

Jourdan durch mehrere Siege (21.—25. März) über den Rhein zurück. In Italien errang der Anführer der vereinigten Österreicher und Russen, Suworow, eine Reihe blutiger Siege. Bis auf Genua und einige isolierte Festungen ward ganz Italien den Franzosen entrissen. Nur in der Schweiz behauptete sich Massena in einer festen Stellung bei Zürich gegen wiederholte Angriffe des Erzherzogs Karl.

Da trafen auf Englands Vorschlag Österreich und Russland das Übereinkommen, dass Suworow mit den Russen in die Schweiz marschieren, sich hier mit einem neuen russischen Corps unter Korsakow vereinigen und dann in Frankreich eindringen, Erzherzog Karl aber mit den Österreichern an den Mittelrhein ziehen sollte. Ehe aber Suworow die Alpen überschritten hatte, erlitt Korsakow (25. und 26. September) durch Massena bei Zürich eine vollständige Niederlage. Auch die noch in der östlichen Schweiz stehenden Österreicher wurden besiegt und zum Rückzuge nach Vorarlberg genöthigt, und nun war Suworow, der unterdessen über den Gotthard bis gegen Schwyz gekommen war, von den Feinden auf allen Seiten eingeschlossen. Nur durch einen Übergang über schneebedeckte Berge vermochte dieser sein Heer zu retten und in das Rheinthal und von da nach Vorarlberg zu führen.

Suworow, der sich von den Österreichern verrathen glaubte, erfüllte auch den Kaiser Paul mit Erbitterung gegen die österreichische Regierung, mit der dieser schon wegen der Ordnung der italienischen Verhältnisse in Zerwürfnisse gerathen war. Paul gab seinen sämmtlichen Truppen Befehl, nach Russland zurückzukehren, und trat ganz von der Coalition zurück.

Es war dies umso gefährlicher, als gerade jetzt Napoleon Bonaparte aus Ägypten zurückkam und nach einem Staatsstreiche als „erster Consul" die ganze Regierung in die Hand nahm.

Während in Italien die Österreicher unter Melas die letzten Reste des französischen Heeres in Genua einschlossen und am 4. Juni 1800 zur Übergabe der Stadt zwangen, erschien Bonaparte mit einer neu gebildeten Armee unvermuthet im Rücken der Österreicher, erfocht am 14. Juni bei Marengo einen vollständigen Sieg und gestattete ihnen nur unter der Bedingung freien Rückzug, dass sie Oberitalien bis zum Mincio räumten.

Schon früher war Moreau über den Oberrhein nach Süddeutschland vorgedrungen, brachte den Österreichern unter Kray (5.—10. Mai) mehrere Niederlagen bei und fiel in Baiern ein. Nachdem der Waffenstillstand zu Parsdorf (15. Juli) die Feindseligkeiten einige Zeit unterbrochen hatte, wurden die Österreicher und Baiern am 3. December bei Hohenlinden gänzlich geschlagen, worauf am 25. December der Waffenstillstand zu Steyr und am 9. Februar 1801 der Friede von Lunéville geschlossen wurde. Dieser wiederholte im wesentlichen die Bedingungen des Friedens von Campoformio und die Abmachungen in Rastatt, verfügte die Abtretung des linken Rheinufers und setzte die Etsch als Grenze zwischen Österreich und der cisalpinischen Republik fest, gab aber das übrige Italien vollständig den Franzosen preis und bestimmte, dass auch der Großherzog von Toscana sein Land verlieren und in Deutschland (nach einem geheimen Artikel zunächst mit Salzburg und Berchtesgaden) entschädigt werden sollte.

Im **Reichsdeputations-Hauptschluss** (25. Februar 1803) erhielt **Österreich** für den dem Herzoge von Modena überlassenen Breisgau und die Ortenau die Gebiete der Bischöfe von **Brixen** und **Trient**, die schon bisher mit Tirol in engen Beziehungen gestanden hatten.

3. Die Annahme des österreichischen Kaisertitels. — Der dritte Coalitionskrieg und die Ausscheidung Österreichs aus Deutschland.[1])

Die Umwandlung Frankreichs in eine Erbmonarchie unter dem Kaiser Napoleon (18. Mai 1804) veranlasste Franz II. auch seinerseits am 10. August in einer außerordentlichen Staatsconferenz, der die großen Würdenträger beiwohnten, den Titel eines erblichen **Kaisers von Österreich** anzunehmen, wodurch auch die Zusammengehörigkeit der verschiedenen österreichischen Länder dargethan wurde. Am 11. August wurde dieser Entschluss durch ein kaiserliches Patent allgemein bekannt gemacht.

Es zeigte sich bald, dass **Napoleon** auch als Kaiser seine gewaltthätige Politik fortsetzen würde. Hatte er sich schon 1803 des dem Könige von England gehörigen Hannovers bemächtigt, so machte er jetzt auch der allerdings nur scheinbaren Selbständigkeit der cisalpinischen Republik ein Ende, indem er diese in ein Königreich Italien umwandelte, am 17. März 1805 selbst die Regierung übernahm und (4. Juni) die ligurische Republik unmittelbar mit Frankreich vereinigte. Diese Übergriffe bewogen **Österreich**, dem Drängen **Englands** und **Russlands** nachzugeben und am 9. August 1805 dem Bündnisse beizutreten, welches dieselben schon am 11. April geschlossen hatten.

Mack, welcher noch vor der Ankunft der Russen mit einem österreichischen Heere bis **Ulm** vorgedrungen war, wurde dort mit überlegenen Kräften eingeschlossen und am 17. October gezwungen, mit dem größten Theile seines Heeres die Waffen zu strecken. Dies nöthigte auch den Erzherzog Karl, der (29.—31. October) den Marschall Massena

---

[1]) S. die schon erwähnten Werke von Häußer, Beer, Fournier, Wertheimer.

bei Caldiero besiegt hatte, und den in Tirol stehenden Erzherzog Johann, den Rückzug anzutreten. Die Reste der Österreicher, welche sich bei der Capitulation von Ulm gerettet hatten, zogen sich bis Mähren zurück, wo sie sich mit den Russen vereinigten. Obwohl es nun im Interesse der Verbündeten lag, eine Entscheidung hinauszuschieben, bis weitere russische Corps und die Erzherzoge Karl und Johann herangekommen wären und vielleicht auch Preußen, welches, beleidigt durch die Verletzung seines fränkischen Gebietes, rüstete und als Friedensvermittler auftrat, sich zum Kriege gegen Napoleon entschlossen hätte, griffen sie infolge der Siegeszuversicht der Russen am 2. December die Feinde bei Austerlitz an, erlitten aber eine furchtbare Niederlage. Die Verbündeten waren gänzlich entmuthigt. Die Russen zogen nachhause. K. Franz schloss (6. December) einen Waffenstillstand und 26. December den Frieden von Presburg, in welchem er alle 1797 erworbenen venetianischen Gebiete an das Königreich Italien, Tirol, Vorarlberg, die Markgrafschaft Burgau und einige andere schwäbische Gebiete an Baiern und die übrigen Besitzungen in den Vorlanden an Würtemberg und Baden abtrat. Auch des Kaisers Oheim, Erzherzog Ferdinand, Schwiegersohn des 1803 verstorbenen Herzogs von Modena-Este, musste den Breisgau an Baden überlassen, ohne die ihm dafür versprochene Entschädigung je zu erhalten. Dafür bekam Österreich das Fürstenthum Salzburg, wofür der Großherzog von Toscana durch ein neu zu schaffendes Kurfürstenthum Würzburg entschädigt wurde. Auch die Verleihung der Königswürde und der vollen Souveränität an die Kurfürsten von Baiern und Würtemberg musste der Kaiser anerkennen.

War schon dies ein Schritt zur Auflösung des deutschen Reiches, so erfolgte dessen vollständige Zertrümmerung, als 16 Fürsten des südlichen und westlichen Deutschland unter dem Protectorate Napoleons am 12. Juli 1806 den Rheinbund schlossen. Auf die Forderung Frankreichs erklärte nun Franz II. am 6. August, dass auch er den Bund, der ihn bisher an das Reich geknüpft, als gelöst ansehe und die deutsche Kaiserwürde niederlege. Dagegen wurde die Einheit der österreichischen Länder äußerlich noch schärfer ausgedrückt, indem bei der Feststellung des großen Staatswappens der Doppeladler als das Symbol des „auf den ganzen Complex der Erbkönigreiche und Länder reducierten österreichischen Kaiserthums" erklärt wurde.[1]

---

[1] Bidermann, Die staatsrechtlichen Wirkungen der österreichischen Gesammtstaatsidee. Grünhuts „Zeitschrift für das Privat- und öffentliche Recht der Gegenwart" 21, 369.

4. Der Krieg Österreichs mit Frankreich im Jahre 1809.[1])

Auch dem Presburger Frieden folgten neue Usurpationen Napoleons: die Vertreibung der Bourbons aus Neapel, zu dessen König er seinen Bruder Joseph machte, und die Umwandlung der batavischen Republik in eine Monarchie unter Napoleons Bruder Ludwig (1806), dann die Zertrümmerung Preußens, das im Frieden von Tilsit 1807 alle westlich von der Elbe gelegenen Länder und die meisten ehemals polnichen Gebiete (als „Herzogthum Warschau" an den König von Sachsen übergeben) verlor, hierauf die Besetzung Portugals und endlich (1808) die Entthronung der spanischen Königsdynastie, an deren Stelle er seinen Bruder Joseph setzte, wogegen sein Schwager Murat König von Neapel wurde. Aber dies entflammte auf der pyrenäischen Halbinsel einen allgemeinen Volkskrieg, der, von England unterstützt, auch von Napoleon nicht vollständig niedergeworfen werden konnte.

Die Bindung eines Theiles der französischen Streitkräfte durch die Spanier und Engländer ermuthigte Österreich, das unter Leitung des Erzherzogs Karl militärische Reformen eingeführt und eine Landwehr geschaffen hatte, zu einem Versuche, sich gegen weitere Gewaltthaten Napoleons sicherzustellen. Es rechnete dabei nicht bloß auf die Unterstützung Englands, sondern auch auf eine Erhebung der Völker, besonders der mit der bairischen Herrschaft unzufriedenen Tiroler, den Beistand zahlreicher deutscher Patrioten, vielleicht auch auf einen Anschluss Preußens, welches aber von dem mit Frankreich verbündeten Kaiser von Russland zurückgehalten wurde.

Am 9. April 1809 begannen die Österreicher die Feindseligkeiten, drang die Hauptarmee unter Erzherzog Karl in Baiern, das „Heer von Innerösterreich" unter Erzherzog Johann in Italien ein, während die Tiroler sich erhoben und ihr Land von den Baiern befreiten. Auch Erzherzog Johann besiegte den Vicekönig Eugen (16. April) bei Sacile und drängte ihn bis an die Etsch zurück. Aber die Niederlagen der Österreicher in Baiern (19.—22. April) machten alle diese Erfolge zunichte. Zwar erlitt Napoleon, der nach der Einnahme Wiens die Donau übersetzte, am 21. und 22. Mai bei Aspern und Esslingen durch Erzherzog Karl eine blutige Niederlage. Aber nachdem er neue Verstärkungen, namentlich auch den Vicekönig von Italien, der den Erzherzog Johann auf seinem Rückzuge verfolgte, an sich gezogen hatte, überschritt er neuerdings die Donau und zwang nach zweitägigen Kämpfen (5. und 6. Juli) bei Wagram die Österreicher zum Rückzuge nach Znaim, wo ein Waffenstillstand (12. Juli) den Feindseligkeiten ein Ende machte. Im Frieden von Wien (14. October) trat Österreich Salzburg

---

[1]) S. Häusser, Beer, Thiers, Lanfrey und Fournier.

mit Berchtesgaden, das Innviertel und die westliche Hälfte des Hausruckviertels an Baiern, das westliche Kärnten (den Villacher Kreis), die Grafschaft Görz, die Stadt Triest, das österreichische Istrien, Krain und den am rechten Saveufer gelegenen Theil Croatiens und der Militärgrenze (die „illyrischen Provinzen") an Napoleon, ganz Westgalizien, einen Streifen Landes bei Krakau, die Hälfte des Salzbergwerkes Wieliczka und den Zamosker Kreis an den König von Sachsen als Herzog von Warschau ab. Russland, das als Verbündeter Frankreichs, allerdings ohne rechten Ernst, am Kriege theilgenommen hatte, sollte von Österreich ein Gebiet von 400.000 Einwohnern erhalten, und es wurde ihm dann der Tarnopoler Kreis überlassen. Auch der Aufstand der Tiroler, welche die ins Land eindringenden Feinde wiederholt aus demselben hinausgetrieben hatten, wurde jetzt blutig unterdrückt.

5. Österreichs Theilnahme an den Befreiungskriegen und der Wiener Congress.[1]

Als 1812 der Bruch zwischen Napoleon und dem Kaiser Alexander I. von Russland erfolgte, wurde auch Österreich genöthigt, am 14. März ein Bündnis mit Frankreich abzuschließen, worin es versprach, ein Hilfscorps von 30.000 Mann zu stellen, wofür ihm im Falle eines glücklichen Krieges eine Gebietsvergrößerung zugesichert ward. Während Napoleon selbst mit der Hauptmacht bis Moskau vordrang, operierte der Anführer der Österreicher, Fürst Schwarzenberg, in Verbindung mit den Sachsen auf dem rechten Flügel in Volhynien gegen ein russisches Corps und drängte dieses zurück, zog sich aber, als dasselbe Verstärkungen erhielt, Mitte October über den Bug ins Herzogthum Warschau zurück.

Gleichzeitig trat Napoleon den Rückzug von Moskau an, auf dem sein schon durch die vorausgehenden Kämpfe und Strapazen geschwächtes Heer vollständig vernichtet wurde.

Der Kaiser Franz und der Minister des Äußern, Metternich, suchten dies zu benutzen, um Österreich wieder eine günstigere Stellung zu verschaffen, hielten aber wegen der Erschöpfung des Staates, besonders der Finanzen große Vorsicht für nothwendig. Vor allem wollten sie sich durch Auflösung des Bündnisses mit Frankreich die Freiheit des Handelns verschaffen. Das österreichische Hilfscorps wurde daher nach Galizien zurückgezogen und (30. Jänner 1813) mit Russland ein Waffenstillstand abgeschlossen, Rüstungen veranstaltet, endlich, nachdem

---

[1] Vgl. mit den citierten Werken von Häußer, Thiers, Fournier besonders W. Oncken, Österreich und Preußen im Befreiungskriege, 2 Bde. (bis August 1813). 1876, 1879. Beer, Fürst Metternich. „Neuer Plutarch", 5, 257 ff.

Preußen sich bereits mit Russland verbündet hatte, (26. April) die Allianz mit Frankreich aufgesagt und gleichzeitig Österreichs bewaffnete Vermittlung angekündigt. Als Napoleon, der die Russen und Preußen bei Groß-Görschen (2. Mai) und Bautzen (20. und 21. Mai) besiegte und nach Schlesien zurückdrängte und, um Zeit für weitere Rüstungen zu gewinnen, am 4. Juni einen längeren Waffenstillstand schloss, die ihm sehr günstigen Friedensanträge Metternichs zurückwies, erklärte Österreich am 10. August seinen Anschluss an das russisch-preußische Bündnis und trat nach Ablauf des Waffenstillstandes (16. August) in den Kampf ein.

Österreich hatte 100.000—115.000 Mann unter Schwarzenberg in Böhmen, 25.000 Mann gegen Baiern, 40.000 Mann gegen Italien aufgestellt. Die Hauptarmee, welche auch durch Russen und Preußen verstärkt wurde, wurde bei ihrem Angriffe auf Dresden (26. und 27. August) durch Napoleon geschlagen. Aber da fast gleichzeitig (23. und 26. August) andere französische Armeen bei Groß-Beeren und an der Katzbach durch die Preußen blutige Niederlagen erlitten, konnte Napoleon seinen Sieg nicht verfolgen, und der Marschall Vandamme, den er in den Rücken der Verbündeten nach Böhmen abgeschickt hatte, wurde mit seinem Corps am 30. August nach zweitägigen Kämpfen bei Kulm gefangen. Der Raum, in dem sich Napoleon bewegen konnte, wurde durch die Verbündeten immer mehr eingeengt, derselbe endlich zum Rückzuge von Dresden nach Leipzig gezwungen und hier am 16. und 18. October vollständig geschlagen. Mit den Trümmern seines Heeres überschritt Napoleon am 1. November den Rhein. Schon früher (8. October) hatte Baiern im Vertrage von Ried mit Österreich Frieden geschlossen, sich zum Kampfe gegen Frankreich verpflichtet und den Österreichern gegen eine künftige Entschädigung Tirol eingeräumt. Jetzt schlossen sich auch die übrigen Rheinbundsfürsten den Verbündeten an.

Da Napoleon auf Friedensanträge, welche ihm noch das ganze Gebiet zwischen dem Rhein, den Alpen und Pyrenäen gelassen hätten, nicht rechtzeitig einging, überschritten die Verbündeten Ende December und Anfangs Jänner den Rhein. Nach einer Reihe blutiger Schlachten, in denen bald die Verbündeten, bald Napoleon im Vortheile waren, entschloss sich dieser, von Arcis an der Aube nach Osten zu marschieren, um die Verbündeten durch Bedrohung ihres Rückens zum Rückzuge zu zwingen. Aber diese ließen ihn ziehen und wendeten sich mit ihrer gesammten Macht gegen Paris, das nach tapferem Widerstande der Besatzung am 30. März capitulierte. Als Napoleon zurückkehrte, war Paris bereits übergeben. Am 2. April sprach der Senat seine Absetzung aus. In der Nacht vom 6. auf den 7. April entsagte er selbst für sich und seine Familie dem Throne, wogegen die Verbündeten (11. April) ihm die Insel Elba,[1]) seiner Gemahlin Marie Louise und seinem Sohne die Herzogthümer Parma, Piacenza und Guastalla überließen.

Der **Pariser Friede** vom 30. Mai 1814, der Frankreich eine Vergrößerung des Umfanges, den es 1789 gehabt hatte, gewährte, bestimmte in einem geheimen Artikel, dass **Österreichs Antheil in Italien** durch den Po, den Tessin und den Lago Maggiore begrenzt werden sollte, worauf am 12. Juni in Mailand die **Einverleibung der Lombardei und des Venetianischen** in die österreichische Monarchie proclamiert wurde. Baiern gab durch einen geheimen Vertrag mit Österreich (3. Juni) **Tirol, Vorarlberg, Salzburg** und das **Hausruck- und Innviertel** zurück, wogegen ihm die vollständigste Entschädigung zugesichert wurde. Die Ordnung der übrigen Fragen wurde dem **Wiener Congresse** überlassen, der vom September 1814 bis Juni 1815 tagte. Infolge der Verhandlungen auf demselben erhielt Österreich auch die 1805 und 1809 abgetretenen „**illyrischen Provinzen**" mit Dalmatien und der Republik Ragusa, den Tarnopoler Kreis und das Salzbergwerk Wieliczka zurück und bekam auch das einst zu Graubünden gehörige Veltlin mit den Landschaften Chiavenna und Bormio, die mit der Lombardei vereinigt wurden. Auch die österreichische Secundogenitur in **Toscana** und die Tertiogenitur in **Modena** wurden wieder hergestellt. Dagegen verzichtete Österreich auf alle übrigen vor 1792 besessenen Gebiete. Auch die deutsche Kaiserwürde nahm es nicht mehr in Anspruch und begnügte sich mit dem Vorsitze im neu gegründeten **deutschen Bunde**.

Die durch den Wiener Congress geschaffene Republik **Krakau**, welche unter den Schutz Österreichs, Preußens und Russlands gestellt wurde, ward infolge des galizischen Aufstandes am 6. November 1846 an Österreich überlassen und 1849 mit Galizien vereinigt.

II. Geschichte des öffentlichen Rechtes unter den Kaisern Franz I. (II.) und Ferdinand I. (1792—1848.)

a) Änderungen in der Organisation der Verwaltung.[2])

I. Die Centralbehörden.

Nach dem Tode K. Leopolds II. (1. März 1792) und der Thronbesteigung Franz II. machte sich zunächst ein unsicheres Experimentieren

---

[1]) Diese wurde ihm erst nach seiner letzten Niederlage entzogen.
[2]) Domin-Petrushevecz, S. 212 ff. Hock-Bidermann, S. 637 ff. d'Elvert, Zur österreichischen Verwaltungs-Geschichte, S. 505 ff. Beer in „Mittheilungen", 15, 305 ff. Im allgemeinen s. über diese Periode die freilich grau in Grau gemalte Darstellung bei A. Springer, Geschichte Österreichs seit dem Wiener Frieden 1809. 1. Bd.

geltend. Durch Allerhöchstes Handschreiben vom 13. November 1792[1]) befahl der Kaiser, die böhmisch-österreichische Hofkanzlei mit der Hofkammer in die engste Verbindung zu bringen. Diese vereinte Stelle, welcher also die politische Verwaltung, die Administration der Finanzen mit Einschluss der ungarischen und siebenbürgischen Kammersachen und die Handelsangelegenheiten übertragen wurden, sollte nicht mehr Kanzlei, sondern „Directorium in cameralibus der hungarisch-siebenbürgischen und der deutschen Erblande wie auch in publico-politicis dieser letzteren" heißen und einen „Obrist-Directorialminister"[2]) als Vorsteher, einen „Directorial-Hofkanzler" für die „Publico-politica" und zwei Cameral-Vicepräsidenten, einen für die ungarischen und siebenbürgischen und einen für die erbländischen Cameralia, erhalten. Für die Besorgung der erbländischen Geschäfte sollten sechs Provinzial-Departements oder Bureaux (1. das böhmische, 2. das mährisch-schlesische, 3. das galizische, 4. das für Österreich ob und unter der Enns, 5. das innerösterreichische, 6. das für die österreichischen Vorlande) errichtet werden und jedes aus zwei Hofräthen, einem als Referenten für die Cameral- und einem für die politischen Sachen, und drei anderen Beamten bestehen. Es sollten im Directorium zwei Senate gebildet werden, einer für die Cameralia und Politica der böhmischen Länder und Galiziens, und einer für die der deutsch-österreichischen Länder und die Cameralia von Ungarn und Siebenbürgen, und es sollten die (drei) Cameral-Hofräthe, wenigstens theilweise, auch an der Berathung und Entscheidung der finanziellen und politischen Angelegenheiten der böhmischen Länder und Galiziens theilnehmen.

Mit diesem Directorium wurde auch die Hofrechenkammer als „Staats-Hauptbuchhaltung" in eine gewisse Verbindung gebracht, unmittelbar aber mit dem Staatsrathe als der eigentlichen Staatscontrole vereinigt. Andererseits wurde für sämmtliche Erbländer ein eigener Polizei-Staatsminister ernannt. 1794 erhielt die Staatsbuchhaltung als „oberste Staatscontrole" wieder einen eigenen Präsidenten.

Im Jahre 1797 wurden die Finanzen wieder von der politischen Verwaltung getrennt und für die Commerz-, Cameral- und Baucalsachen eine Finanz-Hofstelle errichtet, an deren Spitze ein Finanzminister und Hofkammerpräsident gestellt wurde. Dagegen wurde jetzt mit der politischen Administration der deutsch-böhmischen Länder die

---

[1]) Mit den Gegenbemerkungen des Grafen Kolowrat und den Entscheidungen des Kaisers hierüber mitgetheilt von Büdinger, Zu den Verwaltungsgrundsätzen des Kaisers Franz (Separat-Abdruck aus der „Österr.-Ungar. Revue" 1888), S. 10 ff.

[2]) Auf die Vorstellungen des für diese Stelle ernannten Grafen Kolowrat durfte er in gewissen Actenstücken auch noch den Titel „Obristkanzler" führen. Vom Jahre 1796 an hieß er „dirigierender Minister".

Leitung der Justizgeschäfte vereinigt. Das Directorium erhielt wieder den Namen „böhmisch-österreichische Hofkanzlei". Für das durch die letzte Theilung (1795) vergrößerte Galizien wurde aber eine eigene „galizische" Hofkanzlei mit denselben Befugnissen errichtet.

In den nächsten Jahren traten neue Veränderungen ein, die sich ebensowenig behaupteten. Erst am 26. August 1802 wurden Einrichtungen getroffen, die sich dann im wesentlichen bis 1848 erhalten haben. Die politische Verwaltung der gesammten „deutschen" (auch böhmischen) Erblande, Galiziens und der italienischen Gebiete[1]) wurde der vereinigten Hofkanzlei übertragen, für das Justizwesen der genannten Länder die oberste Justizstelle wieder ins Leben gerufen. Für die Verwaltung „aller Staats-Wirtschaftszweige der ganzen Monarchie" wurde wieder eine Hofkammer und Banco-Deputation bestellt und derselben auch die montanistische Hofstelle, die Finanz- und Creditcommission, eine Commission für Commerzsachen und eine Domänencommission untergeordnet.

Die Behandlung der Geschäfte bei den Hofstellen war in der Regel wie bisher eine collegialische, und es wurden dieselben durch Stimmenmehrheit der Räthe entschieden. Doch kam nach und nach für viele Gegenstände die Präsidialbehandlung auf, indem sie der Chef ohne Zuziehung der Räthe erledigte.

Durch Cabinetsschreiben vom Jahre 1806 wurde der Wirkungskreis der Hofstellen wie die der Landesbehörden mehrfach erweitert, aber die Controle verschärft, indem die Hofstellen die Protokolle alle vierzehn Tage dem Kaiser, die Landesbehörden der betreffenden Hofstelle vorlegen mussten.

An die Stelle des Staatsrathes war am 31. August 1801 ein Staats- und Conferenz-Ministerium als oberste Revisionsstelle für sämmtliche Staatsgeschäfte getreten, welches aus drei Departements bestand, für das Auswärtige unter dem Staatskanzler, für Kriegs- und Marine-Angelegenheiten unter dem Kriegsminister und für das Innere unter dem dirigierenden Staatsminister. Unter dem letztgenannten standen der oberste böhmisch-österreichische, der ungarische, der siebenbürgische und (bis zum Verluste der venetianischen Gebiete im Jahre 1805) der italienische Hofkanzler und nach der Wiederherstellung der Hofkammer auch die Vorsteher der verschiedenen Finanz-Centralbehörden. Diese Minister hielten unter dem Vorsitze des Kaisers zur

---

[1]) 1793 war das italienische Departement der Hofkanzlei von dieser getrennt und eine eigene italienische Hofkanzlei errichtet worden, die 1803 den Namen „dalmatinisch-albanesische Hofkanzlei" erhielt und nach dem Verluste der ehemals venetianischen Besitzungen im Jahre 1805 aufgelöst wurde.

Berathung und Erledigung der in ihr Ressort fallenden wichtigeren Angelegenheiten gemeinsame Conferenzen ab, in denen die Staats- und Conferenzräthe der einzelnen Ministerien die von ihnen vorbereiteten Vorträge erstatteten, während sie sich an der Berathung selbst nicht zu betheiligen hatten. Keine Behörde verkehrte übrigens mit dem betreffenden Departement des Conferenz-Ministeriums direct, sondern alle Vorlagen wie die Allerhöchsten Entscheidungen nahmen ihren Weg durch das geheime Cabinet, zu dessen Leitung schon von K. Leopold II. 1792 ein Cabinetsminister ernannt worden war. Doch liebte es der Kaiser nicht, den häufigen Sitzungen der Conferenz beizuwohnen, selbst in die Debatte einzugreifen und mündlich auf der Stelle eine Entscheidung zu treffen. Er zog es vor, sich mit einzelnen Männern zu besprechen oder sich von den Räthen schriftliche Gutachten vorlegen zu lassen. Die Conferenzen wurden daher immer seltener und am 7. Juni 1808 das Staats- und Conferenz-Ministerium ganz aufgehoben, dagegen aber der Staatsrath wieder hergestellt.

Durch Handschreiben d. d. Troyes, 15. Februar 1814, befahl der Kaiser, dass neben dem Staatsrathe ein Conferenzrath errichtet werden und dieser in seinem Namen einen Theil der Geschäfte erledigen sollte. Der Staatsrath sollte wie bisher die ganze Staatsverwaltung mit Ausnahme der Leitung der auswärtigen Angelegenheiten überwachen, aber sich nicht selbst in die Verwaltung einmischen und in vier Sectionen zerfallen: 1. für die Begutachtung der Gesetzgebung und Rechtspflege, 2. für die allgemeine Verwaltung des Innern, 3. die Finanzverwaltung, 4. die Verwaltung des Kriegswesens. In jeder Section sollte auch ein Ungar sein. Jede Section sollte (Instruction vom 17. November 1814) für sich berathen und ihre Beschlüsse mittels der Sitzungsprotokolle zur Kenntnis des Kaisers bringen, der sie genehmigte oder verwarf,[1] wie sich dieser auch vorbehielt, einzelne Räthe als specielle Vertrauenspersonen um ihre Meinung zu fragen oder einzelne Stücke von vorneherein einem solchen oder einem Minister zur mündlichen Berichterstattung zuzuweisen. Wenn eine gemeinsame Sitzung aller Sectionen stattfände, sollte der Kaiser selbst oder ein von ihm bestimmter Staatsminister den Vorsitz führen. Vor den Conferenzrath sollten nach erfolgter Durchberathung im Staatsrathe vorzüglich solche Fragen gebracht werden, welche wegen besonderer Wichtigkeit vom Kaiser dahin verwiesen würden,

---

[1] Durch Allerhöchstes Cabinetsschreiben vom 24. April 1829 behielt der Kaiser seiner Entscheidung vor: „die Gnadenbezeigungen, Ernennungen zu höheren Stellen, die Entscheidung über die wichtigsten Gegenstände, dann über neue Einrichtung oder Abänderung der bestehenden Ordnung der Dinge und der Gesetze, wie auch über Geschäfte, wo sich die Hofstellen nicht vereinigen, und endlich die Centralleitung des Staates". Büdinger, a. a. O., S. 3.

oder bezüglich deren unausgeglichene Meinungsverschiedenheiten beständen, und es sollte derselbe theils aus ständigen Mitgliedern bestehen, die vom Kaiser aus den Staats- und Conferenzministern, den Präsidenten und Staatsräthen ernannt, theils aus zeitlichen, die nur für einzelne Fälle berufen wurden. Es scheinen übrigens nur sehr selten solche Conferenzen abgehalten worden zu sein.

1813 wurde zuerst provisorisch, 1816 definitiv ein eigener **Finanzminister** ernannt, welchem die Leitung der Creditinstitute und Creditoperationen, die Entwerfung der Staatsvoranschläge und die Verhandlungen über die Grundsätze wie die Bestimmungen der Grund-, Erwerb-, Personal- und Classensteuer übertragen wurden, während der **Hofkammer** bloß die Verwaltung gelassen wurde.

Im Jahre 1808 wurde auch eine **Studien-Hofcommission** errichtet.

Bezüglich der äußeren Form der obersten Hofstellen trat auch nach dem Tode des **Kaisers Franz I.** (am 2. März 1835) keine wesentliche Änderung ein. Nur erhielt 1836 die **Staatsconferenz** einen ständigen Vorsitzenden, indem Erzherzog Ludwig und in dessen Abwesenheit Fürst Metternich zum Präsidenten derselben ernannt wurde. Auch wurde bestimmt, dass der Präsident außer den ordentlichen Mitgliedern (dem Erzherzoge Ludwig, Metternich, dem Erzherzoge Franz Karl und für die Finanzen Graf Kolowrat) nicht bloß eine Section des Staatsrathes, sondern mehrere oder alle wie auch die Präsidenten der Hofstellen sollte beiziehen können.[1]

2. Die Provinzialverwaltung.

Bezüglich der **Eintheilung der Provinzen** und ihrer Verwaltung hatte die Abtrennung der westlichen Länder durch die Friedensschlüsse von Presburg (1805) und Schönbrunn (1809) wie die Wiedergewinnung derselben (1813/14) manche Veränderungen zur Folge. Die Gebiete in Vorarlberg, die einzigen, welche von den österreichischen Vorlanden noch behauptet worden waren, wurden mit **Tirol vereinigt**, bildeten aber einen eigenen Kreis. Die italienischen Besitzungen erhielten den Namen **lombardisch-venetianisches Königreich**, das unter einem Vicekönige stand, aber in zwei Gubernien, das der Lombardei (das ehemalige Herzogthum Mailand mit Mantua und den venetianischen Gebieten westlich vom Mincio) und das venetianische zerfiel. Von den 1809 an Baiern abgetretenen Gebieten, die 1814 und 1816 wieder an Österreich

---

[1] Springer, Geschichte Österreichs seit dem Wiener Frieden 1809, 1, 441 ff. H. v. Sybel, Die österreichische Staatsconferenz von 1836. „Historische Zeitschrift", 38, 385 ff.

zurückkamen, wurden das Inn- und Hausruckviertel wie Salzburg[1]) (dieses als Salzburger Kreis) mit dem Lande ob der Enns vereinigt und unter die Regierung von Linz gestellt. Die Gebiete, die 1809 an Frankreich gekommen waren (die „illyrischen Provinzen"), wurden 1814 dem Kaiserthum Österreich einverleibt, und zwar wurde das östliche Pusterthal wieder mit Tirol vereinigt, das Königreich „Dalmatien" erhielt eine eigene Verwaltung, aus den übrigen Gebieten wurde 1816 das „Königreich Illyrien" geschaffen, welches in zwei Gubernien, das von Laibach und das von Triest, zerfiel. Zu jenem gehörten Krain und das westliche Kärnten (der Villacher Kreis) und seit 1825 auch der bisher unter dem Gubernium von Steiermark stehende Klagenfurter Kreis, zu diesem Triest, die ehemals görzischen Gebiete und ganz Istrien, das ehemals ungarische Litorale (Fiume, Zengg u. s. w.) und Civilcroatien am rechten Ufer der Save. Doch wurde dieses 1822 davon abgetrennt und auch Fiume an Ungarn zurückgegeben.

Zur Competenz der Landesstellen oder Gubernien[2]) gehörte die ganze Verwaltung mit Einschluss der Cultus- und Unterrichtsangelegenheiten, der Leitung der Gewerbe, der Sicherheitspolizei und der Büchercensur. Die Behandlung war, abgesehen von einigen dem Präsidium vorbehaltenen Gegenständen, auch hier eine collegialische.

In den unteren Instanzen wurden in dieser Periode nur auf dem Gebiete der Finanzverwaltung wichtigere Veränderungen getroffen. Dieselbe wurde von den politischen Behörden unabhängiger und in sich einheitlicher gestaltet. Nur die Verwaltung der meisten directen Steuern verblieb noch dem Gubernium, welches dieselben ausschrieb, ihre Einhebung und Abfuhr überwachte und bis zu einer gewissen Grenze Steuernachlässe bewilligte. Die Verwaltung der indirecten Steuern mit Ausnahme einzelner Zweige (z. B. der Post, des Lotto, des Pulver- und Salnitergefälles), für die es besondere Stellen gab, wurde 1830 den in jeder Provinz neu eingerichteten Cameral-Gefällenverwaltungen übertragen; 1832 wurden auch Cameral-Bezirksverwaltungen errichtet.

Die Kreisämter hatten mit der Verwaltung der Steuern nichts mehr zu thun, sondern nur eventuell die Steuerbehörden bei der Einhebung zu unterstützen. Dagegen mussten die Herrschaften und Magistrate die Steuerlisten in Evidenz halten und die Steuern einheben und abführen.

Zur Entscheidung der Gefällsübertretungen wurden Gefällsgerichte eingesetzt, welche aus rechtskundigen Cameral- und aus Justizbeamten zusammengesetzt wurden.

---

[1]) Aber ohne Berchtesgaden und die Gebiete am linken Ufer der Salzach, die bei Baiern blieben.

[2]) Es gab deren zwölf. Doch hießen die in Wien und Linz Landesregierungen.

3. Die Organisation der Gerichte.

Die Organisation der Gerichte blieb in dieser Periode im wesentlichen unverändert, und nur die bleibende oder vorübergehende Erwerbung neuer Länder und die Wiedergewinnung der an Frankreich und Baiern abgetretenen Provinzen führten im einzelnen manche Umgestaltungen hervor. Die Einzelgerichte und in manchen Provinzen auch Collegialgerichte bildeten die erste, die Appellationsgerichte die zweite und der oberste Gerichtshof die dritte Instanz. Den Einzelrichtern stand theils die Criminal- und Civilgerichtsbarkeit, theils nur die letztere zu. Die Collegialgerichte übten die Criminaljurisdiction in einem größeren, die Civilgerichtsbarkeit in einem kleineren Bezirke. Die Zahl der Patrimonialgerichte verminderte sich stetig, weil in den Ländern, die vorübergehend unter bairischer und französischer Herrschaft gestanden, dieselben aufgehoben worden waren und viele Herrschaften sie auch nach der Rückkehr unter Österreich nicht mehr übernehmen wollten, andere Herren später auf die Gerichtsherrlichkeit verzichteten, weil sie Kosten für die Anstellung eines geprüften Richters nicht mehr tragen wollten oder konnten. In den westlichen Provinzen wurden nach der Restauration der österreichischen Herrschaft den Gerichten erster Instanz, den Pfleggerichten in Oberösterreich und Salzburg, den Landgerichten in Tirol und Vorarlberg, den Bezirkscommissariaten in den illyrischen Gebieten und den Präturen in Dalmatien auch die politische Verwaltung und die Steueradministration übertragen.

In diesen Provinzen traten auch an die Stelle der früheren Landrechte „Stadt- und Landrechte" (in Linz, Salzburg, Innsbruck, Klagenfurt, Laibach, Görz, Triest und Rovigno), welche nicht bloß wie jene die Gerichtsbarkeit über den Adel und die Geistlichkeit ihres Landes, sondern auch die Criminalgerichtsbarkeit in ihrem Lande oder Kreise und die Civiljurisdiction über die betreffende Stadt übten.

b) Das Steuerwesen.

Die wichtigste Änderung auf dem Gebiete der directen Steuern war das Grundsteuer-Provisorium vom Jahre 1819 für die meisten nichtungarischen Provinzen.[1]) Durch Patent vom 23. December 1817 wurde die Einführung eines allgemeinen Catasters angeordnet. Weil aber bis zur Vollendung desselben eine längere Zeit vergehen musste,[2]) wurde mit Allerhöchster Entschließung vom 8. Februar 1819 die Einführung eines

---

[1]) d'Elvert, Zur österreichischen Finanz-Geschichte, S. 678 ff. In den Gebieten, die einige Zeit unter bairischer und französischer Herrschaft gestanden, wurde die damals eingeführte Grundsteuer gelassen.

[2]) Er trat erst 1851 ins Leben.

Grundsteuer-Provisoriums verfügt, welches am 1. November 1820 in Kraft treten sollte. Die Steuer sollte vom Reinertrage des culturfähigen Bodens, der durch Vermessung und Schätzung festzustellen war (Grundsteuer), wie vom Zinsertrage der Gebäude (in den größeren Städten als Hauszinssteuer, in den anderen Orten als Hausclassensteuer) und von den Urbarial- und Zehentgenüssen der Herrschaften erhoben werden.

Auf dem Gebiete der indirecten Besteuerung wurden theils während der Kriege gegen Frankreich, theils 1816 zur Tilgung der Kriegsschulden für kürzere oder längere Zeit neue Steuern eingeführt, wie 1799 als Zuschlag zur Contribution die Kriegssteuer, an deren Stelle noch im nämlichen Jahre die Classensteuer trat, die eine Mischung von Einkommensteuer, Gewerbsteuer, Kopfsteuer und Zuschlag zur Contribution war, 1806 eine Vermögenssteuer ($\frac{1}{2}$ Percent), 1812 die Erwerbsteuer, 1816 gegen Aufhebung der Zuschläge die Personal- und Classensteuer. An deren Stelle wie an die verschiedener Consumtionssteuern trat 1829 die allgemeine Verzehrungssteuer.[1])

c) Das Militärwesen.[2])

Der Hofkriegsrath wurde in dieser Periode insoferne umgestaltet, als 1801 statt der Räthe aus dem Civilstande, welche bisher den größeren Theil der Stellen innegehabt, Generale ernannt wurden. Nachdem am 26. Jänner 1801 Erzherzog Karl Präsident des Hofkriegsrathes geworden war, wurde für denselben ein besonderes Kriegs- und Marineministerium creiert und ihm zugleich das Referat über Militärangelegenheiten in der Staatsconferenz übertragen. Wöchentlich einmal fanden beim Kaiser unmittelbar über militärische Angelegenheiten Berathungen statt, welchen der Erzherzog und zwei ihm an die Seite gegebene Generale (einer für die militärischen, einer für die politisch-ökonomischen Angelegenheiten) beiwohnten. Der Kriegsrath, der seinen eigenen „Kriegspräsidenten" behielt, trat ganz in den Hintergrund, bis infolge des Krieges von 1809 der Erzherzog in das Privatleben zurücktrat. Jetzt erhielt der Hofkriegsrath wieder seine frühere Einrichtung, ja seine Befugnisse wurden erweitert und 1812 das Kriegsministerium vollständig beseitigt. 1824 wurde auch das Marine-Obercommando dem Hofkriegsrathe untergeordnet.

---

[1]) d'Elvert, S. 720 ff. G. v. Plenker, Die Entwicklung der indirecten Abgaben in Österreich. III. 1790—1848. „Österr.-ungar. Revue" 1863, 5, 80 ff.

[2]) H. Meynert, Geschichte der k. k. österreichischen Armee, 4, 113 ff. und dessen „Geschichte des Kriegswesens und der Heerverfassung in Europa", 3, 296 ff. Vgl. Bidermann in Grünhuts „Zeitschrift für das Privat- und öffentliche Recht", 21, 303 ff.

Auch die Militärjustiz erhielt eine Umgestaltung, indem mit dem 1. Jänner 1803 ein allgemeines Militär-Appellationsgericht in Wirksamkeit trat, welches in Civil- und Criminalsachen für das Militär die zweite Instanz bildete, von dem aber in den meisten Fragen noch eine Berufung an den Hofkriegsrath gestattet war. Die in der Militärgrenze bestehenden Militär-Appellationsgerichte in Agram, Peterwardein und Hermannstadt wurden 1810 zu einem einzigen in Peterwardein und 1815 auch dieses mit dem allgemeinen Militär-Appellationsgerichte in Wien vereinigt.

Im Jahre 1802 wurde durch kaiserliches Patent für die conscribierten Erblande der lebenslängliche Kriegsdienst durch eine Capitulation für eine bestimmte Zahl von Jahren (10 für die Infanterie, die Pontoniere und das Fuhrwesen, 12 für die Cavallerie, 14 für die Artillerie und das Geniecorps) ersetzt, nach deren Ablauf es den Soldaten freistand, auszutreten oder gegen gewisse Vortheile eine neue Capitulation abzuschließen. Als 1819 die Conscription auch in Tirol eingeführt wurde, ward die Dienstpflicht auf acht Jahre festgesetzt, was 1845 für alle aus den conscribierten Provinzen ergänzten Truppen erfolgte. In Ungarn wurde die lebenslängliche Dienstzeit erst durch den Landtag von 1839/40 durch die zehnjährige ersetzt und statt der willkürlichen Aushebung das Los eingeführt.

Die bisherige Befreiung zahlreicher Volksclassen vom Militärdienst wurde 1827 theilweise beseitigt und auf Geistliche, Adelige, Beamte, Doctoren, Bauern mit einem Wirtschaftsbesitze, Söhne, welche für den Unterhalt der Eltern oder Verwandte zu sorgen hatten, und auf Studierende mit genügendem Fortgange beschränkt.

d) Die legislatorische Thätigkeit.[1])

Auf dem Gebiete der Gesetzgebung, wo die Regierung jetzt absolut schaltete, machten sich anfangs noch die Folgen der Thätigkeit unter Maria Theresia und Joseph II. geltend.

Bis zum Jahre 1808 bestand eine eigene Gesetzgebungs-Hofcommission, welche aus Räthen verschiedener Justiz- und Verwaltungsbehörden zusammengesetzt war. Im genannten Jahre wurde sie in zwei Commissionen getheilt, von welchen die eine Justizgesetze, die andere politische Gesetze berieth. Mit der Bearbeitung des allgemeinen bürgerlichen Gesetzbuches war von Leopold II. der Freiherr von Martini beauftragt worden, welcher den Entwurf 1796 vollendete. Schon 1797 wurde dieser als „bürgerliches Gesetz für Westgalizien" in diesem

---

[1]) Domin-Petrushevecz, S. 251 ff.

1795 erworbenen Gebiete und bald auch in Ostgalizien eingeführt. Nachdem diese Arbeit zuerst von Sachverständigen in den einzelnen Provinzen, dann wiederholt von einer eigenen Hofcommission und endlich noch vom Staatsrathe geprüft worden war, erhielt dieselbe am 7. Juli 1810 die kaiserliche Genehmigung und wurde mit Patent vom 1. Juli 1811 vom 1. Jänner 1812 an als „allgemeines bürgerliches Gesetzbuch" eingeführt.

K. Leopold II. hatte die Ausarbeitung eines neuen Strafgesetzes befohlen, in welchem die verschiedenen Gesetze Josephs II. zusammengefasst werden sollten. Nach seiner Vollendung wurde es ebenfalls 1796 zunächst in Westgalizien, dann, nachdem es auf Grund der Gutachten verschiedener Ländercommissionen von der Hofcommission noch einmal überprüft worden war, mit Patent vom 3. September 1803 in allen deutschen Erbländern eingeführt.[1])

Auch ein neuer Entwurf für eine neue Civilprocessordnung wurde schon unter K. Leopold II. in Angriff genommen, da die allgemeine Gerichtsordnung von 1781 manche Mängel gezeigt hatte. Derselbe wurde in kurzer Zeit vollendet und ebenfalls 1796 zunächst als „allgemeine Gerichtsordnung für Westgalizien" publicirt. 1803 wurde diese auch in den neu erworbenen venetianischen Provinzen, 1807 in Ostgalizien und der Bukowina, 1814—1816 in den zurückgewonnenen Provinzen Tirol und Vorarlberg, Istrien, dem lombardisch-venetianischen Königreiche („italienische Gerichtsordnung"), in Salzburg und Dalmatien eingeführt, während in den anderen Provinzen die allgemeine Gerichtsordnung von 1781 in Kraft blieb. Auch an einer neuen Civilprocessordnung für alle nichtungarischen Länder wurde seit 1798 gearbeitet und 1820 der Entwurf einer „Process- und Concursordnung" dem Kaiser vorgelegt, der sie aber nicht sanctionierte. Man beschränkte sich auf die Erlassung einzelner Verordnungen über verschiedene einschlägige Fragen.

Für Galizien wurde auch 1808 eine Criminalgerichts-Instruction erlassen, welche 1809 auch für die Criminalgerichte des Küstenlandes vorgeschrieben wurde.

e) Das Ständewesen.[2])

Die Formen des Ständewesens blieben seit der Wiederherstellung der ständischen Verfassungen unter Leopold II. im wesentlichen

---

[1]) Durch dasselbe wurde die unter Joseph II. aufgehobene Todesstrafe für zahlreiche Fälle wieder eingeführt, wenn auch bis zum Jahre 1848 von 1304 Todesurtheilen nur 448 vollzogen wurden. Domin-Petrushevecz, S. 305.

[2]) Am eingehendsten handelt über die mährischen Stände und ihre Wirksamkeit d'Elvert in „Schriften der historisch-statistischen Section", 14, 293 ff. Über Böhmen s. Toman, S. 208 ff., über Österreich ob der Enns Pritz, 2, 623 ff.

unverändert. Die Landtage erledigten die landesfürstlichen Propositionen und bewilligten namentlich die postulierten Realsteuern. Die Landesausschüsse führten, allerdings unter der Controle der Regierung, die Verwaltung des Domesticalfondes und einiger kleinerer Fonde und nahmen manchmal auch Theil an der Einhebung landesfürstlicher Steuern. Aber der Geist entschwand aus diesen Formen immer mehr, und die Regierung engte die Wirksamkeit der Stände immer mehr ein, weil sie fürchtete, die revolutionäre Gesinnung, die in Frankreich zum Umsturz des Thrones geführt hatte, könnte sich auch in Österreich ausbreiten. Jede legislatorische Thätigkeit der Landtage suchte man zu verhüten. Den böhmischen Ständen wurde 1795 mitgetheilt, dass „die Bearbeitung und Einführung eines neuen Steuerfußes bis auf ruhigere Zeiten zu verbleiben habe", und dass alle Verhandlungen über die Änderungen der Verfassung bis zum Friedensschlusse einzustellen seien. Die Regierung schrieb nicht bloß ohne Befragung der Landtage außerordentliche Kriegssteuern aus, sondern hob auch bleibende Steuern ein. Selbst das Grundsteuer-Provisorium, welches die von den Ständen postulierte Contribution betraf, wurde ohne Anhörung derselben eingeführt. Auch bezüglich der wichtigen Justizgesetze wurde nicht einmal ein Gutachten der Landtage eingeholt.

Die deutsche Bundesacte von 1815 bestimmte zwar im Artikel 13, dass in allen Bundesstaaten, also auch in den zum deutschen Reiche gehörigen österreichischen Provinzen, „landständische Verfassungen bestehen" sollten. Aber in Artikel 57 wurde erklärt, dass die gesammte Staatsgewalt in dem Oberhaupte des Staates vereinigt bleiben müsse und der Souverän nur in der Ausübung bestimmter Rechte an die Mitwirkung der Stände gebunden werden könne.

In den Verfassungen für die wiedererworbenen zum deutschen Bunde gehörigen Provinzen Tirol (vom 24. März 1816) und Krain (vom 29. August 1818) sind denn auch die Rechte der Stände sehr beschränkt. In der Verfassung für Tirol, deren Wiederherstellung ausdrücklich als „Gnade" bezeichnet wurde, übertrug der Kaiser den Ständen zwar „die Evidenthaltung, Repartierung und Einhebung der von ihm auf Grund und Boden gelegten Steuern nach den hierüber von ihm festgesetzten oder festzusetzenden Bestimmungen. Aber „das Recht der Besteuerung seinem ganzen Umfange nach" behielt sich der Kaiser ausdrücklich selbst vor, und er versprach nur, „die beschlossene Ausschreibung der Grundsteuer den vier Ständen in der Form eigener Postulate bekanntzugeben". Sonst wurde den Ständen nur das Recht gelassen, „Bitten und Vorstellungen" entweder unmittelbar an den Kaiser einzusenden oder dem Landesgubernium zu überreichen. Der Kaiser traf auch die Bestimmung, dass die ständischen Versammlungen in einem großen Ausschusse von

52 „Vocalen", nämlich 13 Mitgliedern aus jedem der vier Stände, und einer „perennierenden Activität" von 4 „Vocalen", je einem aus den vier Ständen, bestehen sollten. Jener „hat die Stände vorzustellen", diese unter Controle der Regierung die Verwaltung der laufenden Geschäfte zu führen. Die Ernennung des Landeshauptmannes, dessen Amt übrigens immer dem Landesgouverneur anvertraut werden sollte, und die Aufnahme neuer Mitglieder in die ständische Matrikel behielt sich der Kaiser bezüglich aller vier Stände selbst vor.[1]

Die Verfassung für Krain und die für Galizien mit Einschluss der Bukowina (vom 13. April 1817) stimmen in den wichtigsten Punkten wörtlich mit der tirolischen überein.[2] Auch die 1815 eingesetzten Centralcongregationen der Lombardei und des venetianischen Königreiches, welche aus adeligen und bürgerlichen Grundeigenthümern und Abgeordneten der königlichen Städte zusammengesetzt wurden, erhielten nur berathende Befugnisse und das Petitionsrecht.

Die Verfassung Ungarns wurde nicht geändert und während der Kriege gegen Frankreich die Stände auch regelmäßig alle drei Jahre versammelt, weil sich die Regierung Steuern und Recruten bewilligen lassen musste. Als sich aber der Landtag von 1811/12 weigerte, die Herabsetzung des Wertes der während der Kriege ungeheuer vermehrten Bancozettel auf ein Fünftel ihres Nennwerthes auch für Ungarn einfach anzuerkennen und den verlangten Beitrag zur Tilgung der dafür ausgegebenen „Einlösungsscheine" zu bewilligen, wurden die Stände 13 Jahre nicht mehr berufen. Die Regierung suchte von den Comitaten unmittelbar Subsidien und Recruten zu erhalten. Erst als dieselben sich nicht mehr fügten, wurde 1825 der Landtag wieder einberufen, welcher es dem Könige neuerdings zur Pflicht machte, die Stände alle drei Jahre zu versammeln, und diesen allein das Recht der Steuer- und Recrutenbewilligung zusprach. Fortan wurden diese Gesetze auch eingehalten, aber der Gegensatz zwischen der Regierung und der öffentlichen Stimmung in Ungarn immer schroffer, weil sich hier eine Reformpartei bildete, welche constitutionelle Einrichtungen, namentlich auch eine Erweiterung der Rechte der Stände anstrebte und, besonders als Kossuth die Führung erhielt, ungestüm vorwärts drängte, während die Regierung und die conservative Mehrheit der Magnaten, obwohl einzelnen Verbesserungen sozialer und administrativer Natur nicht abgeneigt, eher eine Stärkung der Regierungsgewalt anstrebten.

Noch mehr zeigten sich die absolutistischen Tendenzen der Regierung in Siebenbürgen, wo nach den unter K. Leopold II. 1791 gegebenen

---

[1] A. Jäger, Tirols Rückkehr unter Österreich, S. 177 ff.
[2] Die betreffenden Artikel zusammengestellt von d'Elvert, a. a. O., S. 315 n.

Gesetzen die Stände jährlich zusammentreten sollten, aber unter Franz I. der Landtag nur zweimal (1809 und 1834) einberufen ward.

f) Das Städtewesen.

Die Verwaltung der landesfürstlichen Städte wurde in dieser Periode noch mehr bureaukratisch. Schon 1793 wurde durch eine kaiserliche Verordnung verfügt, dass die Bürgermeister dieser Städte ihr Amt lebenslänglich behalten sollten. 1803 wurde auch die Wahl jener Magistratsmitglieder, welche im Civil- oder Criminalsenate beschäftigt waren, abgeschafft und verordnet, dass dieselben auf Vorschlag des Magistrats von den Appellationsgerichten oder, wenn sie auch mit politischen Geschäften zu thun hatten, von der Landesstelle ernannt werden sollten. 1808 wurde auch die Wahl der politischen und ökonomischen Magistratsräthe beseitigt. Die städtische Verwaltung und Justiz wurden also nur noch von besoldeten Beamten besorgt. Zugleich wurde die Bevormundung der Magistrate noch verschärft und ohne Bewilligung der Regierung keine größere Ausgabe mehr gestattet.[1]

g) Die Unterthansverhältnisse.

Bezüglich der Stellung der Unterthanen zu den Obrigkeiten trat in dieser Periode keine wesentliche Änderung ein.[2] Die Regierung gab es auf, die Umwandlung der Roboten in Geld oder andere Leistungen zu fördern, und überließ dies durch ein Patent vom Jahre 1798 ganz dem freien Übereinkommen. Ja es machten sich sogar bei den Ständen wie im Schoße der Regierung Bestrebungen geltend, solche Verträge nicht für immer, sondern nur für eine bestimmte Zahl von Jahren zuzulassen. Auch auf den Gütern des Staates und der öffentlichen Fonde wurden die Ablösungen eingestellt. Selbst als im Frühjahre 1846 im Tarnower Kreise ein Aufstand der Bauern ausbrach und diese auch in anderen Gegenden Galiziens die Roboten verweigerten, beschränkte sich die Regierung auf die Erlassung eines Patentes (18. December 1846), welches neuerdings aussprach, dass die Ablösung der Roboten und Zehentpflicht auf dem Wege freiwilliger Übereinkommen gestattet sei.

Tiefergreifende Reformen wurden in Ungarn eingeführt. Der Landtag von 1832/36 gab ein Gesetz, welches die Umwandlung der Roboten und anderer Naturallasten in eine Geldabgabe erlaubte, den Bauern gestattete, im eigenen Namen, nicht durch Vermittlung des Grundherrn,

---

[1] Weiss, Geschichte der Stadt Wien, 2, 374 ff.
[2] Grünberg, 1, 356 ff.; 2, 472 ff.

Processe zu führen, und die Verhängung von Körperstrafen durch die Herrenstühle untersagte. Ein Gesetz von 1843/44 gestattete die gänzliche Ablösung der bäuerlichen Leistungen und Abgaben durch Geld im Falle freiwilliger Übereinkunft.

h) Das Verhältnis des Staates zur Kirche.[1])

In der Haltung der Staatsgewalt zur katholischen Kirche trat nach dem Tode Leopolds II. keine wesentliche Änderung ein. Auch unter den Kaisern Franz I. und Ferdinand I. blieb der „Josephinismus" herrschend.

Die Kirche war in ihrer äußeren Erscheinung, namentlich bezüglich der Vermögensverwaltung der Aufsicht des Staates unterworfen. Der Verkehr der Bischöfe mit dem Papste blieb untersagt. Auch bezüglich des Eherechtes blieben die früheren Principien maßgebend. Das bürgerliche Gesetzbuch bezeichnet die Ehe als Vertrag, trifft Anordnungen über die Eingehung und Scheidung derselben wie über Ehehindernisse, ohne auf das canonische Recht Rücksicht zu nehmen, und weist die Ehegerichtsbarkeit den staatlichen Behörden zu; doch gestattet es bei Katholiken keine Auflösung einer giltigen Ehe, sondern nur eine Scheidung von Tisch und Bett. Selbst manche Klöster wurden in dem 1795 erworbenen Westgalizien und in den venetianischen Provinzen (nach 1797) aufgehoben.

Doch war die Praxis bei Handhabung der Verordnungen besonders in der zweiten Periode der Regierung des Kaisers Franz eine den kirchlichen Anschauungen günstigere. Es wurde die Errichtung bischöflicher theologischer Lehranstalten erlaubt, ja begünstigt, die Ablegung der bindenden Ordensgelübde schon mit dem 21. Jahre gestattet, dem Clerus eine gewisse Aufsicht über die Volksschulen, ja auch die Gymnasien eingeräumt, in den philosophischen Studienanstalten die Religionslehre als obligates Fach eingeführt, das Referat über die kirchlichen und Studiensachen bei den Landesstellen an Geistliche übertragen. Doch wahrte sich der Staat in allen Unterrichtsfragen die oberste Aufsicht und hielt daran fest, dass er auch für die theologischen Anstalten Lehrpläne und Lehrbücher vorzuschreiben habe.

Für die Protestanten wurde 1819 eine theologische Lehranstalt in Wien errichtet, wogegen ihren Theologen der Besuch der norddeutschen Universitäten verboten wurde.

---

[1]) J. Beidtel, Untersuchungen über die kirchlichen Zustände in den österreichischen Staaten, S. 160 ff.

Fünfte Periode.
Die Bildung der gegenwärtigen territorialen und staatsrechtlichen Zustände (1848—1879).

I. Geschichte der territorialen Verhältnisse.
1. Der Verlust der italienischen Besitzungen.

Der Aufstand der Lombarden und Venetianer gegen die österreichische Herrschaft im März 1848 und der Angriff Sardiniens hatten keine territorialen Veränderungen zur Folge. Die Siege Radetzkys bei Custozza (25. Juli 1848) und bei Novara (23. März 1849) führten zur Wiedereroberung der Lombardei und zum Frieden mit Sardinien, welcher den früheren territorialen Zustand wieder herstellte.

Aber im Juli 1858 traf der Kaiser Napoleon III. mit dem sardinischen Ministerpräsidenten Cavour entscheidende Verabredungen, wonach er sich verpflichtete, gegen die Überlassung von Savoyen und Nizza dem Könige von Sardinien den Besitz von ganz Oberitalien zu verschaffen. Die drohende Anrede Napoleons an den österreichischen Gesandten (1. Jänner 1859) gab Anlass zu Rüstungen beider Theile und, als Sardinien die verlangte Entwaffnung verweigerte, zur Überschreitung der Grenze durch die österreichische Armee (29. April 1859). Aber diese wurde am 4. Juni bei Magenta und am 24. Juni bei Solferino von den Franzosen und Sardiniern geschlagen, worauf Österreich am 8. Juli einen Waffenstillstand und am 11. Juli bei einer Zusammenkunft des Kaisers mit Napoleon Friedenspräliminarien schloss, wonach die Lombardei an Sardinien abgetreten werden, die vertriebenen mittelitalienischen Fürsten, der Großherzog von Toscana und die Herzoge von Modena und Parma, aber in ihre Länder wieder eingesetzt werden sollten. Obwohl diese Bestimmungen auch noch im Züricher Frieden vom 10. November erneuert wurden, erhielten die genannten Fürsten ihre Länder nicht mehr zurück, und es wurden diese mit Sardinien vereinigt, dessen König nach der Eroberung Siciliens und Neapels 1861 den Titel eines Königs von Italien annahm.

Um auch noch das Venetianische zu erhalten, schloss Italien am 8. April 1866 ein Bündnis mit Preußen, welches mit Österreich wegen der schleswig-holsteinischen Frage zerfallen war, und begann gleichzeitig mit jenem am 22. Juni den Krieg. Trotz der Siege des Erzherzogs Albrecht bei Custozza (24. Juni) und des Admirals Tegetthoff bei Lissa (20. Juli) musste Österreich infolge der Erfolge Preußens im Frieden von Wien am 3. October Venetien innerhalb seiner bisherigen Grenzen an Italien abtreten.

2. Die Ausscheidung Österreichs aus Deutschland.

An dem Frankfurter Parlamente, welches im Jahre 1848 eine neue Verfassung für Deutschland entwerfen sollte, nahmen auch Abgeordnete der deutschen Bundesländer Österreichs theil, obwohl viele, besonders čechische Bezirke die Vornahme der Wahl verweigert hatten. Aber der Versuch scheiterte an der Schwierigkeit, Österreich und Preußen einer fremden Centralgewalt oder einer fremden Volksvertretung zu unterwerfen und an der Rivalität beider Mächte, wie am Particularismus vieler deutscher Kleinstaaten. Die österreichische Regierung wollte die deutschen Provinzen des Reiches von den übrigen nicht trennen, und als in Frankfurt die Tendenz, einen Bundesstaat unter preußischer Führung mit Ausschluss Österreichs, wenn auch im Bunde mit diesem, zu gründen, immer mehr an Boden gewann und die Gründung eines erblichen Kaiserthums und die Übertragung dieser Würde an den König von Preußen beschlossen wurde, berief sie die österreichischen Abgeordneten (5. April 1849) aus Frankfurt ab. Die vom Parlamente dem Könige von Preußen angebotene Kaiserwürde lehnte dieser ab. Das Streben desselben, einen engeren Bundesstaat, die „Union", zu gründen, vereitelte Österreich durch die Verbindung mit den süddeutschen Königen, die Wiederberufung des Bundestages (auf den 1. September 1850) und den Einmarsch in Kurhessen. Am 29. November willigte Preußen in Olmütz in die Aufhebung der Union und in die Revision der deutschen Bundesverfassung, durch welche (Mai 1851) der alte Bundestag wieder hergestellt wurde. Dagegen vermochte Österreich den Eintritt aller seiner Länder oder doch eine Zolleinigung mit Deutschland nicht durchzusetzen, und es kam nur (19. Februar 1853) ein Handelsvertrag zu Stande, der die bisherigen Schranken zwischen Österreich und dem deutschen Zollverein theilweise beseitigte.

Im Jahre 1863 nahm Österreich auf Rath Schmerlings den Plan einer Bundesreform wieder auf. Der Kaiser lud die deutschen Fürsten zu einem Congress in Frankfurt ein, der am 17. August eröffnet wurde, und legte einen Reformplan vor, wonach ein Directorium von fünf Fürsten an der Spitze des Bundes stehen, Österreich den Vorsitz behalten, Delegierte der einzelnen Landtage der deutschen Bundesstaaten zu einer Versammlung mit gesetzgebenden Befugnissen und dem Rechte der Entscheidung über Krieg und Frieden zusammentreten sollten. Aber das Project scheiterte an der ablehnenden Haltung Preußens, dessen König dem Congresse von Anfang an fernblieb.

Ungeachtet der Spannung zwischen Österreich und Preußen, welche die Folge hievon war, verbanden sich doch beide in der schleswig-holsteinschen Frage, indem sie nach dem Erlöschen des Mannsstammes der dänischen Königsfamilie mit dem Könige Friedrich VII. (15. November

1863) im Gegensatz zu den meisten anderen deutschen Fürsten die Ansprüche des Herzogs Friedrich von Augustenburg gegenüber der glücksburgischen Linie nicht anerkannten und nur wegen der vertragswidrigen Trennung Schleswigs von Holstein und der Einverleibung des ersteren in den dänischen Gesammtstaat Anfangs 1864 den Krieg begannen. Aber über den Besitz Schleswig-Holsteins (mit Lauenburg), welches Dänemark im Frieden vom 30. October 1864 an die beiden Großmächte abtreten musste, entzweiten sich diese, da Preußen bemüht war, die beiden Herzogthümer entweder für sich zu erwerben oder sich wenigstens die Militärhoheit über dieselben zu sichern. Österreich näherte sich nun wieder der Mehrheit des Bundestages, welche am Rechte des Herzogs von Augustenburg festhielt, während Preußen ein Bündnis mit Italien schloss und die Österreicher zur Räumung Holsteins zwang. Als jetzt der Bundestag am 14. Juni 1866 auf Antrag Österreichs (mit 9 gegen 6 Stimmen) die **Mobilisierung des Bundesheeres gegen Preußen** beschloss, antwortete dieses am 21. Juni mit einer **Kriegserklärung**. Sowohl gegen Österreich wie gegen die deutschen Mittelstaaten behauptete Preußen seine Überlegenheit.

Nach der vollständigen Niederlage der Österreicher bei **Königgrätz** (3. Juli) drangen die Preußen bis in die Nähe von Wien und Presburg vor, worauf am 26. Juli in **Nikolsburg** ein Waffenstillstand und Friedenspräliminarien und am 23. August der **Friede von Prag** geschlossen wurde, nach dem Österreich aus dem deutschen Bunde ausscheiden musste und ein norddeutscher Bund unter der Hegemonie Preußens geschlossen wurde.

3. Die Occupation Bosniens und der Hercegowina.

Der Congress, welcher zur Beendigung des Krieges zwischen Russland und der Türkei im Juni 1878 in Berlin zusammentrat, ertheilte im Vertrage vom 13. Juli (Artikel XXV) auf Antrag Englands Österreich **den Auftrag, die Provinzen Bosnien und Hercegowina**, welche sich schon 1875 gegen die türkische Herrschaft erhoben hatten, **zu besetzen und zu verwalten**. Österreich ließ nun die schon früher bereit gehaltenen Truppen in diese Länder einrücken, wo aber die Muhammedauer und die meisten mit ihnen Hand in Hand gehenden nichtunierten Griechen einen so hartnäckigen Widerstand leisteten, dass erst nach dem Aufgebote größerer Heeresmassen Ende September die Unterwerfung dieser Gebiete vollendet werden konnte.

Nach einer zwischen Österreich-Ungarn und der Türkei am 21. April 1879 in Constantinopel abgeschlossenen Convention sollten die Souveränitätsrechte des Sultans über diese Provinzen auch fortan aufrecht bleiben, wogegen dieser die Verwaltung derselben und auch die militärische Besetzung des Sandschakates Novibazar durch Österreich zuließ. Die Administration dieser Länder als eines gemeinsamen Besitzes Österreichs und Ungarns wurde dem Reichsfinanzminister übertragen.

II. Geschichte des öffentlichen Rechtes.

a) Die ersten Versuche der Gründung einer österreichischen Verfassung (1848/49).

I. Die deutschen und slavischen Länder.[1])

Der Sturz des französischen Königthums durch die Revolution am 24. Februar 1848 veranlasste wie in den meisten Ländern Europas so auch in Österreich Zusammenrottungen in den größeren Städten und einen Sturm von Adressen und Petitionen. Unter dem Drucke der am 13. März in Wien ausbrechenden Bewegung machte die Regierung verschiedene Zugeständnisse. Eine kaiserliche Proclamation vom 14. März erklärte, dass die Stände der deutschen und slavischen Reiche, sowie die Centralcongregationen des lombardisch-venetianischen Königreiches spätestens bis zum 3. Juli Abgeordnete nach Wien senden sollten, da der Kaiser die Absicht habe, sich „in legislativen und administrativen Fragen ihres Beirathes zu versichern". In einem weiteren Manifeste vom 15. März wurde eine Einberufung der Abgeordneten „in der möglichst kurzen Frist mit verstärkter Vertretung des Bürgerstandes und unter Berücksichtigung der bestehenden Provinzialverfassungen zum Behufe der beschlossenen Constitution des Vaterlandes" in Aussicht gestellt. Am 21. März wurde auch die Ernennung eines verantwortlichen Ministeriums[2]) bekannt gemacht.

Bald sah man aber von einer Anknüpfung an die bestehenden Provinzialverfassungen ab, weil die Stände das Vertrauen des Volkes verloren hatten, und der Gedanke einer Octroyierung gewann immer mehr an Boden. Selbst ein vom Präsidium der niederösterreichischen Stände einberufener „Centralausschuss" der Stände der deutsch-slavischen Provinzen (in dem aber aus Böhmen und Galizien keine Vertreter erschienen waren), der vom 10. bis 17. April in Wien tagte, sprach sich dahin aus, dass die Reichsvertretung aus zwei Kammern bestehen und dass die Mitglieder der ersten aus den höchstbesteuerten Grundbesitzern der einzelnen Provinzen, die der zweiten auf Grund eines sehr niedrigen Census gewählt werden sollten.

---
[1]) Vgl. mit den betreffenden Partien in Springers Geschichte Österreichs (2. Bd.) auch K. Hugelmann, Studien zum österreichischen Verfassungsrechte, S. 5 ff.

[2]) Mit Ministern für das Präsidium, Äußeres, Inneres, Justiz, Finanzen, später auch für Krieg, Unterricht, Handel und öffentliche Arbeiten. Dann kam noch ein Ministerium für Bergwesen und Landescultur hinzu, wogegen die öffentlichen Arbeiten dem Handelsministerium zugewiesen wurden.

Auch die „Verfassungsurkunde des österreichischen Kaiserstaates" vom 25. April nahm auf die bestehenden Provinzialvertretungen keine Rücksicht, obwohl die Beibehaltung der bestehenden Provinzialeintheilung und der Provinzialstände (unter Revision ihrer Einrichtungen) ausgesprochen ward. Es wurde erklärt, dass „sämmtliche zum österreichischen Kaiserstaate gehörigen Länder eine untrennbare constitutionelle Monarchie bilden". Aber außer den zum deutschen Bunde gehörigen Provinzen wurden nur Dalmatien und Galizien unter den Ländern aufgezählt, für welche die Verfassung gelten sollte, Lombardo-Venetien und die ungarischen Länder stillschweigend übergangen.

Der Reichstag sollte aus zwei Kammern, dem „Senat" und der „Kammer der Abgeordneten", der „Senat" aus den Prinzen des kaiserlichen Hauses nach vollendetem 24. Jahre, aus den vom Kaiser auf Lebenszeit ernannten und aus 150 von den bedeutendsten Grundbesitzern für die Dauer der Wahlperiode (5 Jahre) aus ihrer Mitte gewählten Mitgliedern bestehen, die Wahl der Mitglieder der Kammer der Abgeordneten (383) „auf der Volkszahl und auf der Vertretung aller staatsbürgerlichen Interessen" beruhen. Doch zeigte die provisorische Wahlordnung vom 9. Mai von einer eigentlichen Interessenvertretung keine Spur. Es bildeten nur 31 Städte eigene Wahlbezirke. Davon abgesehen, sollte für je 50.000 Einwohner ein Abgeordneter gewählt werden. Ein Census wurde gar nicht festgesetzt und nur die Arbeiter gegen Tag- und Wochenlohn, die Dienstleute und die aus öffentlichen Wohlthätigkeitsanstalten Unterstützten vom Wahlrechte ausgeschlossen. Doch sollte in den Städten wie auf dem Lande die Wahl durch Wahlmänner erfolgen, für die passive Wahlfähigkeit ein Alter von 30 Jahren erforderlich sein.

Alle Gesetze sollten der Zustimmung beider Kammern und der Sanction der Krone bedürfen, auch die Civilliste des Kaisers, die jährliche Bewilligung des Heerescontingentes und der Steuern, die Feststellung des Budgets, die Veräußerung der Staatsgüter und die Contrahierung von Staatsschulden zur Competenz des Reichstages gehören. Weiter wurden Glaubens- und Gewissensfreiheit, freie Ausübung des Cultus für alle christlichen Religionen und die Juden, Gleichheit Aller vor dem Gesetze, Pressfreiheit, Petitionsrecht, Erwerbsfreiheit, Unabhängigkeit des Richterstandes und Öffentlichkeit und Mündlichkeit des Gerichtsverfahrens bewilligt.

Infolge der am 15. Mai in Wien ausgebrochenen Bewegung wurde dann bestimmt, dass die Verfassung vom 25. April vorläufig der Berathung des Reichstages unterzogen werden, dieser also ein „constituierender" sein und für diesen nur eine Kammer ohne Census gewählt werden sollte. Auch das Alter für die Wahlfähigkeit wurde nachträglich auf 24 Jahre herabgesetzt.

Für den nach diesem Wahlgesetze gewählten Reichstag, der am 22. Juli eröffnet wurde, ward von der Regierung außer der „Berathung der für die Monarchie zu ertheilenden Verfassung" gar keine bestimmte Competenz festgestellt. Der am 31. Juli gewählte Verfassungsausschuss vollendete aber seine Arbeit erst anfangs März 1849 in Kremsier, wohin der Reichstag nach der October-Revolution aus Wien verlegt worden war.

Nach dem vom Ausschusse einstimmig angenommenen Constitutionsentwurfe[1]) sollten im Reichstage die ungarischen und italienischen Länder nicht vertreten sein. Derselbe sollte aus zwei Kammern, einer Länder- und einer Volkskammer bestehen, für die erste die 14 Landtage je 6 und 31 Kriegstage je 1 Vertreter wählen, die zweite auf reiner Volkswahl beruhen. 80 Abgeordnete sollten auf die größeren Städte und Industrieorte, 280 auf die Landbezirke fallen, die Bevölkerungszahl den Maßstab für die Herstellung der Wahlbezirke bilden. Im Gegensatze zur Verfassung vom 25. April sollten für die Volkskammer directe Wahlen, aber auch ein Census eingeführt werden, der nicht höher als fünf Gulden directer Steuer sein sollte. Für die Wählbarkeit in diese sollte ein Alter von 28, für die Länderkammer von 33 Jahren erforderlich sein. Jene sollte auf drei, diese auf sechs Jahre gewählt, aber alle drei Jahre zur Hälfte erneuert werden. Die Mitglieder beider Kammern sollten immun sein und Diäten beziehen. Der Reichstag sollte jährlich zusammentreten, die Stärke und Ergänzung der Land- und Seemacht jährlich durch ein Reichsgesetz festgestellt, das Budget durch die Volkskammer allein votiert werden. Die Gesetze sollten der Sanction der Krone bedürfen, diese aber nicht verweigert werden dürfen, wenn ein in zwei unmittelbar aufeinanderfolgenden ordentlichen Sessionen gefasster Beschluss von einem ad hoc neu gewählten Reichstage unverändert angenommen würde. Die Minister sollten dem Reichstage verantwortlich sein und von diesem in Anklagezustand versetzt werden können.

Neben dem Reichstage sollten aber nicht bloß Landtage, sondern auch Kreistage bestehen. Doch war die Competenz der ersteren nicht sehr ausgedehnt und der Reichsverfassung gegenüber nicht überall genau festgestellt. Die Landesverfassungen sollten durch die Landtage selbst geschaffen werden, aber von der Bestätigung der Reichsgewalt abhängig sein und bei zweifelhaften Fällen die Präsumtion für die Competenz der letzteren sprechen.

Die übermäßige Beschränkung der Gewalt der Krone durch diesen Verfassungsentwurf und das Streben des Ministeriums Schwarzenberg-

---

[1]) Derselbe ist von A. Springer im Anhange zu den von ihm herausgegebenen „Protokollen des Verfassungsausschusses im österreichischen Reichstage 1848—1849" (Leipzig 1885) mitgetheilt worden.

Stadion, nicht bloß die in Kremsier vertretenen deutschen und slavischen Provinzen, sondern, wie schon der Kaiser Franz Joseph I. in dem nach seiner Thronbesteigung am 2. December 1848 erlassenen Manifeste als seine Absicht verkündet hatte, „alle Lande und Stämme der Monarchie zu einem großen Staatskörper zu vereinigen", bewogen die Regierung, auf Grund eines kaiserlichen Manifestes vom 4. März 1849 den Reichstag noch vor der Berathung jenes Entwurfes, am 7. März, aufzulösen und eine „Reichsverfassung für das Kaiserthum Österreich" zu octroyieren, welche sich in vielen Paragraphen fast wörtlich an den Entwurf des Reichstages anschloss, aber in wichtigen Punkten von ihm abwich.

Diese „aus eigener kaiserlicher Macht" gegebene Verfassung constituierte einen „allgemeinen österreichischen Reichstag". Mit Ausnahme der Militärgrenze, welche als integrierender Bestandtheil des Reichsheeres der vollziehenden Gewalt untergeordnet blieb, sollten alle „Kronländer" des „Kaiserthums" in demselben vertreten sein. Doch sollte die Verfassung des lombardisch-venetianischen Königreiches und dessen Verhältnis zum Reiche durch ein besonderes Statut geregelt werden. Die Verfassung des Königreiches Ungarn wurde aufrecht erhalten, „soweit sie nicht der Reichsverfassung und dem Grundsatze der Gleichberechtigung der Nationalitäten widerspricht", aber eben dadurch die Unterordnung unter die Reichsregierung und den Reichstag ausgesprochen. Nur so lange in einem der Länder Ungarn, Siebenbürgen, Croatien und Fiume hinsichtlich des bürgerlichen Rechtes, des Strafrechtes, der Gerichtsverfassung und des Gerichtsverfahrens die Übereinstimmung der Gesetzgebung durch den Landtag noch nicht hergestellt wäre, sollten sich die Abgeordneten dieses Landes der Theilnahme an den Verhandlungen des Reichstages über diese Zweige der Gesetzgebung enthalten.

Der Reichstag sollte aus zwei Häusern, einem Ober- und einem Unterhause bestehen und jährlich berufen werden. Das Unterhaus sollte durch directe Wahl gebildet werden und auf 100.000 Einwohner wenigstens ein Abgeordneter entfallen. Wahlberechtigt sollten alle Reichsbürger sein, welche vermöge ihrer persönlichen Eigenschaften das Gemeindewahlrecht besäßen oder eine directe Steuer von 10—20 Gulden zahlten. Das Oberhaus sollte halb so viel Mitglieder als das Unterhaus haben und diese durch die Landtage gewählt werden, und zwar sollte jeder Landtag zwei Vertreter aus seiner Mitte, die übrigen nach der Volkszahl auf das Land entfallenden Mitglieder aus den Höchstbesteuerten (die eine directe Steuer von wenigstens 500 Gulden zahlten) wählen. Das Unterhaus sollte auf fünf, das Oberhaus auf zehn Jahre gewählt werden, für jenes ein Alter von 30, für dieses von 40 Jahren erforderlich sein. Die Mitglieder des Unterhauses sollten ein Sessionspauschale, die des Oberhauses gar keine Entschädigung erhalten.

Die Einnahmen und Ausgaben sollten jährlich durch ein Gesetz festgestellt, aber alle bestehenden Steuern forterhoben werden, bis neue Gesetze etwas anderes bestimmten. Von der jährlichen Bewilligung der Stärke des Heeres ist keine Rede, ebensowenig von der Nothwendigkeit der Zustimmung des Reichstages zur Aufnahme von Anlehen oder zur Veräußerung von Staatsgut. Der Kaiser kann endlich in dringenden Fällen, wenn der Reichstag oder der Landtag nicht versammelt ist, Verordnungen mit provisorischer Gesetzeskraft erlassen, doch muss das Ministerium dem nächsten Reichstage oder Landtage Gründe und Erfolge bekanntgeben.

Der Krone und der vollziehenden Gewalt sollte ein „Reichsrath" zur Einholung von Gutachten zur Seite stehen, dessen Mitglieder vom Kaiser mit Rücksicht auf die verschiedenen Theile des Reiches ernannt werden sollten. Die Landtage sollten fortbestehen, aber alle Angelegenheiten, welche nicht durch die Reichsverfassung oder Reichsgesetze ausdrücklich als Landesangelegenheiten erklärt waren, zur Competenz des Reichstages gehören. Die Kreistage waren fallen gelassen.

Die Landesordnungen für die Länder der westlichen Reichshälfte wurden auch 1849 und 1850 publiciert,[1]) aber nicht ins Leben gerufen. Auch eine Wahlordnung für den Reichstag erschien nicht. Dagegen wurden über den Reichsrath in dem mit kaiserlichem Patente vom 13. April 1851 kundgemachten Statut nähere Anordnungen getroffen. Er sollte unmittelbar dem Kaiser untergeordnet und dem Ministerium coordiniert sein, auf die Gegenstände der Gesetzgebung, um dabei gediegene Reife und Einheit der leitenden Grundsätze zu erzielen, einen berathenden Einfluss ausüben, auf Anordnung des Kaisers aber auch über andere Gegenstände sein Gutachten abgeben, dagegen keine Initiative haben. Er sollte aus einem Präsidenten, aus ständigen Reichsräthen, bei deren Ernennung durch den Monarchen auch auf die verschiedenen Theile des Reiches entsprechende Rücksicht zu nehmen war, und aus zeitlichen Theilnehmern bestehen, als welche behufs gründlicher Erörterung einzelner Fragen erfahrene und angesehene Männer aus allen Ständen beigezogen werden konnten.

2. Ungarn.

In Ungarn hatte Kossuth schon am 3. März 1848 neben anderen Reformen die Einsetzung eines verantwortlichen ungarischen Ministeriums beantragt und die Ständetafel einstimmig den Beschluss gefasst, sich mit einer Repräsentation in diesem Sinne an den König zu wenden.

---

[1]) Die Abgeordneten der Landtage sollten in directer Wahl nach drei Wählergruppen (Höchstbesteuerte, Städte und Märkte und übrige Gemeinden) gewählt werden. Die Zahl ihrer Vertreter war ungefähr gleich; nur in Tirol und Vorarlberg hatten die Höchstbesteuerten 24, die größeren Städte 8 und die übrigen Gemeinden 40 Vertreter zu wählen.

Auf die Nachricht von den Vorgängen in Wien trat auch die Magnatentafel dieser Adresse bei. Da die Bewegung in Ungarn, besonders in Pest einen immer bedenklicheren Charakter annahm, genehmigte der Kaiser (16. März) im allgemeinen die ihm vorgelegten Forderungen, und es wurde (17. März) Graf Ludwig Batthyány mit der Bildung des Ministeriums betraut. Nach den Beschlüssen des Reichstages wurden nicht bloß für die rein ungarischen Angelegenheiten, sondern auch für Krieg, Finanzen und Auswärtiges Portefeuilles geschaffen und der Minister des Auswärtigen am kaiserlichen Hofe beglaubigt. Dagegen sollten die Hofkanzlei, die königliche Statthalterei und die ungarische Hofkammer aufgehoben werden. Die vollziehende Gewalt sollte der König, in seiner Abwesenheit aber der Palatin üben. Weiter wurde beschlossen, dass der Reichstag jährlich in Pest zusammentreten, die Verhandlungen öffentlich sein und für die Wahl der Deputierten aus Ungarn und dessen Nebenländern nur ein sehr geringer Census und eine gewisse Bildung gefordert, allen bisherigen Wählern jedoch das Wahlrecht gelassen werden sollte. Die unterthänigen Lasten, die Geldabgaben an die Grundherren und die Zehenten, wie die grundherrliche Gerichtsbarkeit und die Steuerfreiheit des Adels wurden gegen eine Entschädigung aufgehoben. Am 11. April wurden diese Gesetze vom Kaiser sanctioniert. Auch die Union Siebenbürgens mit Ungarn vorbehaltlich der Zustimmung des dortigen Landtages, die am 30. Mai erfolgte, wurde vom Reichstage in Aussicht genommen.

Die neue Verfassung trat zwar ins Leben, und der auf neuen Grundlagen beruhende Reichstag wurde am 5. Juli eröffnet. Aber der Gegensatz zwischen den Magyaren und den Serben und Croaten, die Maßlosigkeit des Finanzministers Kossuth und der durch ihn geleiteten Reichstagsmajorität und das dadurch wachgerufene Misstrauen der Hofkreise und der österreichischen Regierung führten zum Kriege, zur Absetzung des Hauses Habsburg durch den nach Debreczin verlegten Reichstag (14. April 1849), zur Bekleidung Kossuths mit der Würde eines Gubernators und zur Erklärung der Unabhängigkeit Ungarns, der aber durch die Siege der Österreicher und einer russischen Hilfsarmee und die Capitulation des jetzt zum Dictator ernannten Görgey bei Világos (13. August) ein Ende gemacht wurde. Die ungarische Verfassung vom März 1848 war schon durch die „Reichsverfassung für das Kaiserthum Österreich" vom 4. März 1849 thatsächlich für unwirksam erklärt worden.

b) Die Periode des Absolutismus.[1]

1. Die Aufhebung der octroyierten Verfassung.

Die am 4. März 1849 publicierte Verfassung ist nie ins Leben getreten und bald förmlich beseitigt worden. Durch Allerhöchstes Cabinetsschreiben vom 20. August 1851 wurde erklärt, dass das Ministerium nur dem Monarchen verantwortlich und von jeder Verantwortlichkeit gegenüber jeder anderen politischen Autorität enthoben sei, und zugleich der Reichsrath ausschließlich als der Rath der Krone erklärt. Auch wurde dem Minister- und Reichsraths-Präsidenten befohlen, die Frage über den Bestand und die Möglichkeit der Vollziehung der Verfassung vom 4. März 1849 in reife Erwägung zu ziehen, wobei das Princip und der Zweck der Aufrechterhaltung aller Bedingungen der monarchischen Gestaltung und der staatlichen Einheit des Reiches als Grundlage angesehen werden sollte.

Durch zwei Patente vom 31. December 1851 wurden dann die Verfassung vom 4. März 1849 und die am gleichen Tage für die nichtungarischen Provinzen kundgemachten Grundrechte mit Ausnahme der Gleichheit aller Staatsangehörigen vor dem Gesetze ausdrücklich außer Wirksamkeit gesetzt und zugleich (in 36 Artikeln) die Grundsätze bekanntgegeben, welche „in den zunächst wichtigsten und dringendsten Richtungen der organischen Gesetzgebung" beobachtet werden sollten. Dabei ist eine Reichsvertretung nicht mehr erwähnt, sondern nur gesagt, dass „den Kreisbehörden und Statthaltereien berathende Ausschüsse aus dem besitzenden Erbadel, dem großen und kleinen Grundbesitze und der Industrie mit gehöriger Bezeichnung der Objecte und des Umfanges ihrer Wirksamkeit an die Seite gestellt" werden würden. Doch sind solche Ausschüsse nie einberufen worden. Alle Verordnungen sind ohne Berathung mit Vertretern des Volkes oder einzelner Gruppen desselben erlassen worden.

2. Die Organisierung der Verwaltungsbehörden.

In den Centralbehörden traten nach der Aufhebung der Verfassung mehrere Änderungen ein.

Der durch die Verfassung geschaffene Ministerrath wurde in eine Ministerconferenz umgewandelt, zu dessen Mitgliedern auch der Chef der obersten Polizeibehörde und der erste Generaladjutant des Kaisers gehörten. Aus dem Ministerium des Innern wurde (25. April 1852) die Handhabung der Polizei ausgeschieden und diese einer neu errichteten obersten Polizeibehörde übertragen. Das Ministerium für Landescultur und Bergwesen wurde (17. Jänner 1853) aufgehoben, die Landescultur (mit Einschluss der land- und forstwirtschaftlichen Unterrichts-

---

[1] C. Freih. v. Czörnig, Österreichs Neugestaltung 1848—1858. (Stuttgart 1858.)

anstalten) dem Ministerium des Innern, das Bergwesen dem Finanzministerium einverleibt.. Auch das Kriegsministerium, von dem schon am 16. December 1849 ein Theil der Agenden theils dem Armee-Obercommando, theils (die Personalfragen) der Generaladjutantur übertragen worden war, wurde 1853 ganz mit jenem vereinigt. Dagegen wurden 1856 die Angelegenheiten der Kriegsmarine von jenem ausgeschieden und hiefür eine eigene Centralbehörde, das Marine-Obercommando, geschaffen. Die oberste Rechnungs-Controlsbehörde hatte eine selbständige Stellung neben den Ministerien.

Noch umfangreicher waren die Umgestaltungen in der Provinzialverwaltung. Salzburg, Kärnten, Schlesien und die Bukowina waren schon durch die Verfassung vom 4. März 1849 für selbständige Kronländer erklärt worden. Galizien wurde in zwei Verwaltungsgebiete mit den Sitzen in Lemberg und Krakau getheilt. Aus den ungarischen Comitaten Bács, Torontal, Temesvár und Krassó und den slavonischen Districten Illok und Ruma wurde (1849) ein neues Verwaltungsgebiet, die „serbische Wojwodschaft und das Temesvárer Banat" gebildet, Fiume und das ungarische Küstenland mit Croatien vereinigt. Ungarn selbst wurde in fünf Verwaltungsgebiete (Pest-Ofen, Ödenburg, Presburg, Kaschau und Großwardein) mit je einer Statthalterei-Abtheilung als Landesbehörde getheilt, obwohl sie unter der Oberleitung des Civil- und Militärgouverneurs (seit 1856 Generalgouverneurs) blieben, welchem ein erhöhter Wirkungskreis eingeräumt war. Die siebenbürgische Militärgrenze wurde mit Siebenbürgen vereinigt.

In den einzelnen „Kronländern" trat an die Stelle des Guberniums eine Statthalterei (in den kleineren Landesregierung genannt). Die Behandlung der Verwaltungsgeschäfte, die sich auf politische, Handels- und Gewerbeangelegenheiten, Cultus und Unterricht, Landescultur und öffentliche Bauten bezogen, war eine collegiale, während die oberste Leitung der Polizei- und Personalangelegenheiten in den Händen des Statthalters[1]) allein lag. Die Statthalter waren auch Präsidenten der Finanz-Landesdirectionen, die Landespräsidenten (und die Statthalter in Linz und Triest) Chefs der Landes-Steuerdirectionen. Unter der Statthalterei standen in den größeren Kronländern die Kreisbehörden (in Ungarn, Croatien und Slavonien Comitatsbehörden, in Italien Delegationen), deren Wirkungskreis theils ein überwachender, theils ein ausübender und administrativer sein sollte.[2]) Die Hauptstädte der Kronländer waren übrigens nicht der Kreisbehörde, sondern unmittelbar der Statthalterei untergeordnet.

---

[1]) In den kleineren Ländern wurde er „Landespräsident", in Dalmatien, Croatien-Slavonien, Siebenbürgen und der Wojwodina „Gouverneur" genannt.

[2]) Zu ihrer Competenz gehörten die Aufsicht über die Zustände des Kreises, die Oberleitung der Polizeiangelegenheiten, des Recrutierungs-, Vorspanns-, Verpflegungs-

An die Kreise schlossen sich nach unten die Bezirke, welche ursprünglich eine rein administrative Aufgabe hatten. Das Patent vom 31. December 1851 verfügte aber, dass die Einzelgerichte als erste Instanzen mit der Verwaltung der Bezirksämter vereinigt, diesen aber unter Umständen ein eigener Gerichtsbeamter zugetheilt werden sollte.

3. Die Organisierung der Gerichtsbehörden.

Die wichtigsten Veränderungen auf dem Gebiete des Justizwesens waren noch vor dem absolutistischen Regime vorgenommen worden. Die Patrimonial-Gerichtsbarkeit war schon durch das Gesetz vom 7. September 1848 mit der Aufhebung des Unterthänigkeitsverhältnisses verstaatlicht und durch die Verfassung vom 4. März 1849 aufgehoben worden. 1850 wurden auch alle privilegierten Gerichtsstände, dann die Berg-, Mercantil- und Lehengerichte aufgehoben, die Gleichheit aller Staatsbürger vor dem Gesetze zum Princip erhoben. Die Strafprocessordnung vom 17. Jänner 1850, die auf dem Principe der Öffentlichkeit und Mündlichkeit, des Anklageprocesses und der Aburtheilung der meisten Verbrechen durch Geschworne beruhte, normierte auch die in ihren Grundzügen schon ältere Eintheilung der Gerichte in solche erster Instanz (für die meisten Civilangelegenheiten, für Übertretungen und leichtere Vergehen die Bezirksgerichte, für schwerere Vergehen und für Verbrechen die Bezirks-Collegialgerichte und die Landesgerichte) und in solche zweiter Instanz, nämlich die Oberlandesgerichte (in der Regel für jedes Kronland eines), über welchen der Cassationshof als dritte Instanz stand. Dieser bildete auch die höchste Gerichtsbehörde für die ungarischen Länder, in welchen die Gerichte in gleicher Weise organisiert wurden, während das bürgerliche Gesetzbuch und manche andere Gesetze erst 1852 und 1853 daselbst eingeführt wurden. Auch die Staatsanwaltschaften wurden schon 1850 eingerichtet.

Als Specialgerichte blieben das oberste Hofmarschallamt (für die Mitglieder des kaiserlichen Hauses, für die das Recht der Exterritorialität Genießenden und demselben speciell untergeordnete fürstliche Personen), Handels- und Gefällsgerichte bestehen.

Nach dem Patente vom 31. December 1851 wurde dann bei den Gerichten erster Instanz die Justiz mit der Verwaltung vereinigt und

---

und Einquartierungswesens, die Baubewilligungen, die Instandhaltung der öffentlichen Straßen und Brücken, die Leitung der Staatsbauten, die Ertheilung der Gewerbebefugnisse, die Aufsicht über die Gemeinden, die Verlassenschaftsabhandlungen, die Bemessung der Hauszins- und Hausclassen-, der Erwerb- und Einkommensteuer, die Aufsicht über die unteren Finanzbehörden u. s. w.

zugleich die Schwurgerichte und die Öffentlichkeit des Verfahrens abgeschafft.[1]) Nach dem Concordat wurden auch geistliche Ehegerichte für Katholiken eingesetzt.

4. Die Organisation der Finanzbehörden.

Unter dem Finanzministerium standen in den einzelnen Kronländern die (1850 errichteten) Finanz-Landesbehörden, und zwar die Finanz-Landesdirectionen am Sitze der Statthaltereien für die Leitung der ganzen Finanzangelegenheiten und die Steuerdirectionen am Sitze der Landesregierungen (und in Linz und Triest) für die Verwaltung der directen Steuern des betreffenden Landes. An diese schlossen sich nach unten die Finanz-Bezirksdirectionen (und für die directen Steuern die Kreisbehörden) und die den Bezirksämtern einverleibten Steuerämter. Unter den Finanz-Landesdirectionen standen auch die Finanzprocuraturen.

Außerdem gab es in Wien ein Centraltaxamt und eine Generaldirection des Grundsteuercatasters für die Evidenzhaltung des Catasters und dessen Einführung in jenen Kronländern, wo er noch nicht bestand, Berg-, Forst- und Salinendirectionen u. s. w.

5. Die Gemeindeverfassungen.

Nach der Octroyierung der Verfassung war am 17. März 1849 ein provisorisches Gemeindegesetz für die deutschen und slavischen Kronländer erlassen worden, welches die (aus einer oder mehreren Steuergemeinden bestehende) Ortsgemeinde zur Grundlage hatte. Ihre Bewohner wurden als Gemeindebürger, Gemeindeangehörige und Fremde unterschieden. Sie wird durch den Gemeindeausschuss repräsentiert, an dessen Spitze der Bürgermeister steht. Ihr Wirkungskreis ist theils ein übertragener, indem der Bürgermeister auch bei staatlichen Aufgaben (Einhebung der directen Steuern, Recrutierung, Einquartierungen, Handhabung der Fremdenpolizei u. s. w.) mitwirkt, theils ein natürlicher, auf die Gemeinde selbst bezüglicher. Der Gemeindeausschuss wird durch die Gemeindebürger (und einige Classen der Gemeindeangehörigen) gewählt, wobei nach der Höhe der Steuerleistung zwei oder drei Wahlkörper gebildet werden sollten, der Gemeindevorstand, der aus dem Bürgermeister und wenigstens zwei Gemeinderäthen zu bestehen hatte, auf drei Jahre durch den Ausschuss. Die Ausschusssitzungen sollten öffentlich sein.

---

[1]) Nähere Bestimmungen über diese und ähnliche Fragen wurden durch die neue Strafprocessordnung vom 29. Juli 1853 getroffen, durch welche die provisorische Strafprocessordnung vom 17. Jänner 1850 beseitigt ward.

Neben den Ortsgemeinden sollten **Bezirks-** und **Kreisvertretungen** eingeführt werden.

Durch das Patent vom 31. December 1851 wurde auch diese Gemeindeverfassung außer Wirksamkeit gesetzt und für eine neue bestimmte **Grundsätze** festgestellt, wonach die Gemeindevorstände von der Regierung bestätigt und nach Umständen selbst ernannt, auch höhere Gemeindebeamte von der Regierung bestätigt, die Öffentlichkeit der Gemeindeverhandlungen aufgehoben, wichtigere Beschlüsse der Prüfung und Bestätigung der landesfürstlichen Behörden vorbehalten und bei den Wahlen und Verhandlungen „den überwiegenden Interessen auch ein überwiegender Einfluss zugestanden" werden sollte.

Aber auch die diesen Grundsätzen entsprechenden Gemeindeordnungen sind nie erschienen und Wahlen für die Gemeindevertretungen und deren Vorsteher nicht mehr vorgenommen worden. Nur die Öffentlichkeit der Gemeindeverhandlungen wurde rasch beseitigt.

6. Das Steuerwesen.

Auf dem Gebiete des Steuerwesens ist in dieser Periode die wichtigste Maßregel die Ausdehnung des in den deutschen und slavischen Provinzen bestehenden Steuersystems auf Ungarn und seine Nebenländer. Nach der Unterwerfung desselben wurde für die directe Besteuerung die Einführung des Grundsteuercatasters vorbereitet und einstweilen (1850) ein **Grund-** (und **Gebäude-**) **Steuerprovisorium** mit Aufhebung aller bisherigen Befreiungen, wie das Lotto, das Tabakmonopol, die Verzehrungssteuer, die Erwerbsteuer u. s. w. eingeführt, dagegen die Zwischenzollinie gegen die anderen Kronländer aufgehoben. Die Grundsteuer wurde in allen Ländern, wo der Cataster vollendet war, auf 16 Percent (provisorisch mit einem Drittel als „außerordentlichen Zuschlag", also auf $21\frac{1}{3}$ Percent) festgesetzt, die Hauszinssteuer auf alle Orte ausgedehnt, wo die Hälfte der Gebäude einen Zinsertrag durch Vermietung abwarf, (1. November 1849) eine allgemeine Einkommensteuer eingeführt, auf dem Gebiete der **indirecten Besteuerung** über Stempel, Taxen und Gebüren neue Anordnungen getroffen, der im Inland erzeugte Zucker besteuert, dagegen die Zölle (theilweise infolge von Handelsverträgen) sehr bedeutend herabgesetzt, für viele Artikel ganz aufgehoben.

7. Das Militärwesen.[1]

Auf dem Gebiete des Militärwesens sind außer der Umwandlung des Hofkriegsrathes in ein **Kriegsministerium** (1848) und der Ersetzung

---

[1] Vgl. mit Czörnig, Österreichs Neugestaltung, S. 651 ff. H. Meynert, Geschichte der k. k. österreichischen Armee 4, 165 ff. und Geschichte des Kriegswesens in Europa 3, 315 ff.

desselben durch das Armee-Obercommando (S. 255) die Einführung der allgemeinen Dienstpflicht, die Bestimmung der Reihenfolge der zu Assentierenden durch das Los, die Einführung der gleichen Dienstzeit (8 Jahre und 2 Jahre in der Reserve) in allen Provinzen des Reiches und die Verfügung, dass alle Personalangelegenheiten vom Stabsofficier aufwärts dem Kaiser selbst vorbehalten sein sollten, zu erwähnen.

8. Die Aufhebung des Unterthanverbandes und die Durchführung der Grundentlastung.[1])

Den Anstoß zur Beseitigung des Unterthanverbandes gab die Bewegung des Jahres 1848. Schon am 28. März hatte die Regierung die Erklärung abgegeben, dass die Robotleistung in Böhmen, Mähren und Schlesien gegen eine Entschädigung binnen einem Jahre aufzuhören habe. Am 17. April verfügte der Gouverneur in Galizien, Graf Stadion, die Aufhebung der Robot und die Entschädigung der Gutsbesitzer durch den Staat. Am 26. Juli brachte im Wiener Reichstage der Abgeordnete Kudlich den Antrag ein, die Versammlung möge erklären, dass „das Unterthänigkeitsverhältnis sammt allen daraus entsprungenen Rechten und Pflichten aufgehoben sei, vorbehaltlich der Bestimmungen, ob und wie eine Entschädigung zu leisten sei".

Das Ergebnis der langen Verhandlungen war das Gesetz vom 7. September 1848, wonach „die Unterthänigkeit und das schutzobrigkeitliche Verhältnis", weiter alle aus dem Unterthänigkeitsverhältnisse entspringenden, dem unterthänigen Grunde anklebenden Lasten, Dienstleistungen und Giebigkeiten jeder Art, sowie alle aus dem grundherrlichen Obereigenthum, aus der Zehent-, Schutz-, Obst- und (Wein-) Bergherrlichkeit und aus der Dorfobrigkeit herrührenden Natural-, Arbeits- und Geldleistungen mit Einschluss der bei Besitzveränderungsfällen unter Lebenden und auf den Todfall zu zahlenden Gebüren aufgehoben wurden, und zwar die aus dem Unterthansverbande, dem Schutzverhältnisse und dem obrigkeitlichen Rechte entspringenden Bezüge ohne, die auf dem Grunde als solchem lastenden Leistungen und Abgaben gegen eine Entschädigung.

Ein am 4. März 1849 gleichzeitig mit der Octroyierung der Verfassung erlassenes kaiserliches Patent[2]) erließ nähere Bestimmungen über die Ausführung des Gesetzes vom 7. September 1848, namentlich über die Grundsätze, an die man sich bezüglich der Entschädigung zu halten hatte, und verfügt die Einsetzung eigener Commissionen in jedem Lande, um diese Bestimmungen im einzelnen durchzuführen.

---

[1]) Czörnig, S. 486 ff. Grünberg, 1, 375 ff.
[2]) Es galt übrigens nur für die deutschen und böhmischen Provinzen. Für Galizien, die Bukowina und die ungarischen Länder ergiengen 1849—1854 eigene Patente.

Bezüglich der Entschädigungen wurde bestimmt, dass auch die Zehenten, Naturalleistungen und Roboten in Geld veranschlagt, von der so ermittelten Rente ein Drittel für die vom Berechtigten bisher dafür entrichtete Steuer in Abzug gebracht werden, von den übrigen zwei Dritteln das eine der Verpflichtete zu tragen, das andere das Land aufzubringen hatte, dass die vom Verpflichteten zu zahlende Rente (im zwanzigfachen Anschlage) capitalisiert und binnen zwanzig Jahren in den Grundentlastungsfond eingezahlt, und dass den Berechtigten für das ganze ihnen als Entschädigung von den Verpflichteten oder dem Lande zu zahlende Capital Grundentlastungs-Obligationen ausgestellt werden sollten, welche binnen vierzig Jahren durch Verlosung zu tilgen waren.

In Galizien, der Bukowina und den ungarischen Ländern blieben die Verpflichteten von weiteren Zahlungen ganz frei, und es wurde die Entschädigung vom Lande allein getragen.

In den meisten Ländern wurde das gewaltige Werk schon in den Jahren 1849—1854 durchgeführt.

9. Die kirchlichen Verhältnisse.

Schon die Verfassungsurkunde vom 25. April 1848 hatte „allen Staatsbürgern die volle Glaubens- und Gewissensfreiheit gewährleistet" und „allen in der Monarchie durch die Gesetze anerkannten christlichen Glaubensbekenntnissen und dem israelitischen Cultus die freie Ausübung des Gottesdienstes gesichert". Bestimmter war der Paragraph der Verfassung vom 4. März 1849, wonach jede gesetzlich anerkannte Kirche und Religionsgesellschaft das Recht der gemeinsamen öffentlichen Religionsübung haben, ihre Angelegenheiten selbständig ordnen und verwalten, im Besitze und Genusse der für ihre Cultus-, Unterrichts- und Wohlthätigkeitszwecke bestimmten Anstalten, Stiftungen und Fonde bleiben und nur den allgemeinen Staatsgesetzen unterworfen sein sollte.

Damit sich das Ministerium über die Durchführung dieser Bestimmungen bezüglich der katholischen Kirche mit den Bischöfen berathen könnte, wurden diese zu einer Versammlung in Wien eingeladen. Den Wünschen derselben entsprechend, wurde durch kaiserliche Verordnung vom 18. April 1850 den Bischöfen das Recht zuerkannt, sich in geistlichen Angelegenheiten an den Papst zu wenden, über Gegenstände ihrer Amtsgewalt ohne vorläufige Genehmigung der Staatsbehörde Verordnungen zu erlassen, welche nur, wenn sie äußere Wirkungen nach sich zögen oder veröffentlicht würden, gleichzeitig den Regierungsbehörden mitgetheilt werden sollten, Kirchenstrafen, die auf bürgerliche Rechte keine Rückwirkung übten, zu verhängen, Verwalter von Kirchenämtern, die ihre Pflichten nicht erfüllten, zu suspendieren oder abzusetzen und zur Durchführung dieses Erkenntnisses die Mitwirkung der Staatsbehörden in Anspruch zu nehmen. Weitere Verordnungen bestimmten, dass alle katholischen Religionslehrer und Professoren der Theologie der Ermächtigung des Bischofs bedürfen, von diesem auch den Alumnen des Diöcesanseminars die zu hörenden Vorträge und abzulegenden Prüfungen vorgeschrieben werden, die Ordnung des Gottesdienstes dem Bischofe freistehen, und dass für den Fall der Nothwendigkeit der Entfernung eines Geistlichen von seinem Amte die Behörde sich vorerst mit seinem kirchlichen Obern ins Einvernehmen setzen sollte.

Infolge einer Weisung des Kaisers an den Unterrichtsminister Grafen Thun (vom 2. December 1851) wurden über eine definitive Regelung der kirchlichen Verhältnisse 1852 mit der päpstlichen Curie Verhandlungen angeknüpft, welche am 18. August 1855 zum Abschlusse eines Concordates führten.[1]

Nach diesem sollte die katholische Religion „mit allen Befugnissen und Vorrechten, deren dieselbe nach der Anordnung Gottes und den Bestimmungen des Kirchengesetzes genießen soll", im ganzen Kaiserthum Österreich immer aufrecht erhalten werden. Es sollte daher der Verkehr zwischen den Bischöfen, der Geistlichkeit, dem Volke und dem heiligen Stuhle in geistlichen und kirchlichen Dingen frei sein und nicht mehr der landesfürstlichen Bewilligung unterliegen und ebenso auch die Erzbischöfe und Bischöfe Verordnungen über kirchliche Angelegenheiten frei erlassen können. Diese haben auch das Recht, ihre Stellvertreter und Räthe zu bestellen, die bischöflichen Seminarien zu leiten, die Professoren an denselben zu ernennen oder zu entfernen, Candidaten in den geistlichen Stand aufzunehmen oder von den Weihen auszuschließen, Pfarren zu gründen, zu theilen und zu vereinigen, Diöcesansynoden zu halten und ihre Beschlüsse kundzumachen und, wenn sie sich mit der Regierung ins Einvernehmen setzen, geistliche Orden in ihre Diöcesen einzuführen. Auch die Generalobern, die beim heiligen Stuhle ihren Sitz haben, sollten mit den untergebenen Ordenspersonen frei verkehren und die Visitation vornehmen können.

Die Kirche sollte berechtigt sein, neue Besitzungen zu erwerben, ihr Eigenthum unverletzlich sein, die Verwaltung durch jene, welchen sie nach den Kirchengesetzen zusteht, geführt, auch die Güter, aus welchen der Religions- und Studienfond besteht, im Namen der Kirche verwaltet, die Einkünfte des ersteren für kirchliche Zwecke, die des letzteren nur für den katholischen Unterricht verwendet werden.

---

[1] Nach erfolgter Ratification durch den Kaiser kundgemacht mit Patent vom 5. November 1855.

Der ganze Unterricht der katholischen Jugend sowohl in den öffentlichen als auch in den nichtöffentlichen Schulen sollte der Lehre der katholischen Religion angemessen sein, die Bischöfe die religiöse Erziehung leiten und darüber wachen, dass in keinem Lehrgegenstande etwas vorkomme, was dem katholischen Glauben und der sittlichen Reinheit zuwiderläuft. Niemand sollte die Theologie oder die Religionslehre vortragen dürfen, der nicht vom Diöcesanbischofe die Ermächtigung empfangen hätte. An den für die katholische Jugend bestimmten Gymnasien und Mittelschulen sollten nur Katholiken zu Professoren oder Lehrern ernannt werden, alle Lehrer der für Katholiken bestimmten Volksschulen der kirchlichen Beaufsichtigung unterstehen und, wenn ihr Glaube oder ihre Sittlichkeit nicht makellos wäre, von ihrer Stelle entfernt werden. Auch sollten nicht bloß die Bischöfe das Recht haben, der Religion und Sittlichkeit verderbliche Bücher als verwerflich zu bezeichnen und die Gläubigen von der Lectüre derselben abzuhalten, sondern auch die Regierung die Verbreitung derselben hindern. Es sollte jenen auch freistehen, über Geistliche Strafen zu verhängen und gegen alle Gläubigen, welche die kirchlichen Anordnungen und Gesetze übertreten, mit kirchlichen Strafen einzuschreiten.

„Da alle kirchlichen Rechtsfälle und insbesondere jene, welche den Glauben, die Sacramente, die geistlichen Verrichtungen und die mit dem geistlichen Amte verbundenen Pflichten und Rechte betreffen, einzig und allein vor das kirchliche Gericht gehören, so wird über dieselben der kirchliche Richter erkennen, und es hat somit dieser auch über die Ehesachen nach Vorschrift der heiligen Kirchengesetze und namentlich der Verordnungen zu Trient zu urtheilen und nur die bürgerlichen Wirkungen der Ehe an den weltlichen Richter zu verweisen."

Nur „mit Rücksicht auf die Zeitverhältnisse" gab der heilige Stuhl die Zustimmung, dass bloß weltliche (namentlich Vermögensfragen betreffende) Rechtssachen der Geistlichen von weltlichen Gerichten untersucht und entschieden und dass die Geistlichen wegen Verbrechen oder Vergehen vor das weltliche Gericht gestellt würden. Doch sollte der Bischof ohne Verzug davon in Kenntnis gesetzt und, wenn das Urtheil auf Tod oder mehr als fünfjährige Kerkerstrafe lautete, die Acten dem Bischofe mitgetheilt werden.

Um dem Kaiser einen Beweis besonderen Wohlwollens zu geben, wurde ihm und seinen katholischen Nachfolgern die Ermächtigung ertheilt, für alle Canonicate und Pfarreien, welche einem auf dem Religions- oder Studienfonde beruhenden Patronatsrechte unterstehen, einen von dreien ihm vom Bischofe nach vorausgegangener Bewerbung als besonders würdig bezeichneten Geistlichen zu präsentieren, wie der Kaiser auch fortfahren sollte, für die bisher von ihm besetzten Domherrenstellen die Ernennung vorzunehmen. Dagegen sollte sich der Kaiser bei Auswahl der Bischöfe, welche er kraft seines von seinen Vorfahren überkommenen Vorrechtes dem päpstlichen Stuhle zur canonischen Einsetzung benennt, des Rathes von Bischöfen vorzüglich derselben Kirchenprovinz bedienen.

Um über die Ausführung einzelner Artikel des Concordates zwischen der Regierung und den Bischöfen ein Einvernehmen zu erzielen, hielten diese auf Einladung jener 1856 Berathungen in Wien ab. Infolge derselben wurde am 8. October 1856 ein neues Ehegesetz für Katholiken gegeben, welches ganz auf den Bestimmungen des canonischen Rechtes und den Verordnungen des Concils von Trient beruhte und die Entscheidungen über die Schließung, Trennung und Giltigkeit der Ehen ausschließlich den von den Bischöfen bestellten geistlichen Ehegerichten, in zweiter Instanz dem Metropoliten, in dritter dem päpstlichen Stuhle zuwies.

Für die Stellung der Protestanten oder, wie sie jetzt amtlich hießen, der Evangelischen in den deutschen und slavischen Kronländern war das kaiserliche Patent vom 31. December 1851 maßgebend, welches das vom 4. März 1849 bestätigte, sodass ihnen die öffentliche Ausübung ihrer Religion und die selbständige Verwaltung ihrer Angelegenheiten garantiert blieb. Dasselbe war auch in den ungarischen Ländern der Fall.

Für die nichtunierten Griechen des serbischen Stammes wurde (1848) das Patriarchat mit dem Sitze in Carlowitz wieder hergestellt.

Dagegen wurde den Juden die ihnen 1848 gewährte volle bürgerliche Gleichberechtigung entzogen und durch kaiserliche Verordnung vom 2. October 1853 für alle Kronländer die früheren Beschränkungen der Besitzfähigkeit derselben provisorisch wieder hergestellt.

c) Die Begründung der bestehenden österreichischen Verfassung und der Ausgleich mit Ungarn.[1]

I. Der verstärkte Reichsrath und das Octoberdiplom.

Die Niederlagen, welche Österreich 1859 in Italien erlitt, und die zunehmenden politischen und finanziellen Schwierigkeiten riefen auch in den maßgebenden Kreisen die Überzeugung von der Unhaltbarkeit des absolutistisch-centralistischen Systems hervor. Schon das kaiserliche Manifest vom 15. Juli, welches den Abschluss des Friedens verkündete, verhieß „zeitgemäße Verbesserungen in Gesetzgebung und Verwaltung", und das Ministerium, in welchem Bach durch den Grafen Goluchowski ersetzt worden war, stellte („Wiener Zeitung" vom 22. August) ständische Vertretungen der einzelnen Länder in Aussicht.

---

[1] Vgl. Hugelmann, Studien, S. 35 ff.

Am 5. März 1860 wurde bestimmt, dass im Sinne des Patentes vom 13. April 1851 (S. 252) der Reichsrath durch periodisch einzuberufende außerordentliche Mitglieder verstärkt werden sollte, und zwar durch Erzherzoge, höhere kirchliche Würdenträger und andere ausgezeichnete Männer, die vom Kaiser auf Lebenszeit, und durch 38, welche nach einem durch die Landesvertretungen gemachten Ternavorschlage auf sechs Jahre ernannt werden sollten. Dieser verstärkte Reichsrath sollte periodisch einberufen werden und die Aufgabe haben, die Feststellung des Staatsvoranschlages, die Staatsrechnungsabschlüsse, die Vorlagen der Staatsschuldencommission, die wichtigeren Entwürfe in Sachen der allgemeinen Gesetzgebung und „die Vorlagen der Landesvertretungen" einer Berathung zu unterziehen. Eine Initiative sollte ihm aber nicht zustehen. Gleichzeitig wurde derselbe zur Berathung des Staatsvoranschlages für das Jahr 1861 einberufen und am 29. April vom Kaiser 9 lebenslängliche und bis zur Erstattung von Vorschlägen durch die Landesvertretungen auch die 38 Mitglieder aus den einzelnen Kronländern ernannt.

Nachdem der Reichsrath am 31. Mai zusammengetreten war, machte ein kaiserliches Handschreiben vom 17. Juli auch „die Einführung neuer Steuern und Auflagen, dann die Erhöhung der bestehenden Steuer- und Gebürensätze", wie die „Aufnahme neuer Anlehen" (den Fall der Kriegsgefahr ausgenommen) von der Zustimmung desselben abhängig.

Aber der Reichsrath beschränkte sich nicht auf die Prüfung der Finanzverhältnisse, sondern äußerte auch Wünsche bezüglich der Ausgestaltung der politischen Verhältnisse. Das Votum der Majorität sprach sich für „die Anerkennung der historisch-politischen Individualität der einzelnen Länder" und daher sowohl für „die Anerkennung und Begründung ihrer Autonomie in der Administration und inneren Legislation, als auch die definitive Feststellung, Sicherung und Vertretung ihres gemeinsamen staatsrechtlichen Verbandes" und für „die möglichste Anknüpfung an die früher bestandenen Institutionen und Rechtszustände und deren Ausgleichung und Verbindung mit den Anforderungen aller zur Geltung gelangten politischen und gesellschaftlichen Factoren" aus. Die Minorität erklärte, dass in manchen Ländern gar keine lebensfähigen Institutionen mehr bestehen, an die man anknüpfen könnte, dass man nicht in einem Theile des Reiches andere Regierungsformen einführen solle als im übrigen, dass die angestrebte Autonomie nur auf Kosten der Reichseinheit und einer starken und einheitlichen Reichsgewalt eingeführt werden könnte, befürwortete die Berücksichtigung der Stimme der Unterthanen „sowohl bei der Anregung zu Gesetzen als bei der Berathung und Schlussfassung über dieselben, bei der Feststellung des Staatsvoranschlages sowie bei Belastungen des Staatscredites und der

Steuerträger" und stellte den Antrag, der Reichsrath möge die Bitte stellen, dass Se. Majestät „aus Allerhöchster Machtvollkommenheit geruhen wolle, jene Institutionen in das Leben zu rufen, durch welche bei möglichster Entwicklung des freien Selbstverwaltungsrechtes in allen Kronländern und bei vollständiger Wahrung der Einheit des Reiches und der Legislation, sowie der Executivgewalt der Regierung, dann bei wirksamer und unabhängiger Controle des Staatshaushaltes alle Interessen der Bevölkerung in der Commune, im Landtage und im Reichsrathe ihre geeigneten Vertretungen finden".

Im Sinne des Majoritätsantrages erfloss am 20. October 1860 ein kaiserliches „Diplom", durch welches „zur Ausgleichung der früher zwischen den Königreichen und Ländern bestandenen Verschiedenheiten und behufs einer zweckmäßig geregelten Theilnahme der Unterthanen an der Gesetzgebung und Verwaltung auf Grundlage der pragmatischen Sanction und kraft kaiserlicher Machtvollkommenheit Nachstehendes als ein beständiges und unwiderrufliches Staatsgrundgesetz"[1]) verfügt wurde:

„I. Das Recht, Gesetze zu geben, abzuändern und aufzuheben, wird von Uns und Unseren Nachfolgern nur unter Mitwirkung der gesetzlich versammelten Landtage, beziehungsweise des Reichsrathes ausgeübt werden, zu welchem die Landtage die von Uns festgesetzte Zahl Mitglieder zu entsenden haben.

„II. Es sollen alle Gegenstände der Gesetzgebung, welche sich auf Rechte, Pflichten und Interessen beziehen, die allen Unseren Königreichen und Ländern gemeinschaftlich sind, namentlich die Gesetzgebung über das Münz-, Geld- und Creditwesen, über die Zölle und Handelssachen, ferner über die Grundsätze des Zettelbankwesens; die Gesetzgebung in Betreff der Grundsätze des Post-, Telegraphen- und Eisenbahnwesens; über die Art und Weise und die Ordnung der Militärpflichtigkeit in Zukunft in und mit dem Reichsrathe verhandelt und unter seiner Mitwirkung verfassungsmäßig erledigt werden, sowie die Einführung neuer Steuern und Auflagen, dann die Erhöhung der bestehenden Steuern und Gebürensätze, insbesondere die Erhöhung des Salzpreises und die Aufnahme neuer Anlehen gemäß Unserer Entschließung vom 17. Juli 1860; desgleichen die Convertierung bestehender Staatsschulden und die Veräußerung, Umwandlung oder Belastung des unbeweglichen Staatseigenthums nur mit seiner Zustimmung angeordnet werden soll; endlich die Prüfung und Feststellung der Voranschläge der Staatsauslagen für das zukünftige Jahr, sowie die Prüfung

---

[1]) Vom Octoberdiplom an sind alle noch giltigen Verfassungsgesetze gesammelt in der Manz'schen „Taschenausgabe der österreichischen Gesetze". XIX. Bd.: Die Staatsgrundgesetze. Die Reichsverfassung. Die Landesverfassungen. (6. Aufl. 1894.)

der Staatsrechnungsabschlüsse und der Resultate der jährlichen Finanzgebarung unter Mitwirkung des Reichsrathes zu erfolgen hat.

„III. Alle anderen Gegenstände der Gesetzgebung, welche in den vorhergehenden Punkten nicht enthalten sind, werden in und mit den betreffenden Landtagen verfassungsmäßig erledigt werden.

„Nachdem jedoch mit Ausnahme der Länder der ungarischen Krone auch in Betreff solcher Gegenstände der Gesetzgebung, welche nicht der ausschließlichen Competenz des gesammten Reichsrathes zukommen, seit einer langen Reihe von Jahren für Unsere übrigen Länder eine gemeinsame Behandlung und Entscheidung stattgefunden hat, behalten wir Uns vor, auch solche Gegenstände mit verfassungsmäßiger Mitwirkung des Reichsrathes unter Zuziehung der Reichsräthe dieser Länder behandeln zu lassen. Eine gemeinsame Behandlung kann auch stattfinden, wenn eine solche in Betreff der der Competenz des Reichsrathes nicht vorbehaltenen Gegenstände von dem betreffenden Landtage gewünscht und beantragt werden sollte."

Gleichzeitig mit diesem Diplom wurde die Zahl der von den Landtagen zu entsendenden Reichsräthe auf 100 erhöht, die „im Verhältnisse der Ausdehnung, der Bevölkerung und Besteuerung" der Länder auf dieselben vertheilt werden sollten.

Im Zusammenhange mit den am 20. October erlassenen Verordnungen über die staatsrechtliche Gestaltung der Monarchie wurden auch in Beziehung auf die Organisation der obersten Verwaltungsbehörden wichtige Veränderungen vorgenommen.

Das Armee-Obercommando wurde wieder in ein Kriegsministerium umgewandelt, dagegen die Ministerien des Innern, der Justiz und des Cultus (und Unterrichts) als allgemeine Centralbehörden aufgehoben, die ungarische und die siebenbürgische Hofkanzlei wieder hergestellt und die oberste Leitung der administrativ-politischen Angelegenheiten der anderen Länder einem „Staatsministerium" übertragen, welchem auch die administrativen Angelegenheiten des Ministeriums für Cultus und Unterricht zugewiesen wurden. Für die Justizangelegenheiten und die Rechtsprechung in Ungarn wurde die königliche Curie unter Vorsitz des Judex Curiae in Pest wieder eingesetzt, für die übrigen Länder aber der Cassationshof in Wien bestellt. Die Vertretung der volkswirthschaftlichen und Handelsangelegenheiten der Monarchie sollte im Ministerrathe durch einen Handelsminister stattfinden, der Wirkungskreis desselben aber kein administrativer sein.

Die verfassungsmäßigen Institutionen des Königreiches Ungarn sollten wieder ins Leben gerufen werden und der Grundsatz, dass die gesetzgebende Gewalt nur vom Landesfürsten in Gemeinschaft mit dem Landtage ausgeübt werden solle, mit Ausnahme jener Gegenstände, die nach dem Diplom durch den Reichsrath behandelt werden sollten, wieder in Wirksamkeit treten. Der Landtag sollte nach den Bestimmungen des Gesetzes vom Jahre 1608 über die Art seiner Zusammensetzung (S. 170 f.) einberufen werden, aber nach Aufhebung der Privilegialstellung des Adels, Einführung der Ämter- und Besitzfähigkeit für alle Classen ohne Unterschied der Geburt, nach Beseitigung der bäuerlichen Frohnen und Leistungen wie im Sinne der Einführung der allgemeinen Wehr- und Steuerpflicht unter den für den nächsten Landtag provisorisch festzustellenden Bestimmungen in früherer Zeit nicht wahlberechtigte Classen an den Landtagswahlen theilnehmen. Die übrigen Gesetzartikel des Landtages 1847/48, die mit dem Diplom in Widerspruch standen, blieben der „landtäglichen Revision und Aufhebung" vorbehalten. Auch die Stellen des obersten Landrichters und des Tavernicus (der provisorisch das Präsidium der Statthalterei zu führen hatte) sollten hergestellt werden, die frühere Comitatsverfassung wieder ins Leben treten, das Magyarische die Geschäfts- und Amtssprache aller politischen und Gerichtsbehörden Ungarns sein.

Siebenbürgen sollte seine eigene Vertretung behalten, das Verhältnis der Königreiche Croatien und Slavonien der Berathung und Verständigung der Vertretung derselben und des ungarischen Landtages vorbehalten bleiben.

Die Gesetzgebung in den nichtungarischen Kronländern sollte nach dem Octoberdiplom unter „Mitwirkung" der Landtage, bezüglich einer Reihe namentlich aufgezählter Gegenstände besonders finanzieller und handelspolitischer Natur wie der Militärpflicht unter „Mitwirkung" oder auch „mit Zustimmung" eines Reichsrathes, für den auch die Landtage Mitglieder vorzuschlagen hatten, ausgeübt werden. Aber es war nicht gesagt, ob diese Mitwirkung eine zustimmende oder nur eine berathende sein sollte. Ebenso war keine bestimmte Grenze festgesetzt zwischen der Competenz der Landtage der nichtungarischen Länder und der Versammlung der Reichsräthe dieser Länder bezüglich jener Gegenstände, welche „seit einer langen Reihe von Jahren" gemeinsam behandelt und entschieden worden waren. Die Entscheidung der letzteren Frage hieng vom Kaiser oder auch von dem Antrage eines einzelnen Landtages ab. Vielleicht sollte die Lösung dieser Fragen das in Aussicht gestellte Statut für den Reichsrath bringen, das aber nicht erschienen ist.

Unter demselben Datum wie das Diplom wurden auch die Landesordnungen für Steiermark, Kärnten, Salzburg und Tirol publiciert. Sie wiesen den Landtagen das Recht zu: *a)* über die kundgemachten allgemeinen gesetzlichen Anordnungen und Einrichtungen in Beziehung auf ihre besondere Rückwirkung auf das Wohl des Landes

Anträge an den Kaiser zu stellen, *b)* bei Gesetzen, die mit Rücksicht auf die besonderen Verhältnisse des Landes zu erlassen wären, mitzuwirken, *c)* über besondere Landesangelegenheiten[1]) zu berathen und Beschlüsse zu fassen. Die Zusammensetzung des Landtages begünstigte den höheren Clerus und Adel, besonders in Tirol und Steiermark.[2]) Die Öffentlichkeit der Verhandlungen war nur eine beschränkte. Wähler waren in Städten und Landgemeinden nur die Gemeinderäthe.

2. Das Februarpatent und der erste Reichsrath.

Die Misstimmung, welche manche Punkte des Octoberdiploms wie die Art der Zusammensetzung der Landesvertretungen in weiten Kreisen hervorriefen, hatte die Folge, dass der Träger des föderalistischen Systems, Graf Goluchowski, am 13. December 1860 entlassen und an dessen Stelle Schmerling zum Staatsminister ernannt wurde.

Schon sein am 23. December erlassenes Rundschreiben an die Statthalter kündigte ein neues System, eine Erweiterung der Rechte der Landtage und eine Zusammensetzung derselben auf Grund der Interessenvertretung, nicht des Ständewesens, an. Ein kaiserliches Patent vom 26. Februar 1861 schuf ein neues Gesetz über die Reichsvertretung und für die deutschen und slavischen Länder neue Landesordnungen, stellte eine solche auch für das lombardisch-venetianische Königreich in Aussicht, bis zu dessen Erscheinen die bestehenden Congregationen die Wahl in den Reichsrath vornehmen sollten, und verkündete „diesen ganzen Inbegriff von Grundgesetzen als die Verfassung des Reiches".

Das „Februarpatent" gab sich nur als „bestimmte Ordnung und Form der Ausübung" des Octoberdiploms. Der ständige und verstärkte Reichsrath wurde aufgelöst. An dessen Stelle traten einerseits ein „Staatsrath", andererseits ein „Reichsrath" in neuer Form. Dieser sollte nach dem „Grundgesetz über die Reichsvertretung" aus

---

[1]) Als solche werden im Statut für Tirol namentlich aufgezählt: die Sorge für Landesanstalten und Einrichtungen, Maßregeln und Unternehmungen zur Hebung der Landwirtschaft, des Realcredits, des Handels, der Industrie und des Verkehrs, die Aufbringung der für innere Landeszwecke nothwendigen Mittel, die Oberaufsicht in Gemeindeangelegenheiten nach den Bestimmungen des Gemeindegesetzes, die Mitwirkung bei der Evidenzhaltung und Regelung des Grundsteuerwesens, sowie bei den Einrichtungen über die Aufbringung der landesfürstlichen Steuern nach den besonderen Gesetzen, die selbständige Gebarung mit dem landschaftlichen Vermögen, die Constituirung der landschaftlichen Ämter. Die Fassung in den anderen Statuten weicht einigermaßen ab.

[2]) In Tirol hatten die Prälaten, immatriculierten Adeligen, Städte und Landgemeinden je 14 Vertreter, in Steiermark der hohe Clerus 6, die Besitzer landtäflicher Güter 12 (darunter wenigstens 8 aus dem landständischen Adel), die Städte und Handelskammern 12, die Landgemeinden 12.

dem „Herrenhause" und dem „Hause der Abgeordneten" bestehen. Mitglieder des Herrenhauses durch Geburt sind die großjährigen Prinzen des kaiserlichen Hauses, erbliche Mitglieder die großjährigen Häupter jener inländischen, durch ausgedehnten Grundbesitz hervorragenden Adelsgeschlechter, denen der Kaiser die erbliche Reichsrathswürde verleiht, Mitglieder vermöge hoher Kirchenwürden alle Erzbischöfe und jene Bischöfe, denen fürstlicher Rang zukommt, Mitglieder auf Lebensdauer vom Kaiser ernannte, ausgezeichnete Männer, die sich um Staat und Kirche, Wissenschaft und Kunst verdient gemacht haben.

Das Haus der Abgeordneten sollte 343 Mitglieder zählen, die auf die verschiedenen Königreiche und Länder in der Weise vertheilt wurden, dass auf Ungarn 85,[1]) auf Böhmen 54, auf Galizien 38, auf die kleinsten Länder 2 entfielen.

Die Wahl der für jedes Land festgesetzten Mitglieder sollte durch den Landtag, und zwar in der Weise erfolgen, „dass die nach Maßgabe der Landesordnungen auf bestimmte Gebiete, Städte, Körperschaften entfallende Zahl aus den Landtagsmitgliedern derselben Gebiete u. s. w. hervorgehen". Der Kaiser behielt sich aber vor, den Vollzug der Wahl unmittelbar durch die Gebiete, Städte und Körperschaften anzuordnen, wenn ausnahmsweise Verhältnisse einträten, welche die Beschickung des Hauses der Abgeordneten durch einen Landtag nicht zum Vollzuge kommen ließen.

Der Reichsrath sollte jährlich einberufen, die Präsidenten und Vicepräsidenten aus den Mitgliedern jedes Hauses durch den Kaiser ernannt werden.

Der Wirkungskreis desselben umfasst nach Artikel II des Diploms vom 20. October 1860 alle Gegenstände der Gesetzgebung, welche sich auf Rechte, Pflichten und Interessen beziehen, die allen Königreichen und Ländern gemeinschaftlich sind (S. 265). Gegenstände der Gesetzgebung, die allen Königreichen und Ländern mit Ausnahme der Länder der ungarischen Krone gemeinsam sind, sollten ohne Zuziehung der Mitglieder dieser Länder verhandelt werden. Zur Competenz dieses „engeren" Reichsrathes sollten mit Ausnahme der gemeinschaftlichen Angelegenheiten alle Gegenstände der Gesetzgebung gehören, welche nicht ausdrücklich durch die Landesordnungen den einzelnen Landtagen vorbehalten sind, wie jene den Landtagen vorbehaltenen Angelegenheiten, deren gemeinsame Behandlung vom betreffenden Landtage gewünscht würde. Bei Zweifeln rücksichtlich der Competenz des engeren Reichsrathes gegenüber jener eines einzelnen Landtages entscheidet auf Antrag

---

[1]) Auf alle Länder der ungarischen Krone 120, auf die nichtungarischen 223.

des engeren Reichsrathes der Kaiser. Das Recht der Initiative hat nicht bloß die Regierung, sondern innerhalb seiner Competenz auch der Reichsrath. Anträge auf Abänderung dieses Grundgesetzes sollten nur mit einer Mehrheit von zwei Dritteln der Stimmen beschlossen werden können. Zu allen Gesetzen ist die Übereinstimmung beider Häuser und die Sanction des Kaisers erforderlich.

Die Sitzungen beider Häuser sind öffentlich, wenn nicht ausnahmsweise das Gegentheil beschlossen wird.

„Wenn zur Zeit, als der Reichsrath nicht versammelt ist, in einem Gegenstande seines Wirkungskreises dringende Maßregeln getroffen werden müssen, ist das Ministerium verpflichtet, dem nächsten Reichsrathe Gründe und Erfolge der Verfügung vorzulegen." (§ 13.)

Die gleichzeitig mit dem Februarpatente kundgemachten Landesordnungen für die nichtungarischen Kronländer sprachen aus, dass diese in Landesangelegenheiten durch die „Landesvertretung", d. h. theils durch den Landtag, theils durch den Landesausschuss vertreten werden. Als „Landesangelegenheiten" wurden erklärt: die Anordnungen in Betreff der Landescultur, der aus Landesmitteln bestrittenen oder dotierten öffentlichen Bauten und Wohlthätigkeitsanstalten wie des Voranschlages und der Rechnungslegung über die Landeseinnahmen und Ausgaben, weiter die „näheren Anordnungen inner den Grenzen der allgemeinen Gesetze" in Betreff der Gemeinde-, Kirchen- und Schulangelegenheiten, der Vorspannsleistung, der Verpflegung und Einquartierung des Heeres, endlich die Anordnung über sonstige die Wohlfahrt oder die Bedürfnisse des Landes betreffende Gegenstände, welche durch besondere Verfügungen der Landesvertretung zugewiesen würden. In Landesangelegenheiten steht dem Landtage auch das Recht der Initiative zu. Auch über die Systemisierung des Personal- und Besoldungsstandes der landschaftlichen Beamten und Diener und die Art ihrer Ernennung hat der Landtag zu beschließen.

Weiter war der Landtag zur Mitwirkung bei der Ausübung der gesetzgebenden Gewalt berufen, indem er die festgesetzte Zahl von Mitgliedern in das Haus der Abgeordneten des Reichsrathes zu entsenden hatte. Endlich war ihm das Recht eingeräumt, „zu berathen und Anträge zu stellen *a)* über kundgemachte allgemeine Gesetze und Einrichtungen bezüglich ihrer besonderen Rückwirkung auf das Land und *b)* auf Erlassung allgemeiner Gesetze und Einrichtungen, welche die Bedürfnisse und die Wohlfahrt des Landes erheischen".

Die Wahlordnungen für die Landtage beruhten auf dem Principe der Interessenvertretung. Den Erzbischöfen und Bischöfen wie den Rectoren der Universitäten wurden im betreffenden Landtage Virilstimmen eingeräumt. Die übrigen Abgeordneten wurden gewählt, und zwar nach drei Gruppen: 1. von dem großen Grundbesitz,[1]) 2. von den Städten und Märkten (oder auch „Industrialorten") und den Handelskammern, 3. von den übrigen Gemeinden. Die erste Gruppe zerfiel in Böhmen und Mähren in zwei Wahlkörper, die der Fideicommissbesitzer[2]) und die der übrigen wahlberechtigten Großgrundbesitzer; in der Bukowina in die stimmberechtigten Mitglieder des bischöflichen Domcapitels und die Vorsteher von drei Klöstern und in die der Besitzer großer landtäflicher Güter; in Tirol in die Gruppe der Prälaten und die des „adeligen großen Grundbesitzes". In Galizien wurden auch für die Wahl der Vertreter des großen Grundbesitzes, und in Dalmatien der „Höchstbesteuerten" territoriale Bezirke geschaffen, während sonst das ganze Land einen Wahlbezirk bildete. In Vorarlberg, welches einen eigenen Landtag erhielt, fiel der Großgrundbesitz ganz fort.

Auch bei der Wahl des Landesausschusses, welcher theils aus 4, theils aus 6 (in Böhmen aus 8) Mitgliedern besteht und „die gewöhnlichen Verwaltungsgeschäfte des Landesvermögens, der Landesfonde und Anstalten besorgt und die Dienstleistung der ihm untergebenen Beamten und Diener leitet und überwacht", war auf diese verschiedenen Gruppen Rücksicht zu nehmen, indem je ein Mitglied von den Vertretern derselben und nur der übrige Theil von dem ganzen Hause gewählt werden musste.

Ein bestimmtes Verhältnis zwischen der Zahl der Vertreter der einzelnen Wählerclassen besteht nicht. In Böhmen, Mähren, Schlesien, Österreich unter und ob der Enns, Salzburg, Steiermark und Istrien war die Zahl der Vertreter der Städte, Märkte und Handelskammern die größte. In Tirol und Galizien wählten die Landgemeinden allein die Hälfte aller Abgeordneten (in Tirol 34 von 68, in Galizien 74 von 150).

Auch der Census für die Wahlberechtigung im Großgrundbesitze ist sehr ungleich. In den meisten Ländern beträgt er 100 Gulden an landesfürstlichen Realsteuern, in Österreich unter der Enns 200, in Böhmen, Mähren und Schlesien 250, dagegen in Tirol, im Kreise Cattaro und einem Theile von Görz nur 50 Gulden.

In den Städten und Märkten wie in den übrigen Gemeinden erhielten alle Gemeindeglieder das Wahlrecht, welche in Gemeinden mit weniger als drei Wahlkörpern die ersten zwei Drittheile aller nach der Höhe ihrer Jahresschuldigkeit an directen Steuern gereihten Gemeindewähler ausmachen, in den Städten mit drei Wahlkörpern jene, die zum ersten oder zweiten Wahlkörper gehören und jene Angehörigen

---

[1]) Doch war das Wahlrecht in den Ländern, wo es Landtafeln gibt, auf die Besitzer der landtäflichen Güter beschränkt.
[2]) Auch in Schlesien wählten die Herzoge von Teschen, Troppau-Jägerndorf und Bielitz und der Hoch- und Deutschmeister für sich allein 2 Abgeordnete.

des dritten, die eine directe Steuer von bestimmter Höhe (in der Regel 10 Gulden) entrichten.

Für die passive Wahlfähigkeit war die active, das österreichische Staatsbürgerrecht und ein Alter von 30 Jahren erforderlich.

Den Vorsitzenden des Landtages und des Landesausschusses („Landeshauptmann", in Niederösterreich und Galizien „Landmarschall", in Böhmen „Oberstlandmarschall") und dessen Stellvertreter ernennt der Kaiser.

Die Dauer des Landtages wurde auf sechs Jahre festgestellt, doch kann er vom Kaiser auch früher aufgelöst werden.

Der Reichsrath wurde auf den 29. April 1861 einberufen, aber nur von den Landtagen der deutschen und slavischen Länder beschickt. Der ungarische Landtag hielt an der Rechtsgiltigkeit der Gesetze des Jahres 1848 fest und verlangte in einer Adresse an den Kaiser als Bedingung für weitere Berathungen und einen Ausgleich die Aufrechterhaltung der constitutionellen Selbständigkeit und der territorialen und der politischen Integrität des Landes[1]) und die vollständige Wiederherstellung der Grundgesetze, der parlamentarischen Regierung und eines eigenen verantwortlichen Ministeriums, worauf er aufgelöst und die ungarische Verfassung (durch kaiserliche Botschaft vom 22. August) als „durch die revolutionäre Gewalt von Rechtswegen verwirkt und auch factisch beseitigt" erklärt wurde. Der croatische Landtag verweigerte einfach die Wahlen für den Reichsrath. Der siebenbürgische Landtag war gar nicht einberufen worden, weil die Grundlagen für seine Zusammensetzung noch nicht festgestellt waren. Auch aus dem Venetianischen erschienen keine Vertreter. Die Regierung erklärte daher (5. Juni), dass sie den Reichsrath nur als „engeren" anerkennen könne.

Aber die Nothwendigkeit, Ordnung in die Finanzen zu bringen, nöthigten die Regierung und die Majorität des Reichsrathes, sich über diese Bedenken hinwegzusetzen. Kraft kaiserlicher Ermächtigung gieng man an die Berathung des Budgets, obwohl diese nur dem gesammten Reichsrathe zustand.[2]) Im Jahre 1863 nahm auch der siebenbürgische Landtag, der auf Grund einer octroyierten provisorischen Wahlordnung

---

[1]) d. h. Anerkennung der Union Siebenbürgens mit Ungarn und Beschickung des Landtages auch durch Vertreter Croatiens.

[2]) Von den sonstigen in der ersten Session des Reichstages 1861/62 beschlossenen Gesetzen ist besonders wichtig das über die Controle der Staatsschuld, die durch eine eigene Commission ausgeübt werden sollte, in welche jedes der beiden Häuser fünf Mitglieder wählt, das Gemeindegesetz vom 5. März 1862, welches auf dem Princip der Autonomie der Gemeinde und der Interessenvertretung beruht, und die Gesetze vom 27. October 1862 zum Schutze der persönlichen Freiheit und des Hausrechtes.

einberufen worden war, die Wahlen in den Reichsrath vor, der nun als „gesammter" angesehen wurde, was aber die čechischen Abgeordneten zum Austritte aus dem Reichsrathe bewog.

Die Regierung wollte nun noch einen Versuch machen, den croatischen Landtag zur Beschickung des Reichsrathes zu bewegen. Aber der Kaiser wünschte jetzt vor allem einen Ausgleich mit Ungarn zustande zu bringen, entließ das Ministerium Schmerling, das auch im Abgeordnetenhause sehr an Einfluss verloren hatte, und ernannte (27. Juli 1865) den Grafen Richard Belcredi zum Ministerpräsidenten und Staatsminister, der eine entgegengesetzte politische Richtung einschlug.

3. Die Sistierung der Verfassung und der Ausgleich mit Ungarn.

Am 20. September 1865 erschien ein kaiserliches Manifest und Patent, welches den Entschluss verkündete, das Octoberdiplom und das Grundgesetz über die Reichsvertretung zunächst den Landtagen von Ungarn und Croatien zur Annahme vorzulegen und letzteres, und zwar auch soweit es sich auf die nichtungarischen Länder und den engeren Reichsrath bezog, vorläufig sistierte. Es wurde erklärt, dass, sobald die Verhandlungen mit den genannten Landtagen zu einem befriedigenden Resultate geführt hätten, dieses vor der Schlussfassung der Krone auch „den legalen Vertretern der anderen Königreiche und Länder vorgelegt werden sollte, um ihren gleichgewichtigen Ausspruch zu vernehmen und zu würdigen".

Nach der Erklärung der Regierung verstand sie unter den legalen Vertretern die Landtage, deren Votum aber nur einen berathenden Charakter haben sollte, während die Entscheidung der Krone vorbehalten blieb.

Es wurde nun vor allem der Landtag von Siebenbürgen auf Grund einer neuen Wahlordnung einberufen, um die Frage der Union mit Ungarn zu entscheiden, der croatische Landtag aufgefordert, sich auf dem ungarischen vertreten zu lassen, dann auch der ungarische Reichstag versammelt, um über „die Art der Behandlung der allen Königreichen und Ländern gemeinsamen Angelegenheiten" zu berathen. In der Thronrede (14. December) wurde die pragmatische Sanction als Ausgangspunkt gewählt, die „formelle Giltigkeit" der ungarischen Gesetze von 1848 anerkannt und nur eine Revision derselben verlangt.

Die Verhandlungen, auf welche jetzt der von Deák geleitete ungarische Reichstag eingieng und wofür ein Ausschuss von 67 Mitgliedern gewählt ward, wurden durch den Krieg mit Preußen und Italien unterbrochen, aber nach Abschluss des Friedens wieder aufgenommen. Ein kaiserliches Rescript erklärte einen Entwurf über die Behandlung der Österreich und Ungarn gemeinsamen Angelegenheiten, welchen ein Subcomité von 15 Mitgliedern ausgearbeitet hatte, für einen „geeigneten Anknüpfungspunkt für das Zustandekommen des Ausgleichs", worauf auch der 67er Ausschuss denselben annahm. Es wurde nun durch kaiserliches Rescript vom 17. Februar 1867 die ungarische Verfassung wieder hergestellt, die ungarische und siebenbürgische Hofkanzlei aufgehoben, die Einverleibung Siebenbürgens in Ungarn verfügt und Graf Andrássy mit der Bildung eines ungarischen Ministeriums betraut. Dieses brachte den Ausgleichsentwurf im Reichstage ein, dessen beide Häuser (30. März und 3. April) denselben annahmen. Am 8. Juni ließ sich der Kaiser als König von Ungarn krönen.

Nun musste auch die Zustimmung der nichtungarischen Reichshälfte zu diesen Vereinbarungen erwirkt werden.

Noch während der Verhandlungen mit Ungarn hatte die Regierung den Gedanken, das Votum der einzelnen Landtage einzuholen, fallen lassen. Durch kaiserliches Rescript vom 2. Jänner 1867 waren die Landtage aufgelöst und auf den 25. Februar eine „außerordentliche Reichsversammlung" ausschließlich zur „Berathung" der Verfassungsfrage einberufen worden. Dieselbe sollte aus dem Herrenhause und einer Versammlung von Delegierten der Landtage bestehen, welche die Wahl nach der durch das Grundgesetz von 1861 bestimmten Zahl, aber ohne Rücksicht auf die Curien und territorialen Gruppen vornehmen sollten.

Doch kam dieser Reichsrath infolge eines neuen Ministerwechsels nicht zustande. Der von den Deutschliberalen angefeindete und von den Ungarn mit Misstrauen betrachtete Graf Belcredi wurde am 7. Februar 1867 entlassen und der Minister des Äußern, Freiherr von Beust, zum Präsidenten des Ministerrathes und Leiter des Staatsministeriums ernannt. Dieser war nicht bloß für den Ausgleich mit Ungarn, sondern auch für ein Hand in Hand-Gehen mit der deutschliberalen Partei. Es wurde daher durch eine kaiserliche Botschaft an die Landtage erklärt, dass die „Sistierung" der Verfassung nicht mehr nothwendig erscheine, und auf den 20. Mai der ordentliche Reichsrath einberufen, als dessen nächste Aufgabe in der Thronrede mit Rücksicht auf die mit der Vertretung Ungarns getroffene Vereinbarung eine Abänderung des Patents vom 26. Februar 1861 bezeichnet wurde. Derselbe wählte eine Deputation von 5 Mitgliedern des Herren- und 10 des Abgeordnetenhauses, welche mit einer Deputation des ungarischen Reichstages darüber Verhandlungen pflog. Nach erfolgter Einigung wurde das Gesetz über „die allen Ländern der österreichischen Monarchie gemeinsamen Angelegenheiten und die Art ihrer Behandlung" auch vom Reichsrathe angenommen.

Für gemeinsame Angelegenheiten wurden erklärt: *a)* die auswärtigen Angelegenheiten, wobei jedoch die Genehmigung der internationalen Verträge, soweit eine solche verfassungsmäßig nothwendig ist, den Vertretungskörpern der beiden Reichshälften vorbehalten blieb: *b)* das **Kriegswesen** mit Einschluss der Kriegsmarine, jedoch mit Ausschluss der Recrutenbewilligung und der Gesetzgebung über die Art der Erfüllung der Wehrpflicht und der Verfügungen über die Dislocierung und Verpflegung des Heeres; *c)* das **Finanzwesen** rücksichtlich der gemeinsam zu bestreitenden Auslagen, besonders die Festsetzung des diesfälligen Budgets und die Prüfung der darauf bezüglichen Rechnungen.

Die **commerciellen Angelegenheiten**, speciell die Zollgesetzgebung, die Gesetzgebung über die mit der industriellen Production in enger Verbindung stehenden indirecten Abgaben, die Feststellung des Münzwesens und des Geldfusses, die Verfügungen bezüglich der das Interesse beider Reichshälften berührenden Eisenbahnen und die Feststellung des Wehrsystems sollten zwar nicht gemeinsam, jedoch **nach gleichen,** von Zeit zu Zeit zu vereinbarenden **Grundsätzen** behandelt werden.

Die gemeinsamen Ausgaben sollten nach einem speciellen, immer auf 10 Jahre geschlossenen Übereinkommen zunächst aus dem Ertrage der Zölle bestritten, vom Rest aber 70% durch die im Reichsrathe vertretenen, 30% durch die ungarischen Länder beigetragen werden.[1]

Zur Verzinsung der allgemeinen Staatsschuld hatte Ungarn nur einen jährlichen Beitrag von 29,188.000 Gulden zu leisten.

Die Verwaltung der gemeinsamen Angelegenheiten sollte durch ein **gemeinsames verantwortliches Ministerium** (für Äußeres, Krieg und die gemeinsamen Finanzen) besorgt werden, jedoch die Anordnungen in Betreff der Leitung, Führung und inneren Organisation der gesammten Armee ausschließlich dem Kaiser zustehen.

Das den Vertretungskörpern beider Reichshälften in Beziehung auf die gemeinsamen Angelegenheiten zustehende Gesetzgebungsrecht sollte durch **Delegationen** ausgeübt und vom Reichsrathe wie vom ungarischen Reichstage je 60 Mitglieder (20 vom Herren-, 40 vom Abgeordnetenhause) entsendet werden. Während aber das ungarische Abgeordnetenhaus seine Delegierten aus dem Plenum wählt, geschieht die Wahl im österreichischen Abgeordnetenhause durch die Abgeordneten der einzelnen Länder, und zwar entfallen auf Böhmen 10, auf Galizien 7, auf die übrigen Länder 1—4 Delegierte. Die Wahlen müssen jährlich erneuert werden. Die Delegationen werden jährlich vom Kaiser (abwechselnd nach Wien und Budapest) einberufen. Die beiden Delegationen verhandeln in getrennten Versammlungen, und es ist zu allen Gesetzen die Zustimmung beider erforderlich. Zur Herbeiführung einer solchen

---

[1] Seit der Einverleibung der Militärgrenze sind vom Reste noch 2% zu Lasten Ungarns abzuziehen.

sind die Beschlüsse der einen Delegation und eventuell auch deren Motivierung der anderen mitzutheilen, oder es erfolgt eine gemeinsame Sitzung, in der aber nur abgestimmt, nicht debattiert wird.

Durch ein kaiserliches Handschreiben vom 14. November 1868 wurde die Titelfrage in der Weise geordnet, dass der Monarch fortan den Titel „Kaiser von Österreich, König von Ungarn" führen, das Reich „Österreichisch-Ungarische Monarchie" heißen sollte.

4. Die Verfassung vom 21. December 1867 und die Einführung der directen Reichsrathswahlen.

Nach der Anerkennung der Selbständigkeit der ungarischen Kronländer und der schon 1866 erfolgten Abtretung Venetiens hatte der „gesammte" Reichsrath der Verfassung des Jahres 1861 seine Basis verloren, und es blieb nur noch der „engere" übrig. Auch in Beziehung auf die politischen Rechte konnte man die „cisleithanische" Reichshälfte nicht wesentlich anders behandeln als die ungarische. Es wurden daher vom Ministerium Beust mit dem Reichsrathe mehrere neue Staatsgrundgesetze vereinbart, welche am 21. December 1867 kundgemacht wurden.

Durch das Gesetz über die Reichsvertretung, welches im allgemeinen auf jenem vom 26. Februar 1861 fußte, wurde die Wahl durch die Landtage, und zwar nach Curien und territorialen Gebieten, und die indirecte Wahl in den Landbezirken auch jetzt noch beibehalten, auch die Zahl der Abgeordneten (203) nicht vermehrt. Dagegen wurde dem Abgeordnetenhause das Recht übertragen, seinen Präsidenten und die (zwei) Vicepräsidenten selbst zu wählen.

Der Wirkungskreis des Reichsrathes erstreckte sich auf die allen im Reichsrathe vertretenen Königreichen und Ländern gemeinsamen Angelegenheiten, insofern sie nicht zwischen ihnen und den ungarischen Ländern gemeinsam zu behandeln sind. Als solche werden namentlich bezeichnet: 1. die Genehmigung der Handelsverträge und jener Staatsverträge, die das Reich oder Theile desselben belasten oder einzelne Bürger verpflichten oder eine Gebietsveränderung zur Folge haben; 2. die Beschlussfassung über die Art und Dauer der Militärpflicht, besonders die jährliche Bewilligung der Anzahl der Recruten; 3. die Feststellung des Staatsvoranschlages, die jährliche Bewilligung der Steuern und Gefälle, die Prüfung und Genehmigung der Rechnungsabschlüsse, die Aufnahme neuer Anlehen, Convertierung der Staatsschulden und Veräußerung oder Belastung des unbeweglichen Staatsvermögens, wie die Gesetzgebung über Monopole und Regalien; 4. die Regelung des Geld-, Münz- und Zettelbankwesens, der Zoll- und Handelsangelegenheiten, des Telegraphen-, Post-, Eisenbahn-, Schiffahrts- und sonstigen Reichscommunicationswesens;

5. die Credit-, Bank-, Privilegien- und Gewerbegesetzgebung, wie die über Maß und Gewicht, Marken- und Musterschutz; 6. die Gesetzgebung über Medicinalwesen; 7. über Staatsbürger- und Heimatsrecht, Fremdenpolizei und Passwesen; 8. über die confessionellen Verhältnisse, über Vereins- und Versammlungsrecht, über die Presse und den Schutz des geistigen Eigenthums; 9. die Feststellung der Grundsätze des Unterrichtswesens bezüglich der Volksschulen und Gymnasien, dann die Gesetzgebung über die Universitäten; 10. die Gesetzgebung über die Strafjustiz, das Polizeistrafrecht und das Civilrecht mit Ausnahme der inneren Einrichtung der öffentlichen Bücher und der Gegenstände, welche in den Wirkungskreis der Landtage gehören, über Handels- und Wechselrecht, See-, Berg- und Lehenrecht; 11. über die Grundzüge der Organisierung der Gerichts- und Verwaltungsbehörden. Die Gesetzgebung über die nicht dem Reichsrathe vorbehaltenen Gegenstände gehört in den **Wirkungskreis der Landtage**.

„Wenn sich die dringende Nothwendigkeit solcher Anordnungen, zu denen verfassungsmäßig die Zustimmung des Reichsrathes nothwendig ist, zu einer Zeit herausstellt, wo dieser nicht versammelt ist, so können dieselben unter Verantwortung des Gesammtministeriums durch **kaiserliche Verordnung** erlassen werden, insofern solche keine Abänderung des Staatsgrundgesetzes bezwecken, keine dauernde Belastung des Staatsschatzes und keine Veräußerung von Staatsgut betreffen." „Die Gesetzeskraft dieser Verordnungen erlischt, wenn die Regierung unterlassen hat, dieselben dem nächsten Reichsrathe, und zwar zuvörderst dem Hause der Abgeordneten binnen vier Wochen nach seinem Zusammentritte zur Genehmigung vorzulegen, oder wenn dieselben die Genehmigung eines der beiden Häuser des Reichsrathes nicht erhalten." Durch diese Bestimmung wurde das der Regierung durch die Februarverfassung (§ 13) zugesprochene Verordnungsrecht wesentlich eingeschränkt.

Das gleichzeitig kundgemachte **Gesetz über die allgemeinen Rechte der Staatsbürger** garantirt diesen die Gleichheit Aller vor dem Gesetze, die Zugänglichkeit der öffentlichen Ämter für alle Staatsbürger, die Freizügigkeit der Person, die Unverletzlichkeit des Eigenthums und des Briefgeheimnisses, das Petitionsrecht, das Recht, sich zu versammeln, Vereine zu bilden und durch Wort, Schrift und Druck innerhalb der gesetzlichen Schranken seine Meinung zu äußern, die volle Glaubens- und Gewissensfreiheit und die Freiheit der Wissenschaft und ihrer Lehre. „Jede gesetzlich anerkannte Kirche und Religionsgesellschaft hat das Recht der gemeinsamen öffentlichen Religionsübung, ordnet und verwaltet ihre inneren Angelegenheiten selbständig, bleibt im Besitze und Genusse ihrer für Cultus-, Unterrichts- und Wohlthätigkeitszwecke bestimmten Anstalten, Stiftungen und Fonde, ist aber den allgemeinen

Staatsgesetzen unterworfen." Alle Volksstämme des Staates sind gleichberechtigt und haben ein unverletzliches Recht auf Wahrung und Pflege ihrer Nationalität und Sprache. „Die Gleichberechtigung aller landesüblichen Sprachen in Schule, Amt und öffentlichem Leben wird vom Staate anerkannt."

Ein weiteres Gesetz vom 21. December 1867 verfügte zur Entscheidung von Competenzconflicten zwischen Gerichts- und Verwaltungsbehörden, zwischen einer Landesvertretung und den obersten Regierungsbehörden und zwischen den autonomen Landesorganen verschiedener Länder die Einsetzung eines Reichsgerichtes. Dasselbe besteht aus einem vom Kaiser auf Lebenszeit ernannten Präsidenten und seinem Stellvertreter, dann aus 12 Mitgliedern und 4 Ersatzmännern, zur Hälfte aus dem Herren-, zur Hälfte aus dem Abgeordnetenhause, welche nach einem durch diese Häuser gemachten Ternavorschlage vom Kaiser ebenfalls auf Lebensdauer ernannt werden.

Das gleichzeitige „Gesetz über die richterliche Gewalt" verfügte die vollständige Trennung der Rechtspflege von der Verwaltung,[1]) gewährte den Richtern Schutz gegen willkürliche Absetzung und Versetzung und verfügte die Einführung von Geschworneugerichten für die mit schweren Strafen bedrohten Verbrechen, sowie für alle politischen oder durch den Inhalt einer Druckschrift verübten Verbrechen und Vergehen und sprach den Privatpersonen das Recht zu, wenn sie sich durch eine gesetzwidrige Entscheidung oder Verfügung einer Verwaltungsbehörde in ihren Rechten verletzt erachteten, ihre Ansprüche vor dem Verwaltungsgerichtshofe geltend zu machen.[2])

Das Staatsgrundgesetz über die Ausübung der Regierungs- und Vollzugsgewalt stellt die dem Kaiser zustehenden Majestätsrechte und die allgemeinen Befugnisse und Pflichten der Staatsbehörden fest. Ein Gesetz vom 25. Juli 1867 trifft Bestimmungen über die Ministerverantwortlichkeit.

Nach der Durchführung des Ausgleiches mit Ungarn und der Anerkennung desselben durch den Reichsrath wurde auch in den nichtungarischen Ländern ein verantwortliches Ministerium eingesetzt, welches unter dem Präsidium des Fürsten Carlos Auersperg eigene Porte-

---

[1]) Die Organisierung der politischen Behörden auf Grund dieser Bestimmung erfolgte durch Gesetz vom 19. Mai 1868. Unter den Statthaltern (in kleineren Ländern „Landespräsidenten") stehen die „Bezirkshauptmannschaften", die in der Regel mehrere Gerichtsbezirke umfassen sollten.

[2]) Dieser wurde erst durch Gesetz vom 22. October 1875 ins Leben gerufen und besteht aus einem Präsidenten, aus Vicepräsidenten und Räthen, die auf Vorschlag des Ministerrathes vom Kaiser ernannt werden.

feuilles für Inneres, Justiz, Cultus und Unterricht, Finanzen, Handel, Ackerbau und Landesvertheidigung enthielt.

Es war auch eine Consequenz der in den Staatsgrundgesetzen vom 21. December 1867 zur Herrschaft gelangten Principien, dass am 25. Mai 1868 drei Gesetze erschienen, welche wesentliche durch das Concordat der Kirche zugesprochene Rechte wieder für den Staat in Anspruch nahmen. Das Ehegesetz stellte für das Eherecht die Bestimmungen des bürgerlichen Gesetzbuches wieder her, übertrug die Gerichtsbarkeit in Ehesachen den weltlichen Gerichten und führte die Nothcivilehe ein. Das **interconfessionelle Gesetz** regelte das Religionsbekenntnis der Kinder bei gemischten Ehen, den Übertritt von einer Confession zur anderen u. s. w. Ein drittes Gesetz sprach aus, dass die oberste Leitung und Aufsicht über das gesammte **Unterrichts- und Erziehungswesen** mit Ausnahme der Besorgung, Leitung und unmittelbaren Beaufsichtigung des Religionsunterrichtes und der Religionsübungen dem Staate zustehe und durch dessen Organe ausgeübt werde.[1]) Nach der Verkündigung der Unfehlbarkeit des Papstes (1870) wurde das Concordat ausdrücklich als nicht mehr zu Recht bestehend erklärt.

Ein **Nothwahlgesetz** vom 29. Juni 1868 suchte die Nichtbeschickung des Reichsrathes durch einen Landtag dadurch wirkungslos zu machen, dass nach den Bestimmungen der Grundgesetze von 1861 und 1867 für diesen Fall die directe Wahl durch die Landtagswähler angeordnet wurde.

Die Parteikämpfe im Reichsrathe, der Austritt der Čechen, dann auch der Polen und der meisten Abgeordneten der nichtdeutschen Länder, wie die Verschiedenheit der Ansichten der Minister selbst über die zur Vervollständigung des Reichsrathes einzuschlagenden Mittel führten zur **Auflösung und Entlassung des „Bürgerministeriums"**, an dessen Stelle zuerst (4. April 1870) das **Ministerium Potocki**, dann (7. Februar 1871) das **Ministerium Hohenwart** trat. Dieses suchte vor allem die Čechen zu befriedigen und war bereit, die vom böhmischen Landtage nach dem Austritte aller deutschen Abgeordneten angenommenen „**Fundamentalartikel**", welche innerhalb der nichtungarischen Ländergruppe Böhmen eine ganz selbständige Stellung verschafft hätten und einen eigenen böhmischen Hofkanzler forderten, im Reichsrathe durchzusetzen. Da Hohenwart aber hiezu die Genehmigung der Krone nicht erhielt, reichte er seine Entlassung ein, und am 25. November wurde ein deutschliberales **Ministerium** unter dem Vorsitze des Fürsten **Adolf Auersperg** ernannt.

---

[1]) Die Grundsätze des Unterrichtswesens bezüglich der Volksschulen wurden durch Gesetz vom 14. Mai 1869 festgestellt.

Dieses suchte den Reichsrath von den Landtagen ganz unabhängig zu machen durch eine neue Reichsraths-Wahlordnung, welche am 2. April 1873 als Gesetz publiciert wurde. Nach derselben sollten die Abgeordneten nicht mehr durch die Landtage, sondern durch die Wähler unmittelbar entsendet werden. Die Wahl nach Gruppen durch den großen Grundbesitz, die Städte und Handelskammern und die Landgemeinden, wie die Wahl mittels Wahlmännern in den letztgenannten wurde nicht angetastet. Dagegen wurde das passive Wahlrecht nicht mehr auf das Land beschränkt, sondern nur von dem Besitze der österreichischen Staatsbürgerschaft seit mindestens drei Jahren, einem Alter von 30 Jahren und der activen Wahlbefähigung in irgend einem der cisleithanischen Länder abhängig gemacht. Auch wurde die Zahl der Abgeordneten auf 353 erhöht, von denen auf die kleinsten Kronländer 3—5, auf Böhmen 92 entfielen.[1])

Durch die Wahlordnung von 1873 war der Reichsrath von den Landtagen losgelöst und auf einen selbständigen Boden gestellt worden.

---

[1]) Am meisten wurden bei dieser Erhöhung die kleineren Länder und Niederösterreich, in den einzelnen Ländern die Städte, am wenigsten der große Grundbesitz begünstigt.

www.ingramcontent.com/pod-product-compliance
Lightning Source LLC
Chambersburg PA
CBHW031339230426
43670CB00006B/381